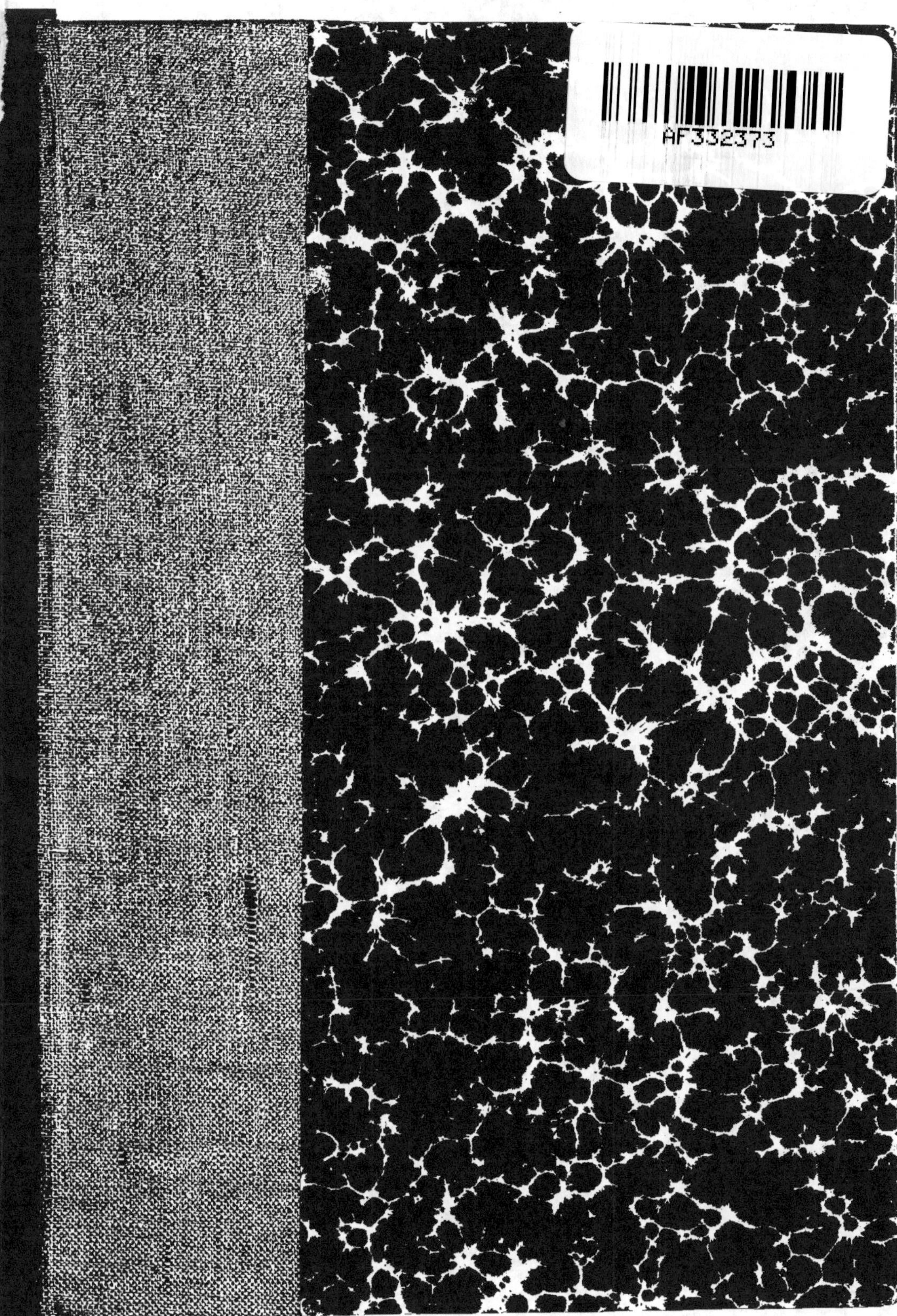
AF332373

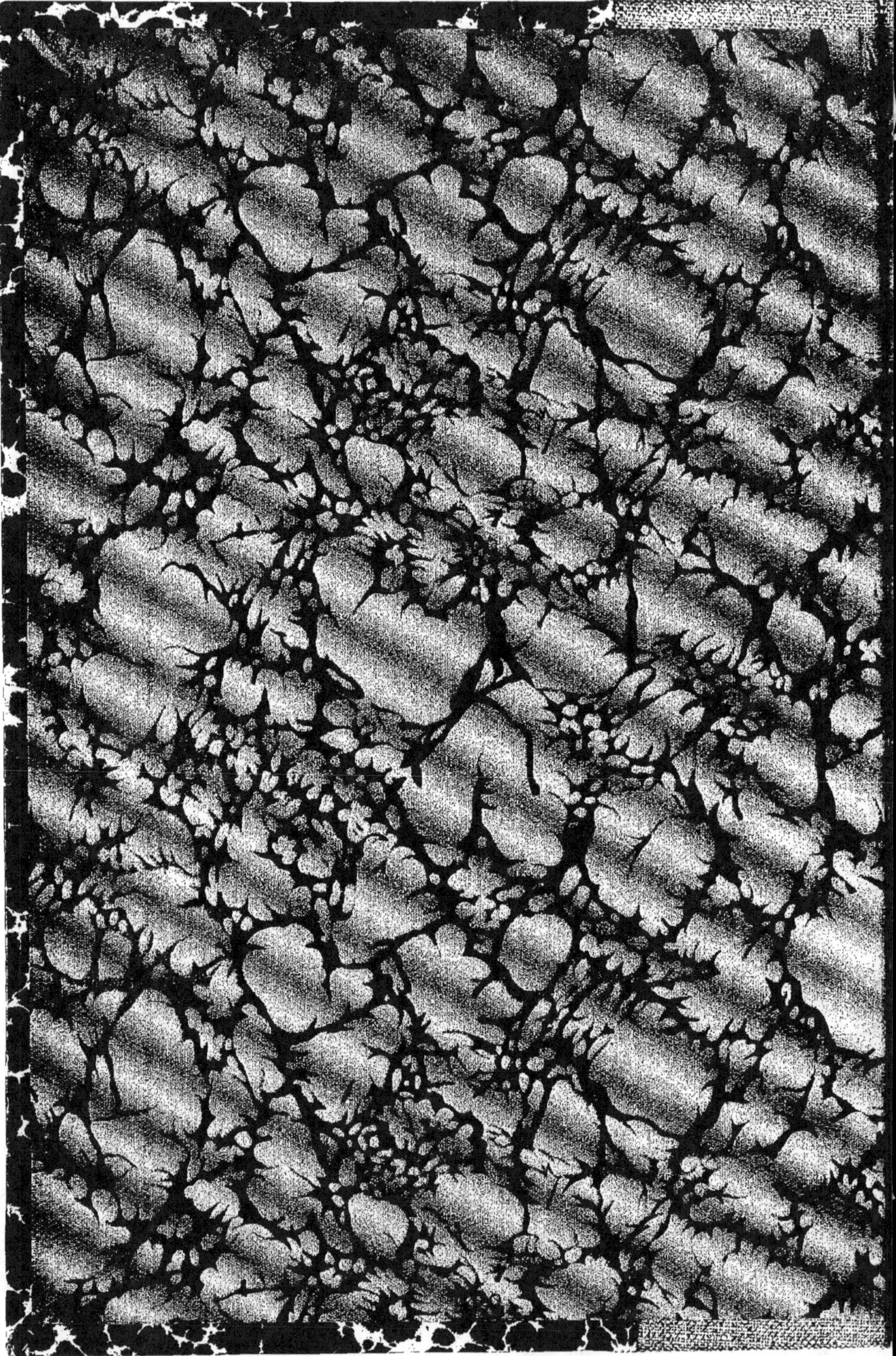

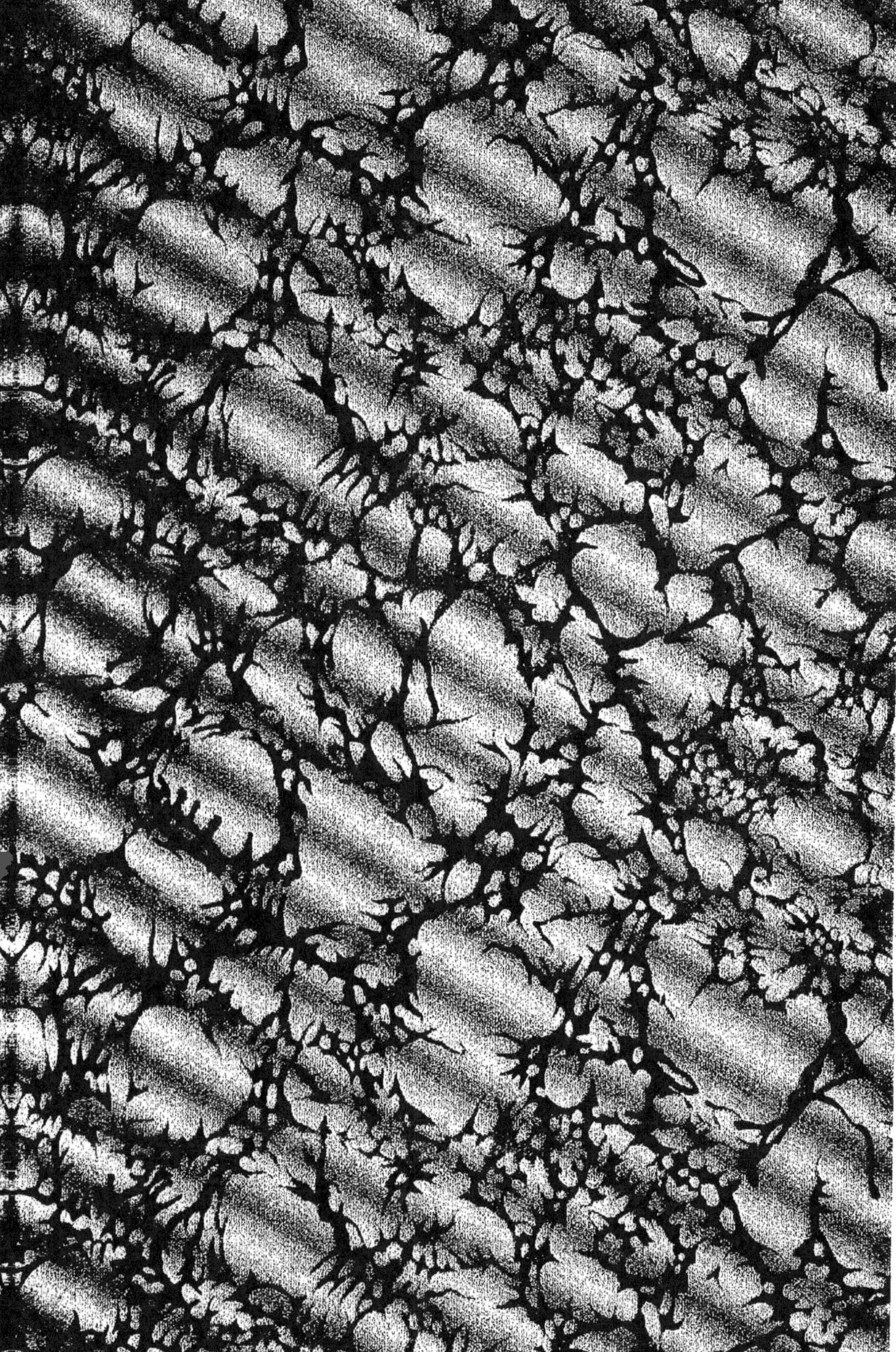

CHRISTOPHE COLOMB

VASCO DE GAMA, — MAGELLAN

LES MERS POLAIRES

BIBLIOTHÈQUE DES VOYAGES

CHRISTOPHE COLOMB

VASCO DE GAMA, — MAGELLAN

(VOYAGES)

LES MERS POLAIRES

(Recherches & Hivernages — 1596-1670)

LIMOGES

MARC BARBOU & Cie, Imprimeurs-Libraires

RUE PUY-VIEILLE-MONNAIE

M DCCC LXXX

AVANT-PROPOS

Les récits de voyage ont toujours été recherchés avec empressement et lus avec le plus vif intérêt. Le progrès des sciences géographiques, le rapprochement des distances par suite des nouveaux moyens de communication, et le développement des rapports commerciaux et industriels entre les peuples naguère les plus étrangers les uns aux autres, rapports amenés surtout par les expositions internationales, sont venus ajouter encore à cet intérêt.

Cependant, il est difficile, pour ne pas dire impossible, de mettre entre toutes les mains les collections de voyages publiées jusqu'à ce jour. En ce qui concerne la jeunesse, que nous avons ici spécialement en vue, certains détails de mœurs, certaines observations d'histoire naturelle, sans parler de redites parfois fatigantes et d'appréciations surannées, en rendent la lecture tout au moins peu convenable.

Il importe cependant que les jeunes intelligences, avides de savoir, puissent remonter aux origines des découvertes si importantes qui, depuis le xve siècle, ont plus que doublé le monde des anciens

Nous estimons donc que c'est entreprendre une œuvre utile que de publier une nouvelle bibliothèque de voyages, dans laquelle seront très fidèlement respectés la manière et le style de l'auteur dont nous reproduirons le récit d'après l'édition de ses œuvres, réputée la meilleure.

Nous nous bornerons à supprimer les passages précités et à rectifier les changements survenus au point de vue de la science actuelle par des notes géographiques, statistiques, etc.

L'intérêt particulier qui s'attache en ce moment à tout ce qui touche aux explorations et découvertes en Afrique, nous a engagée à commencer notre collection par les voyageurs africains les plus célèbres, tels que Le Vaillant, Bruce, etc.

Nous comptons sur le concours des propagateurs nombreux et zélés des connaissances géographiques en France pour nous aider à répandre une publication que nous dédions à la jeunesse française.

C^{sse} DROHOJOWSKA,

Née Symon de Latreiche.

Paris, ce 1er août 1880.

CHRISTOPHE COLOMB

I

Nul jamais ne mérita mieux que Christophe Colomb d'être placé au rang des grands hommes dont s'honore l'humanité. Son génie et ses vertus sont aussi incontestables que l'importance de la découverte qui lui est due. Il y a donc lieu de s'étonner de l'incertitude qui plane sur la date précise et sur le lieu de sa naissance, ainsi que sur la véritable condition sociale de sa famille, et sur les premières années de sa vie.

Quelques historiens, et parmi eux Andrez Bénaldez, son contemporain et son ami, indiquent comme date de sa naissance l'année 1441 ; d'autres les années 1435 et 1436. Les villes de Savone et de Gênes, les villages de Cogorco et de Nervi dans l'état de Gênes, la petite ville de Cucarro dans le Montferrat se disputent l'honneur de l'avoir vu naître. A en croire le plus grand nombre des annalistes, Colomb appartenait à une famille pauvre et de très humble condition ; d'autres au contraire, et en particulier, Martin d'Anghura Herrera, l'historien des Indes, et Ferdinand Colomb, fils de l'illustre navigateur, prétendent que sa famille était une des plus distinguées de Plaisance.

L'empereur Othon, disent-ils, avait fait donation à cette famille de plusieurs fiefs et, entre autres, de celui de Cogorco, ce qui semblerait justifier la prétention de ce village à avoir vu naitre le grand navigateur. Celui-ci, d'ailleurs, sans entrer dans le détail de sa généalogie, confirme dans une de ses lettres le témoignage de ceux qui le présentent comme le continuateur d'une lignée de glorieux et utiles défenseurs de son pays. « Je » ne suis pas, écrit-il, le premier amiral de ma famille. Qu'on me donne » le nom qu'on voudra ; David a gardé les brebis, et je suis le serviteur du même Dieu qui l'a placé sur le trône. »

Quoi qu'il en soit, ruinés par les guerres de Lombardie, les ancêtres de Colomb, après avoir cherché à réparer leur fortune par le commerce maritime, en étaient arrivés à recourir pour vivre à un état manuel.

Dominico, son père, se fixa à Gênes où il exerçait le métier de cardeur. Père de quatre enfants, il n'épargna rien pour leur procurer une éducation bien plus en rapport avec le passé et les traditions de sa famille, qu'avec sa position personnelle.

C'est ainsi que Christophe, après avoir appris très jeune à lire et à écrire (1) et reçu des leçons d'arithmétique, de dessin et de peinture, fut envoyé à Pavie pour y faire ses études. Son esprit était disposé à recevoir toutes les connaissances et à réussir dans n'importe quelle carrière où on voudrait le pousser ; heureusement pour sa gloire future, on dirigea surtout son attention vers la géographie, la géométrie, l'astronomie, toutes les sciences enfin qui pouvaient le rendre propre à devenir un jour un habile marin. Lui-même, d'ailleurs, avait, dès sa plus tendre jeunesse, montré un grand empressement pour l'étude de la géographie et un penchant irrésistible pour la mer.

Dans une lettre aux souverains de Castille et d'Aragon, il mentionne cette disposition précoce de son esprit, comme une impulsion secrète de la Providence qui le guidait vers les études, et lui inspirait les goûts les plus convenables pour la grande mission qui lui était destinée.

En quittant l'université de Pavie, il entra dans la marine et s'y fit aussitôt remarquer par ses talents, sa bravoure, sa prudence. « C'est, dit un de ses historiens, (2) un spectacle du plus haut intérêt, que d'observer

(1) Las-Casas, qui possédait plusieurs manuscrits et autographes de Cristophe Colomb, rapporte qu'il avait une si belle écriture, qu'il aurait pu se faire une ressource de ce talent pour vivre.

(2) Washington Irving.

le développement précoce du génie de Christophe Colomb, au milieu de difficultés si propres à l'éteindre. Au sein des privations et des luttes qui assiégent un jeune homme sans appui et sans fortune, il n'en paraît pas moins avoir toujours nourri de hautes et nobles pensées, ne formant dans ses aspirations que des projets d'entreprises glorieuses. Les dures et fortes leçons de sa jeunesse lui donnèrent cette science pratique, cette fertilité de ressources, cette résolution indomptable, cet empire constant sur lui-même, qui le distinguèrent dans la suite. »

Le détail des premières années de cette existence active, austère, dans laquelle des efforts incessants, un travail assidu, une volonté inébranlable de parvenir, laissaient place aux rêves brillants d'une imagination ardente et aux observations sagaces d'un esprit subtil et positif, ne nous est pas parvenu. Nous savons seulement qu'il fit partie, en 1459, d'une expédition au cours de laquelle il trouva plusieurs occasions de se distinguer, et qu'un peu plus tard il obtint un commandement au service du roi de Naples. On sait aussi qu'il navigua sur la Méditerranée et dans le Levant; lui-même nous apprend qu'il fit un voyage à l'île de Scio.

Au rapport des continuateurs de Bayle, il aurait commandé, avec le grade de capitaine, une petite escadre génoise, au service de Louis XI; enfin, son fils Fernando parle de la part glorieuse qu'il prit à un des brillants faits d'armes du célèbre Colombo le jeune. « Ce corsaire intrépide, dit-il, ayant appris que quatre galions vénitiens revenaient de Flandre, richement chargés, les attendit avec son escadre sur les côtes du Portugal, entre Lisbonne et le cap Saint-Vincent.

L'engagement fut terrible. Les bâtiments s'accrochèrent l'un à l'autre, et les gens de l'équipage luttèrent corps à corps. Le combat dura depuis le matin jusqu'au soir, et des deux cotés la perte fut immense.

« Le vaisseau commandé par Christophe Colomb était aux prises avec une énorme galère vénitienne. Des grenades et d'autres matières enflammées, en tombant sur la galère, y mirent le feu. Les deux bâtiments étaient fortement attachés l'un à l'autre par des chaînes et des grappins de fer ; tous deux furent enveloppés dans le même incendie et n'offrirent bientôt qu'une seule masse de feu. Les équipages durent se jeter à la mer, et presque tous les hommes périrent. Colomb saisit une rame qui flottait à sa portée, et, comme il était excellent nageur, il atteignit le rivage quoiqu'il fût à deux lieues de distance. Il plut à Dieu de lui prêter de la force, afin de le réserver à de plus grandes choses. » (1)

A la suite de cette expédition, Christophe Colomb se rendit à Lisbonne (1470) où il résolut de fixer sa résidence. Il était alors dans toute la vigueur de l'âge. « Sa taille était élevée et bien prise, son tempérament robuste. Il avait le nez aquilin, le teint vif, les cheveux d'une couleur claire : simple dans ses vêtements, d'une frugalité remarquable, il donnait partout l'exemple d'une conduite irréprochable. Prévenant, aimable, d'une conversation facile, d'une éloquence entraînante et toujours enclin à la bienveillance et à la douceur, il se conciliait l'amitié et l'estime de tous ceux qui l'approchaient. Porté par sa nature à la violence et à la colère, il était parvenu à dompter ses passions au point d'être toujours maître de lui ; grave et réfléchi, sans trop d'austérité, réservé dans ses paroles et incapable de blesser personne par une répartie trop vive ou une parole blessante, et était esclave du devoir par honneur et par habitude. »

Pendant ce séjour à Lisbonne, Colomb eut occasion de faire connaissance d'un des navigateurs les plus renommés de ce temps, don Bartholoméo Monis Palestrello, qui l'accueillit à la fois comme un émule et comme un fils.

C'est dans cette famille, où il retrouvait les principes de religion, de loyauté, d'union, de respect du foyer domestique en honneur chez son père et dont le souvenir avait jusque-là sauvegardé sa jeunesse, que Colomb résolut de choisir une compagne.

Élevée par un père du rare mérite de Palestrello et par une mère pru-

(1) Vie de Christophe Colomb, écrite par son fils Ferdinand.

dente et devouée, dona Felipa avait toutes les qualités qui assurent le bonheur d'un époux et la sage direction d'une famille. Ce qui lui manquait du côté de la fortune, sembla, au jeune marin, largement compensé par le charme et les avantages d'un caractère heureux, d'une intelligence élevée et d'une éducation parfaite. L'estime, la sympathie étaient réciproques ; d'autre part, Palestrello, qui pressentait en son futur gendre un continuateur de ses propres travaux, ne désirait rien tant que cette union. Le mariage eut lieu à Lisbonne juste à temps pour donner au vieux marin la satisfaction de laisser, en mourant, un chef et un soutien à sa famille.

Colomb prit au sérieux les charges et les devoirs de cette situation qu'il n'avait pas cru devoir être si prochaine. De concert avec sa jeune femme, il mit tout en œuvre pour consoler dona Palestrello ; il lui rendit sa fille en venant demeurer auprès d'elle, et cette circonstance influa fortement sur son avenir.

Dona Palestrello qui, du vivant de son mari s'était identifiée à ses pensées, à ses occupations, à ses goûts, voua, quand elle l'eut perdu, un culte véritable à sa mémoire. Elle se plaisait à faire revivre sans cesse les moindres détails de cette glorieuse et utile existence. Colomb, de son côté, ne se lassait pas de l'entendre, et ainsi les expéditions dans lesquelles Bartholoméo s'était illustré, les périls qu'il avait affrontés, les erreurs géographiques qu'il avait relevées, la colonie qu'au profit seul de l'Etat il avait fondée sous le nom de Porto Santo, les occasions de s'enrichir que son désintéressement lui avait toujours fait dédaigner, tous les incidents, en un mot, d'une vie à laquelle, de loin ou de près, elle n'était pas un seul instant demeurée étrangère, reprenaient un corps pour passer sous les yeux attentifs du jeune marin.

Les pièces justificatives, si l'on peut ainsi parler, ne manquaient pas à ces récits : c'étaient des cartes, des observations, des notes, héritage précieux que dona Palestrello déroulait devant lui, suppléant par l'exactitude de ses souvenirs, à ce que la mort avait empêché son mari d'ajouter à ses travaux... C'était enfin dans le silence des longues nuits, alors que Colomb, pendant que tout dormait autour de lui, cherchait à saisir, dans le travail encore incertain de sa pensée, les grandes lignes de l'entre prise dont il n'entrevoyait que confusément le but et les moyens. c'était, disons-nous, la lecture des journaux de bord de Palestrello, trésor précieux, que la pieuse veuve lui avait confiés.

Ces aspirations vers un avenir encore si peu défini, les patientes investigations, les profondes études qui en devaient préparer les voies, n'absorbaient pas si complétement l'esprit de Colomb qu'elles lui fissent oublier ce que le présent réclamait de son travail et de ses efforts.

Naturalisé Portugais par le fait de son mariage avec dona Felipa, il prit du service dans la marine portugaise, et fit partie de plusieurs expé ditions envoyées sur les côtes de Guinée.

Pendant ses séjours à Lisbonne, il dressait des cartes, il construisait des globes, que leur exactitude et leur perfection faisaient rechercher ; grâce à ce travail opiniâtre et à une stricte économie en tout ce qui le concernait personnellement, il parvenait à la fois à procurer une existence honorable à sa femme et à sa belle-mère, à envoyer des secours à son père et à aider à l'éducation de ses jeunes frères.

Cette occupation, que son amour pour la famille l'avait porté à s'imposer, acheva de porter la lumière dans son esprit : en s'appliquant à corriger les erreurs si nombreuses, à cette époque, dans les récits et dans les cartes géographiques ; en étudiant et rapprochant, pour les faire concorder, les découvertes déjà faites, il fut frappé par l'immensité de la partie du globe qui n'avait pas encore été explorée !... Était-il possible que, dans toute cette étendue de mer que l'homme n'avait jamais interrogée, il ne se trouvât ni île, ni continents, ni habitants ?... Sans oser encore résoudre la question, il pensait qu'elle valait au moins la peine d'être posée, et chaque fois qu'il avait la bonne fortune de se trouver avec son beau-frère, gouverneur de Porto Santo, et navigateur célèbre, il la discutait avec lui. Les voyages de reconnaissance que le Portugal multipliait alors le long des côtes d'Afrique, l'opinion qui commençait à prévaloir de l'existence d'un passage dans ces parages pour aller aux Indes, la vague rumeur de terres inconnues dans l'ouest, étaient autant de sujets qui le passionnaient et le confirmaient dans l'espoir qu'il avait conçu de s'illustrer un jour en se rendant utile à son pays et à l'humanité.

Cependant, à force d'études et de méditations, la théorie sur laquelle Colomb base ses espérances se dégage des voiles qui jusque-là l'avaient obscurcie ; sa certitude est si grande, ses calculs sont si précis que, malgré sa prudence, il prend la résolution de chercher à l'ouest ce fameux passage aux Indes, objet de l'ambition et de l'ardeur des peuples et des gouvernements, qui y trouveront la clef de trésors inépuisables. Mais des sommes considérables étaient nécessaires pour une expédition de cette importance ; Colomb, qui avait espéré que la grandeur du résultat à poursuivre aplanirait ces difficultés, s'aperçut bientôt que des bourses de simples particuliers, pour si bien garnies qu'elles fussent, ne s'ouvriraient jamais assez largement pour faire face à une semblable entreprise. Un gouvernement seul pouvait s'engager dans cette voie, et Colomb s'adressa au roi de Portugal.

II

C'est pendant la période de ces démarches et par suite des interminables lenteurs de la cour, que Colomb fit, en 1477, dans la mer des Indes et en Islande, un voyage dont quelques auteurs ont, sans preuves suffisantes, contesté la réalité, et dont le but était probablement de se renseigner sur les découvertes que la tradition attribuait aux navigateurs scandinaves, touchant cette route à trouver, pour arriver plus promptement et plus sûrement aux pays des épices, de l'or et des éléphants, c'est-à-dire à l'Inde et à la Chine, que Colomb, par diverses notions recueillies soit dans les conjectures des Grecs sur la sphéricité de la terre, soit dans les voyages de Marco-Polo, soit dans des découvertes plus récentes, soit par des débris de végétaux inconnus, jetés sur les côtes de Porto Santo, avait été amené à prolonger à l'est bien plus avant encore que Marin de Tyr et les anciens géographes, en même temps qu'il donnait à l'Océan et au globe terrestre une étendue bien moins considérable qu'elle ne l'est en réalité.

« Résultat inattendu ! Les côtes de l'Amérique se trouvaient précisément dans le lieu où Colomb avait placé celles du Japon et de la Chine, un continent inconnu reposait sous le méridien où il avait tracé le prolongement du continent asiatique, et allait, à point nommé, répondre à l'appel que l'Europe faisait à un nouveau monde.

» Vers le même temps, il entra en correspondance avec le géographe florentin Toscanelli, qui déjà, lui-même, avait tracé cette fameuse route du couchant, pour aller dans l'Inde, et qui l'affermit dans son audacieuse résolution.

» Pauvre et inconnu, il s'adressa d'abord à son pays natal, qui lui refusa les navires qu'il sollicitait ; puis au roi de Portugal, Jean II, à qui il communiqua ses cartes et ses plans, et qui, par un stratagème odieux, essaya de lui ravir la gloire du succès, en envoyant secrètement sur la route indiquée un navire, bientôt ramené à la côte par la tempête et l'effroi des matelots (1).

» Le projet de Colomb fut alors qualifié de chimérique et d'extravagant. » (2) (1484).

Le navigateur génois ne se décourage pas. Il se rend à Gênes, et s'adresse au gouvernement qui ne consent même pas à examiner sa proposition. Il prend alors le chemin de l'Espagne, et arrive en mendiant son pain dans le pays qu'il élèvera bientôt à un degré de puissance et de richesse qui n'a jamais été surpassé.

---

(1) Dictionnaire Larousse.

(2) Jean II ne borna pas là sa malveillance à l'égard de Colomb : plus tard, lorsque Colomb, au service de l'Espagne, entreprit sa première expédition, il ne rougit pas de donner l'ordre inique de retenir le grand navigateur prisonnier, si quelque circonstance fortuite le forçait à avitailler ses vaisseaux dans une colonie portugaise. Cette indigne prévoyance, qui nous paraît presque incroyable, est attestée par des historiens dignes de foi ; et ce qui est plus étrange encore, elle eut son effet. Colomb, à qui on n'avait accordé, pour entreprendre sa longue et périlleuse expédition que de fragiles nefs, à peine suffisantes pour naviguer sur un fleuve, assailli à son retour par une affreuse tempête, fit vœu de visiter comme pèlerin, la première chapelle près de laquelle il pourrait aborder. La tempête continua et le jeta sur la plus méridionale des Açores, dont le gouverneur, Juan de Castanda, ainsi qu'on le verra dans la suite de ce récit, tenta de réaliser les ordres du roi.

Recueillis, lui et son fils, par la charité du prieur d'un couvent de Franciscains, il trouva en même temps un asile, du pain, et un protecteur capable d'apprécier ses vues et d'en faciliter l'exécution. C'était débuter, en Espagne, par un véritable coup de fortune. Colomb vit, dans cette circonstance, la main de la Providence, et y puisa un redoublement de confiance et d'ardeur.

Cependant le prieur qui était très instruit en géographie et en navigation, ne se contenta pas de s'émerveiller du discours de son hôte et d'encourager ses desseins ; il s'occupa sans tarder de lui créer des appuis. Un savant, de ses amis, le médecin Garcia-Fernandez, est mandé à cet effet au couvent, et les voilà discutant tous trois, dans le silence et le recueillement du vieux cloître, le plus hardi projet qui eût été conçu jusqu'alors. Persuadé, enthousiasmé par la bonne foi et l'éloquence de l'illustre Génois, Fernandez ne veut pas que l'honneur et le profit d'une aussi magnifique entreprise soient acquis à un autre pays que l'Espagne. Il s'engage à procurer à Colomb une audience de Ferdinand et d'Isabelle, et lui conseille de se rendre sans délai à Cordoue, où était alors la cour.

Nous n'entrerons pas ici dans le détail des difficultés, des lenteurs, disons le mot, des humiliations et des déboires qui attendaient encore le savant navigateur ; le lecteur en trouvera le récit dans les pages qui vont suivre ; et, dans ces mêmes pages, il l'accompagnera jusqu'au terme de sa glorieuse vie.

Nous nous bornerons à mentionner, pour terminer, une communication récente faite aux journaux au sujet de la famille de Christophe Colomb, que l'on croyait ne plus exister. Cette famille est encore représentée par plusieurs éminents personnages. L'un d'entre eux, don Diègue Colomb, est gentilhomme de la chambre du roi Alphonse XII ; un autre, don Ferdinand Colomb, est député de Porto-Rico ; un troisième, don Christophe Colomb de la Cerda, marquis de la Jamaïque, est amiral et gouverneur des Indes.

Tous trois appartiennent à la ligne collatérale, car la descendance masculine directe du grand navigateur est depuis longtemps éteinte.

VOYAGES

DE

CHRISTOPHE COLOMB

CHAPITRE Ier

Il est remarquable sans doute pour la gloire de l'esprit humain que les deux plus belles entreprises qu'il ait formées aient éclaté à peu près à la même époque ; et que, tandis que les Portugais cherchaient de nouvelles terres au delà des mers de l'Afrique, les Espagnols, sur la foi de Colomb, aient osé croire à un monde nouveau, et suivi ce chef intrépide au delà de l'océan occidental jusqu'à cet hémisphère inconnu qu'il leur avait annoncé. Qu'ils sont grands dans l'histoire de l'homme les noms de Colomb et de Gama ! Jamais sans doute on n'a rien imaginé ni rien tenté de plus mémorable. Jamais le génie, en aucun genre, n'a si puissamment influé sur les destinées de l'univers et sur les générations futures.

Ainsi donc l'humanité audacieuse s'est portée en même temps, du pas le plus hardi qu'elle ait jamais fait, vers les deux extrémités opposées du globe qui lui a été donné pour demeure !

En la suivant dans le nouvel hémisphère, les mêmes prodiges de courage et de cruauté qui nous ont frappés dans la découverte des Indes nous conduiront encore de l'admiration à l'horreur, et, en rencontrant d'autres hommes, nous retrouverons les mêmes crimes

N'allons point trop tôt au devant de ce spectacle épouvantable dont nous aurons à frémir. Ne songeons encore qu'à ce fameux Génois qui nous a frayé le passage de ces mers ignorées. Nous ne le verrons pas mieux traité que le premier navigateur qui ait pénétré jusqu'à l'Océan indien. La première injustice qu'on lui fit, et qui peut-être n'était pas la moins sensible, fut de lui refuser l'honneur de sa découverte. La gloire d'avoir trouvé un nouveau monde valait bien la peine d'être contestée. On rappela quelques passages des anciens qui semblaient faire soupçonner l'existence d'un monde antipode; passages cités cent fois, et trop connus pour les rapporter ici.

Colomb en est-il d'ailleurs moins admirable? Le merveilleux ne consistait pas à imaginer qu'un tel monde pouvait exister, mais à entreprendre de le découvrir. Qu'importe qu'on trouve dans Platon quelques lignes qui semblent caractériser l'Amérique? Le grand homme est celui qui a osé dire :

« Venez, suivez-moi. Je serai votre guide dans une mer inconnue et » dans l'immensité de l'Océan. Venez, et nous voguerons sans autre but, » sans autre espérance que ce monde que nul n'a vu, et que je m'engage » à vous faire voir. »

Il le dit, et il en vint à bout; et cependant la destinée, qui se joue de toutes les grandeurs, n'a pas même permis qu'il donnât son nom à cette terre qu'il nous avait donnée. Il fallait qu'un Florentin, qui l'avait aperçue par hasard, nommât l'Amérique, que Colomb seul a réellement découverte, et qu'on trouvât partout sur les monuments du génie : *Feci; tulit alter honores.*

Envoyé à Pavie pour y faire ses études, il les interrompit, jeune encore, pour se liver à la navigation. Il dit lui-même, dans sa lettre au roi Ferdinand, quand il lui exposa son projet :

« Je navigue depuis ma jeunesse; il y a quarante ans que je cours les mers ; j'ai vu tous les pays; j'ai conversé avec un grand nombre de gens instruits dans toutes les professions; j'ai acquis quelque connaissance dans la navigation, dans l'astronomie, dans la géométrie; je suis assez habile pour dessiner les cartes géographiques; je me suis appliqué aux livres de cosmographie, d'histoire et de philosophie; je me sens présentement porté à entreprendre la découverte des Indes. »

Tous ces détails se trouvent dans sa vie, écrite par Ferdinand Colomb, son fils; des recherches modernes en ont constaté la vérité.

Les envieux de Colomb publièrent qu'il avait hérité du journal d'un pilote qui, portant des vins d'Espagne en Angleterre, avait été contraint par les vents de courir d'abord au sud, ensuite à l'ouest, où il avait trouvé des terres et des hommes nus, et qui, ayant perdu presque tous ses gens dans cette course, était revenu chez Colomb, son ancien ami, auquel il avait laissé en mourant ses papiers et ses cartes.

Mais ce bruit, que la jalousie n'a pas laissé de faire adopter à plusieurs historiens espagnols, est entièrement détruit par la navigation même de Colomb, qui ne pensa point à faire route au sud, et par toutes les circonstances de sa conduite.

La vérité est qu'il avait étudié les ouvrages des anciens, et avait comparé leurs connaissances géographiques à celles que l'on devait à Marco-Polo. Ses méditations, et quelques faits nouvellement remarqués, le confirmèrent dans l'idée de retrouver le pays dont parle ce dernier, en se dirigeant d'abord à l'ouest; l'amour de la gloire, et sa hardiesse naturelle à braver les difficultés et les périls, le déterminèrent à persister dans son entreprise.

La médiocrité de sa fortune le forçait de communiquer des vues qu'il ne pouvait exécuter qu'avec de puissants secours. Il crut devoir la préférence à sa patrie; mais les Génois, refroidis pour les voyages de mer par le tort que les découvertes des Portugais causaient à leur commerce, rejetèrent ses propositions comme des fables. On ne connaît ni l'année ni les circonstances de cette négociation. Il offrit ensuite ses services à don Juan, roi de Portugal. Cette ouverture fut d'autant mieux reçue à la cour de Lisbonne, que le mérite de Colomb y était plus connu que dans la république de Gênes, d'où il était sorti dès l'enfance. On savait, à Lisbonne, où il s'était établi, et qui était à cette époque le rendez-vous des hommes les plus habiles en astronomie, en géographie et en navigation, qu'il avait joint une longue pratique à ses connaissances. On remarquait notamment qu'il connaissait parfaitement l'art d'observer la latitude, ou la hauteur du pôle par l'astrolabe; ce que personne avant lui n'avait pratiqué en haute mer, quoiqu'on en fît des leçons publiques dans les écoles; et son frère, qui s'était retiré comme lui en Portugal, s'y était acquis beaucoup de réputation pour les cartes marines et les sphères, qu'il exécutait dans une perfection dont on n'avait pas encore eu d'exemple. Aussi fut-il écouté si favorablement que la cour nomma d'abord des commissaires pour examiner ses offres; mais il devint la dupe de leur mauvaise foi.

Lorsqu'ils eurent reçu ses explications, ils persuadèrent au roi de faire partir secrètement une caravelle, avec ordre de suivre exactement les mémoires, qu'ils avaient recueillis dans leurs conférences. A la vérité, leur artifice ne tourna qu'à leur honte. Le pilote portugais, qui n'avait ni la tête, ni le courage du Génois, n'alla pas fort loin sans être effrayé par les difficultés de l'entreprise, et revint publier à Lisbonne que les nouveaux projets étaient autant de chimères.

Colomb, dans l'indignation de se voir trompé, prit aussitôt la résolution de quitter le Portugal ; il n'y était plus attaché par sa femme, que la mort lui avait enlevée depuis peu, et, craignant même d'y être arrêté, parce que le roi attribuait le mauvais succès de la caravelle au défaut d'expérience et d'habileté du pilote, il s'embarqua furtivement pour l'Espagne avec son frère et son fils. Il arriva sans obstacle à Palos, port d'Andalousie.

La cour d'Espagne était alors à Cordoue. Comme les dégoûts qu'il venait d'essuyer lui faisaient craindre de n'y pas trouver plus de faveur, il ne voulut s'y présenter qu'après avoir engagé son frère à se rendre en Angleterre pour tenter de faire entrer Henri VII dans les vues qu'il allait proposer lui-même aux Espagnols ; résolu apparemment de vendre ses services à ceux qui les mettraient à plus haut prix.

Il parut à Cordoue vers la fin de l'année 1483 ; et, prenant toutes les mesures de la prudence, il commença par se lier avec quelques personnes de distinction et de mérite, qu'il crut capables de disposer Leurs Majestés catholiques à goûter ses propositions. Par cette voie, il réussit à les faire entendre, mais avec beaucoup de lenteur.

Hernand de Talavera, prieur de Prado, et confesseur de la reine, reçut ordre de former une assemblée de cosmographes pour conférer avec lui. Les savants étaient rares alors en Espagne ; et Colomb, porté à la défiance par son aventure de Lisbonne, craignait de s'expliquer trop ouvertement.

Le résultat lui fut si peu favorable, qu'après avoir employé près de cinq ans à combattre inutilement les préjugés et les objections, il obtint pour unique réponse que la guerre de Grenade, où le roi se trouvait engagé, ne lui permettrait pas de se jeter dans de nouvelles dépenses ; mais qu'aussitôt qu'elle serait terminée, il se ferait éclaircir des difficultés qu'il souhaitait de pouvoir surmonter.

Colomb perdit l'espérance. Il prit tristement le chemin de Séville, d'où il ne laissa pas de faire de nouvelles ouvertures à divers seigneurs dont on vantait le crédit. Enfin, rebuté de trouver la même indifférence dans tous les ordres de l'Espagne, il écrivit au roi de France, qu'il crut pouvoir engager, du moins par le motif de la gloire ; mais les Français étaient alors occupés de leurs guerres d'Italie.

Cette obstination de la fortune à lui fermer toutes sortes de voies ne parut point l'avoir abattu ; il revint aux anciennes vues qu'il avait formées du côté de l'Angleterre ; mais, avant de quitter l'Espagne, il alla voir à Cordoue un fils qu'il avait d'un second mariage, et qui s'était mis dans un couvent de franciscains.

Le supérieur de ce couvent, qui se nommait Juan Perez de Marchena, homme d'un grand mérite, ne put l'entendre parler de la résolution où il était de porter ses lumières aux étrangers sans en regretter la perte pour l'Espagne. Il le pressa de suspendre son départ. Il assembla quelques habiles gens qu'il mit en conférence avec lui ; et, leur voyant approuver son projet avec beaucoup d'éloges, il se flatta qu'ayant l'honneur d'être estimé de la reine, qui l'avait employé quelquefois dans ses œuvres de charité, il obtiendrait d'elle, en faveur de son ami, ce qui avait été refusé aux instances des principaux courtisans. Il écrivit à cette princesse, qui était alors à Santa-Fé pendant le siége de Grenade. Il fut aussitôt appelé a la cour.

Le fruit de ce voyage fut de procurer une audience à Colomb. La reine ferma la bouche à ses ennemis en louant son esprit et ses projets ; mais elle jugea qu'il portait trop haut ses prétentions. Il demandait d'être nommé amiral et vice-roi perpétuel et héréditaire de tous les pays et de toutes les mers qu'il pourrait découvrir. Cette récompense paraissait excessive dans les plus heureuses suppositions ; et, s'il manquait de succès, la reine craignit quelque reproche de légèreté pour avoir pris trop de confiance aux promesses d'un étranger.

Ce nouveau refus, quoique adouci par des témoignages d'estime, le détermina plus absolument que jamais à quitter l'Espagne. Quintanille, Saint-Angel et le P. Marchena, étaient désespérés de voir négliger une affaire de cette importance. Ils engagèrent le cardinal de Mendosa, archevêque de Tolède et chef du conseil de la reine, à ne pas laisser partir un homme si précieux pour l'État, sans lui avoir fait l'honneur de l'entendre. Colomb eut une longue audience du cardinal, qui parut fort satisfait de son esprit et de son caractère, mais qui n'entreprit rien en sa faveur.

On disait hautement qu'il ne fallait pas être surpris qu'un étranger sans bien pressât l'exécution d'une entreprise où il mettait si peu du sien, qui devait lui assurer un poste honorable, et où le pis-aller pour lui était de se retrouver ce qu'il était.

Colomb, qui ne put ignorer ce langage, allait faire les derniers préparatifs de son départ lorsque Grenade ouvrit ses portes aux Espagnols. Saint-Angel profita de cette heureuse conjoncture pour représenter à la reine le tort qu'elle faisait à sa propre gloire en refusant d'augmenter la puissance et l'éclat de sa couronne, sans compter que les avantages qu'elle paraissait négliger pouvaient tomber entre les mains de quelque autre prince et devenir pernicieux à l'Espagne. Il mit tant de force dans son discours, que cette princesse, déjà ébranlée par les sollicitations de Quintanille, se rendit à leur conseil ; et, pour ménager les finances que la guerre avait épuisées, elle déclara que son dessein était d'engager pour la nouvelle expédition une partie de ses pierreries. Saint-Angel, dans le mouvement de sa joie, répondit que cette ressource n'était pas nécessaire, et qu'il fournirait la somme de son propre fonds.

La reine fit appeler aussitôt Colomb, qui était déjà au port de Pinos, à deux lieues de Grenade. Son ressentiment ne l'empêcha point de retourner sur ses pas, et l'accueil qu'il reçut à la cour effaça le souvenir des chagrins qu'il y avait essuyés pendant plus de huit ans. Don Juan de Colonna, secrétaire d'état, reçut ordre de traiter avec lui et de lui expédier un brevet et des lettres patentes par lesquelles on lui accorda volontairement plus d'honneurs qu'il n'en avait désirés.

Ces fameux actes, qui devaient acquérir à l'Espagne la souveraineté d'un nouveau monde, furent signés, l'un à Santa-Fé, et l'autre à Grenade, dans le temps que Leurs Majestés catholiques venaient d'achever la ruine des Maures après une domination de huit cents ans.

Mais remarquons, avec un historien moderne, que la couronne d'Aragon n'entra pour rien dans cette entreprise, quoique tout parût se faire également au nom de roi et de la reine. Comme la Castille seule en fit tous les frais, le Nouveau-Monde ne fut découvert et conquis que pour elle; et, pendant toute la vie d'Isabelle, la permission d'y passer et de s'y établir ne fut guère accordée qu'à des Castillans; ce qui n'empêcha point que le roi ne prît tous les honneurs de la souveraineté, et quelquefois même sans y joindre le nom de la reine de Castille au sien, parce qu'il représentait son épouse.

Colomb reçut, avant son départ de Grenade, des lettres patentes qui devaient le faire respecter de tous les princes du monde, et l'ordre de ne point approcher de cent lieues des conquêtes du Portugal; ordre fort extraordinaire, et qui semble n'être qu'une formule politique, puisqu'on était fort loin de soupçonner alors que les Espagnols et les Portugais pussent jamais se rencontrer en venant de deux côtés opposés.

Colomb, après avoir passé à Cordoue, pour régler les affaires de sa famille, n'eut plus d'autre empressement que de se rendre à Palos, où les préparatifs étaient déjà commencés pour son armement. Il avait fait choix de ce port, parce qu'on y trouvait les meilleurs matelots de l'Espagne. Le père Marchena continuait de le servir avec zèle, et lui avait déjà fait autant d'amis qu'il y avait de gens de mer à Palos. On compte particulièrement dans ce nombre les trois Pinçon frères, qui passaient pour les plus riches habitants et les plus habiles navigateurs du pays, et qui ne firent pas difficulté d'engager leurs personnes et une partie de leur bien dans la nouvelle expédition.

CHAPITRE II

La ville de Palos était alors obligée de mettre en mer, pendant trois mois de l'année, deux caravelles pour la garde des côtes : les habitants eurent ordre de les donner à Cristophe Colomb. Il en équipa une autre qu'il monta lui-même, et qu'il nomma *la Sainte-Marie*. La première des deux autres était *la Pinta*, à laquelle il donna pour capitaine Martin-Alphonse Pinçon, et pour pilote François-Martin Pinçon, le plus jeune des trois frères ; Vincent-Yanes Pinçon commanda la seconde, qui se nommait *la Nina*

L'équipage de ces trois navires n'était composé que de quatre-vingt-dix hommes, mariniers et volontaires, les uns amis de l'amiral, d'autres qui avaient servi avec honneur dans la maison du roi. On embarqua des provisions pour un an, et l'on mit à la voile un vendredi, 3 août 1492.

On arriva, le 11, à la vue de la grande Canarie, dont on partit le 1er septembre ; et, quatre jours après, on jeta l'ancre à la Gomera, où l'on prit des rafraîchissements, de l'eau et du bois. Sur l'avis que Colomb eut dans cette île que le roi de Portugal, indigné de son accommodement avec l'Espagne, avait armé trois caravelles pour l'enlever, il se hâta de remettre à la voile.

Ce fut le jeudi 7 du même mois qu'il perdit de vue la terre des Canaries, en gouvernant vers l'occident, où il se promettait de faire des découvertes. Quelques-uns de ses gens, effrayés de se voir dans une mer inconnue, sentirent diminuer leur courage jusqu'à s'abandonner aux soupirs et aux larmes : il leur fit honte de leur faiblesse, et tous ses soins furent employés à les soutenir par de magnifiques espérances.

On fit dix-huit lieues avant la nuit ; mais Colomb eut l'adresse de cacher chaque jour une partie du chemin, pour rassurer ceux qui craignaient de s'éloigner trop des côtes d'Espagne.

Le 11, à cent cinquante lieues de l'île de Fer, on rencontra un mât de navire qui devait avoir été entraîné par les courants : bientôt Colomb s'aperçut que les courants portaient au nord avec beaucoup de force, et le 14 au soir, cinquante lieues plus loin à l'occident, il observa que l'aiguille déclinait d'un degré vers le nord-ouest ; le lendemain, cette déclinaison était augmentée d'un demi-degré ; mais elle varia beaucoup les jours suivants, et l'amiral fut surpris lui-même d'un phénomène qui n'avait point encore été remarqué.

Le 15, à trois cents lieues de l'île de Fer, on vit tomber dans les flots, pendant la nuit et dans un temps fort calme, une grande flamme au sud-est, à la distance de quatre ou cinq lieues des vaisseaux.

L'équipage de *la Nina* vit avant le jour un oiseau, qui fut nommé *rabo de junco*, c'est-à-dire queue de jonc, parce qu'il avait la queue longue et fort menue ; le lendemain on fut beaucoup plus effrayé d'apercevoir sur la surface de l'eau, des herbes dont la couleur était mêlée de vert et de jaune, et qui paraissaient nouvellement détachées de quelque île ou de quelque roche. On en découvrit davantage le jour d'après, et la vue d'une petite langouste vivante, qu'on remarqua dans ces herbes, fit juger que la terre ne pouvait être éloignée. D'autres s'imaginèrent qu'on était proche de quelques terres submergées : cette idée fit renaître la frayeur et les murmures ; on observa d'ailleurs que l'eau de la mer était moitié moins salée.

Pendant la nuit suivante, quantité de thons s'approchèrent si près des caravelles, que l'équipage de *la Nina* en prit un. L'air était si tempéré qu'il ne paraissait pas différent de celui d'Andalousie au mois d'avril. A trois cent soixante-dix lieues ouest de l'île de Fer, on vit encore un rabo de junco.

Le mardi, 18 septembre, Alphonse Pinçon, qui s'était avancé avec sa caravelle, attendit l'amiral pour lui dire qu'il avait vu quantité d'oiseaux qui tiraient vers l'occident ; d'où il concluait que la terre ne pouvait pas être à plus de quinze lieues ; il s'imagina même l'avoir aperçue dans cet éloignement : mais Colomb l'assura qu'il se trompait, et que ce qu'il prenait pour la terre n'était qu'un gros nuage, qui ne fut pas en effet longtemps à se dissiper.

Le vent était frais ; on avançait depuis dix jours à pleines voiles : l'étonnement de n'avoir depuis si long-temps que la vue du ciel et de l'eau faisait renouveler à tous moments les plaintes. L'amiral, se contentant d'observer tous les signes, avait toujours l'astrolabe devant lui et la sonde à la main. Le 19, on vit un de ces oiseaux que les Portugais ont nommés *alcatras* ; et, vers le soir, plusieurs autres vinrent voltiger autour des caravelles. On fut consolé par un si bon signe ; et, dans l'opinion que la terre ne pouvait être fort loin, on jeta la sonde avec toute la joie d'une vive espérance ; mais deux cents brasses de cordes ne firent pas trouver le fond ; on reconnut que les courants allaient au sud-est.

Le 20, deux alcatras s'approchèrent de la caravelle de l'amiral ; on prit vers la nuit un oiseau noir qui avait la tête marquée d'une tache blanche et les pieds d'un canard. On vit quantité de nouvelles herbes ; mais, après les avoir passées sans aucun danger, les plus timides commencèrent à se rassurer contre cette crainte. Le lendemain, trois petits oiseaux firent entendre leur ramage autour des vaisseaux, et ne cessèrent point de chanter jusqu'au soir.

Quelle apparence qu'ils fussent capables d'un long vol ! On fut donc porté à se persuader qu'ils ne pouvaient être partis de bien loin ; l'herbe devenait plus épaisse, et se trouvait mêlée de limon : si c'était un sujet d'inquiétude pour la sûreté des caravelles, qui en étaient quelquefois arrêtées, on concluait du moins qu'on approchait de la terre.

Le 21, on vit une baleine, et, le jour suivant, quelques oiseaux ; pendant trois autres jours, un vent de sud-est causa beaucoup de chagrin à l'amiral ; il affecta néanmoins de s'en applaudir comme d'une faveur du ciel. Ces petits artifices étaient continuellement nécessaires pour calmer l'esprit de ses gens, dont la confiance diminuait tous les jours : heureusement il s'éleva, le 23, un vent d'est-nord-est qui le remit dans la route qu'il voulait suivre. On continua de voir plusieurs oiseaux de différentes espèces, et même des tourterelles qui venaient de l'occident.

Cependant la navigation avait duré trois semaines, et les apparences n'étant pas changées, on ne se croyait pas plus avancé que le premier jour. Cette réflexion, jointe à la crainte qu'un vent qui avait toujours été favorable pour aller à l'ouest ne rendît le retour impossible en Espagne, produisit tout d'un coup une révolution surprenante ; la plupart des hommes furent pénétrés de frayeur en considérant qu'ils étaient au milieu d'un abîme sans fond et sans bornes, toujours prêt à les engloutir : une idée si terrible agit avec tant de force, que s'étant répandue dans les trois équipages, on ne parla plus que de reprendre aussitôt la route de l'Europe.

La cour, disaient les plus modérés, ne pourrait s'offenser qu'après avoir pénétré plus loin qu'on ne l'avait jamais fait avant eux, l'espérance leur eût manqué plutôt que le courage, et qu'ils eussent refusé de servir la folle ambition d'un aventurier qui n'avait rien à perdre ; d'autres s'emportèrent jusqu'à proposer hautement de jeter cet étranger dans les flots, et de dire en Espagne qu'il était tombé par malheur en observant les astres.

L'amiral comprit l'imminence du péril; mais, loin d'en être abattu, il rappela toute sa grandeur d'âme pour conserver un visage tranquille. Feignant de ne rien entendre, il employait tantôt les caresses et les exhortations, tantôt les raisonnements spécieux et des espérances séduisantes, tantôt la menace et l'autorité du roi dont il était revêtu.

Le mardi 25, à la fin du jour, Pinçon s'écria : Terre! terre! et fit remarquer en effet, à plus de vingt lieues au sud-est, une épaisseur qui avait l'apparence d'une île.

Cet avis, qui n'était qu'une invention concertée avec l'amiral, eut la force de calmer les mutins : leur joie devint si vive qu'ils rendirent à Dieu des grâces solennelles; et, pour les soutenir dans cette disposition, Colomb fit gouverner du même côté pendant toute la nuit. Il furent détrompés le lendemain, en reconnaissant qu'on n'avait vu que des nuages; mais les signes qui reparurent heureusement à l'ouest leur firent reprendre cette route avec moins d'inquiétude. Les oiseaux et les poissons ne cessaient plus de se présenter en grand nombre; on vit des poissons ailés, tels que les Portugais en rencontraient souvent dans leur route aux Indes orientales, des dorades, des empereurs; et l'on reconnut que la violence des courants était fort diminuée. Colomb se fortifiait lui-même par tous ces signes, et n'apportait pas moins d'attention à ceux du ciel. Il observa que pendant la nuit l'aiguille variait de plus d'un quart de cercle, et que le jour elle demeurait fixe au nord.

Les deux étoiles qu'on nomme les gardes étaient ensemble à l'occident pendant la nuit; et lorsque le jour commençait à paraître, elle se rencontraient au nord-est : il expliquait toutes ces apparences aux pilotes, qui en marquaient autant de crainte que d'étonnement, et la confiance qu'il trouvait le moyen de leur inspirer se communiquait aux équipages.

Le 1er octobre, un pilote jugea qu'on était à cinq cent quatre-vingt-huit lieues des Canaries; un autre, qu'il y en avait six cent trente-quatre; et le troisième, qu'on n'en avait pas fait moins de six cent cinquante. Colomb était sûr d'en avoir fait sept cent sept : mais pour éloigner tout ce qui était capable de causer de l'effroi, il assura froidement que, suivant son calcul, il y en avait cinq cent quatre-vingt-quatre. Chaque jour de la semaine offrit de nouveaux signes.

Le 8, au lever du soleil, on crut voir une terre; et la petite caravelle, qui s'était plus avancée que les autres, tira un coup de canon avec d'autres marques de joie ; mais on reconnut encore que c'était une erreur causée par quelques nuages : les murmures et la mutinerie recommencèrent. L'amiral se vit plus en danger que jamais par le désespoir de ceux à qui les horreurs d'une mort prochaine, qui leur paraissait inévitable par la faim ou le naufrage, faisaient oublier les lois de l'honneur et de leur engagement. Les Pinçon mêmes ne firent pas difficulté de se déclarer pour les mutins.

Enfin la révolte devint si générale, que, n'espérant plus rien de la sévérité ni de la douceur, Colomb prit le parti de faire aux plus furieux une proposition qui suspendit aussitôt leurs emportements. Il leur promit que, si dans trois jours la terre ne paraissait point, il reconnaîtrait qu'il les avait trompés, et qu'il s'abandonnerait volontairement à leur vengeance.

Cette déclaration les toucha ; mais ils jurèrent aussi que s'ils ne voyaient rien de certain après les trois jours, ils reprendraient la route de l'Europe.

On a toujours été persuadé que Colomb avait couru peu de risques à prendre un terme si court. Depuis quelque temps il trouvait fond avec la sonde, et la quantité du sable ou de la vase devait lui faire juger qu'il approchait réellement de la terre ; on ne peut douter non plus qu'il ne l'eût découverte plus tôt, s'il eût tourné au midi, vers lequel tous les petits oiseaux qu'il avait vus prenaient leur vol. On continuait d'en apercevoir de nouvelles troupes, dont le ramage se faisait entendre ; on distinguait leur couleur. Les thons étaient en plus grand nombre. Mais les deux jours suivants offrirent des signes d'une autre nature qui ne purent manquer de rendre le courage aux plus timides.

Les matelots de *l'Amiral* virent passer un gros poisson vert de l'espèce de ceux qui ne s'éloignent jamais des rochers. Ceux de *la Pinta* virent flotter une canne fraîchement coupée, et prirent un morceau de bois travaillé, avec un tas d'herbes qui paraissaient arrachées depuis peu de temps du bord de quelque rivière. Ceux de *la Nina* virent une branche d'épine avec son fruit. On respirait un air plus frais ; et, ce qui fit encore plus d'impression sur un navigateur tel que Colomb, les vents étaient inégaux et changeaient souvent pendant la nuit ; ce qui devait lui faire juger qu'ils commençaient à venir de terre. Aussi n'attendit-il pas que le troisième jour fût passé pour déclarer que cette nuit même il comptait voir la terre.

Il ordonna des prières publiques, après avoir recommandé aux pilotes d'être sur leurs gardes ; il voulut que toutes les voiles fussent carguées, à l'exception d'une trinquette basse ; et, dans la crainte que les caravelles ne fussent séparées par un coup de vent, il donna des signaux pour se réunir. Enfin il promit qu'à la récompense ordonnée par Leurs Majestés catholiques pour celui qui verrait le premier la terre il joindrait une mante de velours.

Vers dix heures du soir, se trouvant lui-même dans le château de poupe, il découvrit une lumière. Aussitôt il fit appeler secrètement Pierre Guttierez, ancien valet de garderobe de la reine, qui crut la voir comme lui. Ils appelèrent ensemble Rodrigue Salcedo, contrôleur militaire de la flotte, qui ne la distingua pas tout d'un coup ; mais bientôt ils virent tous trois que cette lumière changeait de place avec ceux qui la portaient, apparemment d'une maison à l'autre.

A deux heures après minuit, les matelots de *la Pinta*, qui avaient pris le devant, crièrent Terre ! terre ! et donnèrent d'autres signes. Ils avaient découvert en effet la côte, dont ils n'étaient qu'à deux lieues. Le premier qui l'aperçut, nommé Rodrigue Triana, crut sa fortune assurée ; mais sur le témoignage de Guttierez et de Salcedo, les dix mille maravedis furent adjugés à Colomb, auquel ils furent payés pendant toute sa vie, sur les boucheries de Séville.

CHAPITRE III

Les premiers rayons du jour firent reconnaître une île, longue d'environ vingt lieues, plate et remplie d'herbes. *La Pinta*, qui avait continué d'avancer la première, attendit les deux autres caravelles, et tous les équipages se jetant à genoux devant Colomb, réparèrent, par des transports d'admiration et de respect, les chagrins qu'ils lui avaient causés.

Cet étranger, qu'ils avaient traité avec tant de mépris, devint à leurs yeux le plus grand de tous les hommes, et les excès de leur joie ne se sauraient exprimer.

Colomb donna sur-le-champ à l'île le nom de San-Salvador, qu'elle n'a pas conservé. En continuant d'approcher, on vit bientôt le rivage bordé d'hommes nus, qui donnèrent de grandes marques d'étonnement; on fut informé, dans la suite, qu'ils avaient pris les trois caravelles pour des animaux.

L'amiral se fit conduire à terre dans une barque armée, l'épée à la main et l'étendard déployé. Les commandants des deux caravelles suivirent son exemple, avec leurs enseignes, sur lesquelles on voyait d'un côté une croix verte avec une F, et de l'autre, plusieurs FF couronnées à l'honneur de Ferdinand.

Tous les équipages s'étant empressés de débarquer, baisèrent humblement la terre, et rendirent grâces au ciel du succès de leur voyage. Chacun renouvela aux pieds de Colomb les témoignages de la reconnaissance et de sa soumission, en lui prêtant serment de fidélité sous le double titre de vice-roi et d'amiral. Ensuite, après avoir planté une croix sur le rivage, il prit possession de l'ile pour la Castille au nom de Leurs Majestés catholiques.

Si l'on avait pu expliquer aux naturels du pays ce que c'était que cette prise de possession, il est probable qu'ils en auraient été encore plus étonnés que de tout ce qu'ils voyaient. Les insulaires, observant qu'on écrivait dans cette cérémonie, s'imaginèrent qu'on jetait quelque sort sur eux et sur leur île ; ils prirent la fuite avec une vive frayeur. L'amiral les fit suivre.

On en arrêta quelques-uns, qui furent comblés de caresses et de présents, et qui eurent aussitôt la liberté de joindre leurs compagnons. Cette conduite les rendit extrêmement familiers.

Ils s'approchèrent des caravelles, les uns à la nage, d'autres dans leurs barques, auxquelles ils donnaient le nom de pirogues. Leurs cheveux étaient noirs et épais, liés autour de la tête en manière de tresse avec un cordon ; quelques-uns les portaient flottants sur leurs épaules ; la plupart avaient la taille dégagée, les traits du visage assez agréables, le front large et le teint couleur d'olive. Ils étaient peints d'une manière bizarre, les uns au visage, d'autres aux yeux et au nez seulement, et quelques-uns par tout le corps.

Tandis que les Castillans admiraient leur figure, ces barbares n'étaient pas moins étonnés de voir des hommes vêtus et portant une longue barbe. Ils connaissaient si peu le fer, que, voyant pour la première fois des armes de ce métal, ils prenaient un sabre par le tranchant, et se faisaient des blessures dont ils paraissaient surpris. Leurs javelines étaient d'un bois endurci au feu, avec une pointe aiguë, assez proprement armée d'une dent de poisson. Leurs barques, ou leurs pirogues, n'étaient que des troncs d'arbres creusés, dont les unes ne pouvaient porter qu'un homme, et d'autres en contenaient près de cinquante. Ils les conduisaient avec une seule rame en forme de pelle ; et les plus grandes étaient si légères que, lorsqu'elles se renversaient, ils les redressaient dans un instant ; ils les vidaient en nageant près du bord ; et, s'y replaçant avec une extrême agilité, ils recommençaient à voguer sans aucune marque d'embarras ou de crainte. Les moindres présents leurs paraissaient précieux. Enfin l'ile avaient de l'eau, des arbres et des plantes ; mais on n'y aperçut point d'autres animaux que des perroquets.

Dès le même jour l'amiral fit rembarquer tous ses gens, et quantité de sauvages le suivirent à bord. En les interrogeant à loisir par des signes qu'ils entendirent facilement, on apprit d'eux que leur île se nommait Guanahani, qu'elle était environnée de plusieurs autres, et que tous les insulaires dont elles étaient peuplées prenaient le nom de

Lucayos (1). Le lendemain on les vit revenir en plus grand nombre avec des perroquets et du coton, qu'ils donnèrent en échange pour de petites sonnettes qu'on leur attachait aux jambes et au cou, et pour des fragments de vases de terre ou de faïence. Vingt-cinq livres de coton ne leur paraissaient pas un prix excessif pour un morceau de verre. Ils n'avaient aucune sorte de parure, à la réserve de quelques feuilles jaunes, qu'ils portaient comme collées au bout du nez, et qu'on ne fut pas longtemps à reconnaître pour de l'or.

On leur demanda d'où ils tiraient cet ornement; ils montrèrent le côté du sud, en faisant entendre qu'il s'y trouvait plusieurs grandes îles. L'amiral ne balança point à prendre cette route; mais il voulut connaître auparavant le reste de l'île. En rangeant la côte au nord-ouest, il trouva une espèce de port dont l'accès lui parut facile aux plus grands vaisseaux. Les insulaires continuaient de le suivre par terre et dans leurs canots; ils appelaient leurs compagnons pour admirer avec eux une race d'hommes si extraordinaires; et, levant les mains, ils montraient qu'ils les croyaient descendus du ciel.

Dans le même lieu, les trois caravelles découvrirent une presqu'île qu'on pouvait environner d'eau avec un peu de travail, et dont on aurait pu faire une place très forte. On y voyait six maisons et quantité d'arbres

(1) De là le nom de *Lucayes* qu'on a donné à toutes les îles qui sont au nord et à l'ouest des grandes Antilles, et qui se terminent au canal de Bahama.

Ces îles, qui composent l'archipel de Bahama, ont été appelées *los Ceujos* (écueils) par les Espagnols, et *Keys* par les Anglais, à cause des récifs qui en défendent l'approche.

Appartenant aux Indes occidentales anglaises et situé au nord-est de Cuba, et au sud-est de la Floride, entre 21° 23' et 25° 50' de latitude nord et 78° 25' et 83° de longitude ouest, cet archipel occupe une longueur d'environ 1,000 kilomètres du nord-ouest au sud-ouest, et se compose d'immenses bancs de sables, de rocs de corail, formant des bas-fonds d'où s'élèvent près de six cent cinquante îles ou îlots, séparés par des canaux dans lesquels la navigation est souvent impossible et toujours dangereuse.

Le plus considérable de ces bancs est le grand banc de Bahama, qui supporte les îles Saint-André, Isaac, Berry, Nouvelle-Providence, Exhuma, du Sel, etc... Vient ensuite le petit banc de Bahama, séparé du précédent par le canal de la Providence, supportant les îles Grand-Bahama, Guana, Galapague, etc.

Parmi les autres îles, nous devons citer Aiklin, Inagua et San-Salvador, qui, ainsi que nous le disions plus haut, fut la première terre du Nouveau-Monde que découvrit Christophe Colomb.

Toutes ces îles sont très fertiles et jouissent d'un climat délicieux; on y cultive avec le même succès les fruits d'Europe et ceux des Tropiques. Les Anglais y fondèrent leur premier établissement en 1629; les Français et les Espagnols s'en emparèrent tour à tour. Les traités de 1783 les retrouvèrent à l'Angleterre, qui les a toujours conservées depuis.

Cette colonie est administrée par un gouverneur nommé par l'Angleterre, et deux chambres dont les membres sont élus par les habitants.

Nassau, le chef-lieu, est situé dans l'île de la Providence.

qui semblaient servir d'ornement à quelques jardins; mais l'amiral, pensant à chercher quelque lieu d'ou il pût tirer des rafraîchissements, renvoya les sauvages qui l'avaient suivi, à l'exception de sept qu'il emmena pour leur apprendre la langue castillane; et le 15, après avoir aperçu quantité d'îles vertes et peuplées, il s'approcha d'une autre qu'il nomma la Conception, à sept lieues de la première.

Elle lui parut si mal pourvue de vivres, qu'il ne s'y arrêta que pour y passer la nuit à l'ancre; mais, le 17, il alla faire de l'eau dans une troisième dont les habitants avaient l'air plus civilisé. Les femmes y étaient couvertes depuis la ceinture jusqu'aux genoux, les unes de pièces de coton, les autres de feuilles d'arbres. Elle reçut le nom de Fernandino.

Les Canstillans virent plusieurs sortes d'oiseaux, la plupart différents de ceux de l'Europe; des poissons de couleurs différentes et fort vives; des lézards d'une grosseur démesurée, qui leur causèrent beaucoup d'épouvante, mais qu'ils regrettèrent de n'avoir pas mieux connus, lorsque le temps leur eut appris que la chair de cette espèce de reptiles est une excellente nourriture : des lapins de la grosseur des rats, et quantité de perroquets; mais nul animal terrestre dont ils pussent se nourrir avec confiance.

Cependant l'île offrait plus de maisons qu'ils n'en avaient encore vu; elles étaient en forme de tentes, avec une sorte de portail couvert de branches qui les garantissaient de la pluie et des vents, et plusieurs tuyaux pour le passage de la fumée. Il n'y avait point d'autres meubles que des ustensiles grossiers et quelques pièces de coton. Les lits qui servaient au repos de la nuit étaient une sorte de rets que les Indiens nommaient hamacs, suspendus à deux poteaux. On y vit quelques petits chiens muets.

Entre les insulaires, on en distingua un qui portait au nez une petite pièce d'or marquée de quelques caractères, que l'amiral prit d'abord pour des lettres; mais il apprit ensuite que l'usage de l'écriture n'était pas connu dans ces îles.

Il passa de là dans une quatrième île, que les habitants appelaient Saamoto, et qu'il nomma Isabelle; mais se reprochant le temps qu'il perdait, il fit route à l'est-sud-est. Les deux jours suivants, il aperçut du nord au sud huit nouvelles îles, qui furent nommées îles d'Arena, parce que les caravelles y trouvèrent peu de fond.

Le 27, avant la nuit, il découvrit une grande terre, à laquelle il entendait donner le nom de Cuba par les Indiens qui l'accompagnaient.

Le 28, il entra dans un grand fleuve : les bois y étaient fort épais, les arbres d'une hauteur extraordinaire, les fruits différents des nôtres, et les oiseaux en fort grand nombre; deux maisons qu'on y aperçut, et qu'il fit visiter, se trouvèrent sans habitants; il s'avança vers un autre fleuve, auquel il donna le nom de Luna; et, plus loin, il entra dans un autre qui fut nommé Mares.

Les rives en parurent fort peuplées; mais la vue des trois caravelles fit prendre aussitôt la fuite aux Indiens; ceux que l'amiral avait à bord lui firent entendre qu'il trouverait de l'or dans cette île, et plusieurs apparences semblaient confirmer leur témoignage; il ne permit point à ses gens de descendre, dans la crainte d'alarmer trop les insulaires; mais, ayant choisi deux hommes intelligents, dont l'un avait été juif et savait les langues anciennes, il les envoya dans un canot avec deux de ces Indiens pour visiter le pays; il leur donna six jours pour cette expédition, et dans l'intervalle il fit radouber son navire. On remarqua que tout le bois qui fut brûlé rendait une sorte de gomme ou de mastic, et que les feuilles ressemblaient à celles du lentisque.

Au retour des deux Castillans, qui amenaient trois Indiens de l'île, on apprit d'eux qu'ayant fait vingt-deux lieues dans les terres, ils étaient arrivés à l'entrée d'un village composé de cinquante maisons, qui contenaient environ mille habitants nus, hommes et femmes, mais d'un caractère si doux, qu'ils s'étaient empressés de venir au devant d'eux, de leur baiser les pieds, et de les porter sur leurs bras; qu'on les avait fait asseoir sur des siéges d'une forme bizarre et garnis d'or; que pour aliments on leur avait donné des racines cuites, dont le goût ressemblait à celui des châtaignes; qu'on les avait pressés de passer quelques jours dans l'habitation pour se reposer; et que, n'ayant pu les arrêter par leurs prières et leurs caresses, ces bons insulaires avaient permis à trois d'entre eux de les accompagner jusqu'au rivage : ils ajoutèrent que dans le voyage ils avaient rencontré plusieurs hameaux, dont les habitants leur avaient fait le même accueil; que le long du chemin ils avaient vu quantité d'autres Indiens, la plupart avec un tison à la main pour faire cuire leurs racines, ou certaines herbes dont ils se parfumaient, et que leur méthode pour allumer du feu était de frotter un morceau de bois avec un autre, ce qui servait facilement à l'enflammer; qu'ils avaient remarqué une infinité d'arbres fort différents de ceux qu'on voyait sur la côte, et diverses espèces d'oiseaux, entre lesquels ils n'avaient reconnu que des perdrix et des rossignols; mais qu'ils n'avaient aperçu d'autres animaux terrestres que plusieurs de ces chiens qui ne jappent point; que les terres étaient couvertes d'une sorte de grains qu'ils avaient entendu nommer maïs, et dont ils avaient trouvé le goût agréable; qu'ayant demandé s'il y avait de l'or dans l'île, on leur avait fait comprendre qu'ils en trouveraient beaucoup dans Bohio, qu'on leur avait montré à l'est et dans un pays qui se nommait Cubannacan.

L'amiral sut bientôt que Cubannacan était une province située au milieu de l'île, parce qu'il ne fut pas longtemps à reconnaître que nacan, dans la langue du pays, signifiait le milieu ; mais il n'apprit que dans la suite la signification de bohio, qui était moins le nom d'un lieu particulier que celui de toute terre où les maisons et les habitants sont en grand nombre.

Cependant l'espérance de découvrir une région dans laquelle on lui promettait qu'il trouverait beaucoup d'or l'obligea de partir avec plusieurs Indiens de Cuba, qui s'offraient à lui servir de guides. Il accepta d'autant plus volontiers leurs offres, que, dans la multitude de ceux qui consentaient à le suivre, il pouvait s'en trouver un qui apprît le langage castillan avec plus de facilité que les autres, et chaque instant lui faisait sentir l'importance de ce secours ; sans compter que, dans le dessein qu'il avait d'en transporter plusieurs en Espagne, il voulait qu'ils fussent de divers pays, pour rendre un témoignage plus certain du nombre et de la variété de ses découvertes.

Cette mer reçut le nom de Nuestra-Senora. Tous les canaux qu'elle forme entre ces îles se trouvèrent fort profonds, et les rivages étaient couverts d'une verdure charmante, qui formait un délicieux spectacle pour les Castillans. Quoique ces petites îles ne fussent pas peuplées, on y voyait de toutes parts des feux de pêcheurs ; les matelots des caravelles y passèrent dans leurs barques, et leur étonnement fut d'abord extrême d'y voir manger aux Indiens de grandes araignées, des vers engendrés dans du bois pourri, et des poissons à demi cuits, dont ils avalaient les yeux crus ; mais, ne pouvant se persuader que ce qui paraissait de bon goût à des créatures de leur espèce fût nuisible pour d'autres hommes, ils se hasardèrent à suivre l'exemple des sauvages, et personne ne s'en trouva plus mal ; les nacres de perles s'offraient de toutes parts. L'amiral observa que l'eau croissait et diminuait beaucoup dans cette mer, ce qu'il attribuait à la grande quantité d'îles : mais il lui parut plus difficile d'expliquer le cours de la marée, qui était directement contraire à celle de Castille ; il jugea que la mer devait être basse dans cette partie du monde.

Le 19 novembre, après avoir fait élever une fort grande croix à l'entrée du port del Principe, il remit à la voile pour découvrir l'île qu'il cherchait encore sous le nom de Bohio ; mais il eut les vents à combattre, et la fortune lui préparait un chagrin beaucoup plus vif, qui fut d'apprendre, le 21, que *la Pinta* s'était séparée volontairement de lui.

Martin-Alphonse Pinçon, qui la commandait, excité par la passion de l'or, avait voulu profiter des avantages de sa caravelle, qui était très légère à la voile, pour arriver le premier dans cette île si riche que l'on avait annoncée. On fit inutilement quantité de signes pour le rappeler à la soumission : l'amiral pénétra le fond de ses desseins ; mais, pour ne rien donner au hasard des conjectures, il résolut de passer quelques jours à l'attendre dans un troisième port de Cuba, également sûr et spacieux, qu'il nomma Sainte-Catherine, parce qu'on était à la veille de cette fête. En faisant de l'eau et du bois, il vit, à peu de distance du rivage, des pierres qui semblaient renfermer de l'or.

Quelques Américains qu'il rencontra dans ce port, et qui furent témoins de ses observations, lui apprirent que l'île qu'il cherchait sous le nom de Bohio était leur patrie, et qu'elle se nommait Haïti. Ils lui confirmèrent qu'il y trouverait beaucoup de ce métal, surtout dans une contrée qu'ils appelèrent Cibao. Il se hâta de remonter vers le sud-est de Cuba, où il ne cessa point de trouver de fort bons ports (1).

(1) L'île de *Cuba*, la plus grande et la plus importante des Antilles, à l'entrée du golfe de Mexique, à 132 kilomètres de Guatemala, et à 80 kilomètres d'Haïti, par 19° 48' et 23° 11' de latitude nord, 76° 30' et 87° 12' de longitude ouest, occupe une superficie de 182,956 kilomètres carrés ; sa population approche de 1,400,000 habitants, dont 793,483 blancs, 252,500 de couleur, libres, et 370,560 esclaves.

L'île de Cuba est bornée au nord par le golfe de Mexique et le canal de Bahama, qui la séparent de la Floride et des Lucayes ; à l'ouest par le canal de Yutacan et le golfe d'Honduras ; au sud par la mer des Antilles, et à l'est par le détroit de la Floride et le canal Passe-du-Vent, qui le sépare d'Haïti.

Elle forme, avec *Pinos* et les *Jardinès*, un gouvernement dont le chef-lieu est la Havane. On la divise en deux provinces, la Havane et Santiago. Sa plus grande étendue de l'est à l'ouest, est de 572 milles, ou 190 lieues marines, soit 1,055 kilomètres.

Montagneuse dans sa partie centrale et à ses extrémités où le relief du sol atteint des proportions considérables (jusqu'à mille mètres et au-delà), l'île est bien arrosée, sans avoir cependant des cours d'eau assez importants pour lui faciliter une navigation fluviale. En revanche, le nombre, la beauté et la sûreté de ses ports en font un des premiers centres maritimes du monde. Nulle part, en effet, la nature n'a creusé d'aussi magnifiques bassins pour la commodité et la sûreté des navires ; ceux de Santiago de Cuba, de Guantanamo, de Jagua, etc., sur la côte du sud ; de Nippée, de Nuevitas, de la Havane, de Bahia-Honda, sur celle du nord, sont aussi remarquables par leur étendue que par les conditions de défense et de sécurité qu'ils présentent.

Au point de vue de la salubrité et de la facilité d'acclimation pour les Européens, il suffit de dire que de toutes les îles des Antilles, Cuba est celle dont le climat se rapproche le plus des zônes tempérées. La température moyenne de l'année à la Havane, est d'environ 25°, celle du mois le plus chaud (août), de 27°, et celle du mois le plus froid (janvier), de 21°. A Santiago de Cuba (1003 kilomètres à l'est de la Havane), la moyenne de l'année est de 27°, celle du mois le plus chaud 28°, et celle du mois le plus froid 23° ; on n'y connaît point la neige, mais les gelées blanches y sont assez communes, et, sur les hauteurs, on a quelquefois de la glace.

Les tremblements de terre, malheureusement fréquents aux environs de Santiago, sont assez rares dans le rayon de la Havane, et, sur tous les points, la végétation possède une puissance et

Continuant de ranger la côte de Cuba, il se trouva, le 3 décembre, à la pointe orientale de cette île. Il prit à l'est vers l'île de Haïti, qui n'en est qu'à dix-huit lieues ; mais les courants ne lui permirent d'y aborder que le jour d'après. Il entra dans un port auquel il donna le nom de Saint-Nicolas, dont on célébrait la fête : le mouillage y était sûr et commode.

une exhubérance de production dont ne saurait se faire une idée quiconque n'aurait pu en juger par soi-même.

Peu de points du vaste univers ont été aussi merveilleusement comblés de tous les dons de la nature. Toutefois, ainsi que le fait observer Guillaume Humbold :

« L'importance commerciale et politique de cette île n'est pas seulement fondée sur l'étendue de sa surface supérieure à celle des autres Antilles, sur l'admirable fertilité de son sol, sur ses établissements militaires et sur la nature de sa population, composée de trois-cinquièmes d'hommes libres ; elle s'accroît encore par les avantages de sa position géographique ; sa forme, étroite et allongée, la rend à la fois voisine d'Haïti et de la Jamaïque ; de la partie la plus méridionale des Etats-Unis et de l'Etat le plus oriental de la Confédération mexicaine, « aussi, continue l'auteur du Dictionnaire universel, qui vient de nous fournir cette appréciation, » cette belle contrée, déjà si prospère, semble-t-elle être destinée à devenir une des plus heureuses puissances de l'archipel américain.

» Ses revenus la mettraient, dès à présent, au-dessus de la Suède, du Portugal, de la Suisse et du Danemark. On peut dire que jamais pays n'a fait aussi vite fortune dans le commerce que cette île.

» Il n'y a guère plus de cent ans que Cuba n'était qu'une pauvre ferme, qui n'avait à exporter que du cuir et du bois. Aujourd'hui elle répand, dans tout notre hémisphère, son sucre et son café, et forme la plus opulente colonie qu'il y ait jamais eu dans le monde.

» Plusieurs causes se sont réunies pour favoriser ce développement extraordinaire. Peut-être est-on fondé à mettre en première ligne l'abolition des monopoles, parce que c'est à cet affranchissement préalable que Cuba a dû la possibilité de tirer parti comme elle l'a fait de toutes les circonstances heureuses qui se sont offertes à elle.

Mentionnons, parmi ces circonstances, les progrès de la population et de la richesse dans les États-Unis d'Amérique ; la destruction de l'agriculture à Haïti, qui a poussé Cuba à se substituer à cette belle colonie ; la longue torpeur des Etats de terre-ferme, durant leurs guerres de l'indépendance, la multitude de colons qui d'Haïti, de toutes les colonies espagnoles, des Florides et de la Louisiane, sont venus chercher la paix à Cuba et y fixer leurs capitaux et leur industrie ; enfin, les accroissements considérables de la consommation du sucre et du café en Europe. »

La production sucrière est, en effet, la principale richesse de l'île, qui possède aujourd'hui plus de deux mille plantations sucrières, tandis qu'en 1775 elle n'en avait pas cinq cents (1).

Après le sucre viennent, comme productions agricoles et dans l'ordre suivant le café, le tabac (2), le coton, le riz, le sagou, le maïs, le cacao, le fruit et les légumes.

Grâce à sa fécondité, à son industrie, à son commerce, cette île a remplacé en partie pour l'Espagne, les trésors du Mexique et du Pérou. Cette reine des Antilles, après avoir suivi les vicissitudes de la mère-patrie, lui a été utile dans ses disgrâces, et a reçu en récompense le titre de *la Siempre fiel isla de Cuba*. Elle est devenue un des plus grands centres de commerce du monde ; tous les pavillons flottent dans ses ports, et chaque année trois mille bâtiments étrangers y abordent, venant de tous les points du globe apporter les produits des manufactures de l'Europe en échange des siens.

(1) La première sucrerie fut établie à Cuba, en 1535.

(2) Qui ne connaît la renommée des cigares de la Havane ?

Une rivière qui s'y déchargeait tranquillement offrait quantité de grands canots qui bordaient ses rives. Mais une juste inquiétude pour *la Pinta*, le conseil des Américains, qui voulaient qu'on allât plus loin pour s'approcher des mines de Cibao, firent remettre à la voile vers le nord, jusqu'à un port qu'il nomma Conception, au sud d'une petite île éloignée d'environ dix lieues, qui fut nommée Tortue.

CHAPITRE IV

L'île de Haïti parut si grande à l'amiral, le terrain et les arbres y avaient tant de ressemblance avec ceux de Castille, qu'il lui donna le nom d'Espagnola (île espagnole).

Les insulaires marquaient d'abord peu de dispositions à s'approcher des caravelles. Ceux qui les avaient aperçues les premiers avaient pris la fuite, et leur récit avait déjà répandu l'alarme dans toutes les parties de l'île. Ceux mêmes qui étaient venus avec l'amiral s'étaient échappés à la nage. Ils avaient excité les autres à la défiance; et de toutes parts on ne voyait que des côtes et des campagnes désertes. Quelques matelots qui pénétrèrent dans un bois y découvrirent une troupe de ces Américains, accompagnés de leurs femmes et de leurs enfants, que la crainte y avait rassemblés. Ils prirent une femme qu'ils menèrent à l'amiral : on lui fit toutes sortes d'amitiés; elle fut habillée proprement, et reconduite à sa troupe par les mêmes matelots, avec trois sauvages de San-Salvador qui entendaient sa langue. Le lendemain, l'amiral envoya du même côté neuf autres Castillans, qui trouvèrent cette femme dans une bourgade, éloignée de quatre lieues au sud-est, et composée d'environ mille maisons.

Leur vue mit tous les habitants en fuite; mais un insulaire de San-Salvador, par lequel ils s'étaient fait conduire, inspira d'autres sentiments à ceux qu'il put rencontrer. Il rendit un témoignage si favorable aux étrangers, que, les ayant fait consentir à les recevoir, tous les autres furent animés par l'exemple, et revinrent avant la nuit. On se fit des présents mutuels, et les Castillans ne firent pas difficulté de passer la nuit dans l'habitation.

Le lendemain, on vit un grand nombre d'insulaires qui prenaient volontairement le chemin du port; quelques-uns portaient sur leurs épaules la femme qu'on leur avait envoyée, et son mari l'accompagnait pour faire ses remercîments à l'amiral. Ils étaient plus blancs que ceux des autres îles, d'une taille moins haute et moins robuste, d'un visage assez difforme, mais d'un caractère doux et traitable : ils avaient la tête toujours découverte, et le crâne si dur, que dans un temps moins paisible, les Castillans le trouvèrent quelquefois à l'épreuve du sabre.

Avant leur départ, on vit arriver au rivage un seigneur du canton, accompagné d'environ deux cents personnes, qui tour à tour le portaient sur leurs épaules, et qui lui donnaient le nom de *cacique;* il était fort jeune, et la curiosité l'amenait pour voir les vaisseaux.

Un Américain du bord de l'amiral alla au-devant de lui, et lui déclara que les étrangers étaient descendus du ciel. Il monta d'un air grave dans la caravelle, suivi de ses deux principaux officiers, et lorsqu'il fut sur le pont, il fit signe au reste de ses gens de demeurer à terre. L'amiral lui présenta quelques rafraîchissements dont il ne fit pas de difficulté de goûter, mais il ne toucha point aux liqueurs, il ne fit que les approcher de sa bouche. Un habitant de San-Salvador, qui commençait à servir d'interprète, lui dit que l'amiral était capitaine des rois de Castille et de Léon, les plus grands monarques du monde. Il refusa de le croire, toujours persuadé, sur le témoignage du premier, que les étrangers étaient des habitants du ciel.

Le lendemain, il revint avec la même suite, et l'on vit paraître en même temps un canot qui venait de la Tortue, chargé d'environ quarante hommes. Le cacique prit un ton menaçant pour leur ordonner de se retirer, et leur jeta même de l'eau et des pierres : ils obéirent avec de grandes marques de soumission. Les Castillans s'employèrent librement pendant tout le jour à troquer des grains de verre pour des feuilles d'or. Leur passion, ou plutôt celle de l'amiral, était de porter de l'or en Castille.

Le 21 décembre, l'amiral reçut une députation du roi Guacanagari, qui le faisait prier de se rendre à sa cour, et qui lui envoyait un présent assez riche, c'était un masque, dont les oreilles, la langue et le nez étaient d'or battu, avec une ceinture de la largeur de quatre doigts, brodée d'os de poisson fort menus, et travaillés en forme de perles. L'amiral promit aux députés d'aller voir incessamment leur maître ; mais il se crut obligé par prudence d'y envoyer d'abord quelques-uns de ses officiers.

Ceux qu'il chargea de cette commission revinrent si satisfaits de l'accueil et des présents du roi, qu'il ne balança point à faire le même voyage. Guacanagari faisait son séjour ordinaire à quatre ou cinq lieues du port de Saint-Thomas. Le fruit de cette entrevue fut un traité de commerce qui parut établir la confiance. On vit aussitôt un concours surprenant d'hommes de tout âge et de tout sexe autour des deux caravelles. Les grains d'or, le coton et les perroquets furent prodigués aux Castillans. Ceux qui visitèrent les bourgs y furent traités comme des hommes célestes. Cette heureuse prévention ne diminuait point dans l'esprit des insulaires. Ils baisaient la terre où les Castillans avaient passé, et tous les biens de l'île étaient comme abandonnés à leur discrétion.

La mer fut extrêmement agitée pendant deux jours ; mais, au retour du beau temps, l'amiral résolut de s'approcher d'un lieu qu'il avait nommé Punta-Santa. Il fut secondé par un petit vent. Comme il avait passé ces deux jours sans dormir, la nécessité de se reposer l'obligea de se jeter sur son lit, après avoir recommandé aux pilotes de ne pas quitter le gouvernail ; mais n'étant pas moins pressés que lui par le sommeil, ils confièrent leur charge à un jeune homme sans expérience, qui fut entraîné par les courants sur un banc de sable où le navire échoua.

L'amiral fut réveillé par les cris qu'il lui entendit jeter au milieu du péril ; mais il était trop tard, et les ordres qu'il se hâta de donner furent si mal exécutés, que n'ayant pu tirer aucun secours de ses propres gens, qui pensèrent uniquement à sauver leur vie, il eut le chagrin de voir périr sa caravelle à ses yeux. *La Nina*, commandée Yanes Pinçon, était éloignée d'une lieue. Elle refusa de prendre à bord ceux qui avaient quitté l'amiral ; et, ne pouvant arriver assez tôt pour secourir son vaisseau, elle servit du moins à sauver sa personne et ceux qui avaient couru le même danger.

Guacanagari ne fut pas plus tôt informé du malheur de ses nouveaux alliés, qu'il accourut avec le plus vif empressement pour leur offrir toutes sortes de secours. Il les fit aider par ses sujets à recueillir les débris de leur naufrage. Dans plusieurs visites qu'il rendit à l'amiral, il le conjurait les larmes aux yeux, suivant les termes de tous les historiens, d'oublier une perte dont il se reprochait d'avoir été l'occasion. Il lui présenta tout ce qu'il possédait pour la réparer. Tous les habitants de cette partie de l'île entrèrent dans les sentiments de leur souverain, et voyant l'ardeur des Castillans pour l'or, ils leur apportèrent tout ce qu'ils avaient de ce précieux métal.

A la vérité, leur passion n'était pas moins ardente pour les bagatelles qu'ils recevaient en échange, mais surtout pour les sonnettes. Ils approchaient comme à l'envie de la caravelle en levant des lames d'or sur leurs têtes. Ils paraissaient craindre que leurs offres ne fussent refusées. Un d'entre eux, qui en tenait à la main un morceau du poids d'un demimarc, étendit l'autre pour recevoir une sonnette, donna son or, et se mit à fuir de toutes ses forces, dans la crainte apparemment que le Castillan ne se crût trompé. Et ce sont ces hommes que les Espagnols ont cru devoir détruire!

Des marques si constantes de simplicité et d'amitié, jointes à l'espoir de parvenir sans violence à découvrir la source de tant de richesses, firent naître à l'amiral le dessein de former un établissement dans les terres de Guacanagari. Ses gens applaudirent à cette ouverture, comme au seul moyen d'acquérir une parfaite connaissance du pays, et d'en apprendre la langue.

Il n'était question que de faire goûter ce dessein au roi. L'amiral s'attacha plus que jamais à gagner sa confiance par des caresses et des présents. Mais, comme il n'était pas moins nécessaire de lui inspirer du respect, il fit faire quelques décharges de son artillerie. La foudre descendue sur les insulaires ne leur aurait pas causé plus de frayeur; ils tombaient à terre en se couvrant la tête de leurs mains.

Guacanagari n'étant point exempt de cet effroi, l'amiral se hâta de le rassurer. « Avec ces armes, lui dit-il, je vous rendrai victorieux de tous vos ennemis (1) ; » et pour le persuader par des effets, il fit tirer un coup contre le navire, échoué. Le boulet ayant percé le navire, alla tomber dans la mer. Ce spectacle causa tant d'étonnement au roi, qu'il s'en retourna chez lui dans une rêverie profonde, et persuadé que les étrangers étaient les maîtres du tonnerre.

Dans cette disposition, il leur accorda volontiers la liberté de bâtir un fort, qui fut composé en dix jours des débris du vaisseau, et dans lequel on mit quelques pièces de canon. Un fossé assez profond dont il fut environné, et la seule vue de l'artillerie, devaient suffire pour tenir en respect des gens nus et déjà subjugués par la crainte. Pendant ce travail, l'amiral descendait chaque jour à terre, où il passait toutes les nuits. Guacanagari prit cette occasion pour le surprendre par divers honneurs auxquels il ne s'attendait point.

Un jour, en descendant de sa chaloupe, il rencontra un des frères de ce prince, qui le conduisit par la main dans une maison fort ornée, où le roi vint aussitôt, et lui mit au cou une lame d'or. Un autre jour, cinq caciques, sujets du roi, l'étant venus voir avec des couronnes d'or sur la tête, ce prince observa le moment où l'amiral descendait au rivage pour se présenter avec ses vassaux, la tête couverte aussi d'une couronne, et

(1) Ces ennemis, dont il faisait souvent des plaintes, et qu'il nommait Caraïbes, étaient des habitants de plusieurs îles voisines avec lesquels il était sans cesse en guerre, et qu'il représentait comme les plus cruels de tous les hommes.

l'ayant conduit dans le même lieu, il le fit asseoir avec beaucoup de vénération, et lui mit sa couronne sur la tête.

L'amiral portait un collier de grains fort menus. Il se l'ôta sur-le-champ pour le mettre au cou de Guacanagari ; il se dépouilla d'un fort bel habit qu'il avait ce jour-là, et l'en couvrit de ses propres mains ; il se fit apporter des bottines rouges qu'il lui fit chausser ; enfin il lui mit au doigt un anneau d'argent. Cette cérémonie fut comme un nouveau traité, qui parut augmenter l'affection des insulaires pour les Castillans. Deux caciques accompagnèrent l'amiral jusqu'à sa chaloupe, et lui présentèrent, en le quittant, chacun leur lame d'or. Ces lames n'étaient pas fondues ; elles étaient composées de plusieurs grains. Les Américains n'ayant pas l'industrie de les mettre en œuvre, prenaient les parties d'or telles qu'ils les tiraient des mines et n'employaient que des pierres pour les allonger.

Dans cet intervalle, les insulaires avertirent l'amiral qu'ils avaient découvert un navire qui rôdait à l'est autour de la côte. Il ne douta point que ce ne fût *la Pinta*, dont la désertion lui causait beaucoup plus de chagrin depuis la perte de sa caravelle. Il dépêcha une chaloupe avec ordre de la chercher ; mais il remit à l'officier qu'il chargea de ce soin une lettre pour Alphonse Pinçon, par laquelle, dissimulant son ressentiment, il l'exhortait à rejoindre son chef. La chaloupe fit inutilement plus de vingt lieues. On ne douta plus que Pinçon n'eût fait route pour l'Espagne afin d'y porter la première nouvelle des découvertes, et pour s'en attribuer peut-être toute la gloire.

Ce soupçon détermina l'amiral à presser son départ, et lui fit remettre à d'autres temps la visite des mines.

Il assembla tous ses gens, entre lesquels il choisit trente-neuf hommes des plus forts et des plus résolus. Il leur donna pour commandant un gentilhomme de Cordoue, nommé Diego d'Arana, qu'il revêtit d'un pouvoir absolu, tel qu'il l'avait reçu lui-même de Leurs Majestés catholiques. Il nomma Pedro Guttierez et Rodrigue d'Escovédo pour le remplacer successivement, si la mort ou quelque autre accident l'enlevait à la colonie. Un cordonnier, un tailleur d'habits et un charpentier furent les seuls ouvriers qu'il crut nécessaires dans un établissement où tout autre art était inutile. Mais il y laissa tout ce qu'il put se retrancher de vin, de biscuit et d'autres provisions, avec diverses sortes de graines pour semer, et quantité de marchandises qui devaient servir à l'entretien du commerce avec les insulaires.

Comme l'engagement de ceux qu'il avait choisis était volontaire, il n'eut à leur représenter que l'importance qu'il y avait pour eux et pour leur patrie de vivre dans l'union, de ménager les insulaires, et d'apprendre la langue de ces peuples.

Les provisions qu'il leur laissait dans le fort suffisaient pour une année, et son absence ne devait pas durer si longtemps. Il ne lui restait plus qu'à prendre congé de Guacanagari ; il l'assura qu'il leur avait ordonné de le servir contre les Caraïbes, et que ces machines terribles qu'il leur laissait pour sa défense étaient capables seules de le délivrer de tous ses ennemis. Ce prince s'engagea solennellement à traiter les chrétiens comme ses enfants, et pour gage de ses promesses, non-seulement il consentit que plusieurs de ses sujets fissent le voyage de l'Europe, mais il confia un de ses parents à l'amiral.

L'ancre fut levée le 4 janvier. On prit d'abord la route de l'est, dans le dessein de reconnaître toute la côte de l'île. Après avoir doublé le premier cap, que l'amiral avait nommé Punta Santa, et qui est aujourd'hui le Cap-Français, on aperçut une montagne fort haute et sans arbres, qui en est à dix-huit lieues, et qui reçut le nom de Monte-Cristo. Un grand fleuve, qui sort à côté de ce mont, reçut celui de Rio-del-Oro, parce qu'on y trouva quelques pailles d'or dans le sable (1).

(1) Haïti, que Christophe Colomb appela *Hispaniola* et qui porta plus tard le nom de Saint-Domingue, est une des quatre grandes Antillles, et la plus considérable après Cuba. Elle est située à l'entrée du golfe de Mexique entre 17° 43' et 19° 58' de latitude nord, 70° 45' et 70° 55' de longitude ouest. Sa longueur de l'est à l'ouest est de 600 kilomètres environ. Sa largeur, du nord au sud, varie de 230 à 270 kilomètres. On évalue à 76,036 kilomètres carrés la superficie de son territoire. Sa population est de 850,000 habitants. Haïti comprend deux États, la république du même nom et la république dominicaine.

Les côtes sont sinueuses et les anses qu'elles forment sont en général sûres et commodes pour les navires qui y cherchent un abri. La baie de Samana, séparée par la presqu'île du même nom de la baie Ecossaise et de Cosbeck, est surtout remarquable.

Le sol est montagneux. Son point culminant, le Cibao, forme un massif d'où se détache une chaîne qui se dirige à l'ouest. Un rameau moins considérable s'étend vers l'est. Une autre chaîne de montagnes court du nord-ouest au sud-est, et de ce côté, se termine à la baie de Samana, près du second rameau dont nous venons de parler. Deux chaînons secondaires partent de ces arêtes principales. Elles laissent entre elles des gorges plus ou moins profondes, coupées par des mamelons contigus ou séparés. A mesure qu'elles s'éloignent de l'est, ces deux chaînes vont en s'élevant sur une longueur de 170 kilomètres, puis, en se prolongeant, elles s'élargissent jusqu'au milieu d'une bande de terre qui s'avance considérablement à l'ouest de l'île. A partir de ce point, elles se rétrécissent, toutefois sans rien perdre de leur élévation. Cette élévation est de 800 mètres pour la plupart des sommets de l'intérieur, mais le *Cibao*, la *Selle* et la *Hotte* ont 1,600 mètres d'altitude ; le pic d'Yaque atteint même 2,000 mètres.

Des plaines de différentes grandeurs et d'une admirable fécondité s'étendent entre ces montagnes et la côte.

En raison de son sol montagneux, Haïti a une grande variété de température. Le climat, très-salubre sur les hauteurs, est, dans les plaines, d'une chaleur accablante, qu'aucun Européen ne pourrait supporter sans les brises régulière qui viennent de la mer. On ne connaît dans l'île ni printemps, ni automne. L'année se divise en deux saisons, le brûlant été et l'hivernage ou période

Le dimanche 6, en sortant de Rio-del-Oro, il découvrit *la Pinta*, qui faisait voile avec le même vent. Pinçon, l'ayant abordé, rejeta la longueur de son absence sur le mauvais temps. La fausseté de cette excuse n'empêcha point l'amiral de recevoir ses soumissions. Il raconta qu'étant allé de port en port, il avait troqué ses marchandises pour de l'or, dont il

des orages, sauf cependant dans certaines régions montagneuses où sévissent des froids rigoureux. Par une byzarrerie qu'explique du reste la configuration de l'île, sur les côtes ouest et sud, l'hivernage se fait sentir d'avril en novembre, tandis que sur la côte nord il règne de novembre en avril.

Généralement formé d'une mince couche de terre végétale répandue sur un lit d'argile, de tuf et de sable, le sol offre de grandes modifications qui le rendent propre à tous les genres de cultures. « Les anciens auteurs signalent dans les montagnes de cette île, des mines d'or, d'argent, de cuivre, d'étain, de fer, d'aimant, de cristal de roche, de soufre, de charbon de terre, de marbre, de jaspe et de porphyre... Les mines de Buonaventura et de la Véga, produisaient annuellement, selon Herrera, 460,000 marcs d'or, et on trouva dans la première un lingot d'or du poids de 200 onces. L'existence de ces richesses minérales a été vérifiée et confirmée de nos jours par un savant minéralogiste espagnol. »

Comme quadrupède indigène on ne signale que l'agouti. En revanche, les reptiles pullulent, entre autres plusieurs espèces de serpents très venimeux et un grand lézard, l'iguane, dont l'aspect est effrayant, mais dont la chair est délicieuse.

Les lacs et les rivières, qui renferment une grande variété de poissons, sont malheureusement habités aussi par de nombreux et voraces Caïmans. Parmi les richesses naturelles de l'île, les tortues de mer et de terre tiennent une place relativement considérable ; une espèce de ces tortues, le Carret, fournit la plus belle écaille connue dans le commerce.

Mais c'est surtout au point de vue des habitants de l'air qu'Haïti possède des richesses admirables. Presque toutes les variétés de perroquets, plusieurs espèces de faisans, le pélican, le flammant, le colibri, l'oiseau-mouche, peuplent et animent ses magnifiques forêts.

Parmi les nombreux insectes que développent les ardeurs du climat et dont les piqûres insupportables nécessitent, de la part des Créoles, les plus minutieuses et incessantes précautions, nous devons, sans nous arrêter aux importuns moustiques, signaler deux espèces de fourmis, dont les morsures sont dangereuses, et le chique qui se loge sous les ongles des pieds et produit des ulcères terribles.

Appartenant d'abord tout entière aux Espagnols, Haïti ou plutôt Saint-Domingue, comme on la nommait alors, fut, au commencement du XVIIᵉ siècle, occupée, dans sa partie occidentale, par des boucaniers français. Cette prise de possession, sanctionnée par le gouvernement français, fut reconnue au traité de Ryswick par toutes les puissances maritimes, y compris l'Espagne.

Dès lors, les colons français se mirent activement à l'œuvre ; de magnifiques plantations s'élevèrent comme par enchantement, et Saint-Domingue rivalisa d'opulence, de luxe et de produits avec les plus riches colonies de la mer des Antilles.

Mais bientôt les révoltes des nègres vinrent troubler cette période de prospérité. Plusieurs soulèvements se produisent de 1722 à 1790, époque à laquelle le décret de l'Assemblée Nationale, proclamant l'égalité entre les blancs et les hommes libres de couleur, vint ajouter un nouveau ferment à la lutte intestine qui dévorait la colonie. Ce ne furent plus, en effet, les seuls nègres esclaves qui se soulevèrent, ce fut la population nègre et mulâtre toute entière.

La lutte fut longue et sanglante, elle aboutit au triomphe de la cause de l'indépendance et à la ruine de la colonie française. Nous allons esquisser en quelques lignes les traits principaux de ce terrible drame, qui n'avait pas seulement pour objet la revendication de droits politiques et sociaux, mais qui était la protestation d'une race prétendue déchue et longtemps repoussée en quelque sorte hors de la grande société humaine.

S'empressant de mettre à profit les discordes que le décret de l'Assemblée Nationale avait pro-

avait pris la moitié pour lui, et distribué l'autre à son équipage. L'amiral ferma les yeux sur cette nouvelle témérité ; et, continuant de ranger la côte, il rencontra plusieurs autres caps, auxquels il donna des noms qu'Herréra nous a conservés sans expliquer leur situation.

Le 12, il fit trente lieues avec beaucoup d'étonnement de trouver l'île si grande. Là, se trouvant vis-à-vis d'une grande baie, formée par une presqu'île, que les insulaires nommaient Samana, et qui porte encore aujourd'hui le même nom, il entreprit de la faire visiter. Quelques matelots, qu'il envoya dans une chaloupe, observèrent sur le rivage un grand nombre de sauvages armés d'arcs et de flèches.

Ce spectacle, qui était jusqu'alors sans exemple pour les Castillans, ne les empêcha point d'aborder. Ils furent si bien reçus, qu'après avoir donné des bagatelles en échange pour quelques armes des Américains, ils en engagèrent un à les accompagner à bord. L'amiral lui fit, sur les mines d'or et sur les Caraïbes, diverses questions auxquelles il satisfit avec beaucoup d'intelligence.

voquées parmi les colons, les nègres se soulevèrent de toutes parts. Les luttes cependant étaient restées en quelque sorte locales, lorsque en 1793, un chef de parti s'empara, à la tête de bandes considérables, du Cap et en massacra tous les habitants.

L'année d'après, un autre parti noir, conduit par le célèbre Toussaint-Louverture, enlevait les principales places de la colonie française et s'emparait de toute la partie orientale de l'île, colonisée par les Espagnols et que l'Espagne venait de céder à la France par le traité de Bâle.

Des évènements aussi importants demandaient une prompte répression; aussi, malgré les préoccupations du moment, la mère-patrie se hâta-t-elle d'organiser une expédition.

Le général Leclerc, chef de cette expédition, débarque à Saint-Domingue en 1802 et après plusieurs victoires qui purent paraître décisive, s'empara de Toussaint-Louverture qu'il envoya en France. Privés de leur chef, les nègres se soumirent ou se dispersèrent.

Mais l'année suivante, le général noir Dessaline reprit l'offensive. A la tête d'une nouvelle armée, il refoula les Français jusqu'au Cap, et le général Rochambeau, successeur de Leclerc, fut obligé, pour ne point tomber aux mains de ces hordes indisciplinées et terribles, de se rendre à une flotte anglaise.... Notre colonie était à jamais perdue pour nous. Erigée d'abord en empire et plus tard partagée en deux Etats distincts, et constituée en république, Haïti eut son indépendance reconnue par la France en 1826, moyennant une indemnité de cent cinquante millions de francs à payer aux colons dépossédés et vaincus.

Le triomphe des nègres n'a eu jusqu'ici pour Haïti que de funestes résultats. « Sous le poids du despotisme le plus barbare et le plus honteux, l'agriculture a langui, l'industrie a été ruinée, et le commerce est tombé dans le plus complet abattement, de sorte que ce beau pays si prospère, si florissant à la fin du siècle dernier, fournit à peine maintenant à la nourriture première de ses habitants. » Ce qui a amené cette décadence, c'est bien moins, selon nous, la prétendue infériorité de la race nègre comparée à la race blanche, que l'abus que les peuples, longtemps courbés sous le joug de la dépendance, sont naturellement portés à faire de la liberté, quand cette liberté les surprend avant qu'ils aient été préparés à la recevoir et à en faire un sage emploi. Ce ne sera qu'après plusieurs générations qu'Haïti pourra se flatter de posséder des citoyens vraiment dignes de ce titre au lieu d'esclaves, émancipés il est vrai, mais encore incapables d'entrer dans la voie de la véritable civilisation.

Lorsqu'il eut été renvoyé avec quelques présents, les matelots qui le conduisaient furent surpris, en descendant à terre, de se voir environnés d'une troupe de sauvages armés, qui s'étaient tenus cachés derrière les arbres. Ils se crurent en danger.

L'Américain qu'ils avaient ramené s'aperçut de leur défiance, et s'efforça de les rassurer. Mais, quelque nouveau tumulte ayant fait renaître leurs soupçons, la crainte d'être prévenus leur fit prendre le parti de se sauver, et pour se faire redouter de ces barbares, ils en blessèrent deux de quelques coups de sabre; tous les autres prirent la fuite en jetant leurs arcs et leurs flèches. Ce fut la première fois que les Castillans firent couler le sang dans le Nouveau-Monde.

CHAPITRE V

Cependant, l'ennui d'une si longue navigation, autant que le mauvais état des caravelles, qui faisaient beaucoup d'eau, déterminèrent l'amiral à prendre directement la route de l'Europe. Les voiles furent tournées au nord-est le 16 janvier, et l'on découvrit plusieurs petites îles que personne ne fut tenté de reconnaître.

La route fut heureuse jusqu'au mardi 12 février, quoique assez incertaine par la variété des observations et du jugement des pilotes. Mais, après avoir fait environ cinq cents lieues, les deux caravelles essuyèrent une si furieuse tempête, que le naufrage leur parut inévitable.

On fit diverses sortes de vœux pour obtenir la protection du ciel. Enfin, l'amiral croyant toucher au dernier moment de sa vie, et s'affligeant moins d'un malheur dont il ne pouvait se garantir que de la perte de ses mémoires qui allait rendre son voyage inutile à l'Espagne, prit le parti de les réduire en peu de lignes sur un parchemin qu'il renferma soigneusement dans un baril; et, sans communiquer son secret à ses gens, il jeta le baril dans les flots.

Ils s'imaginèrent que c'était quelque nouvelle ressource de religion ; et le vent s'étant apaisé tout d'un coup, Herréra fait entendre qu'ils attribuèrent cet heureux changement à la piété de l'amiral. Cependant, l'autre caravelle avait disparu dès le commencement de la tempête ; et, n'étant point ramenée par le beau temps, on ne douta pas qu'elle eût péri.

Le 15, on aperçut la terre à l'est-nord-est, mais sans aucun signe qui pût aider à la reconnaître. Les uns la prenaient pour l'île de Madère, et d'autres pour la roche de Cintra, qui est proche de Lisbonne. Colomb seul jugea, par ses observations, que c'était une des Açores, qu'on reconnut bientôt, en effet, pour Sainte-Marie.

Il aborda, le 18, au nord de cette île. Don Juan de Castaneda, qui y commandait pour le Portugal, l'envoya complimenter aussitôt, et lui fit porter quelques rafraîchissements.

Cette politesse lui inspira tant de confiance que, ne pensant qu'à rendre grâce au ciel par l'exécution du vœu public, il fit descendre, le lendemain, une partie de ses gens pour se rendre en procession dans une chapelle voisine, où il se proposait d'aller lui-même le jour d'après avec le reste de l'équipage. Les Castillans étaient non-seulement sans armes, mais en chemise, suivant la promesse qu'ils en avaient faite au ciel.

A peine eurent-ils perdu de vue le rivage, qu'une troupe de Portugais fondit sur eux et les fit prisonniers ; l'amiral, surpris de ne pas les revoir à la fin du jour, fit avancer son vaisseau vers une pointe d'où l'on pouvait découvrir la chapelle. Il vit sa barque, mais au lieu de ses gens, qu'il se disposait à recevoir, il aperçut un grand nombre de cavaliers armés, qui descendaient de cheval, et qui entrèrent dans la barque ; apparemment pour le venir attaquer.

Il se mit aussitôt sous les armes, dans la résolution néanmoins de ne pas commencer les hostilités.

Les Portugais, s'étant avancés à la portée de la voix, demandèrent un signe de sûreté. Il ne balança point à le donner ; mais, voyant qu'ils ne s'en tenaient pas moins éloignés, il leur dit qu'il avait quelque étonnement de ne voir aucun de ses gens dans la barque ; qu'il ne s'était pas imaginé qu'on ne l'eût fait saluer que pour le trahir ; qu'il avait l'honneur d'être amiral de l'Océan et vice-roi des Indes pour l'Espagne, et qu'il était prêt à montrer ses provisions.

Un officier portugais lui répondit qu'on ne connaissait dans l'île ni le roi d'Espagne, ni ses lettres, et qu'il serait traité comme ses gens, s'il avait l'audace d'entrer dans le port.

Un langage si offensant fit douter à l'amiral si, depuis son départ, les deux couronnes n'avaient pas rompu la paix. Il prit tous ses gens à témoin de ce qu'ils avaient entendu ; et, s'armant de fierté à son tour, il jura qu'il ne partirait point sans une vengeance éclatante. Le temps devint si mauvais que, après avoir perdu quelques ancres, il fut contraint de chercher un abri dans l'île de Saint-Michel ; mais l'orage, qui continua toute la nuit, ne lui ayant pas permis d'y aborder, il revint le jour suivant à Sainte-Marie, dans la résolution d'attaquer cette île, et d'employer toutes ses forces pour tirer vengeance des Portugais.

Pendant qu'il se disposait à cette entreprise, un officier de l'île et deux prêtres, avec cinq matelots, s'approchèrent de la caravelle dans une barque, et demandèrent la permission de monter à bord. Ils venaient, dirent-ils, de la part de leur commandant pour s'informer s'il était vrai que le vaisseau portât un amiral d'Espagne, avec ordre, dans cette supposition, de lui rendre tous les honneurs qui étaient dus à sa dignité. L'amiral feignit de croire ce compliment sincère, et leur montra non-seulement ses provisions, mais les lettres du roi, son maître, qui le recommandaient à toutes les puissances du monde.

Alors on lui rendit sa barque et ses gens, avec des excuses, dont il affecta de paraître satisfait. Mais il apprit des prisonniers qu'on lui ramena que tous les sujets du roi de Portugal avaient ordre de l'arrêter, dans quelque lieu du monde qu'il pût tomber entre leurs mains, et qu'il n'aurait pas évité cette disgrâce s'il était descendu avec la première partie de ses gens, comme les Portugais se l'étaient persuadé.

Le temps était devenu favorable, il fit prendre la route de l'est, qu'il suivit heureusement jusqu'au second jour de mars. Un oiseau fort gros, qu'il prit pour un aigle, et qui vint se percher sur un mât, fut comme l'avant-coureur d'une seconde tempête aussi terrible que la première.

Elle fit recommencer les vœux pour un pèlerinage, et l'historien observe avec admiration que le ciel fit tomber encore une fois le sort sur l'amiral.

On s'abandonna aux vents pendant deux jours, sans règle et sans espérance. Enfin, le 4, après avoir vu la terre de près dans une nuit fort obscure, on reconnut à la pointe du jour la roche de Cintra; et, quoique le vent parût fort bon pour s'avancer vers l'Espagne, la mer continuait d'être si grosse, qu'on se crut obligé d'entrer dans la rivière de Lisbonne.

Le roi de Portugal se trouvait alors à Valparaiso. L'amiral, après avoir commencé par dépêcher un courrier à la cour d'Espagne, écrivit à ce prince pour lui demander la permission de mouiller dans le port de sa capitale, avec la précaution de l'avertir qu'il ne venait pas de Guinée, mais des Indes occidentales.

Cette déclaration n'empêcha point que son vaisseau ne fût visité par un officier portugais, qui lui signifia l'ordre de descendre à terre avec lui pour rendre compte de son voyage au commandant du port. Il répondit qu'il était amiral d'Espagne, et que cette qualité le dispensait d'une soumission que ses pareils n'avaient jamais rendue.

On lui proposa d'y envoyer du moins son pilote, ce qu'il refusa avec autant de fermeté; mais il consentit à montrer ses lettres, et l'officier n'eut pas plutôt fait son rapport que le capitaine d'un galion, qui attendait cet éclaircissement, s'approcha de la caravelle au bruit des timbales et des trompettes, et vint lui offrir à bord toutes sortes de secours et de rafraîchissements.

Le bruit de son arrivée s'étant répandu dans Lisbonne, tous les habitants s'empressèrent de venir admirer des hommes qui avaient découvert un nouveau monde, et la rivière fut bientôt couverte de barques. L'amiral reçut le lendemain une lettre du roi de Portugal, qui l'invitait à se rendre à sa cour, avec parole de lui faire un accueil distingué, et qui lui conseillait de prendre d'abord quelques jours de repos à Sacaben. L'ordre était déjà donné de fournir gratuitement à tous ses besoins. Il ne fit pas difficulté de se fier aux promesses d'un monarque ami de ses maîtres; il fallait donc que les dispositions de ce prince fussent changées, ou que les ordres de l'arrêter n'eussent été donnés qu'au cas où il aurait approché des nouvelles possessions du Portugal.

Quoi qu'il en soit, il se rendit à terre. Tous les seigneurs de la cour vinrent au-devant de lui, et l'accompagnèrent jusqu'au palais. Le roi le reçut avec beaucoup d'honneur, le fit asseoir et couvrir devant lui, et prit longtemps plaisir à lui entendre raconter toutes les circonstances de son voyage.

Cependant, après l'avoir félicité de sa gloire, il ajouta que, suivant les conventions entre les couronnes de Castille et de Portugal, toutes les nouvelles découvertes devaient lui appartenir. Colomb répondit qu'il ignorait les traités, mais que, suivant les ordres qu'il avait reçus de Leurs Majestés catholiques, il s'était bien gardé de passer en Guinée ni vers les mines de Portugal.

« Je suis persuadé, lui dit le roi, que nous n'aurons pas besoin d'un tiers pour juger ces différends. »

L'audience finit avec les mêmes égards pour un homme que l'envie même ne voyait pas sans admiration; car tous les historiens observent qu'on sentit alors en Portugal le tort qu'on avait eu de négliger ses offres.

Le roi donna ordre aux premiers seigneurs de sa cour de loger et de traiter l'amiral. Il le revit deux fois avec la même satisfaction, et l'ayant comblé d'honneurs et de présents, il le fit conduire jusqu'à Lisbonne par don Martin Norogna. Colomb vit la reine en passant à Villa-Franca, et n'en fut pas reçu avec moins de distinction.

A peine fut-il entré dans la capitale qu'on lui offrit, au nom du roi, la liberté de faire le reste du voyage par terre avec une escorte et toutes les commodités qu'il pouvait désirer jusqu'à la frontière. Il marqua beaucoup de reconnaissance pour cette nouvelle faveur; mais n'ayant pas jugé à propos de l'accepter, il remit à la voile pour l'Espagne, le 13, avec un vent si favorable que, le vendredi 15, il entra vers le midi dans le port de Palos. On remarqua qu'il en était parti le même jour de la semaine, troisième d'août. Ainsi, dans l'espace d'environ sept mois et demi, il avait achevé une entreprise qu'il avait peut-être regardée lui-même comme l'ouvrage de plusieurs années.

CHAPITRE VI

Cet heureux retour fut célébré par des transports de joie; et, dans la première surprise d'un évènement si merveilleux, on avait peine à ne le pas prendre pour un prestige. Sans attendre les ordres de la cour, les boutiques furent fermées à Palos, toutes les cloches sonnèrent, et l'amiral, en sortant de la caravelle, reçut des honneurs qu'on n'avait jamais rendus qu'aux têtes couronnées.

Sa modestie ne l'abandonna point dans cette espèce de triomphe. Son premier soin fut d'écrire à Leurs Majestés catholiques et de leur envoyer une exacte relation de son voyage.

La Pinta, qui avait été séparée de lui par la tempête, avait pris terre à Bayonne ; et quelques historiens racontent que Pinçon s'était rendu par le plus court chemin à Barcelone où la cour était alors, dans l'espérance de paraître le premier aux yeux du roi et d'y recueillir peut-être le prix du courage et de l'habileté d'autrui; mais que ce prince, à qui il fit demander audience, refusa de l'écouter, et que le chagrin qu'il en eut le mit en peu de temps au tombeau.

D'autres ont écrit que de Bayonne il alla droit à Palos, où il arriva le même jour que l'amiral; que cette rencontre, à laquelle il ne s'était pas attendu, l'affligea d'autant plus, que Colomb avait déjà fait des plaintes de sa désertion, et l'accusait d'avoir empêché, par ce contre-temps, qu'il n'eût visité les mines de Cibao, d'où il pouvait apporter beaucoup d'or en Espagne, et que la crainte d'être arrêté le fit sortir sur-le-champ de la ville, où il ne laissa point de revenir après le départ de son chef, mais si malade de fatigue et de chagrin, qu'il y mourut peu de jours après. L'envie n'est pas toujours punie ainsi ; mais heureusement on peut se fier à elle du soin de son supplice.

Colomb ne différa point à partir pour Séville avec toutes les richesses qu'il avait apportées du Nouveau-Monde ; des sept Américains qu'il avait embarqués, il lui en était mort un sur mer, et deux restèrent malades à Palos. L'impatience de le voir était aussi vive à la cour que celle qu'il avait lui-même de se présenter à Leurs Majestés catholiques ; il en reçut une lettre à Séville avec cette suscription : « A don Christophe Colomb, notre amiral sur l'Océan, vice-roi et gouverneur des îles qui ont été découvertes dans les Indes occidentales. »

Ferdinand et Isabelle l'assuraient, dans les termes les plus flatteurs, de leur affection, de leur estime et de leur reconnaissance ; le pressaient de se rendre auprès d'eux, et le consultaient d'avance sur les ordres qu'ils avaient à donner pour achever son ouvrage. Il fit une réponse modeste, à laquelle il joignit un état des vaisseaux, des troupes et des munitions qu'il croyait nécessaires à ses grandes vues.

La renommée ayant déjà publié son retour et sa marche lorsqu'il sortit de Séville, son voyage jusqu'à Barcelone fut un véritable triomphe : les chemins et les campagnes retentirent d'acclamations. On s'empressait dans tous les lieux habités d'aller au devant de lui, afin de contempler l'homme extraordinaire qui s'était ouvert, par des routes inconnues avant lui, l'entrée d'un nouveau monde. Les Américains dont il était accompagné, les perroquets rouges et verts, et quantité d'autres nouveautés qu'il ne manquait pas d'étaler aux yeux des spectateurs, attiraient la curiosité du vulgaire ; mais l'admiration des hommes éclairés ne s'adressait qu'à lui. Il arriva vers le milieu d'avril à Barcelone.

On lui fit une réception digne du service qu'il avait rendu à l'Espagne. Tous les courtisans, suivis d'un peuple innombrable, allèrent fort loin au devant de lui ; et, lorsqu'il eut reçu les premiers compliments de la part du roi et de la reine, il marcha jusqu'au palais, précédé de ses Américains.

Les acclamations redoublaient à chaque instant, et jamais homme n'eut peut-être un jour plus glorieux et plus flatteur, surtout s'il rapprochait, comme il est naturel de le penser, sa situation présente de celle où il s'était vu quelques mois auparavant. Il fut conduit avec cette pompe, au travers d'une grande partie de la ville, à l'audience des rois catholiques, qui l'attendaient hors du palais, sous un dais magnifique, revêtus des habits royaux, le prince d'Espagne à leur côté, au milieu de la plus grande cour qu'ils eussent rassemblée depuis longtemps.

Aussitôt qu'il aperçut Leurs Majestés, il courut se prosterner à leurs pieds pour leur baiser la main ; mais Ferdinand le fit relever, et lui ordonna de s'asseoir sur une chaise qui lui avait été préparée ; après quoi il reçut ordre de raconter à haute voix ce qui lui était arrivé de plus remarquable. Il parla d'un air si noble que son récit parut charmer toute l'assemblée. Tout le monde se mit ensuite à genoux, à l'exemple du roi et de la reine, qui rendirent grâce au ciel les larmes aux yeux, et les hymnes de joie furent chantés par la musique de la chapelle : hymnes de funeste augure, qui servaient comme de prélude aux gémissements funèbres dont bientôt allait retentir ce nouvel et malheureux hémisphère, qui ne fut connu de l'ancien que pour se voir peu de temps après couvert de deuil et souillé de carnage !

Depuis ce grand jour, le roi ne **parut** point dans la ville sans avoir à sa droite le prince son fils, et Colomb à sa gauche. Tous les grands, à l'exemple du souverain, s'accordèrent à combler d'honneur l'amiral vice-roi des Indes. Le cardinal d'Espagne, Pierre Gonzalès de Mendoze, aussi distingné par son mérite que par son rang et sa naissance, fut le premier qui le traita dans un festin, où non-seulement il lui fit prendre la première place, mais le fit servir à plats couverts, avec ordre de ne lui rien présenter dont on n'eût fait l'essai ; ce que tous les seigneurs observèrent en le traitant à leur tour.

Barthélemi et Diégo Colomb, ses deux frères eurent part aux libéralités du roi, quoique absents tous deux de ses états. Le titre de don leur fut accordé, avec de magnifiques armoiries pour toute la famille.

C'est alors qu'Alexandre VI donna cette fameuse bulle de démarcation, sollicitée par Ferdinand et Isabelle ; bulle qui leur accordait l'investiture de tout ce qu'ils pourraient découvrir et acquérir à l'occident des îles Açores, et qui laissait au roi de Portugal toutes les découvertes et conquêtes faites à l'orient des mêmes îles.

CHAPITRE VII

Colomb obtint un brevet particulier qui lui donnait le commandement
de la flotte jusqu'à Hispaniola, d'où elle devait revenir sous les ordres
d'Antoine de Torrez, et de nouvelles patentes qui confirmaient celles dont
il avait fait un si glorieux usage.

Leurs Majestés, tournant leurs soins à la publication de l'Evangile,
firent choix de douze prêtres séculiers et religieux, et leur donnèrent pour
supérieur un bénédictin catalan d'un mérite distingué, avec un bref du
pape qui contenait des pouvoirs fort étendus et l'ordre particulier qu'on
devait tenir à l'égard des Américains, et d'empêcher qu'ils ne fussent
maltraités. Malheureusement, jamais ordre ne fut plus mal exécuté.

L'amiral, en prenant congé de Leurs Majestés, obtint la permission de
laisser ses deux fils à la cour, en qualité de pages, pour y recevoir une
éducation digne de leur père et de leurs espérances. Il se rendit à Séville,
où il trouva la flotte qu'il devait commander presqu'en état de mettre à la
voile. L'ardeur des commissaires avait répondu à l'impatience de la cour.
Dix-sept vaisseaux dont cet armement était composé se trouvaient déjà
bien pourvus d'artillerie et de munitions, non-seulement pour le voyage,
mais encore pour les colonies qu'on se proposait d'établir. On y avait embarqué un grand nombre de chevaux, des ferrements de toute espèce, des
instruments pour travailler aux mines et pour purifier l'or, des marchandises pour le commerce et pour les présents, du froment, du riz, des
graines de toutes sortes de légumes, enfin tout ce qui peut servir aux
progrès d'un nouvel établissement. Quinze cents volontaires, entre les-

quels on comptait beaucoup de jeune noblesse, attendaient l'amiral avec une égale passion pour l'or et pour la gloire.

Enfin, le 25 septembre, la flotte espagnole sortit de la baie de Cadix, et, le 2 octobre, elle eut la vue de la grande Canarie. Trois jours après, elle entra paisiblement dans le port de Gomère pour y faire de nouvelles provisions, surtout de veaux, de chèvres, de brebis, de porcs et de poules, dont sortent, remarque Herréra, tous ceux dont l'Amérique est aujourd'hui peuplée.

L'amiral donna au commandant de chaque vaisseau un écrit soigneusement cacheté, qui contenait des instructions sur la route qu'on devait tenir, si l'on était séparé par la tempête ou par d'autres accidents, avec défense de l'ouvrir sans une pressante nécessité : il souhaitait que cette route ne fût connue de personne, dans la crainte que les Portugais n'en fussent informés.

On remit à la voile le 7 octobre, et l'amiral fit prendre un peu plus au sud que l'année précédente. C'est dans ce second voyage qu'il découvrit la Dominique (1), Marie-Galande, la Guadeloupe, Antigoa, Saint-Christophe et Saint-Jean-Baptiste ou Porto-Rico (2).

Le 27, après midi, ou jeta l'ancre à l'entrée du Puerto-Réal. Quelques

(1) Située dans l'archipel des Antilles et faisant partie du groupe Sous-le-Vent, l'île anglaise de la Dominique, à 53 kilomètres de la Guadeloupe par 50° 18' de latitude nord et 63° 44' de longitude ouest, a une superficie de 753 kilomètres carrés et compte environ 30,000 habitants, dont la majeure partie appartient à la race de couleur.

Cette île, d'origine volcanique, présente, vue de la mer, une masse confuse de montagnes et de rochers dont quelques points atteignent 1600 mètres. Mais, grâce aux nombreux petits cours d'eau, qui, en s'échappant de ces montagnes, forment des ravins abrités du soleil, la végétation acquiert un développement qui lui permet de suppléer, en quelque sorte, par la quantité de ses produits au peu d'étendue des terres arables.

Les exportations en toute espèce de produits des régions tropicales approchent, si déjà même elles ne le surpassent, du chiffre de trois millions de francs.

L'île compte plusieurs sources ferrugineuses et sulfureuses très estimées pour leurs effets médicaux. Les forêts abritent de nombreux nids d'abeilles dont le miel excellent est un objet assez considérable de commerce.

On trouve encore, dans certaines parties de l'île, quelques Caraïbes aborigènes, restes de la population florissante qu'y trouvèrent les premiers Européens. Ces Indiens, qui sont tous des pêcheurs et des bateliers expérimentés, sont tranquilles et inoffensifs. Ils professent tous la religion catholique.

La Dominique, qui a appartenu tour à tour, par droit de conquête, aux Anglais et aux Français, est restée aux premiers. Elle est administrée par un Lieutenant-Gouverneur, un conseil de douze membres, nommés par le gouvernement anglais, et une assemblée de dix-neuf représentants élus par les habitants.

Son chef-lieu est *le Roseau*, ville d'environ 4,000 âmes.

(2) *Porto-Rico*, possession espagnole, est l'île la plus orientale du groupe des grandes Antilles. A l'est d'Haïti, de l'autre côté du canal de *Mona*, elle est située par 17° 54' et 18° 30' de latitude

Américains s'approchèrent dans un canot en criant : « Al mirante. » On les pressa de monter à bord : ils demandèrent à voir auparavant l'amiral; et lorsqu'il se fut montré, ils abordèrent sans crainte. Après l'avoir salué de la part de Guacanagari, ils lui firent un présent en or assez riche. Il leur demanda pourquoi il ne voyait aucun de ses gens. Ils répondirent

nord ; 59° 20' et 60° 58' de longitude ouest. Sa superficie est de 9,315 kilomètres carrés, et sa population de 646,360 habitants.

Sa forme, assez régulière, est à peu près celle d'un parallélogramme, son aspect est des plus pittoresque et des plus variés, et son climat d'une douceur qui y maintient une sorte de printemps perpétuel. Les parties montagneuses sont couvertes de magnifiques forêts, et les vallées ou plutôt les ravins, formés par les cinquante et un cours d'eau qui la sillonnent, d'une fécondité merveilleuse. Les sommets culminants de l'île dépassent 1,000 mètres et celui de *Yunque* (l'enclume) atteint 1,120 mètres.

Les caps les plus remarquables de Porto-Rico sont, au nord-est, Cabesa de San-Juan; au sud-est, Mala-Pascua ; au sud-ouest, Morillo de Cabo-Rojo, et enfin, à l'ouest, le cap San-Francisco ou Jiguero. Les ports y sont nombreux et excellents ; on en compte sept principaux qui sont ceux de San-Juan (capitale), Fayardo, Ensenada, Honda, Puerto-Real de Cabo-Royo, Jobos, Salinat de Coamo et Guanica.

Comme, dans toutes les Antilles, le règne végétal est, à Porto-Rico, d'une grande richesse ; le nombre d'arbres, d'arbustes et de plantes indigènes y est plus considérable et plus varié encore que dans les autres îles voisines. Beaucoup y sont d'une utile application aux arts et à l'industrie, à l'alimentation de l'homme et à celle des animaux, et enfin à la thérapeutique. Les bois les plus utiles sont l'azeitillo, l'algarrobo veiné de rouge, le cèdre, le buis, le laurier, moca, guasima, sabina et beaucoup d'autres. Ils se recommandent tous comme bois de construction, aussi bien que les suivants, remarquables par leur solidité ou leur flexibilité; le copa blanc et brun, le cajoba (acajou), le roble (espèce de chêne), l'ortégon, le maricano, l'ucar, le guyacan, le maga janné, noir et rouge, l'ansubo, le tortugo, l'algarrobo, le zapote, etc...

« Plusieurs végétaux sont particulièrement propres à la teinture, tels que le copal, le caroube, le mamey, le tabanuco, le manglier, le Yocon, etc... Enfin, sur aucun autre point du vaste monde on ne trouve réuni un nombre aussi divers d'espèces de palmiers; ajoutons qu'on y cultive avec le plus grand succès la canne à sucre, le café, le coton, le tabac ; qu'on y élève un nombreux bétail, enfin qu'on s'y occupe avec profit de la culture des plantes alimentaires.

On ne s'étonnera pas après cela que les richesses de Porto-Rico soient essentiellement agricoles et qu'elles puissent donner lieu à un mouvement commercial qui dépasse 121 millions de francs (relevé des états commerciaux de 1871) dont un peu plus de 77 millions pour l'importation et de 45 millions pour l'exportation. Les quantités des principaux produits exportés de l'île en 1870 sont ainsi désignés dans les recueils officiels que nous avons sous les yeux :

Sucre.......	206.607.000	livres de 460 grammes.
Café	20.822.000	—	—
Tabac.......	5.981.000	—	—
Cotons......	810.000	—	—
Cuirs.......	727.000	—	—
Bétail	7.366 têtes.	
Mélasse.....	60.000	boucauts pesant chacun 650 kilog.

L'importation porte principalement sur les objets manufacturiers et en particulier sur les objets de luxe.

La majeure partie de ce commerce se fait avec l'Amérique; vient ensuite celui qui a lieu entre Porto-Rico et les autres Antilles et auquel prennent une part active les caboteurs de nos colonies.

L'île comprend neuf districts : Porto-Rico, Bayamon, Arécibo, Aguadilla, Mayaquez, Ponce,

que les uns etaient morts de maladie, et que les autres étaient entrés plus avant dans le pays.

Malgré les cruels soupçons qu'il devait concevoir de ce discours, il prit le parti de la dissimulation, et les Américains furent renvoyés avec des présents.

Le lendemain, en s'avançant dans le port, le premier spectacle qui

Humacao, Guyama et Vicque-Island. On compte dans l'île dix villes et soixante-sept bourgs et villages.

Une constitution très libérale, votée par les Cortès espagnoles en 1869, a, depuis sa promulgation à Porto-Rico, presque doublé le commerce et la fortune de l'île, qui a achevé d'entrer dans la voie du progrès par l'abolition de l'esclavage (1873).

« Le capitaine Jean Ponce de Léon fut le premier Européen qui pénétra dans l'intérieur de l'île et commença sa colonisation (1510). Il fonda la ville de Copara sur le lieu nommé encore aujourd'hui Pueblo-Viéjo, ainsi que les villes de Saint-Germain et d'Aguada, qui datent de la même année.

» Quelques historiens portent le nombre des habitants, à l'époque de la découverte, à 600,000 habitants, mais ce nombre est sans doute exagéré ; quoi qu'il en soit, cette population a disparu presque complètement. Cette île était appelée par les Indiens *Boricua* ou *Borinquen*. On a conservé très-peu de données sur les mœurs et la religion des indigènes. On sait seulement qu'ils croyaient à un esprit bon et à un esprit mauvais ; qu'ils attribuaient au premier tout le bien et au second tout le mal qu'ils éprouvaient. Leur caractère était doux, affable, hospitalier et généreux. Le délit qu'ils punissaient avec le plus de rigueur était le vol ; leur principal amusement était la danse. Leur gouvernement était une espèce de monarchie héréditaire. Ils avaient pour chef, à l'arrivée des Espagnols, le Cacique Agueimaba. Leur principale occupation était l'agriculture ; leurs cultures consistaient en maïs, patates douces, ignames, bananes et autres plantes alimentaires de moindre importance.

» Le travail agricole incombait tout entier aux femmes, qui s'y livraient pendant que les hommes s'occupaient de pêche et de chasse. Leurs armes étaient l'arc, la zagaie et le macana, espèce de hache de pierres.

» En 1511, les Indiens, irrités d'être traités en esclaves par le gouverneur Ponce de Léon et ses compagnons, se soulevèrent contre les Espagnols qui, à la suite de plusieurs combats acharnés, les défirent complètement dans la plaine de Yagueca. Les Espagnols, entièrement maîtres du pays, y avaient déjà fondé plusieurs villes, lorsqu'en 1595, le pirate anglais Drake pénétra dans le port de San-Juan avec une flotille, saccagea la capitale et brûla les embarcations qui étaient dans le port.

» En 1598, le duc de Cumberland s'empara de la capitale dans l'intention de s'y établir ; mais une épidémie, qui se déclara parmi les troupes, le fit renoncer à ce projet, et il abandonna la ville après l'avoir pillée et brûlée.

» Une escadre hollandaise, commandée par le général Henry Baldoine, entra, en 1615, dans le port de San-Juan et s'empara de la capitale qui se trouvait encore sans défense. Il assiégea ensuite la forteresse du Morro où les habitants s'étaient réfugiés avec le peu de troupes espagnoles qui se trouvaient alors dans l'île. Les assiégés, commandés par le capitaine don Juan et Amezquita et Quijano firent une sortie contre l'ennemi et combattirent avec tant de valeur que, au bout de quelques heures, ils mirent en déroute les Hollandais, qui perdirent leur général, tué dans l'action par le brave Amezquita. On voit encore dans l'intérieur de Morro, le monument élevé en l'honneur de cette célèbre victoire.

» Une nouvelle tentative de débarquement eut lieu, en 1678, par l'amiral anglais Estrees ; mais elle échoua, par suite d'un ouragan qui causa de fortes avaries dans son escadre et les dispersa. Vingt-cinq ans plus tard, les Anglais revinrent et débarquèrent sur la plage d'Arecibo, mais ils furent repoussés avec pertes et forcés de se rembarquer. Une nouvelle tentative faite en 1797 ne fut pas plus heureuse.

frappa ses yeux fut la ruine entière de la forteresse, qui paraissait avoir été détruite par le feu ; il en fit visiter les débris : non-seulement il ne s'y trouvait aucun Espagnol, mais la terreur semblait répandue parmi les Américains, et l'on n'en découvrit pas un seul aux environs. L'amiral fit nettoyer un puits dans lequel il avait recommandé aux officiers de la garnison de jeter leur or et ce qu'ils avaient de plus précieux, s'ils étaient pressés de quelques dangers ; on n'y trouva rien. Il s'approcha des habitations les plus voisines ; elles étaient désertes. Enfin la vue d'un endroit où la terre avait été fraîchement remuée lui fit naître l'idée d'y fouiller : on y trouva sept ou huit corps qui paraissaient enterrés depuis un mois, et que leurs habits seuls, dont ils étaient encore revêtus, firent reconnaître pour des Espagnols.

Pendant qu'on poussait les recherches et qu'on délibérait sur ces étranges conjectures, un prince de l'île, frère de Guacanagari, parut avec une suite assez nombreuse, et fit demander audience à l'amiral. Les historiens remarquent qu'il avait déjà fait quelques progrès dans la langue castillane.

Il raconta qu'après le départ de l'amiral, la discorde avait bientôt commencé à régner dans la colonie ; que les ordres du commandant n'étant plus respectés, chacun était sorti du fort et s'était livré aux plus odieux emportements ; que les insulaires avaient vu ravir leurs femmes, enlever leur or, et commettre à leurs yeux toutes sortes de brigandages et de dissolutions ; que le roi son frère n'avait pas laissé de contenir ses sujets dans la soumission, en leur promettant que le retour de l'amiral mettrait fin à cet affreux désordre ; mais que Guttierez et Escovédo, après avoir tué un habitant du pays, étaient passés, avec neuf de leurs compagnons, dans les états d'un cacique nommé Caonabo, qui les avait massacrés jusqu'au dernier ; que ce prince, dont les mines de Cibao dépendaient, alarmé apparemment pour ses richesses, avait pris la résolution d'exterminer tous les étrangers ; qu'il était venu assiéger la forteresse avec une puissante armée, et que, n'ayant pu l'emporter d'assaut, quoique la garnison fût réduite à dix hommes, qui étaient demeurés fidèles à Diégo d'Arana, il y avait mis le feu pendant la nuit, avec tant de fureur et dans un si grand nombre d'endroits, qu'il avait été impossible de l'éteindre ; que les assiégés avaient tenté de se sauver par mer, mais qu'ils s'étaient noyés tous, avec leur commandant, en voulant passer à la nage de l'autre côté du port ; qu'à la première nouvelle du siége, le roi Guacanagari s'était hâté de rassembler des troupes pour la défense de ses amis alliés ; qu'il était arrivé trop tard pour les secourir, mais qu'il avait entrepris de les venger ; qu'il avait livré bataille au cacique, et qu'il l'avait défait, avec le malheur néanmoins d'avoir reçu dans le combat quelques blessures qui lui avaient dérobé les fruits de sa victoire, et dont il n'était pas encore guéri ; que le reste des Castillans était dispersé dans l'île, et que jusqu'alors il avait eu le chagrin de ne pouvoir découvrir leurs traces ; enfin qu'à de si justes douleurs il joignait celle d'être encore trop faible pour aller témoigner lui-même à l'amiral combien il était sensible à l'infortune de ses gens ; mais qu'il lui demandait une visite, dans laquelle il promettait de resserrer leur alliance et leur amitié par de nouveaux nœuds.

Il paraît que ce discours ne persuada point entièrement Colomb : tout le portait à la défiance ; et dans ses recherches mêmes il avait trouvé des circonstances qui lui faisaient soupçonner son allié de tout le mal qu'il rejetait sur Caonabo.

Cependant, loin d'écouter l'avis de ceux qui l'excitaient à la violence, il leur représenta qu'on ne pouvait s'établir dans l'île sans le consentement de ses principaux princes ; qu'autrement il fallait s'attendre à des guerres sanglantes dont le succès n'était pas assez certain pour lui faire choisir une voie si dangereuse ; que si Guacanagari était un traître, il paraissait du moins disposé à garder les apparences de bonne foi ; qu'il n'était question que de se conduire avec assez de prudence pour n'être pas surpris ; que, lorsqu'une fois on serait bien fortifié, il serait temps de punir les coupables, et que l'avenir apprendrait infailliblement à les distinguer.

Cette sage politique emporta tous les suffrages. L'amiral ne fit pas difficulté de se rendre à la cour du roi, qui lui fit d'un air triste le récit du malheur des Castillans, et qui lui montra ses blessures. La confiance et l'amitié reprirent une nouvelle force. Guacanagari fit présent à l'amiral de huit cents petites coquilles fort estimées dans le pays sous le nom de cibas, de cent plaques d'or, d'une couronne du même métal, et de trois petites calebasses remplies de grains d'or, dont le poids montait ensemble à deux cents livres. De son côté, l'amiral lui donna quantité de petits vases de verre, des couteaux, des ciseaux, des épingles, des aiguilles et de petits miroirs, qui furent reçus comme des richesses inestimables ; il y joignit une image de la Vierge, qu'il lui pendit au cou. La vue des chevaux d'Espagne, auxquels on fit faire le manége en présence du cacique, lui causa beaucoup d'admiration.

Après ce nouveau traité, l'amiral ne pensa qu'à donner une forme solide à son établissement. Son inclination le portait à rebâtir le fort sur ses premiers fondements ; mais jugeant du pays par la connaissance qu'il en avait prise en rangeant la côte, il craignait que les eaux dormantes n'en rendissent l'air fort malsain ; il avait remarqué aussi qu'on y manquait de pierre pour les édifices ; et d'ailleurs il voulait s'approcher des mines de Cibao.

La résolution à laquelle il s'arrêta fut de s'avancer plus à l'est, et, le 7 septembre, il partit de Puerto-Réal avec toute sa flotte pour aller former une nouvelle colonie à Puerto-di-Plata, où le pays lui avait paru plus agréable et le terroir plus fertile. Dans une route si courte, il fut surpris par une de ces tempêtes auxquelles les Français ont donné depuis le nom de nords, parce qu'elles viennent de ce point. Tous les vaisseaux n'auraient pu se garantir d'être jetés à la côte, si quelques instants de lumière ne leur eussent fait apercevoir, deux lieues au-dessous de Monte-Cristo, une rivière qui leur offrit une retraite.

Quoiqu'elle n'eût pas plus de cent pas de large, elle formait un port assez commode ; mais un peu découvert au nord-est. L'amiral descendit près d'un village qui bordait le rivage ; et, remontant la rivière, d'où l'on découvrit une plaine fort agréable, il remarqua qu'on pouvait détourner les eaux et leur faire traverser le village pour les employer à des moulins, et les rendre utiles à tous les besoins d'une colonie. Les terres lui parurent fertiles. Il y trouva de la pierre pour bâtir et pour faire de la chaux. Tant de commodités le déterminèrent à ne pas chercher d'autre lieu pour y jeter les fondements d'une ville. Il fit bâtir d'abord une église et un magasin. Ensuite il dressa le plan des quartiers et des rues.

Les édifices publics furent bâtis de pierre ; mais tous les autres ne l'ayant été que de bois, de paille et de feuilles de palmiers, on vit bientôt tout le monde à couvert. Cette nouvelle ville, la première apparemment qu'on eût jamais vue dans le nouveau monde, reçut le nom d'Isabella, à l'honneur de la reine de Castille, que l'amiral regardait comme la source de sa fortune et de sa gloire.

Mais soit que les provisions n'eussent pas été ménagées, ou qu'elles se fussent corrompues, on ne fut pas longtemps sans tomber dans la disette de vivres. D'ailleurs la continuité d'un travail dont personne n'était dispensé, les fatigues du voyage, la différence du climat, et l'extrême chaleur, causèrent de fâcheuses maladies. L'amiral, qui ne s'épargnait pas plus que le moindre Castillan, fut un des premiers qui s'en ressentit. De son lit même, où la force du mal le retint pendant plusieurs jours, il ne cessa point de donner des ordres et d'en presser l'exécution.

Il avait observé que l'idée des trésors dont tous ses gens avaient l'imagination remplie servait à les soutenir contre la faim et la misère. Non-seulement il profitait de cette disposition pour les animer continuellement par les plus hautes espérances, mais craignant qu'à la fin ils ne fussent plus découragés par le retardement que par les obstacles, il résolut de ne pas différer plus longtemps la découverte des mines ; et dans l'impuissance où il était d'y marcher lui-même, il chargea de cette entreprise Alphonse d'Ojéda, dont on a déjà vanté le courage, la force et l'adresse.

Ojéda partit à la tête d'un détachement de quinze hommes bien armés. Il s'avança au midi l'espace de huit ou dix lieues, par un pays désert, qui se terminait au pied d'une montagne où, trouvant une gorge fort étroite, il ne fit pas difficulté de s'y engager. Elle le conduisit dans une grande et belle plaine, qu'il fut surpris de voir entourée d'habitations, et coupée d'un grand nombre de ruisseaux, dont la plupart se rendent dans la rivière Yaqui. Il ne lui restait pas plus de douze lieues jusqu'à Cibao ; mais l'agréable accueil qu'on lui faisait dans chaque bourgade, et la quantité de ruisseaux qu'il avait à traverser, retardèrent sa marche de cinq jours.

Dans une route si lente, chaque pas lui faisait découvrir des apparences de richesse. Les Américains qui lui servaient de guides ramassaient à ses yeux des pailles et des grains d'or dans le sable. Il put imaginer, par cet heureux essai, quelle devait être l'abondance de ce métal dans les montagnes ; et jugeant avec prudence qu'il n'y avait rien de plus pressant que de porter à la colonie de si flatteuses nouvelles, il reprit le chemin d'Isabella avec une assez grosse quantité d'or qu'il avait recueillie. Son récit et les preuves qu'il en fit briller aux yeux des Castillans ranimèrent ceux que la faim et les maladies commençaient à jeter dans un mortel désespoir.

Cette conjoncture parut heureuse pour renvoyer la flotte en Espagne. Colomb remit à Torrez, qui devait la commander, l'or d'Ojéda, avec tous les présents qu'il avait reçus de Guacanagari. Les dix-sept vaisseaux qu'il renvoyait avait déjà mis à la voile, lorsqu'il fut informé qu'une troupe de mécontents, ayant choisi Bernard de Pise pour leur chef, avaient formé le dessein d'enlever quelques uns des cinq bâtiments qu'il s'était réservés, et de retourner en Espagne.

La rigueur lui parut nécessaire pour arrêter cette conspiration dans sa naissance. Bernard de Pise fut saisi et envoyé en Espagne dans un des cinq navires, avec les informations et les preuves de son crime ; mais ses principaux complices reçurent leur châtiment aux yeux de la colonie.

Un historien remarque qu'il ne fut pas aussi sévère que semblait le demander une première sédition dont il était important de faire un exemple signalé. Cependant les ennemis de l'amiral commencèrent à lui reprocher de la cruauté ; et cette fausse opinion qu'on prit de son caractère, sur un acte de justice où toutes les formalités avaient été gardées, produisit dans un autre temps des effets funestes pour lui et pour toute sa famille.

Après avoir établi le calme dans la colonie, il prit la résolution de visiter lui-même les mines de Cibao, et d'y faire transporter des matériaux pour la construction d'un fort. Il se fit accompagner de ses meilleurs soldats et d'un grand nombre de volontaires, tous à cheval; et laissant Diègue, son frère, pour commander dans Isabella, il se mit en marche le 12 mars, enseignes déployées, au son des tambours et des trompettes.

Le premier jour, il ne fit que trois lieues, jusqu'au pied d'une montagne fort escarpée, d'où il envoya, sous la conduite de quelques hidalgos, des pionniers à la même gorge par laquelle Ojéda s'était ouvert un passage. En montant au sommet de la montagne, il découvrit avec admiration cette belle et vaste plaine de vingt lieues de longueur, nommée Vega-Real, c'est-à-dire campagne royale. Il la traversa dans sa largeur, qui n'est que de cinq lieues en cet endroit, et tous les Américains d'un grand nombre d'habitations dont elle était remplie lui firent un bon accueil.

On passa tranquillement la nuit sur la rive de l'Yaqui. Les Américains que l'amiral avait amenés d'Isabella entraient dans les maisons qui se trouvaient sur la route, et prenaient librement ce qui tombait sous leurs mains, comme si tous les biens eussent été communs, sans que les habitants donnassent la moindre marque de surprise et de mécontentement.

Ils en usaient de même dans les logements des Espagnols, et l'on n'eut pas peu de peine à leur faire perdre une habitude qui prouvait leur simplicité; les premières idées de propriété leur furent données par ceux qui leur apportaient l'exemple du brigandage.

Une haute montagne sépare le pays qu'on avait traversé de la province de Cibao. Il fallut employer les pionniers pour s'ouvrir l'accès de cette montagne. L'amiral, ayant eu la curiosité de monter au sommet, découvrit de là l'île presque entière.

Le nom de Cibao que les insulaires donnent à cette province, vient de la nature du terroir, qui n'est composé que de montagnes pierreuses, et de rocs ou de cailloux, qui s'appellent *ciba* dans leur langue. Quoique l'entrée du pays soit affreuse, on s'aperçoit bientôt que l'air y est doux et fort sain. Il y coule de toutes parts des rivières et des ruisseaux. L'ombrage y est rare sur les montagnes, mais les lieux bas et le bord des eaux sont couverts de pins d'une extrême hauteur, qui, sans être fort près les uns des autres, paraissent former dans l'éloignement de grandes et belles forêts.

La vue d'un pays si riche le fit penser sérieusement à s'en assurer. A dix-huit lieues d'Isabella, on avait déjà trouvé quantité de mines d'or, une mine de cuivre et deux carrières d'ambre et d'azur. Il était si difficile d'y revenir souvent à cheval et de conduire des voitures dans un pays rempli de pierres et de montagnes, que cet obstacle seul aurait suffi pour obliger d'y former un établissement ; mais l'amiral ne sentit pas moins l'importance de bâtir un fort pour mettre les habitants sous le joug. Il en traça lui-même le plan sur une montagne dont la rivière de Xanique faisait une presqu'île.

Quoiqu'il n'y eût pas beaucoup d'or dans cette rivière, le canton qu'elle arrose était rempli de mines.

La forteresse fut bâtie de pierres et de bois, et ceinte d'un bon fossé dans l'endroit où la rivière laissait un passage par terre. On lui donna le nom de Saint-Thomas, pour railler les incrédules qui n'avaient pas voulu croire ce qu'on publiait des mines de Cibao sans les avoir vues de leurs propres yeux.

Il se trouva, dit-on, dans les fondements des nids de paille, qui parurent assez anciens, et qui contenaient des œufs pétrifiés aussi ronds et aussi gros que des oranges.

L'amiral confia le gouvernement de cette importante place au commandeur don Pedro de Margarita, et lui laissa cinquante six hommes, qui était un mélange de soldats et d'ouvriers. Ensuite, craignant pour Isabella les suites d'une si longue absence, il se hâta d'y retourner par la même route. Une grande pluie, qui n'avait pas cessé depuis quelques jours, lui fit trouver tant de difficultés au passage des rivières, qu'il fut obligé de camper plusieurs fois entre les habitations des Américains. C'était autant d'occasions de se les attacher par ses caresses et ses bienfaits. En approchant de sa colonie, il fut surpris du progrès de tout ce qu'il avait fait semer deux mois auparavant. Il y trouva d'excellents melons ; les concombres étaient venus en vingt jours ; le blé, qui n'avait été mis en terre qu'à la fin de janvier, était en épis. Tout germait en trois jours, et la plupart des fruits étaient mûrs dans l'espace de trois semaines.

Cette extrême fertilité du terroir venait de l'admirable température de l'air, et des eaux, qui pénétraient aussitôt les germes, et qui fournissaient une nourriture continuelle aux racines.

Cependant ces secours ne suffisant point à la subsistance de la colonie, on y était menacé de toutes les extrémités du besoin. Les provisions qu'on y avait apportées touchaient à leur fin. La chaleur et l'humidité, qui servaient si promptement à la végétation des plantes, corrompaient les vivres de l'Europe que d'ailleurs on n'avait pas assez ménagés dans la navigation. La farine commençait à manquer, il fallut dresser des moulins pour moudre le blé. Ce travail demandait de la vigueur. Les soldats et les ouvriers qu'on avait occupés sans relâche à bâtir la ville, étaient faibles ou malades.

L'amiral se vit obligé d'employer les bras de la noblesse, humiliation insupportable pour des volontaires qui ne s'étaient embarqués que par des motifs de fortune et d'honneur. Les mécontentements éclatèrent; et la sévérité qui parut nécessaire pour les apaiser, ne servit qu'à les aigrir.

Boyl, chef des missionnaires, fut un des plus emportés : il traita l'amiral de cruel. La principale cause de sa haine, qui ne fit qu'augmenter de jour en jour, paraît avoir été le chagrin de n'être pas excepté dans le retranchement des vivres; mais la sévérité nécessaire de Colomb à punir les plus légères fautes lui servait de prétexte spécieux; et, après lui en avoir fait des reproches, il était allé plusieurs fois jusqu'à mettre l'église en interdit. Ainsi ces hommes, envoyés pour établir la religion et la paix, n'étaient que des instruments de scandale et de discorde.

Dans ces circonstances, on reçut avis du fort de Saint-Thomas que les Américains abandonnaient les habitations voisines, et que le redoutable Caonabo se disposait à chasser les Castillans de ses états. Mais la nouvelle qu'on reçut en même temps qu'un seul cavalier du fort de Saint-Thomas avait mis plus de quatre cents naturels en fuite, par la vue et les mouvements de son cheval, fit juger que les révoltes d'une nation si simple et si timide ne seraient jamais fort dangereuses.

CHAPITRE VIII

Cependant il tardait à Colomb d'exécuter les ordres de Leurs Majestés catholiques, qui lui avaient recommandé particulièrement d'étendre leur domaine et leur gloire par de nouvelles découvertes. Cette entreprise demandant une longue absence, il commença par établir dans la colonie un conseil ou un tribunal composé de Boyl, de Pero Fernandez Corroel, d'Alphonse Sanchez de Carvajal, et de Jean de Luxan, auxquels il donna pour président don Diègue, son frère, qui n'avait pas cessé de commander dans la ville.

Ensuite, ayant donné ses ordres et ses instructions, il partit, le 24 avril, avec un navire et deux caravelles. Il découvrit d'abord la Jamaïque (1),

(1) La Jamaïque, cette île que les Indiens appellent *Xaymaca* et les Espagnols *San-Iago*, est la plus grande et la plus importante des Antilles anglaises. Elle est située au sud de Cuba, à 120 kilomètres ouest d'Haïti, par 17° 43' et 18° 36' de latitude nord, et 73° 35' et 81° 10' de longitude ouest; sa forme est à peu près ovale; elle a, dans sa plus grande longueur, de l'est à l'ouest, 200 kilomètres, et, dans sa plus grande largeur, du nord au sud, 60 kilomètres. Sa superficie est de 16,250 kilomètres carrés. Sa population approche de 500,000 habitants, dont un quart de blancs.

La Jamaïque est divisée en deux bassins par une chaîne de montagnes appelées les Montagnes bleues, qui la partagent de l'est à l'ouest, et dont les plus hauts sommets s'élèvent à 2,500 mètres.

« Dans le bassin du nord, le terrain s'élève à partir du rivage pour former des collines en pente douce. Dans chaque vallée, coulent des ruisseaux dont les rives offrent de gracieux paysages arrosés par des sources limpides.

» L'aspect du bassin du midi contraste étrangement avec celui du bassin du nord. Ici se dressent des pics escarpés et inaccessibles que séparent d'effrayants précipices, des falaises sauvages et stériles. Les grandes plaines, qui s'étendent entre les montagnes du centre de l'île et celles du bord de l'Océan sont couvertes de cannes à sucre. D'immenses forêts, qui devien-

Jamaica : c'est le nom que les Américains lui donnaient. La résistance qu'on lui opposa ne lui permit pas d'y aborder. Il suivit la côte à l'ouest ; mais, ayant à combattre le vent, il prit le parti de retourner à Cuba, dans la résolution d'approfondir si c'était une île ou la terre ferme.

Il arriva sous le cap de Cuba, qu'il nomma de la Cruz. Ensuite, continuant de ranger la côte, il rencontra quantité de petites îles, les unes couvertes de sable, d'autres remplies d'arbres, mais plus hautes et plus vertes à proportion qu'elles étaient moins éloignées de Cuba, et la plupart à deux, trois ou quatre lieues de distance entre elles. Leur nombre paraissant croître, le troisième jour l'amiral perdit l'espérance de les compter, et leur donna le nom général de Jardins de la reine. Elles sont séparées par des canaux où les navires peuvent passer

On y vit diverses sortes d'oiseaux, les uns rouges et de la forme des grues, qui ne se trouvent que dans ces îles, où ils vivent d'eau salée, ou

nent plus épaisses et plus profondes à mesure qu'elles approchent des hauteurs du centre, croissent jusqu'à 2,400 mètres d'altitude.

» L'île est arrosée par une centaine de cours d'eau qui descendent des montagnes et se précipitent vers la mer avec une grande rapidité. Aucune de ces rivières n'est navigable pour d'autres embarcations que de très petits bateaux.

» La côte généralement abrupte, présente, sur un développement total de 300 kilomètres, seize grands ports très sûrs et trente baies ou rades avec un bon port d'ancrage.

Le climat de la Jamaïque est généralement mal sain. La chaleur y est énervante, la fièvre jaune y est endémique, et le typhus, le choléra, la petite-vérole, qui s'y succèdent presque périodiquement, y exercent de terribles ravages (1). Il n'est pas rare, cependant, d'y rencontrer des centenaires, mais pour cela il faut quitter les bords de la mer et pénétrer à une certaine hauteur dans l'intérieur.

L'année est divisée en quatre périodes climatériques : deux saisons de sécheresse et deux saisons de pluies alternatives. Les pluies du printemps, peu abondantes d'abord et ensuite torrentielles, durent deux mois (de la mi-avril à la mi-juin). Elles sont accompagnées de fréquents orages. Les pluies d'automne (octobre et novembre) sont moins fortes, mais elles amènent des bourrasques de vent du nord qui empêchent toute navigation côtière. C'est pendant les deux étés qui séparent les périodes de pluies que se déchaînent, dans toute leur fureur, les ouragans, les ras de marée et les tremblements de terre qui désolent si souvent la Jamaïque.

Toutes les productions des Antilles prospèrent à la Jamaïque ; toutefois les plantations sucrières y dominent et semblent même y absorber toute l'industrie agricole, sauf cependant ce que nous appelons la culture maraîchère et l'élève du bétail. Celui-ci, grâce aux plantureux herbages qui lui servent de nourriture, est de forte taille et d'excellente qualité.

Divisée en trois comtés : Middlesex au centre, Surrey à l'est et Cornwall à l'ouest, la Jamaïque est administrée par un gouverneur assisté d'un conseil de douze membres. Le pouvoir législatif est exercé par une assemblée de quarante-cinq membres, élus par les francs-tenanciers des trois comtés, et dont les décisions sont soumises au véto de l'Angleterre. Chaque comté possède une cour d'assises, un tribunal de première instance et des justices de paix ressortissant d'une cour suprême. Les Lucayes et le Honduras dépendent du gouvernement colonial de la Jamaïque.

(1) « D'octobre 1850 jusqu'au printemps de 1852, le choléra enleva environ 50,000 habitants, un douzième de la population d'alors. . Au choléra succéda la petite-vérole, qui ne fit pas moins de 10,000 victimes.

plutôt de ce qu'ils y trouvent de propre à les nourrir. On y prit des reves, espèces de poissons de la grosseur des harengs. L'expérience, ou le témoignage des Américains, y fit reconnaître une propriété singulière.

Avec une corde déliée d'environ cent brasses de long, qu'on leur attache à la queue, et dont on retient le bout, ils nagent entre deux eaux, vers les tortues qui ne sont pas au delà de cette distance ; et lorsqu'ils en trouvent une, ils s'attachent si fort à la partie inférieure de son écaille, qu'en retirant la corde on attire parfois une tortue qui pèse plus de cent livres.

L'amiral, apprenant des pêcheurs du pays qu'il trouverait plus loin beaucoup d'autres îles, continua sa route à l'ouest, sans être arrêté par le danger continuel d'échouer sur les sables, ou de se briser contre les côtes.

Une île plus grande que les autres reçut le nom de Sainte-Marthe (1). On y trouva quantité de poissons, des chiens muets, de grandes troupes de grues rouges, des perroquets et d'autres oiseaux ; mais la crainte fit fuir les habitants du seul village qu'on y découvrit. L'eau commençait à manquer sur les trois bords castillans.

On avait des ressources assurées dans l'île de Cuba ; on s'en rapprocha

---

(1) Sainte-Marthe, ville de la Nouvelle-Grenade, port franc sur la mer des Antilles, à 176 kilomètres nord-est de Carthagène, par 11° 15' de latitude nord et 76° 31' de longitude ouest, compte 430 habitants. C'est le chef-lieu de l'État de Magdalena, et le siège d'un évêché.

Des vents violents qui y soufflent régulièrement en décembre et janvier, y remplissent les maisons d'un sable blanc très fin, qui rend la ville presque inhabitable à cette époque de l'année. De plus, une multitude d'insectes nuisibles, et notamment de scorpions, y font une guerre acharnée à l'homme et aux animaux domestiques.

En revanche, le port, entouré de tous côtés par de hautes montagnes, et défendu par des fortifications admirablement situées, est commode et sûr ; il s'y fait un immense commerce de cacao, de coton, de café, de baume, de bois de teinture, de cuir, etc.

Le territoire environnant, très fertile et bien cultivé, est généralement planté d'arbres à fruits et de légumes.

« Sainte-Marthe fut fondée en 1551 par Ximenès-Quesada, qui en fit un entrepôt. Elle fut réduite en cendres en 1596. Pendant la guerre de l'indépendance de l'Amérique, les partis s'en disputèrent la possession, et elle fut plusieurs fois prise et reprise.

« La province de Sainte-Marthe, entre celles de Julia, à l'est, et de Carthagène à l'ouest, dans le nord de l'État de Magdalena, a 500 kilomètres sur 100, et 60,000 habitants. Elle est, en partie, couverte de montagnes escarpées. Bien que la température y soit généralement chaude et humide, les vents frais qui viennent des régions élevées la rendent très supportable dans les plaines et les vallées où ils se font sentir.

» L'air est salubre et le sol est renommé pour sa fécondité. Les principales productions sont le maïs, le sucre, le tabac, le coton et la vanille. Il y croît naturellement des palmiers, dont on tire du vin, du bois dit du Brésil, et une espèce d'arbre dont les feuilles onctueuses tiennent lieu de savon aux naturels.

» Les vallées nourrissent un grand nombre de bestiaux, et notamment des mules. La côte est poissonneuse. Le règne minéral est assez peu important ; on signale cependant quelques gisements d'or et de cuivre.

et l'on prit la route de l'est avec des vents fort variables, et par des canaux remplis de sable. L'amiral y échoua fort dangereusement, et ne fut redevable de la conservation de son vaisseau qu'à sa propre habileté. Il continua d'avancer, sans dessein et sans ordre, en suivant les bancs et les canaux dans une mer fort blanche, exposé chaque jour à la violence des marées et des courants. Enfin les trois vaisseaux se retrouvèrent près de Cuba, sur la même côte d'où ils avaient pris leur route.

Le 7 juin, pendant que l'amiral faisait célébrer les saints mystères sur le rivage, on y vit arriver un vieux cacique, qui s'approcha de l'amiral pour lui présenter modestement quelques fruits de l'île ; ensuite, s'étant assis à terre, les genoux pliés jusqu'au menton, il tint ce discours, que Colomb se fit expliquer aussitôt par ses interprètes :

« Tu es venu dans ces terres, que tu n'avais jamais vues, avec des » forces qui répandent l'effroi parmi nous. Apprends néanmoins que » nous reconnaissons dans l'autre vie deux lieux où doivent aller les » âmes : l'un redoutable et rempli de ténèbres, qui est le partage des » méchants ; l'autre bon et délectable, où reposent ceux qui aiment la » paix et le bonheur des hommes. Si tu crois mourir, si tu crois que le » bien ou le mal que tu auras fait te sera rendu, j'espère que tu ne feras » point de mal à ceux qui ne t'en font point. Tout ce que tu as fait jusqu'à » présent est sans reproche, parce qu'il me semble que tes desseins ne » tendent qu'à rendre grâce à Dieu.

L'amiral lui répondit :

« Je me réjouis beaucoup de voir l'immortalité de l'âme au nombre de » tes connaissances ; nous sommes venus t'apprendre à toi et à tous les » habitants de cette terre, que les rois de Castille, nos seigneurs, nous » ont envoyés pour savoir s'il y a dans ce pays des hommes qui font du » mal aux autres, comme on le dit des Caraïbes ; ils ont ordre de les corriger de cet usage inhumain, et de faire régner la paix entre tous les » habitants des îles. »

Le cacique, à qui on expliqua cette réponse, versa quelques larmes, après l'avoir entendue ; il demanda plusieurs fois si c'était du ciel que ces hommes étaient descendus. Les Américains eurent bientôt lieu de demander si ces hommes étaient sortis de l'enfer.

De retour dans la colonie, l'amiral trouva que le besoin s'y faisait sentir de plus en plus. Une autre source de désordre fut la licence des gens de guerre que l'amiral avait laissés sous la conduite de don Pedro de Margarita. Cet officier avait reçu ordre de visiter toutes les provinces de l'île en faisant observer une exacte discipline ; c'était trop exiger d'un corps de troupes qui manquait du nécessaire. Aussi les soldats castillans, qui trouvèrent les habitants peu disposés à leur fournir des vivres, employèrent-ils la violence pour s'en procurer; alors toutes les puissances de l'île se réunirent contre eux, à la réserve de Guacanagari, dont les états portaient le nom de Marien. Don Diègue, gouverneur d'Isabella, fit faire à Margarita des remontrances de la part du conseil; elles ne servirent qu'à l'irriter. La fierté de sa naissance lui faisant souffrir impatiemment l'autorité des Colomb, il se retira dans le fort de Saint-Thomas, d'où ses gens eurent la liberté d'employer toutes sortes de voies pour remédier à la faim qui les pressait.

Il y était exposé lui-même, et les historiens lui font honneur d'une action fort noble, qui mériterait plus d'éloges, s'il avait su y joindre un peu de modération dans sa conduite : un jour que les habitants lui avaient apporté deux tourterelles, il les reçut et les paya libéralement; elles étaient vivantes entre ses mains; il pria ses officiers de monter avec lui dans la partie la plus élevée du fort, et donnant la liberté aux deux oiseaux, il dit à ceux qui l'avaient suivi qu'il ne pouvait se résoudre à faire un bon repas tandis qu'il les voyait mourir de faim.

La faim n'était pas le seul mal qui tourmentait Margarita. Depuis quelque temps il souffrait de vives douleurs qu'il attribuait au climat, ou à la mauvaise qualité des aliments; il prit la résolution de retourner en Espagne; ce dessein le conduisit à Isabella, où son mécontentement et le mépris qu'il avait pour la nouvelle noblesse du gouverneur lui firent éviter de le voir. Il ne garda pas plus de ménagement dans ses discours; et cette conduite lui fit un grand nombre de partisans, entre lesquels Boyl affecta de se distinguer. Celui-ci publia qu'il allait détromper les rois catholiques des fausses idées qu'on leur faisait concevoir de l'amiral et de ses entreprises; et, joignant l'effet aux menaces, il partit avec Margarita sur des navires qui venaient d'apporter don Barthélemi, frère de Colomb.

En arrivant à la cour d'Espagne, leur haine se déchaîna contre les Colomb : ils publièrent qu'à la vérité Hispaniola avait un peu d'or; mais qu'on en verrait bientôt la fin, et qu'un avantage si léger ne valait pas tant de dépenses, ni le sacrifice d'un si grand nombre d'honnêtes gens. Sans doute les motifs qui les faisaient parler n'étaient pas très-purs; mais il serait difficile de nier qu'il n'y eût beaucoup de vérité dans ce qu'ils disaient.

L'amiral résolut de porter la guerre aux caciques ennemis de sa colonie; mais, avant son départ, il revêtit son frère d'un titre qu'il crut capable de le faire respecter : ce fut celui d'adelantado, ou lieutenant-général dans toutes les Indes occidentales. La cour d'Espagne trouva d'abord assez mauvais qu'un emploi de cette importance eût été donné sans sa participation ; mais elle ne laissa point de le confirmer.

Au fond, don Barthélemi en était digne : il entendait parfaitement la navigation ; il avait de la prudence et du courage. Tous les historiens conviennent qu'il aurait pu rendre de grands services à l'Espagne, si son humeur, un peu violente, n'eût excité des jalousies et des haines qui firent manquer plusieurs fois ses plus sages mesures.

Cependant, quelques jours de réflexions firent juger à l'amiral que le petit nombre de troupes avec lequel il se proposait de tenir la campagne pourrait être accablé par les Américains réunis. Il crut devoir tenter la surprise et la ruse avant de faire éclater ses desseins. Caonabo lui paraissant le plus redoutable des caciques, il tourna tous ses soins à le faire enlever au milieu de ses états ; il savait que ce prince, qui prenait le titre de maguana, faisait beaucoup plus de cas du cuivre et du laiton que de l'or, et qu'il avait souvent marqué une vive passion d'obtenir la cloche de l'église d'Isabella, parce qu'il s'était imaginé qu'elle parlait. Il se servit de cette connaissance pour le faire donner dans un piège, dont Ojéda, qui commandait le fort de Cibao, prit sur lui l'exécution.

On fit courir le bruit que les Castillans souhaitaient une paix constante, et que, par des sentiments particuliers d'estime pour Caonabo, ils pensaient à lui faire des présents considérables. Ojéda partit du fort avec neuf cavaliers bien montés, sous prétexte de porter les présents de l'amiral. Une suite si peu nombreuse ne pouvant inspirer aucune défiance, il fut reçu fort civilement à Maguana, qui était la résidence ordinaire du cacique. Après quelques explications, il fit voir à Caonabo les présents qu'il avait à lui offrir : c'étaient des fers, tels qu'on les met aux pieds et aux mains des forçats, mais de laiton si poli qu'ils paraissaient d'argent. Il lui dit que ces instruments étaient des marques d'honneur dont l'usage était réservé aux rois de Castille, et que, dans le dessein où l'amiral était de le traiter avec la plus haute distinction, il ne faisait pas difficulté de lui envoyer ce qui n'avait appartenu jusqu'alors qu'à ses maîtres ; qu'il lui conseillait de se retirer à l'écart pour se parer de ce précieux ornement, et que, se présentant ensuite aux yeux de ses sujets, il paraîtrait avec autant de majesté que les rois de Castille. Caonabo donna dans le piège, et, ne se défiant pas que neuf ou dix hommes eussent la hardiesse de l'insulter au milieu de sa cour, il fit signe à ses gens de se retirer. Ceux d'Ojéda lui mirent les fers, se saisirent brusquement de lui, après l'avoir intimidé par la vue de leurs armes, et le placèrent en croupe derrière leur chef, qui, se l'étant fait lier autour du corps, reprit au galop le chemin d'Isabella avec sa proie.

La joie de l'amiral fut extrême en se voyant maître du destructeur de son premier établissement, et du seul ennemi dont il redoutât l'audace. Il le tint enchaîné dans sa maison ; mais, loin d'en tirer quelque marque de respect et de soumission, il remarqua qu'il affectait de ne le pas saluer lorsqu'il le voyait paraître, tandis qu'il en usait plus civilement à l'égard d'Ojéda. Colomb voulut savoir de lui-même la raison de cette différence : « C'est, lui répondit Caonabo, que tu n'as pas osé me venir » prendre dans ma maison, et que ton officier a plus de cœur que toi. » Un homme si fier parut dangereux jusque dans ses chaînes : on prit le parti de l'envoyer en Espagne, et de l'embarquer malgré lui sur un navire qui était près de faire voile ; mais une tempête, qui ensevelit dans les flots ce bâtiment et plusieurs autres, fit périr le malheureux cacique avec tous ceux qui l'accompagnaient.

On vit bientôt arriver au port d'Isabella Antoine de Torrez, qui était renvoyé avec quatre grands vaisseaux bien fournis de vivres et de munitions, et qui remit à l'amiral des lettres du 16 août, par lesquelles le roi et la reine lui témoignaient une extrême satisfaction de ses services ; ils lui demandaient le récit de ses observations, les noms et les distances des îles, et toutes les espèces d'oiseaux qui n'étaient pas connus en Espagne ; et, pour établir un commerce régulier entre le nouveau monde et l'ancien, ils réglaient que des deux côtés on ferait partir tous les mois une caravelle, qui n'aurait pas d'obstacle à redouter dans sa course, parce que tous les différends étaient terminés avec le Portugal.

L'année touchait à sa fin, lorsqu'il apprit que l'enlèvement de Caonabo avait soulevé l'île entière, et que les trois frères de ce prince assemblaient une nombreuse armée dans la Véga-Réal ; il ne s'étonna point de leurs préparatifs. Le roi de Marien, qu'il fit avertir du dessein où il était de se mettre à la tête de ses troupes, vint le joindre avec un corps de ses plus braves sujets.

Les Castillans capables de service ne montaient pas à plus de deux cents hommes d'infanterie et vingt cavaliers ; mais l'amiral y joignit vingt chiens d'attache, dans l'opinion que leurs morsures et leurs aboiements contribueraient autant que le sabre et la mousqueterie à répandre l'épouvante dans une multitude d'Indiens nus et sans ordre. Il partit d'Isabella le 24 mars, avec l'adelantade et Guacanagari.

A peine fut-il entré dans la Véga-Réal, qu'il découvrit l'armée ennemie, forte de cent mille hommes, et commandée par Manicate, un des frères de Caonabo. L'adelantade entreprit sur-le-champ de l'attaquer ; il trouva peu de résistance. Ces malheureux insulaires, dont la plupart n'avaient que leurs bras pour défense, ou qui n'étaient pas accoutumés du moins à des combats fort sanglants, furent étrangement surpris de voir tomber parmi eux des files entières par le prompt effet des armes à feu; de voir trois ou quatre hommes enfilés à la fois avec les longues épées des Espagnols; d'être foulés aux pieds des chevaux, et saisis par de gros mâtins qui, leur sautant à la gorge avec d'horribles hurlements, les étranglaient d'abord, ou les renversaient, et mettaient facilement en pièces des corps nus, dont aucune partie ne résistait à leurs dents. Bientôt le champ de bataille demeura couvert de morts; les autres prirent la fuite; on les poursuivit, et les prisonniers furent en grand nombre. L'amiral employa neuf ou dix mois à faire des courses qui achevèrent de répandre la terreur dans toutes les parties de l'île. Il rencontra plusieurs fois les trois caciques avec le reste de leurs forces, et chaque rencontre fut une nouvelle victoire; car c'est de ce nom que les historiens appellent ce triste abus de la force destructive contre la faiblesse désarmée.

Après les avoir assujettis, l'amiral leur imposa un tribut, qui consistait pour les voisins des mines à payer par tête, de trois en trois mois, une petite mesure d'or; et, pour tous les autres, à fournir vingt-cinq livres de coton. Guarinoex, roi de la Véga--Réal, offrit de faire labourer la terre, et semer par ses sujets le blé que les Castillans voudraient lui confier, à l'exemple de Guacanagari, qui leur avait déjà rendu cet important service.

Sa proposition fut rejetée, sans qu'on puisse comprendre les raisons de ce refus, dans un temps où la difficulté de faire venir des vivres d'Espagne avait réduit plusieurs fois la colonie aux dernières extrémités. Mais comme ce prince ne cherchait qu'à se dispenser de fournir de l'or, sous prétexte que ses peuples ignoraient le moyen d'en recueillir, un historien juge avec assez de vraisemblance que l'amiral, faisant peu de fond sur la faveur des Espagnols, et se voyant exposé à de grandes révolutions par sa qualité d'étranger, rapportait toutes ses vues à s'enrichir, et préférait l'or à tout autre soin. Il obligea Manicate, principal auteur de la révolte, de lui en fournir chaque mois une mesure, qui montait à cent cinquante écus; en même temps, il fit fabriquer des médailles de cuivre ou de laiton, qu'on donnait à ceux qui apportaient le tribut, et qu'ils étaient obligés de porter au cou, pour faire foi qu'ils avaient payé, avec ordre de les changer à chaque paiement. Bocchio, puissant cacique, dont les Etats étaient les plus éloignés d'Isabella, fut le seul qui continua de résister aux vainqueurs, animé par Anacaona, sa sœur, veuve de Caonabo, dont il avait embrassé la vengeance.

Tous les autres sentirent bientôt le poids du joug; mais, dans la simplicité qu'ils conservaient encore, ils demandaient sans cesse à leurs nouveaux maîtres s'ils ne retourneraient pas bientôt en Espagne ; cependant, lorsqu'ils eurent perdu l'espérance d'en être délivrés par un départ volontaire, ils résolurent de s'en défaire en leur coupant les vivres, c'est-à-dire de renoncer à la culture du maïs, et de se retirer dans les montagnes ; ils se flattaient que les productions naturelles de la terre suffiraient pour leur nourriture, pendant que les étrangers périraient de faim ou seraient forcés de quitter l'île.

Guacanagari même, qu'on cessa de ménager, et qui se vit forcé aux travaux les plus humiliants pour satisfaire l'avarice de ses alliés, ou pour fournir à leur subsistance, suivit l'exemple des fugitifs ; cette résolution désespérée produisit en partie l'effet qu'ils en avaient attendu. Les conquérants d'Hispaniola retombèrent bientôt dans le même excès de misère qui les avait déjà réduits à se nourrir de ce que la nature offre de plus dégoûtant ; mais les Américains n'en tirèrent pas d'autre fruit pour eux-mêmes que de se voir poursuivis par des ennemis affamés, qui ne leur firent aucun quartier, ou qui les forcèrent de se tenir cachés dans les cavernes, sans oser faire un pas pour chercher leur nourriture. On assure que la faim, les maladies et les armes des Castillans firent périr en peu de mois la troisième partie des habitants de l'île ; Guacanagari eut le même sort ; et, pour récompense de tant de services qu'il avait rendus à l'Espagne, les historiens ont noirci sa mémoire par les plus odieuses accusations : il n'y avait pas d'autre moyen de justifier les destructeurs.

Cependant, Boyl et Margarita étaient arrivés à la cour d'Espagne, et faisaient retentir leurs plaintes contre l'amiral et ses deux frères. Ils traitaient de chimère tout ce qu'on avait publié de la découverte des mines d'or ; ils accusaient l'amiral d'imprudence, d'orgueil et de cruauté ; ils lui reprochaient de compter pour rien la vie des Castillans, qu'il avait employés aux plus vils travaux, et qu'il avait ensuite abandonnés pendant quatre mois pour aller découvrir de nouvelles terres ou des trésors qui étaient demeurés apparemment dans ses coffres. On avait reçu d'ailleurs, au premier retour de Torrez, des lettres particulières de quelques mécontents, qui n'avaient pas fait une peinture avantageuse de la conduite des Colomb.

Leurs Majestés prirent le parti d'envoyer à Hispaniola un commissaire chargé de l'ordre vague d'approfondir la vérité, et d'une simple lettre de créance pour le faire respecter. Cette voie pouvait être prudente et sûre, si la cour d'Espagne eût fait un meilleur choix.

Mais Jean d'Aguado, honoré de cette commission, était un esprit vain qui s'enfla d'une faveur à laquelle il ne s'était point attendu. Il arriva au port d'Isabella vers la fin du mois d'octobre, lorsque l'amiral était occupé à terminer quelques nouveaux mouvements dans la province de Maguana. L'adelantade commandait en l'absence de son frère. Aguado le traita d'abord avec beaucoup de hauteur. Il employa même les menaces ; et, sous prétexte d'écouter les plaintes qu'on avait à faire contre le gouvernement, il prit une autorité qui excédait beaucoup ses pouvoirs. Ensuite, étant parti pour chercher l'amiral, il publia dans sa route qu'il était venu pour faire le procès aux Colomb, et pour en délivrer la colonie.

Ses gens le représentaient aux Américains comme un nouvel amiral qui devait faire périr l'autre ; et ce bruit fut répandu avec tant d'affectation, que plusieurs caciques en prirent occasion de s'assembler pour tirer parti de ce changement. Aguado n'alla pas loin sans apprendre que l'amiral, rappelé par un courrier de son frère, était rentré dans Isabella ; il y retourna aussitôt, et sa suite ayant été grossie par tous les mécontents, il y entra comme en triomphe. Sa commission fut proclamée au son des trompettes. L'amiral aida lui-même à la solennité de cette publication, et, se présentant au commissaire, il l'assura d'une soumission absolue aux ordres de Leurs Majestés.

Aussitôt les informations furent commencées dans les plus rigoureuses formes. Américains et Castillans saisirent ardemment l'occasion de perdre des étrangers qu'ils n'aimaient pas, et que la cour semblait abandonner. D'ailleurs les plaintes étaient bien reçues par le commissaire, notamment les plus graves.

Pendant cette humiliante cérémonie, l'amiral se conduisit avec une extrême modération : il déféra tous les honneurs à son adversaire ; il souffrit patiemment l'insolence de ses reproches ; il affecta même de la tristesse et de l'embarras dans son extérieur, jusqu'à négliger ses cheveux et sa barbe, et se revêtir d'un habit de deuil, qu'un historien nomme un habit gris de moine.

Enfin, loin de relever les fausses démarches d'Aguado, il ne considéra que l'autorité dont il tenait ses pouvoirs, quoiqu'ils ne fussent pas clairement expliqués dans ses lettres.

Après les informations, lorsque le commissaire se disposait à retourner en Espagne, un furieux ouragan brisa dans le port les navires qui l'avaient apporté. Il n'en restait pas d'autres au Nouveau-Monde que deux caravelles, que l'amiral avait fait construire depuis peu. Il offrit noblement le choix de l'une des deux à son adversaire ; mais il déclara qu'il monterait l'autre pour aller plaider sa cause au tribunal incorruptible de ses maîtres, leur rendre compte de ses nouvelles découvertes, et leur donner les avis qu'ils lui avaient demandés sur la ligne de partage entre les couronnes de Castille et de Portugal.

Aguado n'osa combattre une résolution si ferme. L'amiral, continuant de lui laisser de vains honneurs, n'en retint pas moins les droits essentiels de sa dignité. Il confia, pendant son absence, le gouvernement général à ses deux frères. Roland, dont il connaissait l'habileté, fut nommé chef de la justice. Plusieurs forteresses, qu'il avait bâties en différents lieux pour contenir les caciques, reçurent des commandants de sa main, surtout celle de la Conception, dans la plaine de la Véga, qui devint ensuite une ville considérable.

L'avis qu'il reçut dans les mêmes circonstances, qu'on avait découvert au sud de l'île des mines d'or fort abondantes, lui fit suspendre son départ pour éclaircir cette importante nouvelle. Il y envoya Garay et Diaz, avec une escorte et des guides, qui leur firent traverser la Véga-Réal, d'où, passant entre des montagnes, ils entrèrent dans une autre plaine, qui les conduisit au bord de la Hayna, rivière fort poissonneuse, où quantité de ruisseaux apportaient un mélange d'or et de sable. La terre, qu'ils firent ouvrir en divers endroits, leur offrit une abondance de grains d'or. L'amiral n'en fut pas plus tôt informé, qu'il fit construire dans le lieu une forteresse qu'il nomma Saint-Christophe; et ces mines, auxquelles il donna le même nom, fournirent longtemps d'immenses richesses.

Il ne pouvait rien arriver de plus heureux pour lui dans sa situation. Cette nouvelle découverte suffisait pour faire tomber la principale accusation de ses ennemis; et, quand les autres reproches auraient été mieux fondés, il n'ignorait pas qu'on obtient grâce aisément de ses maîtres lorsqu'on leur apporte le secret d'augmenter leur puissance et leurs trésors. Il faut convenir que, pendant cette persécution, suscitée par ses ennemis, l'amiral montra, dans toute sa conduite, la même supériorité de lumières et de courage qu'il avait signalée dans tout le cours de son expédition. On ne peut lui reprocher que les cruautés odieuses exercées contre les Américains ; l'humanité, d'ailleurs, répugne à croire que ses cruautés fussent absolument gratuites. Il était bien difficile, et peut-être impossible, que les Espagnols ne fissent pas un peu trop sentir leur ascendant ; et les naturels du pays étant une fois portés à la défiance et à la haine, une poignée d'étrangers, environnée d'ennemis, ne se crut en sûreté que par leur mort.

Qu'en faut-il conclure? Que l'esprit de conquête et d'avidité, principe de ces expéditions hasardeuses et brillantes, ne pouvait avoir que des effets funestes. On ne connaissait pas alors d'autre héroïsme : on n'était pas pénétré de cette vérité, qu'il eût été à la fois et plus glorieux et plus utile de s'attacher les Américains par de bons traitements que de les disperser par la terreur, ou de les détruire par le fer, et les conquérants trouvèrent plus court et plus facile de faire des esclaves et des victimes que d'acquérir des alliés et des amis.

Les deux caravelles mirent à la voile le 10 mars 1496. L'amiral fit embarquer dans la sienne environ deux cent vingt Espagnols, les plus pauvres et les plus infirmes de la colonie, que leurs femmes et leurs parents avaient redemandés à la cour, et que ses bons traitements, dans le cours de la navigation, disposèrent à prendre parti pour lui contre Aguado; il se fit accompagner de l'adelantade jusqu'à Puerto de Plata, qu'il voulait visiter avec lui, dans le dessein d'y bâtir une ville; ensuite, prenant congé de son frère, qui retourna par terre à la colonie, il fit gouverner à l'est, vers le cap d'Engano, et l'ayant doublé le 22, il aborda, le 9, à Marie-Galande; mais la difficulté de faire de l'eau et du bois l'obligea d'aller mouiller, le jour suivant, à la Guadeloupe (1).

Sa surprise fut extrême d'y voir le rivage bordé d'un grand nombre de femmes armées d'arcs et de flèches, qui s'opposèrent à l'approche de ses barques. Deux Américains de ceux qu'il avait amenés de l'île espagnole se

---

(1) La Guadeloupe, qui est une des *Petites-Antilles* ou *îles sous-le-vent*, est située par 15° 59' — 16° 40' de latitude nord et 63° 20' — 64° 9' de longitude ouest, à 100 kilomètres de la Martinique, et à 1,250 lieues marines de Brest. Elle se compose de deux îles, appelées Grande-Terre au nord-est, Guadeloupe proprement dite au sud-ouest, séparées par un canal nommé Rivière Salée. La superficie totale de la Guadeloupe, en y comprenant quelques petits îlots semés sur les côtes, est de 169,233 hectares, dont 18,324 plantés en canne à sucre, 3,307 en caféers, 3,670 en coton, 550 en cacao, 66 en girofliers et poivriers, 270 en rocou, 4,265 en manioc, 15 en tabac, 2 en nopal et cassier, 4,590 en céréales et divers fruits et légumes, et le reste en bois, forêts et savanes. Sa population dépasse 140,000 habitants.

D'origine volcanique, la Guadeloupe proprement dite est hérissée de montagnes abruptes où règne un froid vif et continuel; on ne trouve sur ces montagnes que quelques arbustes, des mousses, des lianes et des fougères; mais il s'en échappe de nombreuses sources dont les eaux fraîches et pures apportent dans la plaine la fécondité et la salubrité. Au centre s'élève, à 1,484 mètres, un volcan remarquable appelé la *soufrière*.

Les eaux thermales abondent dans la Guadeloupe; on les classe en eaux sulfureuses, eaux salines faibles, eaux salines fortes avec dépôts ferrugineux.

La température moyenne est de 26° centigrades avec maximum de 30° à 32° à l'ombre, et minimum de 22° à 23°. Les mois les plus chauds sont juillet, août et septembre; les moins chauds, décembre, janvier et mars.

La côte de l'est jouit d'un climat très salubre; celle de l'ouest est parfois ravagée par la fièvre jaune. Le terme moyen de la quantité annuelle de pluies est au niveau de la mer de 2 mètres 19. La durée des jours les plus courts est de 11 heures 15 minutes, celles des jours les plus longs de 12 heures 56 minutes.

C'est de juin à novembre que, sous l'influence des pluies les plus nombreuses et des chaleurs les plus intenses, une grande vigueur se développe dans les végétaux; c'est l'époque des plantations.

Le sol de la Grande-Terre est, au contraire, généralement plat. Les quelques collines qu'on y

jetèrent à la nage pour avertir cette troupe d'amazones qu'on ne pensait point à leur nuire, et qu'on ne leur demandait que des vivres ; elles répondirent que leurs maris étaient de l'autre côté de l'île, et que c'était à eux qu'il fallait s'adresser ; et, voyant que les barques n'avançaient pas moins, elles tirèrent une nuée de flèches, dont personne ne fut blessé ; bientôt le bruit des arquebuses les mit en fuite ; les Castillans entrèrent dans l'île, sans être sûrs que ce ne fût pas la terre ferme.

Ils y trouvèrent de très gros perroquets, du miel, de la cire et quantité de ces plantes dont les insulaires faisaient du pain, et qu'ils nommaient cazabi, d'où les Français on fait cassave. Un détachement qui fut envoyé

remarque forment une petite chaîne de 10 kilomètres environ qui court à l'est, et dont les sommets ne dépassent pas 35 mètres.

Cette partie manque absolument d'eau ; les bestiaux s'abreuvent dans des mares, et les hommes boivent de l'eau de citerne.

Au point de vue industriel et commercial, c'est M. Adolphe Joanne qui va nous renseigner : « En dehors des usines à sucre, les seules fabriques existant dans la colonie sont des tanneries, des chauffourneries et des poteries. Dans les dépendances de Saint-Martin, on a établi récemment des salines qui deviennent de plus en plus productives. On n'évalue pas à moins de 3,600,000 kilogr. de sel, leur rendement. La pêche qui se fait aux abords de l'île, ne donne lieu à aucune importation ; elle fournit seulement à la consommation locale.

» Les principales denrées et marchandises dont se composaient les importations effectuées à la Guadeloupe en 1865, se décomposaient ainsi : farineux alimentaires. 3,085,000 fr. ; ouvrages en matières diverses, 3,059,000 fr. ; fils de toutes sortes, 1,047,000 fr. ; produits de pêche, 1,084,000 fr. ; boisson, 1,120,695 fr. ; produits et dépouilles d'animaux, 1,029,000 fr. ; sucs végétaux, 768,000 fr. ; compositions diverses, 747,000 fr. ; denrées coloniales, 746,000 fr. ; bois de construction et autres, 528,000 fr. ; pierres, terres et combustibles, 480,000 fr. ; animaux vivants, 433,000 fr.

» Les exportations ont porté pendant la même année sur : sucre brut, 9,876,000 fr. ; sucre raffiné, 3,559,000 fr. ; café, 1,207,000 fr. ; coton et laine, 1,021,000 fr. ; rhum et taffia, 685,000 fr. ; roucou préparé, 524,000 fr. ; cacao, 257,000 fr. ; vanille, 37,000 fr. ; bois de teinture, 25,000 fr.

» La valeur totale des importations a été de 18,878,668 fr. ; celle des exportations, de 18,413,590 fr.

» Les ports ouverts au commerce français et étranger dans la colonie sont : ceux de la Pointe-à-Pitre, de la Basse-Terre, du Moule et du Port-Louis à la Guadeloupe ; du Grand-Bourg à Marie-Galande et de Marigat dans l'île de Saint-Martin.

» La Guadeloupe est mise en communication régulière avec la France, deux fois par mois par voie anglaise, et deux fois par voie française. »

Le gouvernement et l'administration de la Guadeloupe étant réglés exactement sur la même base que ceux de la Martinique, nous renvoyons à cet égard nos lecteurs à la note que nous donnons dans le présent volume, page 100, sur cette colonie, sœur de celle qui nous occupe ici.

Au point de vue historique, nous voyons ces deux îles traverser également à peu près les mêmes péripéties, et partager la même ardeur patriotique et militaire, chaque fois que les guerres maritimes allèrent frapper la France jusque dans ces régions lointaines.

Réunies longtemps et à plusieurs reprises sous un même gouvernement, et définitivement séparées seulement en 1755, la Martinique et la Guadeloupe sont, depuis la perte de Saint-Domingue, tout ce qui nous reste de nos riches et puissantes colonies aux Antilles. Elles rivalisent d'ardeur et d'activité pour y maintenir notre commerce florissant et y conserver notre ascendant.

La Guadeloupe est aujourd'hui représentée à la Chambre par deux députés.

dans les terres amena quarante femmes, entre lesquelles était l'épouse du cacique, qu'on n'avait pas eu peu de peine à joindre dans sa fuite. Lorsqu'elle s'était vue pressée par celui qui l'a poursuivait, elle s'était tournée tout d'un coup; et, l'ayant saisi de ses deux bras, elle l'avait renversé avec tant de force, que, sans le secours qu'il reçut, il confessa qu'elle l'aurait étouffé. Cependant les caresses et les présents que l'amiral fit à toutes ces femmes établirent bientôt la confiance et l'amitié; elles procurèrent toutes sortes de rafraîchissements aux deux caravelles, pendant neuf jours que les Castillans passèrent dans l'île, et lorsqu'on remit à la voile, l'épouse du cacique offrit de s'embarquer avec sa fille pour suivre l'amiral en Espagne.

On ne découvrit point la terre avant le 11 juin. En entrant, le lendemain, dans le port de Cadix, Colomb trouva trois vaisseaux prêts à faire voile, avec des vivres et des munitions, pour Hispaniola; et n'osant les arrêter après avoir vu les ordres du roi, il eut du moins le temps de saisir cette occasion pour ranimer par ses lettres le courage et la constance de ses frères.

CHAPITRE IX

Il se rendit à Burgos, où Leurs Majestés catholiques tenaient ordinairement leur cour. Il parut à l'audience avec autant de fermeté que de modestie. Loin de le traiter comme un criminel dont on attend les justifications, on ne lui parla ni des informations d'Aguado, ni des accusations de Boyl et de Margarita. Il ne reçut que des éloges et des remercîments pour ses nouveaux services.

Dans la joie d'un accueil qui couvrait ses ennemis de honte, il fit le récit de ses découvertes ; et, proposant de les continuer, il demanda huit vaisseaux, dont il destinait deux à porter des vivres et des munitions à la colonie d'Isabella, et les six autres à demeurer sous ses ordres. Cette demande lui fut accordée.

Ensuite, ayant représenté qu'il était question de former un établissement solide, qui pût servir de modèle à l'avenir pour d'autres colonies, il obtint que Leurs Majestés feraient passer à Hispaniola un corps de recrues de trois cents hommes, composé de quarante cavaliers, cent fantassins, soixante matelots, vingt ouvriers en or, cinquante laboureurs, et vingt artisans de différentes professions, auxquels on joindrait trente femmes ; que le fond de leur solde serait, par mois, de soixante maravedis, et d'une fanègue de blé, qui revient à six boisseaux de France ; et que, par jour, on leur donnerait quatorze maravedis pour vivre ; qu'on enverrait des religieux pour le service divin et pour l'instruction des Américains ; des médecins, des chirurgiens et des apothicaires, pour connaître la nature des maladies qui avaient emporté tant de monde, et pour en chercher le remède ; enfin, jusqu'à des musiciens et des joueurs d'ins-

truments pour bannir la tristesse, fléau ordinaire des colonies lointaines.

Outre ces trois cents personnes, qui devaient être entretenues aux
dépens de Leurs Majestés, l'amiral eut la permission d'en emmener cinq
cents à ses propres frais. Il fut permis aussi à tous ceux qui voudraient
passer en Amérique sans aucune solde de s'embarquer sur sa flotte, avec
cet avantage séduisant qu'ils auraient le tiers de tout l'or qu'ils pourraient découvrir dans d'autres mines que dans celles dont on avait déjà
pris possession, et qu'ils ne paieraient à Leurs Majestés que le dixième
de tous les autres profits de commerce.

Toutes ces mesures étaient sages ; mais comme on ne pouvait se promettre de trouver beaucoup de volontaires qui fussent disposés à se
transporter au Nouveau-Monde pour y passer toute leur vie, surtout depuis le retour de ceux qui n'en avaient rapporté qu'une couleur livide et
diverses sortes de maladies, l'amiral commit la plus grande des fautes en
proposant de changer la peine des crimes, à l'exception des plus noirs,
en un exil perpétuel aux nouvelles colonies,

Sur cette ouverture, qui fut approuvée, on statua que ceux des criminels qui avaient mérité la mort serviraient deux ans sans gages, et les
autres une année seulement ; après quoi ils seraient à couvert de toutes
les poursuites de la justice, sans autre condition que de ne jamais retourner en Europe. D'un autre côté, l'ordre fut donné à tous les tribunaux
d'Espagne de condamner désormais au travail des mines ceux qui avaient
mérité quelque punition équivalente.

Ces deux règlements, qui reçurent le sceau de l'autorité souveraine
le 22 juin, à Médina del Campo, démentaient la sagesse qu'avait jusque-
là montrée l'amiral. Il fut égaré par l'ambition de hâter, à quelque prix
que ce fût, les progrès de sa colonie ; mais que pouvait-il attendre de
pareils habitants ? Les nouveaux États doivent être établis sur de meilleurs fondements.

Colomb obtint aussi le pouvoir de distribuer des terres à ceux qui
seraient en état de les cultiver et d'y bâtir, avec réserve des droits du
souverain sur l'or, l'argent et les autres métaux. Enfin la reine, qui s'attribuait justement l'honneur des premières entreprises qui avaient conduit
son amiral à la découverte du Nouveau-Monde, fit publier un édit qui
défendait le passage aux Indes à tous ceux qui n'étaient pas nés sujets de
sa couronne de Castille. Cependant il paraît qu'elle joignit au motif de
la gloire celui de faire satisfaction à l'amiral sur la conduite et les discours de Boyl et de Margarita, dont le premier était Catalan, et l'autre
sujet de la couronne d'Aragon. Les historiens qui lui attribuent ce des-

soin ajoutent que l'amiral demanda cette satisfaction comme une récompense de ses services; mais il ne porta pas plus loin la vengeance.

Les vaisseaux qu'il avait rencontrés à Cadix ayant achevé leur voyage au commencement de juillet, l'adelantade, encouragé par la nouvelle qu'il avait reçue de l'arrivée de son frère en Espagne, se hâta de les renvoyer avec de nouveaux trésors. Dans le compte qu'il rendait de ses opérations à l'amiral, il lui faisait sentir que le choix du terrain n'avait pas été heureux pour sa ville d'Isabella, et que, s'il voulait former une colonie durable, il fallait songer à d'autres établissements.

La cour, à qui l'amiral fit cette proposition, s'en étant remise à ses lumières, il se rappela que, dans son dernier voyage, en rangeant la côte du sud, il avait remarqué de bons ports, d'excellents pâturages, et des terres qui lui avaient paru fertiles; sans compter que cette partie de l'île ne devait pas être fort éloignée des mines auxquelles il avait donné le nom de Saint-Christophe. Il fit partir aussitôt une caravelle pour communiquer ses idées à son frère, avec ordre de travailler incessamment au transport de la colonie. Elle arriva dans les plus heureuses circonstances, lorsque, par d'autres informations, don Barthélemi était à la veille d'exécuter son dessein dans le même lieu. Oviédo fait le récit de cet événement.

Un jeune Aragonais, nommé Michel Diaz, le même qui avait reconnu les nouvelles mines, s'était battu contre un Espagnol, et l'avait dangereusement blessé. Quoiqu'il fût au service particulier de l'adelantade, la crainte du châtiment l'avait fait fuir. Il avait pris sa route, avec cinq ou six de ses amis, vers la partie orientale de l'île, d'où, côtoyant le rivage au sud, il fut arrêté par l'embouchure d'un fleuve sur la rive duquel il trouva une bourgade. Les habitants, qui n'avaient point encore été maltraités par les Espagnols, ne firent pas dificulté de le recevoir. Une femme, que les historiens ont nommée Catalina, lui découvrit des mines qui n'étaient qu'à sept lieues de sa demeure, et lui proposa d'engager les Espagnols à s'établir sur ses terres. Le pays était agréable et fertile. Diaz ne balança point à saisir cette occasion pour se réconcilier avec la colonie. Catalina lui donna pour guides quelques habitants dont elle lui garantit la fidélité. Isabella était éloignée d'environ cinquante lieues : il y arriva secrètement. Quelques amis lui apprirent que son adversaire était guéri de sa blessure. Rien ne l'empêcha plus de se montrer; il se présenta devant don Barthélemi, qui le revit avec joie, parce qu'il avait regretté sa perte, et qui ne fut pas moins satisfait de ses offres.

Elles l'avaient déjà déterminé à faire un établissement du côté du sud, lorsque, étant confirmé dans cette résolution par les lettres de son frère, il partit aussitôt avec Diaz et les plus robustes de ses gens. Après quelques jours de marche, il arriva au bord de la rivière que les Américains nommaient Ozama, et dont il trouva les rives fort peuplées. Le port était sûr et capable de recevoir des vaisseaux de plus de trois cents tonneaux. Les terres paraissaient excellentes, et tous les habitants fort prévenus en faveur des Espagnols.

L'adelantade ne balança point à tracer le plan d'une nouvelle ville à l'embouchure du port, sur la rive orientale. Il y fit venir en peu de temps la plus grande partie des habitants d'Isabella, où il ne laissa qu'un petit nombre d'ouvriers. Elle prit le nom de San-Domingo; les uns disent du nom du père des Colomb, qui s'appelait Dominique, les autres du jour où l'adelantade y était arrivé, qui était la fête de ce saint, et un dimanche. Nous avons cru devoir ces détails à la fondation d'une ville devenue la capitale de l'île qui prit ensuite le nom de Saint-Domingue, et où se trouvait la plus florissante des colonies françaises (1).

Après s'être assuré son droit de propriété par un traité avec le cacique Boechio, qui commandait dans cette province, l'adelantade se rendit par terre à Isabella, où il trouva que la misère et les maladies avaient emporté presque tout le reste des habitants. Dans le chagrin de ne voir arriver aucun navire d'Espagne, il prit le parti d'en faire construire pour y envoyer chercher des vivres, et dans l'intervalle il dispersa les Espagnols faibles ou malades dans les villages les plus voisins des forteresses; mais les habitants se lassèrent bientôt d'entretenir des hôtes qu'ils ne pouvaient rassasier, et dont ils ne recevaient que de mauvais traitements pour récompense.

Les sujets de Guarinoex, qui se ressentaient le plus de cette vexation, furent les premiers qui résolurent de secouer un joug insupportable. Leur cacique était ami de la paix; mais ils le forcèrent de se mettre à leur tête par la menace de se donner un autre maître. L'adelantade, informé de ce soulèvement à Saint-Domingo, dont il avait fait sa principale résidence, se hâta de marcher contre ce chef, et, l'ayant rencontré à la tête de quinze mille hommes, il l'attaqua si brusquement pendant la nuit, qu'après avoir mis en pièces une partie de ses gens, il le fit lui-même prisonnier.

Vers le même temps, il reçut avis de Boechio et d'Anacoana que leur tribut était prêt, et qu'ils étaient disposés à le livrer. Il chargea don Diègue, son frère, qui commandait toujours dans Isabella, de faire passer une caravelle à la côte de Xaragua; mais il voulut s'y rendre lui-même par terre, et recevoir le premier hommage que ces caciques faisaient à

(1) Voir la Note sur Haïti, même volume, page 43.

l'Espagne. L'accueil qu'ils lui firent le confirma dans l'opinion qu'il avait prise de leur bonne foi ; ils allèrent au-devant de lui avec une escorte de trente-deux chefs, tandis qu'un grand nombre de leurs sujets apportaient à leur suite quantité de coton cru et filé, et toutes sortes de provisions.

La caravelle ayant abordé au port de Xaragua, qui n'était éloigné du palais de Boechio que d'environ deux lieues, Anacoana ne fit pas de difficulté de se rendre à bord avec son frère. Elle avait fait préparer vers le rivage un logement fort bien meublé pour l'adelantade, où il fut surpris de trouver, entre divers ornements, des siéges de bois travaillé avec beaucoup d'art. C'était la première fois qu'on voyait un bâtiment d'Europe sur cette côte. Les Castillans firent une décharge de l'artillerie, qui causa une frayeur extrême aux Américains ; mais Anacoana, remarquant que l'adelantade ne faisait qu'en rire, fut la première à les rassurer, et monta gaîment sur le tillac.

Les historiens s'accordent à relever le mérite de cette femme, que nous verrons bientôt indignement traitée par ceux qui certainement ne lui devaient que de la reconnaissance et de l'admiration ; ces mêmes historiens ont la bonne foi de rapporter un trait qui fait voir combien il eût été facile de gagner par la douceur un peuple qui paraissait sensible et généreux.

Dans un des combats qui commençaient à devenir fréquents entre les Espagnols et les Américains, on avait enlevé la femme d'un des principaux chefs du pays. Son mari fut si désespéré de sa perte, que, sans redouter le péril qui le menaçait lui-même, il vint se jeter aux genoux de Barthélemi, et il le conjura, les larmes aux yeux, de lui rendre une femme qui lui était plus chère que la vie. L'adelantade fut touché de cette tendresse ; il lui rendit sa femme sans exiger aucune rançon.

Ce bienfait ne fut pas perdu pour les Castillans : il furent surpris de revoir bientôt ce bon Américain avec quatre ou cinq cents de ses sujets, dont chacun portait un coas, espèce de bâton brûlé qui leur servait à remuer la terre. Il demanda un terrain pour le cultiver : son offre fut acceptée ; et le travail de ses gens, animés par la reconnaissance, eut bientôt défriché de vastes champs où l'adelantade fit semer du blé. Ainsi cette terre pouvait devenir fertile sous les mains de ses habitants, et l'on préféra l'ensanglanter.

CHAPITRE X

Le troisième voyage de Colomb est remarquable en ce qu'il découvrit
pour la première fois le continent de l'Amérique, dont il n'avait encore
aperçu que quelques îles, nommées aujourd'hui les Antilles ou îles du
vent.

Il faisait route vers l'ouest, et cherchant à se dégager des canaux voisins des côtes qu'il prenait encore pour des îles, il prit au sud, dans l'espérance de sortir entre la pointe du golfe de Paria et la côte opposée ; il
traversa le golfe, et, le 13, il entra dans un très beau port qu'il nomma
il Puerto de Gatos, trompé par la vue d'un grand nombre de très gros singes, qu'il prit d'abord pour des chats. Ce port est proche de la bouche de
l'Orénoque (1), qu'Herréra nomma Yuyapari, et qui contient les deux petites îles del Caracol et del Delfin.

A peu de distance, on visita un autre port ; ensuite on doubla le cap de
Lapa pour sortir du golfe au nord : entre ce cap, qui fait la pointe de la

(1) L'Orénoque prend sa source dans la Sierra-Parina, vers les limites du Venezuela et de
l'empire du Brésil, par 5° 30' de latitude nord et 60° 35' de longitude ouest, et se jette dans
l'Océan Atlantique en face de l'île de la Trinidad, par plusieurs embouchures formant un delta
dont les deux bras principaux en projettent une foule d'autres qui se croisent en plusieurs endroits avant de parvenir à l'Océan.

A quelque distance de ses sources, vers 3° 10' de latitude nord et 68° 37' de longitude ouest,
ce fleuve projette un embranchement qui va rejoindre le Rio-Negro, affluent de l'Amazone, et
qui relie ainsi les deux plus grands fleuves du nord de l'Amérique méridionale.

Le cours de l'Orénoque est évalué, par certains géographes, à 1,900 kilomètres, et, par d'autres,
à 2,200 ; sa largeur, très variable : de 6 kilomètres à Angostura, capitale de la Guyane venezué-
lienne, cette largeur atteint, à l'embouchure principale, 36 kilomètres. La profondeur des eaux
est encore plus variable ; ces eaux sont très poissonneuses et baignent de splendides contrées.

côte de Paria, et le cap Boto, qui est au nord-ouest de la Trinité, la distance est d'environ deux lieues ; mais un peu au-dessus le canal en a cinq de largeur. Les trois vaisseaux y étant entrés avant midi, trouvèrent les flots dans un mouvement terrible et si couverts d'écume par le combat du courant avec la marée, que le danger leur parut extrême. Ils s'efforcèrent en vain de mouiller. Les ancres furent enlevées par la force des vagues. Ils avaient trouvé la mer aussi fougueuse en entrant dans le golfe par le canal ; mais ils avaient eu la faveur du vent, au lieu que, dans le passage où ils se voyaient engagés, le vent, avec lequel ils espéraient sortir, s'étant calmé tout-à-coup, ils demeuraient comme livrés à l'impétuosité des flots, sans aucun moyen d'avancer ou de retourner dans le golfe. L'amiral sentit la grandeur du péril. Il confessa que, s'il en était délivré par le ciel, il pourrait se vanter d'être sorti de la gueule du dragon, et cette idée fit donner au détroit le nom de Boca del Drago, qu'il a conservé jusque aujourd'hui. Enfin la marée perdit sa force, et le courant des eaux douces du fleuve jeta les trois vaisseaux en haute mer.

De la première terre de la Trinité jusqu'au golfe, qui fut nommé golfe des Perles, on n'avait pas compté moins de cinquante lieues. L'amiral suivait la terre qu'il prenait pour celle qu'il avait nommée île de Gracia, et fit le tour du golfe, dans la vue d'approfondir si cette grande abondance d'eau venait des rivières, suivant l'opinion des pilotes, mais non pas suivant la sienne ; car il ne pouvait s'imaginer qu'il y eût un fleuve au monde qui produisît tant d'eau, ni que les terres qu'il voyait en pussent fournir autant, à moins qu'elles ne fussent la terre ferme. Il trouva sur cette côte quantité d'excellents ports et plusieurs caps, auxquels il donna successivement des noms.

Il avait découvert, à vingt-six lieues au nord, une île qu'il avait nommée l'Assomption, une autre qui fut nommée la Conception. Ce ne fut qu'après avoir fait environ quarante lieues au-delà du Boca del Drago, que, voyant la longueur de la côte qui continuait toujours de descendre à l'ouest, il crut pouvoir juger avec certitude qu'une si vaste étendue de terre ne pouvait être une île, et que c'était le continent. Il fit cette déclaration le mercredi, premier jour d'août 1498 ; mais précisément dans le même temps on travaillait à lui ravir une gloire qu'il achetait par tant de dangers.

L'évêque de Badajos, qu'on pouvait alors nommer le ministre des Indes, parce qu'il était chargé de tous les ordres qui regardaient les nouveaux établissements, recevait familièrement Alphonse d'Ojéda, adroit aventurier, qui, s'étant aperçu de son aversion pour les Colomb, en profita pour partager avec eux, s'il était possible, la gloire des découvertes.

Après avoir obtenu la communication des plans et des mémoires de l'amiral, il sollicita la permission d'armer pour continuer une entreprise devenue moins difficile, puisque la route était tracée. Il obtint cette permission de l'évêque, qui la signa de son nom ; mais elle ne fut point signée, et peut-être fut-elle ignorée des rois catholiques.

Cette commission d'un ministre à qui Leurs Majestés avaient confié toutes les affaires des Indes eut bientôt rassemblé quantité d'Espagnols et d'étrangers qui brûlaient de tenter la fortune, ou de se signaler par des aventures extraordinaires. Ojéda trouva des fonds dans Séville pour armer quatre vaisseaux. Il prit pour premier pilote Jean de la Cosa, natif de Biscaye, homme d'expérience et de résolution ; enfin Améric Vespuce, riche négociant florentin, versé dans la cosmographie et la navigation, voulut avoir part à l'armement et courir tous les dangers du voyage.

La flotte se trouva prête le 20 mai 1199, et mit le même jour à la voile. On prit la route de l'ouest, et tournant ensuite au sud, on ne fut pas plus de vingt-sept jours à découvrir une terre qu'on reconnut pour le continent. On rangea la côte pendant l'espace de quatre-vingts lieues jusqu'à celle de Paria, que l'amiral avait découverte. Ojéda n'eût pas de peine à la reconnaître sur les mémoires qu'il avait reçus de l'évêque de Badajos. Les noms de l'île de la Trinité et de Boca del Drago donnés par Colomb, et conservés depuis, attestaient qu'il avait vu le continent, et semblaient réfuter d'avance l'injuste prétention de Vespuce, qui se vanta dès ce moment d'avoir découvert l'Amérique. Mais l'envie, toujours jalouse des grandes choses, aima mieux accorder la gloire à celui qui avait fait moins, et la terre vue par Colomb n'en eut pas moins le nom d'Amérique.

Le sort réservait bien d'autres traverses à Colomb ; il devait éprouver cette révolution si commune dans les grandes destinées et qui souvent a placé le comble de l'humiliation si près du comble de la gloire.

Dès l'année précédente, un grand nombre de mécontents, revenus d'Hispaniola, avaient entrepris comme de concert de soulever toute l'Espagne contre les Colomb. Ils s'étaient rendus à Grenade, où la cour était alors ; et, répandant les plus noires calomnies contre l'amiral, ils avaient également réussi à le rendre odieux au peuple et suspect au roi. Un jour, quelques-uns de ces séditieux, ayant acheté une grande quantité de raisins, s'étaient assis à terre pour les manger au milieu d'une place publique, et s'étaient mis à crier que le roi et les Colomb les avaient réduits à cette misère, en leur refusant de leur payer le salaire qu'ils avaient mérité dans les pénibles travaux des mines. Si le roi paraissait dans les rues de Grenade, ils le poursuivaient pour lui demander leur paie avec de grands cris ; et s'ils voyaient passer les deux fils de l'amiral, qui étaient encore pages de la reine :

« Voilà, s'écriaient-ils, les enfants de ce traître qui a découvert de nouvelles terres pour faire périr toute la noblesse de Castille. »

Le roi, qui n'avait pas pour l'amiral autant d'affection que la reine, ne se défendit pas si longtemps contre le soulèvement général ; et la reine même, après avoir fait plus de résistance, fut entraînée par la force du torrent. Mais rien ne fit tant d'impression sur elle que de voir arriver trois cents esclaves américains, qui avaient été embarqués contre les ordres de l'amiral, et probablement par la connivence des officiers subalternes.

La reine, qui n'avait rien recommandé avec tant de soin que de ne point attenter à la liberté des Américains, ne put apprendre sans une vive colère que ses ordres eussent été si peu respectés. Non-seulement elle en fit un crime à l'amiral, mais elle jugea qu'il ne pouvait être innocent sur tout le reste ; et, commençant par ordonner sous peine de mort que tous les esclaves fussent remis en liberté, elle prit en même temps la résolution de lui ôter l'autorité dont elle l'avait revêtu. Si elle eût agi avec moins de précipitation, elle se serait épargné le reproche trop fondé d'ingratitude et d'injustice.

Les éclaircissements qu'elle eût dû attendre lui auraient appris que, dans les embarras et les détresses où s'était trouvé l'amiral, sa conduite, toujours difficile, avait toujours été irrépréhensible, et ne pouvait être accusée tout au plus que d'un excès de sévérité peut-être indispensable dans une colonie lointaine, où la désobéissance et la mauvaise volonté sont enhardies par l'éloignement du pouvoir suprême. Elle aurait appris que c'était cette sévérité seule qui avait fait tant de mécontents, comme sa gloire avait fait tant de jaloux ; mais qu'enfin il touchait au but de ses travaux ; qu'il avait extirpé jusqu'aux moindres semences de révolte ; qu'il gouvernait avec une autorité absolue ; qu'il voyait les Castillans soumis, les insulaires disposés à recevoir le joug de l'Evangile et celui de la domination de Castille, et qu'il ne demandait pas plus de trois ans pour augmenter de soixante millions les revenus de la couronne, en y comprenant, à la vérité, la pêche des perles, dont il pensait s'assurer par une bonne forteresse.

On publia, pour colorer sa déposition, qu'il avait demandé lui-même au premier administrateur de la justice dans Hispaniola, et qu'il avait prié Leurs Majestés de faire juger ses différends personnels avec l'alcade major par des commissaires désintéressés ; que ces deux propositions paraissaient raisonnables, mais qu'on ne jugeait point à propos de mettre en concurrence deux pouvoirs dont chacun devait être absolu ; que d'ailleurs on ne pouvait revêtir de cette commission qu'un homme de qualité, près duquel il ne convenait pas de laisser un étranger qui exerçait deux grandes charges, telle que celles d'amiral et de vice-roi perpétuels.

Le roi et la reine crurent trouver tout ce qui convenait à leurs vues dans François de Bovadilla, commandeur de Calatrava. Avec le titre de gouverneur général, ils lui donnèrent celui d'intendant de justice, et l'ordre de tenir ses provisions secrètes jusqu'au jour de sa réception à San-Domingo, d'où les historiens croient pouvoir conclure que les rois catholiques avaient prêté l'oreille au bruit que les ennemis de l'amiral avaient répandu qu'il pensait à se rendre souverain du Nouveau-Monde.

Bovadilla mit à la voile vers la fin du mois de juin 1500, avec deux caravelles ; et, le 23 août, on aperçut de San-Domingo ces deux bâtiments qui s'efforçaient d'entrer dans le port d'où ils étaient repoussés par le vent de terre. L'amiral était alors occupé à bâtir un fort, et l'adelantade à contenir des révoltés dans le royaume de Xaragua.

A la vue des deux caravelles, don Diègue Colomb, qui commandait en l'absence de ses deux frères, les envoya reconnaître. Ce fut Bovadilla même qui se présenta sur le bord de sa caravelle pour répondre aux questions. Il déclara non-seulement son nom, mais la commission d'intendant de justice qu'il venait exercer contre les rebelles de l'île, et, s'informant à son tour des affaires, il apprit l'exécution de quelques chefs, l'ardeur des Colomb dans la recherche des coupables, et la résolution où ils étaient de faire des exemples.

Ces informations irritèrent le gouverneur : il était ambitieux, violent, intéressé. Soit qu'il eût apporté d'aveugles préventions contre les Colomb, ou que la jalousie de l'autorité lui fît déjà regarder tout ce qui ne venait pas de lui comme une usurpation de la sienne, il ne put entendre sans indignation qu'on lui parlât de justice pour des criminels dont il devait être l'unique juge. Cette disposition ne fit qu'augmenter à la vue de deux gibets et de quelques Castillans qu'il y vit attachés. En arrivant dans le port, il passa la nuit dans son vaisseau.

Le lendemain, 25 août, étant descendu dans la ville, il se rendit d'abord à l'église, où il entendit la messe avec une grande ostentation de piété. Don Diègue Colomb, et Pérez, major de l'île, y assistèrent, accompagnés de la plupart des habitants de San-Domingo. En sortant, il tira des lettres qui portaient le sceau royal d'Espagne, et les remit à un notaire de sa suite, avec ordre de les lire devant l'assemblée. C'étaient celles qui le créaient intendant de justice. Ensuite, s'adressant à don Diègue, il demanda, au nom de Leurs Majestés, qu'on lui livrât tous les prisonniers qui étaient arrêtés pour la révolte. Don Diègue répondit qu'ils lui avaient été confiés par l'amiral, dont l'autorité sans doute était supérieure à la sienne, et qu'il n'en pouvait disposer sans son ordre.

« Je vous ferai connaître, reprit Bovadilla, que vous et lui devez « m'obéir. »

Le reste du jour se passa dans une extrême agitation : mais le lendemain, après la messe, à la vue de toute la colonie, que la curiosité n'avait pas manqué de rassembler, Bovadilla fit lire d'autres lettres patentes qui le constituait gouverneur général des îles et de la terre ferme du Nouveau-Monde, avec un pouvoir sans bornes. Ensuite, ayant prêté le serment ordinaire, il invita tout le monde à la soumission ; et, pour la mettre à l'épreuve, il renouvela la demande des prisonniers. On lui fit la même réponse, et cette fermeté l'embarrassa. Il fit lire deux autres mandements par ordre desquels il était ordonné à l'amiral, à tous les commandants de forteresses et de navires, aux trésoriers et aux gardes magasins, de le reconnaître pour supérieur. L'autre regardait la solde militaire, et la paie des artisans et des engagés. Après cette lecture, qui mit tous les gens de guerre dans ses intérêts, il somma, pour la troisième fois, don Diègue de lui remettre les clefs de la prison. Sur son refus, il se rendit à la citadelle, où Michel Diaz commandait en qualité d'alcade ; et, lui ayant fait signifier ses pouvoirs, il ordonna que sur-le-champ tous les prisonniers fussent amenés devant lui. Diaz demanda du temps pour en informer l'amiral dont il tenait sa commission ; mais Bovadilla fit mettre à l'instant sous les armes les troupes qu'il avait amenées, et celles même de la ville qui reconnaissaient déjà ses ordres. La citadelle était encore sans défense ; et, quoique Diaz se montrât l'épée à la main sur les créneaux, avec Alvarado, son lieutenant, il y entra sans résistance. Il se fit conduire à la prison, où il trouva les coupables chargés de chaînes. Un léger interrogatoire parut le satisfaire ; et leur ayant fait espérer leur grâce, il se contenta de les laisser sous la garde d'un de ses gens.

L'amiral, bientôt informé de cette révolution, se rendit à Bonao, après y avoir donné rendez-vous aux Castillans qu'il croyait dans ses intérêts, et l'ordre à plusieurs caciques de l'y venir joindre avec toutes les troupes qu'ils seraient capables de rassembler. En arrivant, il y touva un huissier à verge, qui lui remit des copies de chaque provision du nouveau gouverneur.

Après les avoir lues, il déclara que la première ne contenait rien qu'il n'eût demandé lui-même ; mais que l'autre ne s'accordant point avec les patentes de vice-roi et d'amiral qu'il avait reçues de Leurs Majestés, il ne pouvait se persuader qu'elle vînt de cette respectable source ; qu'il ne s'opposait point à l'administration de la justice dont Bovadilla était chargé, mais qu'il allait écrire en Espagne, et qu'en attendant les explications de la cour sur les évènements qui lui paraissaient obscurs, il sommait tous les sujets des rois catholiques de demeurer dans la soumission qu'ils lui devaient. On ne douta point alors que cette querelle ne dégénérât en guerre civile, surtout lorsque le commandeur eût affecté de ne pas répondre à une lettre qu'il reçut de l'amiral. Mais tout fut éclairci quelques jours après par l'arrivée de Vélasquez, trésorier royal, et d'un religieux franciscain, qui remirent à Colomb une letttre signée du roi et de la reine. Elle était dans ces termes :

« Don Christophe Colomb, notre amiral dans l'Océan : nous avons « ordonné au commandeur don François de Bovadilla de vous expliquer « nos intentions. Nous vous ordonnons d'y ajouter foi, et d'exécuter ce « qu'il vous dira de notre part. *Moi le roi* ; *Moi la reine.* »

Les réflexions que l'amiral fit sur cette lettre, dans laquelle il ne manqua point d'observer qu'on ne lui donnait pas le titre de vice-roi, le déterminèrent à reconnaître Bovadilla dans toutes les qualités qu'il s'attribuait. Il partit aussitôt pour la capitale.

A son exemple, tout ce qu'il y avait de Castillans à Bonao, dans la Véga et dans les nouveaux établissements, prirent le chemin de San-Domingo. Bovadilla, pour les attirer par l'intérêt, avait déjà fait publier que, pendant vingt ans, ceux qui travaillaient à chercher de l'or n'en paieraient au roi que le vingtième ; qu'il allait acquitter les arrérages de la solde militaire, et contraindre l'amiral de satisfaire à tous ceux auxquels il avait donné quelque sujet de plainte. Les mécontents s'empressèrent de venir déposer contre les trois Colomb, et toutes leurs accusations furent reçues.

La plus maligne de toutes, celle d'avoir voulu se rendre indépendant, la seule qui eût armé ses souverains contre lui, était certainement la plus mal fondée et la plus démentie par les faits. Jamais sujet ne fut ni plus soumis ni plus zélé ; mais, en matière politique, le seul soupçon tient souvent lieu de crime, et Colomb étant le seul homme que l'on pût craindre dans le Nouveau-Monde, on ne voulait plus qu'il y commandât. On remarque que, parmi tant d'imputations et de plaintes, il ne se trouva pas une seule déposition favorable à l'amiral, tant on est généralement disposé à accabler les malheureux.

Christophe Colomb fut extrêmement surpris en arrivant à San-Domingo, d'apprendre que le commandeur s'était logé dans sa maison, qu'il avait saisi ses papiers, confisqué ses meubles, ses chevaux, et tout ce qu'il avait d'or et d'argent, sous prétexte de payer ceux qui se plaignaient de ne l'avoir pas été ; qu'il avait fait arrêter don Diègue, son frère, sans aucune formalité de justice, et qu'il l'avait fait transférer dans une des caravelles qu'il avait amenées, avec ordre d'employer les fers pour l'y retenir. A peine avait il eu le temps de se faire expliquer tant de violences, qu'il se vit enlevé lui-même et conduit dans la citadelle, où il fut enfermé les fers aux pieds..

Herréra, quoique fort prévenu en faveur de sa nation contre un étranger, donne ici le nom de tyran au nouveau gouverneur. Il traite de cruel et de détestable un emportement de cette nature contre un homme que les rois catholiques avaient élevé aux premiers degrés d'honneur, et qui avait acquis tant de gloire à l'Espagne.

La suite des évènements fit d'ailleurs connaître que le commandeur avait outrepassé ses pouvoirs, et que s'il était chargé d'informer, c'était avec respect pour la personne des Colomb. Mais sa cruauté ne dut pas les affliger plus que l'applaudissement qu'elle reçut de tous les Castillans de l'île. Ceux mêmes qui devaient leur fortune à l'amiral, et qui ne subsistaient que par ses bienfaits, eurent la lâcheté de l'outrager ; et, pendant que ses ennemis se contentaient du moins de le noircir par leurs accusations, ce fut un de ses valets qui s'offrit à lui mettre les fers aux pieds, tandis que les satellites de Bovadilla rejetaient eux-mêmes avec horreur cet indigne ministère.

Il souffrit sa disgrâce et toutes les humiliations dont elle fut accompagnée avec une fermeté qui fut peut-être le plus glorieux trait de son caractère. Cette force d'esprit qui ne l'abandonna jamais, parut alors avec éclat : il y avait toute apparence que l'adelantade, qui était encore en liberté, ne ménagerait rien pour arracher ses frères des mains d'un homme dont il devait tout appréhender. Bovadilla, qui en comprit le danger, envoya ordre à l'amiral de lui écrire, pour le presser de revenir promptement à San Domingo. L'amiral écrivit : il faisait les plus vives instances pour engager son frère à venir partager sa mauvaise fortune avec lui.

« Notre ressource, lui disait-il, est dans notre innocence : nous serons menés en Espagne : qu'avons-nous à désirer de plus heureux que de pouvoir nous justifier ? »

Cette proposition dut révolter un homme du caractère de l'adelantade ; mais il ne laissa pas de se rendre à l'avis de son frère. Il vint à San-Domingo ; à peine y fut-il arrivé qu'il fut chargé de chaines et conduit dans la caravelle qui servait de prison à don Diègue. Bovadilla mit le comble à ses injustices en accordant toutes sortes de faveurs à un chef de révoltés. Après avoir donné ses premiers soins à sauver une troupe de séditieux, qui étaient sur le point d'expier leurs crimes par le dernier supplice, on s'était attendu qu'il ferait du moins des informations sur leur conduite; mais il leur rendit la liberté, sans s'embarrasser même de sauver les bienséances.

Des emportements si peu ménagés firent craindre pour la vie des trois frères. Leur procès fut instruit : Bovadilla semblait avoir été trop loin pour s'imposer des bornes, et si la facilité qu'ils eurent à détruire des accusations vagues, dont la plupart ne regardaient même que leurs intentions, parut lui causer de l'embarras, c'était un motif de plus pour se défaire de trois ennemis dont la justification entraînait infailliblement sa perte.

Cependant, il n'osa pousser l'audace jusqu'à faire conduire au supplice un grand officier de la couronne; et, se contentant de rendre un arrêt de mort contre lui et ses frères, il prit le parti de les envoyer en Espagne avec l'instruction de leur procès, dans l'idée apparemment que le nombre et l'uniformité des dépositions, la gravité des charges et la qualité des accusateurs, dont la plupart avaient eu d'étroites liaisons avec les accusés, feraient confirmer sa sentence. Les prisonniers n'étaient pas sans inquiétude pour la décision de leur sort.

Un historien raconte qu'Alfonse de Vallejo, capitaine de la caravelle qui devait les conduire, étant allé prendre l'amiral pour le faire embarquer, cet illustre vieillard lui dit tristement :

« — Vallejo, où me mènes-tu ?

— En Espagne, monseigneur, répondit le capitaine.

— Est-il bien vrai? reprit l'amiral.

— Par votre vie, repartit Vallejo, j'ai ordre de vous faire embarquer pour l'Espagne. »

Ces assurances calmèrent son esprit. Mais, pour ne laisser rien manquer à son humiliation, Bovadilla fit publier, avant son départ, un pardon général pour ceux qui avaient eu le plus de part aux révoltes passées, et remplit plusieurs brevets, qu'il avait apportés en blanc, des noms de Roldan, de Guever, et des mutins les plus décriés par le mal qu'ils avaient causé.

Vallejo reçut ordre, en mettant à la voile, de prendre terre à Cadix, et de remettre les prisonniers avec toutes les procédures, entre les mains de l'évêque de Badajos et de Gonçalo Gomez de Cervantès, parents du commandeur, tous deux ennemis déclarés des Colomb.

En sortant du port, Vallejo voulut ôter les chaines aux trois frères; mais l'amiral protesta qu'il ne les quitterait que par l'ordre du roi et de la reine. On assure qu'il ne cessa jamais de conserver ses fers, et qu'il ordonna même, par son testament, qu'après sa mort on les mit avec lui dans son tombeau, comme un monument de la reconnaissance dont le monde paie les plus éminents services.

Il est difficile, sans doute, de refuser quelques larmes à l'intérêt qu'inspire une âme fière et sensible, si profondément blessée ; à cet ordre d'un grand homme, qui veut emporter ses injures et ses maux jusque dans sa sépulture, qui veut que les outrages de la haine soient placés à côté de sa cendre, et qu'on ne puisse approcher de sa tombe sans plaindre le sort du génie et sans abhorrer l'ingratitude ; et quel spectacle pourrait mieux rappeler l'un et l'autre que Colomb, sortant en cheveux blancs, et les fers aux pieds, de ces mêmes vaisseaux à qui seul il avait enseigné la route d'un nouveau monde !

Vallejo mouilla devant Cadix, le 25 novembre. Un pilote nommé André Martin, touché des malheurs de l'amiral, sortit secrètement du vaisseau, et se hâta de porter ses lettres à la cour avant qu'on y pût recevoir la nouvelle de son arrivée.

CHAPITRE X

Le roi et la reine n'apprirent point, sans étonnement et sans indignation, qu'on eût abusé de leur autorité pour se porter à des violences par
lesquelles ils se trouvaient déshonorés. Ils envoyèrent sur-le-champ l'ordre de délivrer les trois frères, et de leur compter mille écus pour se rendre à Grenade, où la cour était alors. Ils les y reçurent avec des témoignages extraordinaires de compassion et de faveur.

La reine consola particulièrement l'amiral. Comme il avait plus de confiance à sa bonté qu'à celle du roi, il lui demanda une audience secrète,
dans laquelle, s'étant jeté à ses pieds, il y demeura quelque temps, les
larmes aux yeux, et la voix étouffée par les sanglots. Cette princesse le
fit relever. Il lui dit les choses les plus touchantes sur l'innocence de ses
intentions, sur le zèle qu'il avait toujours eu pour le service de Leurs Majestés, sur le témoignage qu'il se rendait au fond du cœur; que, s'il avait
manqué dans quelque point, c'était faute de connaissance; enfin, sur la
malignité de ses ennemis, que la seule jalousie de son élévation portait à
lui chercher des crimes, peu contents de lui nuire, s'ils ne le déshono-
raient.

La reine en fut attendrie au point d'être quelque temps sans pouvoir
lui parler. Elle se remit enfin, et lui dit avec beaucoup de douceur :

« — Vous voyez combien je suis touchée du traitement qu'on vous a
» fait ; je n'omettrai rien pour vous le faire oublier. Je n'ignore pas les
» services que vous m'avez rendus, et je continuerai de les récompenser.
» Je connais vos ennemis, et j'ai pénétré les artifices qu'ils emploient
» pour vous ruiner ; mais, comptez sur moi. Tout le monde se plaignait

» de vous, et personne ne parlait en votre faveur. Je n'ai donc pu me
» dispenser d'envoyer un commissaire en Amérique, que j'ai chargé de
» prendre des informations et de me les communiquer, avec ordre de mo-
» dérer une autorité qu'on vous accusait de porter trop loin. Dans la
» supposition que vous fussiez coupable de tous les crimes dont vous
» étiez accusé, il devait succéder au gouvernement général, et vous en-
» voyer en Espagne pour y rendre compte de votre conduite ; mais ses
» instructions ne portaient rien de plus. Je reconnais que j'ai fait un
» mauvais choix ; j'y mettrai ordre, et je ferai de Bovadilla un exemple,
» qui apprendra aux autres à ne point passer leurs pouvoirs ; cependant,
» je ne puis vous promettre de vous rétablir sitôt dans votre gouverne-
» ment ; les esprits y sont trop aigris contre vous. A l'égard de votre
» charge d'amiral, mon intention n'a jamais été de vous en ôter la pos-
» session ni l'exercice : laissez faire le reste au temps, et fiez-vous à
» moi. »

Colomb comprit par ce discours plus que la reine n'avait eu dessein de
lui faire entendre ; il jugea que son rétablissement blesserait les règles
de la politique espagnole et que le roi lui était vraisemblablement opposé
en secret : en un mot, qu'on se repentait de l'avoir tant élevé, et qu'il
ne devait pas se flatter de faire changer la cour en sa faveur. Aussi, sans
s'arrêter à d'inutiles instances, après avoir remercié la reine de sa bonté,
il la supplia d'agréer qu'il ne demeurât pas inutile à son service, et qu'il
continuât la découverte du Nouveau-Monde, pour chercher par cette voie
quelque passage qui pût conduire des vaisseaux de l'Espagne aux Moluques : ces îles étaient alors extrêmement célèbres par le trafic que les
Portugais y faisaient des épiceries, et les Espagnols souhaitaient ardemment de partager avec eux un commerce si lucratif.

Le projet de l'amiral fut approuvé avec de grands éloges ; la reine lui
promit de faire équiper autant de vaisseaux qu'il en demanderait, et l'assura que, si la mort le surprenait dans le cours de cette expédition, son
fils aîné serait établi dans toutes ses charges.

Rien ne servit tant à justifier l'amiral dans l'esprit de ceux qui ju-
geaient de lui sans passion, que la conduite de Bovadilla. Il s'efforça d'a-
bord d'augmenter de plus en plus la haine qu'on portait en Amérique
aux Colomb : à la réserve de quelques officiers, le reste n'était qu'un as-
semblage de la plus vile canaille, ou d'un grand nombre de criminels sortis des prisons de Castille, sans mœurs, sans religion, et qui, n'étant venus si loin que pour s'enrichir, se persuadaient que les lois n'étaient pas
faites pour eux.

D'ailleurs, malgré toutes les précautions de la reine, il s'en trouvait de

toutes les provinces d'Espagne, entre lesquelles on sait qu'il y a des anti-
pathies insurmontables, source de querelles et de division d'autant plus
funeste dans un nouvel établissement, qu'il s'y trouve toujours des mécontents, et que les lois y sont moins en vigueur. En affectant une conduite toute contraire à celle de l'amiral, le nouveau gouverneur commit
de grandes fautes : il n'y avait au fond de répréhensible dans l'ancien
gouvernement qu'un peu trop de sévérité pour les Espagnols : prendre
une méthode entièrement opposée, c'était se déclarer pour des brigands.
Bovadilla donna tellement dans cet excès, qu'on entendait les plus honnêtes gens se dire entre eux, tous les jours, qu'ils étaient bien malheureux d'avoir fait leur devoir, puisque c'était un titre pour être exclu des
grâces.

Le commandeur ne traita pas les insulaires avec plus de prudence et
d'équité. Après avoir réduit les droits du prince au onzième, et donné la
liberté de faire travailler aux mines, il fallait, pour ne rien faire perdre
au domaine, que les particuliers tirassent une prodigieuse quantité d'or ;
aussi les caciques se virent-ils contraints de fournir à chaque Espagnol
un certain nombre de leurs sujets, qui faisaient l'office d'autant de bêtes
de charge. Enfin, pour retenir ces malheureux sous le joug, on fit un dé-
nombrement de tous les insulaires, qui furent rangés par classes, et dis-
tribués suivant le degré de faveur où l'on était dans l'esprit du gouverneur. Ainsi, l'île entière se trouva réduite au plus dur esclavage ; ce n'é-
tait pas le moyen d'inspirer de l'affection pour le christianisme et pour la
domination des rois catholiques ; mais Bovadilla ne pensait qu'à s'attacher les Castillans qui étaient sous ses ordres, et qu'à faire en même
temps de gros envois d'or en Espagne, pour se rendre nécessaire, et pour
confirmer les soupçons qu'il avait répandus contre la fidélité de l'amiral.
Il en coûta la vie à un si grand nombre d'Américains, qu'en peu d'années
l'île espagnole parut déserte.

On ne lit point sans horreur, dans le récit même des Espagnols, les
traitements barbares auxquels ces infortunés furent assujettis : cette
inhumanité pouvait être d'autant moins justifiée qu'elle était bien inutile ;
jamais on n'avait trouvé de mines plus abondantes, ni d'un or plus pur.
Un esclave, qui était à déjeuner sur le bord de la rivière de Hayna, s'avisa
de frapper la terre d'un bâton, et sentit quelque chose de fort dur ; il le
découvrit entièrement : c'était de l'or ; un grand cri qu'il jeta, dans l'é-
tonnement de voir un grain si gros, fit accourir aussitôt ses maîtres. Ils
ne le virent pas avec moins d'admiration ; et, transportés de joie, ils
firent tuer un porc, le firent servir à leurs amis sur ce grain, qui se
trouva assez grand pour le tenir tout entier, et se vantèrent d'être plus

magnifiques en vaisselle que les rois catholiques. Bovadilla l'acheta pour Leurs Majestés : il pesait trois mille six cents écus d'or ; et les orfèvres, après l'avoir examiné, jugèrent qu'il n'y en aurait que trois cents de diminution dans la fonte. On y voyait encore quelques petites veines de pierre, mais qui n'étaient guère que des taches, et qui avaient peu de profondeur.

Cette découverte étant sans exemple, on peut juger combien elle anima les espérances de ceux qui s'occupaient à la même recherche.

Cependant on apprit à la cour la manière dont les habitants d'Hispaniola étaient traités, et le roi et la reine en conçurent une égale indignation.

Le rappel de Bovadilla était déjà résolu comme une satisfaction que Leurs Majestés croyaient devoir à l'amiral ; elles nommèrent pour succéder au gouvernement de l'île don Nicolas Ovando, commandeur de Larex, de l'ordre d'Alcantara : ses provisions ne furent que pour deux ans ; on lui fit équiper en diligence une flotte de trente-deux voiles, sur laquelle on embarqua deux mille cinq cents hommes, sans y comprendre les équipages, pour remplacer à Hispaniola quantité de personnages dont la reine voulait purger la colonie.

Entre les nouveaux habitants, on comptait plusieurs gentilshommes, tous sujets de la couronne de Castille; Isabelle se confirmait de plus en plus dans la résolution d'exclure du Nouveau-Monde tous ceux qui n'étaient pas nés Castillans. Cependant, après sa mort, on ne mit plus de distinction entre les Castillans et les Aragonais, et sous Charles-Quint, tous les sujets des différents états qui composaient la monarchie espagnole obtinrent la même liberté.

Comme la cour était résolue de rappeler particulièrement l'alcade major Roldan Ximenès, et que l'administration de la justice convenait mal à un homme de guerre, chargé d'ailleurs du gouvernement général, elle nomma pour cette importante fonction Alphonse Maldonat, habile jurisconsulte.

Les instructions de ces deux officiers suprêmes furent dressées avec des soins qui répondaient aux vues de Leurs Majestés; celles d'Ovando portaient particulièrement d'examiner la conduite et les comptes du commandeur Bovadilla, de le renvoyer en Espagne par la même flotte, et d'apporter toute son attention à faire dédommager l'amiral et ses frères de tous les torts qu'ils avaient soufferts.

Ovando s'embarqua le 13 février 1502 ; une tempête qu'il essuya près des Canaries dissipa sa flotte, et fit périr un de ses plus grands navires, avec cent cinquante hommes. Tous les autres se joignirent à la Gomera, qui était le rendez-vous général, où l'on acheta un navire pour remplacer

celui qui avait été submergé. Quantité d'Espagnols, habitants des **Ca-**
naries, en formèrent l'équipage ; ensuite Ovando partagea sa flotte en
deux bandes, prit sous ses ordres celle qu'il crut la meilleure à la
voile (1), et laissa le reste sous ceux d'Antoine de **Torrès**, qui devait **tout**
commander au retour. Il arriva, le 15 avril, au port San-Domingo.

Bovadilla s'attendait peu à voir arriver si tôt son successeur. Cependant
il vint le recevoir sur le rivage, et le conduisit à la forteresse, où les
nouvelles provisions furent lues devant tous les officiers de la colonie.
Ovando fut aussitôt reconnu et salué sous tous les titres, tandis que
Bovadilla se vit en un moment abandonné. Cependant il fut toujours honorablement traité. Roldan fut moins ménagé : le nouveau gouverneur,
après avoir informé contre lui et contre ses principaux complices, les fit
tous arrêter, et les distribua sur la flotte, pour être conduits en Espagne,
avec l'instruction de leur procès.

Aussitôt les Américains furent déclarés libres par la publication d'une
ordonnance du roi et de la reine, qui portait aussi qu'on paierait au domaine la moitié de l'or qu'on tirerait des mines, et que, pour le passé,
on s'en tiendrait au tiers, suivant les règlements de l'amiral. A la vérité,
cette ordonnance ne fut pas plus tôt en exécution, que le profit des mines
cessa tout d'un coup. Toutes les offres qu'on fit aux insulaires n'eurent
sur eux aucun pouvoir, lorsqu'ils se crurent assurés qu'on ne pouvait les
forcer au travail. Ils préférèrent une vie tranquille dans leur première
simplicité à la fatigue de recueillir des biens dont ils ne faisaient aucun
cas ; d'ailleurs tout le monde fut révolté qu'on obligeât de payer au souverain la moitié de ce qui coûtait tant de peine et de dépense. Une partie
des Castillans qui étaient arrivés sur la flotte s'offrirent pour remplacer
ceux qui s'étaient retirés ; mais ils ne furent pas longtemps à s'en repentir : l'ouvrage le plus facile était fait. Il fallait déjà creuser bien loin pour
trouver de l'or ; les nouveaux ouvriers manquaient d'expérience, et les
maladies dont ils furent attaqués en emportèrent un grand nombre ; ils
se dégoûtèrent d'une entreprise qui les accablait sans les enrichir. Le
mauvais succès des ordonnances fit juger au gouverneur qu'elles demandaient quelque modération. Il écrivit à la cour pour engager Leurs Majestés à se contenter du tiers ; et cette espérance rendit le courage à quel-

---

(1) Le détroit de Torrès ou Endeavour, situé dans l'Océan équinoxial entre la Paponaisie et
l'Australie, compte 150 kilomètres de longueur. Il est obstrué par une foule de récifs et
d'îlots qui en rendent la navigation excessivement dangereuse. Il renferme entre autres groupes
d'îles, celle du prince de Galles. Ce ne fut pas, toutefois, Antoine Torrès qui le découvrit. Cette
découverte fut faite, en 1606, par Louis de Torrès. Il fut traversé par Cook en 1770, et exploré
par les corvettes françaises l'*Astrolabe* et la *Zélée* en 1840.

ques ouvriers. Ses représentations furent écoutées, mais dans la suite il fallut se relâcher encore. On se borna au quint des métaux, des perles et des autres pierres précieuses; règlement qui a toujours subsisté depuis.

Ovando continuait de faire régner le bon ordre et la tranquillité dans l'île, lorsqu'on y vit arriver une chaloupe envoyée par l'amiral, qui demandait la permission d'entrer dans le port de San-Domingo pour y changer un de ses navires qui ne pouvait plus tenir la mer.

Après le départ de la flotte, Ferdinand avait goûté le projet que les Colomb avaient formé, dans leur inaction, d'entreprendre de nouvelles découvertes; et quoique la lenteur des ministres à leur fournir des vaisseaux eût été capable de les rebuter, ils avaient été soutenus par une lettre de ce prince, qui, reconnaissant enfin le mérite de leurs services, s'était expliqué dans des termes qui ne pouvaient leur laisser aucun doute sur ses intentions. Cette lettre avait été suivie des ordres les plus pressants; et les préparatifs n'avaient pas langui pour le départ de quatre vaisseaux qu'on avait accordés à l'amiral.

Il était parti du port de Cadix le 9 mai, avec don Barthélemi son frère, et don Fernand le second de ses fils, âgé d'environ treize ans. Il était arrivé le 13 juin à la vue de l'île Martinico, qui a pris depuis le nom de la Martinique (1). Il y avait passé trois jours, après lesquels s'étant aperçu que son plus grand navire, qui était de soixante-dix tonneaux, ne soutenait plus la voile, il avait pris le parti de se rendre à Hispaniola.

(1) Cette île qui fait partie des petites Antilles françaises par 14° 23' et 14° 52' 47" latitude nord et 63° 6' 19" et 63° 3' 37" longitude ouest, est située à 53 kilomètres nord-ouest de Sainte-Lucie, a 110 kilomètres sud-ouest de la Guadeloupe. Sa superficie dépasse 98,000 hectares carrés, et elle compte environ 138,000 habitants.

» Cette île est élevée et s'aperçoit en mer de fort loin; ses côtes sont découpées par de nombreuses baies offrant des mouillages commodes; les principaux de ces mouillages sont ceux du Fort de France au sud, et de Saint-Pierre au nord.

» Le premier est le plus sûr, et est choisi par les navires qui doivent passer à la Martinique la saison des ouragans.

» La région centrale de l'île est hérissée de hautes montagnes d'origine volcanique. Les plus élevées sont la *montagne Pelée* (1000 mètres), dont l'immense cratère s'est tout à coup ranimé en 1851, et le *mont Carbet* (1,238 mètres. Ces montagnes, en grande partie couvertes de forêts inextricables, sont reliées entre elles par des *Mornes*, collines de lave boisées de la base au sommet.

» Soixante et quinze cours d'eau descendent de ces diverses hauteurs. Très peu considérables en été, et torrents impétueux en hiver, ces cours d'eau répandent dans l'île la fraîcheur et la fertilité.

» Les plus importants sont la *Lézarde*, la rivière du *Fort Saint-Pierre* et la rivière du *Gallion*. Parmi les sources minérales, dont les vertus curatives sont justement renommées, les plus fréquentées sont: celle qui sourd au pied du mont Pelé et celle du Fort-de-France.

L'année se divise à la Martinique en deux saisons parfaitement distinctes. L'une, qui commence au 15 octobre et dure à peu près neuf mois; l'autre, appelée hivernage, qui commence vers le 15

Le nouveau gouverneur, qui n'avait point encore fait partir Bovadilla, ni les auteurs des anciens troubles, lui fit dire qu'il craignait que sa présence ne causât quelque désordre dans la colonie. Cette réponse, à laquelle il devait s'attendre, ne laissa point de le mortifier ; mais, apprenant que

juillet. Pendant cette dernière, qui est marquée par des pluies abondantes, le thermomètre de Réaumur reste entre 27° et 32° à l'ombre, tandis qu'il descend entre 21° et 25° dans l'autre saison.

» Des rosées bienfaisantes viennent, en mai, faciliter la végétation ; le climat est salubre, sauf en quelques parties marécageuses où règne constamment une espèce de malaria très funeste aux Européens. En outre, la fièvre jaune exerce trop souvent ses ravages dans les quartiers du Fort de France, du Lamantin et de la rivière Salée.

» De terribles ouragans et des tremblements de terre désolent parfois, non seulement la Martinique, mais toutes les îles des Antilles, qui, si elles n'étaient exposées à ces fureurs des éléments, constitueraient, sous le ciel splendide où la nature les a placées, de véritables paradis terrestres.

» Outre Fort-de-France et Saint-Pierre, qui sont deux villes importantes, La Martinique possède quatre grands bourgs et vingt-quatre petits bourgs et villages, le tout divisé en vingt-quatre communes ou quartiers. Cette île, — une des perles les plus précieuses de l'écrin colonial de la France, — est, comme celle de la Guadeloupe, reliée à la métropole par un service régulier de paquebots français, partant de Saint-Nazaire.

» Ses forces militaires comprennent les troupes de la garnison ; un corps de gendarmerie ; des ouvriers indigènes du génie et un corps de sapeurs-pompiers.

» La justice est rendue dans la colonie par des tribunaux de paix et de police ; par deux tribunaux de première instance, l'un à Fort-de-France, l'autre à Saint-Pierre ; enfin par une cour d'appel. Deux circonscriptions de cour d'assises, comprenant chacune le ressort des deux tribunaux de première instance, connaissent des causes criminelles.

» Le catholicisme est la religion de la grande majorité de la population, et l'île forme un évêché qui compte vingt-huit paroisses et une mission diocésaine ; son siége est à Saint-Pierre.

» L'agriculture est en grand progrès à la Martinique, dont les productions principales sont le manioc, l'igname, la patate, le café, le cacao et la canne à sucre, qui à elle seule occupe près des deux tiers du sol arable.

» Le café de la Martinique est presque aussi estimé que celui d'Arabie. Le grain est plus volumineux, plus allongé que celui du Moka, et est arrondi vers ses extrémités ; sa couleur est verdâtre et il conserve presque toujours une pellicule gris-argentin, qui se détache lors de la torréfaction. Il a beaucoup de force et un arome très franc.

» Cette île, dont nous venons de raconter la découverte, était appelée par les Caraïbes qui l'habitaient Madiana. Occupée au nom de la France vers 1635 par Charles Lyénard, sieur de l'Olive, et Jean Duplessis, sieur d'Ossonville, elle fut presque aussitôt abandonnée par ces deux navigateurs, qu'effrayèrent à la fois l'attitude résolue des Caraïbes et la multitude de reptiles et d'insectes venimeux qu'ils y rencontrèrent.

» Quelques semaines plus tard, Pierre Belain, sieur d'Esnambuc, estimant que les richesses du sol et la situation de l'île valaient bien la peine de soutenir quelques luttes et de courir quelques risques, y fit débarquer une centaine d'hommes qu'il établit à six kilomètres de l'emplacement où devaient être jetées, une vingtaine d'années plus tard, les fondations de la ville de Saint-Pierre. Une autre période de vingt ans s'écoula entre l'érection de ce chef lieu et la construction du Fort Saint-Pierre.

» C'est vers cette dernière époque, c'est-à-dire en 1675, que la colonie fut définitivement réunie au domaine de l'Etat, après avoir tour à tour appartenu à d'Esnambuc, à la compagnie des Indes de l'Amérique et à la compagnie des Indes occidentales.

» Tous les Français, sans distinction, eurent dès lors la faculté de s'y établir. Les premiers

la flotte était sur le point de mettre à la voile pour l'Espagne, il fut assez généreux pour avertir Ovando que, si l'on voulait s'en rapporter à son expérience, on était menacé d'une tempête prochaine, qui devait engager Torrez à différer son départ.

Son avis fut méprisé, et la flotte leva l'ancre. Elle était encore à la vue de la pointe orientale de l'île, lorsqu'un des plus forts ouragans qu'on eût vu dans ces mers, fit périr vingt-un navires chargés d'or, sans qu'on pût sauver un seul homme. Le beau grain d'or dont on a raconté la découverte, périt dans ce désastre. Jamais l'Océan n'avait englouti tant de richesses ; mais ces richesses étaient le fruit de l'injustice et de la cruauté. Il semblait que le ciel voulût venger, par la perte de tant de trésors, le sang d'une infinité de malheureux qu'on avait sacrifiés pour les acquérir. Le capitaine général, Antoine de Torrez, le commandeur, François de

colons formèrent deux classes, l'une, représentée par les anciens possesseurs du sol, venus de France à leur frais, et désignés sous le nom d'habitants ; la seconde, composée d'Européens, attirés aux îles par l'espoir de faire fortune, et qui avaient dû contracter sur les habitations un engagement de travail pour trois années, à l'expiration desquelles ils recevaient des concesssions gratuites de terre ; c'étaient *les engagés*.

» Indroduits par la traite dès les premiers temps de la colonisation, les *noirs* remplacèrent bientôt, par le travail esclave, cette quasi servitude des blancs, et dès lors, les engagés se confondirent avec les habitants et formèrent cette population particulière, qui, sous le nom de *créoles*, réunit la meilleure partie des qualités de la race française à beaucoup d'autres qualités qui lui sont propres.

» La Martinique n'avait encore qu'une faible importance, lorsque le traité d'Utrecht (11 avril 1713), en enlevant à la France le Canada, Terre-Neuve, l'Acadie et la baie d'Hudson, eut pour effet d'attirer plus directement sur les Antilles la sollicitude du gouvernement français et l'affluence des colons émigrants.

» Or, la sûreté des ports de la Martinique et sa situation favorable, qui avaient fait de cette île le marché général des Antilles françaises, attira sur ce point plus que sur tout autre l'affluence des colons.

» En 1732, sa population s'élevait déjà à 72,000 âmes, et durant près d'un siècle, la Guadeloupe et nos autres possessions de l'Archipel, demeurèrent sous sa dépendance.

» En 1736, le montant de ses exportations s'élevait à seize millions de livres tournois ; la France lui envoyait jusqu'à deux cents navires par an, et les îles Sous-le-Vent, les côtes de l'Amérique espagnolle, les colonies de l'Amérique du nord, entretenaient avec les Antilles des rapports commerciaux qui jetaient dans la circulation une somme annuelle de dix-huit millions.

» La guerre de 1744 eut pour effet de porter les capitaux des colons vers l'armement des Corsaires, et de faire négliger les cultures. Le succès glorieux de la colonie, le chiffre important de ses prises (950 bâtiments évalués à trente millions), ne compensèrent point les pertes réelles qu'elle éprouva dans sa production et dans son commerce.

» Les sept années de paix qui suivirent le traité d'Aix-la-Chapelle (1748), ne suffirent pas à réparer ces dommages, et, quand la guerre éclata de nouveau en 1755, la Martinique n'avait pas encore acquitté ses dettes.

» Le 13 février 1762, les Anglais s'emparèrent de l'île qu'ils gardèrent seize mois. Le traité de Versailles la rend à la France, mais stipule l'abandon de la Dominique à l'Angleterre. Le commerce de la colonie en reçut une grave atteinte.

» Pendant la guerre de l'indépendance américaine, la Martinique reprend un instant son

Boyadilla, Roldan Ximenès, tous ceux qui avaient fait profession de haine pour les Colomb, furent ensevelis dans les flots.

Les onze navires qui furent épargnés étaient les plus faibles de la flotte ; et celui dont on se promettait le moins, sur lequel on avait chargé tous les débris de la fortune des Colomb, fut le premier qui toucha aux rivages d'Espagne. La perte fut évaluée à dix millions.

On doit juger de la consternation qu'un si funeste évènement répandit dans les deux mondes. Il fut regardé comme un châtiment de l'injustice qu'on avait faite à l'amiral ; et lorsqu'on fut informé de l'avis qu'il avait donné au gouverneur de l'île espagnole, il est impossible de représenter les regrets de la cour et de toute l'Espagne.

Ainsi périt en un moment le fruit de tant de tyrannie et de violence. L'or fut englouti ; il ne resta que le souvenir des crimes qu'il avait coûtés.

La seule personne de distinction qu'on vit arriver en Espagne avec les débris de la flotte fut Rodrigue de Bastidas, homme d'esprit et d'honneur, qui s'étant associé avec Jean de la Cosa pour tenter de nouvelles découvertes, avait armé deux navires à Cadix, et s'était mis en mer dès le commencement de l'année précédente, avec commission du roi. Il avait cherché la terre ferme par la même route que l'amiral avait suivie dans son troisième voyage ; et du golfe de Vénézuéla, où il était arrivé heureusement, il avait poussé sa navigation jusqu'au golfe d'Uraba, cent lieues plus loin que ceux qui l'avaient précédé. Il avait nommé Carthagène le port où l'on a vu naître depuis une fameuse ville de même nom ; et, con-

ancienne importance. Elle devient le centre des opérations maritimes de nos flottes et participe à nos gloires sans trop souffrir des calamités de la guerre.

» La paix de 1783 lui donne un nouvel essor ; son mouvement commercial dép sse, vers 1790, quarante-quatre millions de liv. es tournois, et sa population est de plus de cent mille âmes.

» Les évènements de 1789 eurent leur contre-coup à la Martinique. Un décret de l'Assemblée nationale déclara d'abord les hommes de couleur égaux aux blancs ; la Convention proclama la liberté des noirs. La guerre civile qui suivit l'émancipation fit abandonner les cultures. Les Anglais survinrent sur ces entrefaites et, s'emparèrent de l'île, malgré l'héroïque résistance du général Rochambeau, commandant général des îles du Vent (22 mars 1794).

» Après être restée huit ans sous la domination anglaise, la Martinique fut rendue à la France par le traité d'Amiens (1802). La guerre éclata de rechef, et le 24 février 1807, l'île tomba de nouveau au pouvoir des Anglais.

» Le traité de Paris (30 mai 1814), stipula l'évacuation des Anglais, qui reparurent un instant en 1815, et occupèrent même le fort jusqu'en 1816, bien que l'île nous eût été définitivement rendue par le traité de 1815.

» Deux faits capitaux pour l'avenir de la colonie se sont produits en 1868 : 1° l'ouverture du bassin de radoub du Fort-de-France ; 2° la construction du port d'attache des Transatlantiques.

» Depuis 1870, la Martinique envoie deux députés à l'Assemblée nationale. »

Larousse. — Dictionnaire.

tinuant de suivre la route à l'ouest, il avait découvert un autre port, qu'il avait appelé port del Retrette, nom qui s'est changé dans la suite en celui de Nombre de Dioz.

Ses deux vaisseaux n'étant plus en état de tenir la mer, il était venu pour les radouber à Hispaniola, où ils avaient échoué sur la côte Xaragua.

De là, s'étant rendu par terre à San-Domingo, il y avait été fait prisonnier par Bovadilla, sous prétexte qu'il avait traité avec les insulaires sans la participation du gouvernement. Mais la cour, informée par d'autres témoignages, rendit plus de justice à sa conduite, et à son retour il fut vengé d'une odieuse persécution.

Christophe Colomb, engagé dans son quatrième voyage, reconnut la côte de Véragua, et le port qu'il nomma Porto-Bello (1); il souffrit des travaux et essuya des dangers infinis. Herréra nous a conservé la substance d'une lettre très-intéressante, où il se plaint du triste salaire qu'il reçoit pour tant de service.

« Je n'ai eu jusqu'à présent que des sujets de larmes, et je n'ai pas cessé « d'en répandre. Que le ciel me fasse miséricorde et que la terre pleure « sur moi. »

Il faisait observer au roi et à la reine qu'après vingt ans de services, après des fatigues sans exemple, il ne savait pas s'il possédait un sou, et que dans toute l'étendue de leurs états, sa seule ressource pour la nourriture et le sommeil, c'est-à-dire pour les besoins les plus communs

---

(1) Porto-Bello ou Puerto-Bello, ville et port de l'Amérique centrale, sur la mer des Antilles, appartient à l'Etat fédéral de Panama, et est situé à 68 kilomètres de Panama, par 9° 24' latitude nord et 81° 3' longitude ouest. Bien que situé sur le penchant d'une montagne élevée, Porto-Bello est une ville si insalubre, qu'il ne faut rien moins que l'excellence de son port pour y attirer et y maintenir des habitants ; encore l'importance que lui ont autrefois et longtemps conservé les avantages de sa situation a-t-elle considérablement diminué. Elle tend cependant à reprendre de l'importance depuis la création du chemin de fer qui la relie à Panama.

L'entrée du port, qui compte 1 kilomètre de large, est défendue au nord par le château de Tod-Hierro, et au sud par le fort de la Gloria. Vis-à-vis de la ville, est une petite baie extrêmement sûre, où l'on carène les navires.

Jusqu'en 1740, époque à laquelle la navigation espagnole adopta la route du cap Horn, ce fut à Porto-Bello que les galions espagnols allèrent charger les marchandises et les métaux du Chili et du Pérou pour les amener en Europe.

Cette ville fut une des premières grandes villes que l'Espagne édifia dans le nouveau continent découvert par Christophe Colomb. Sir Francis Drake s'en empara en 1596. Prise de nouveau par les flibustiers, que commandait le célèbre Morgan, elle se racheta de la destruction par l'incendie, en payant une énorme rançon.

L'amiral anglais Vernon s'en empara, en 1740, et en détruisit les fortifications, qui ont été relevées depuis.

de la nature, était les hôtelleries publiques. Accablé, comme il l'était, d'années et de maladies, il protestait que, dans cette langueur, ce n'était pas le désir de la fortune et de la gloire qui lui avait fait entreprendre son dernier voyage, mais le pur zèle pour le service de Leurs Majestés, jusqu'au dernier épuisement de ses forces : s'il lui en restait assez pour retourner en Castille, il leur demandait d'avance la permission de faire le pèlerinage de Rome.

CHAPITRE XII

Tandis que l'infatigable Colomb, tourmenté d'une goutte cruelle, abattu et presque mourant, conservait cette activité inquiète qui caractérise tous les hommes nés pour les grandes choses; tandis qu'il était le jouet des tempêtes, à quelque distance des rives du Mexique, qu'il ne lui fut pas donné d'apercevoir, on dévastait, par les barbaries les plus exécrables, la colonie qu'il avait fondée.

Ovando ne se vit pas plus tôt en possession du pouvoir suprême que, pour contenir les Américains, il n'imagina pas de meilleur moyen que de dépeupler une de leurs plus grandes provinces. La perfidie fut jointe à la cruauté. La sœur du cacique Boechio, mort depuis peu sans enfants, la princesse Anacoana avait succédé au gouvernement de Xaragua.

Portée d'inclination pour les Castillans, elle s'était d'abord appliquée à bien traiter ceux qu'elle y avait trouvés établis; mais elle n'en avait été payée que d'ingratitude, et peut-être la haine avait-elle succédé à son affection : ils se le persuadaient du moins, parce qu'ils devaient s'y attendre; et, de part et d'autre, ce changement produisit quelques hostilités. Quoiqu'elles eussent peu duré, les Castillans mandèrent au gouverneur général que la reine de Xaragua méditait quelque dessein, et qu'il était important de la prévenir. Ovando connaissait le caractère de ceux qui lui donnaient cet avis : cependant il prit ce prétexte pour se rendre dans la province à la tête de trois cents hommes de pied et soixante-dix chevaux, après avoir publié que le sujet de son voyage était de recevoir le tribu que la reine devait à la couronne de Castille, et de voir une princesse qui s'était déclarée dans tous les temps en faveur de la nation espagnole.

La confiance d'Anacoana semble prouver qu'elle n'avait rien à se reprocher : elle ne parut occupée qu'à faire au gouverneur une réception honorable. Elle assembla tous ses vassaux pour grossir sa cour et pour donner une haute idée de sa puissance : les écrivains espagnols *en* comptent jusqu'à trois cents, auxquels ils donnent le nom de caciques. A l'approche du gouverneur, elle se mit en marche pour aller au devant de lui, accompagnée de cette noblesse et d'un peuple innombrable, tous dansant à la manière du pays, et faisant retentir l'air de leurs chants. La rencontre se fit assez proche de la ville de Xaragua, et l'on se donna mutuellement des marques de confiance et d'amitié. Après les premiers compliments, Ovando fut conduit, parmi des acclamations continuelles, au palais de la reine, où il trouva, dans une salle très-spacieuse, un festin qui l'attendait : tous ses gens furent traités avec profusion, et le repas fut suivi de danses et de jeux. Cette fête dura plusieurs jours, avec autant de variété que de magnificence ; et les Castillans admiraient, suivant le rapport de leurs historiens, le bon goût qui régnait dans cette cour barbare.

Ovando proposa de son côté à la reine de Xaragua une fête à la manière d'Espagne, pour le dimanche suivant, et lui fit entendre que, pour y paraître avec plus de grandeur, elle y devait avoir toute sa noblesse autour d'elle. Cet avis semblait plus fait pour flatter son ambition que pour lui inspirer de la défiance. Elle retint ses trois cents vassaux, et leur donna, le même jour, un grand repas, à la vue d'un peuple infini, que la curiosité du spectable n'avait pas manqué de rassembler. Toute sa cour se trouva réunie dans une salle spacieuse, dont le toit était soutenu par un grand nombre de piliers, et bordait la place qui devait servir de théâtre à la fête. Les Espagnols, après s'être un peu fait attendre, parurent enfin en ordre de bataille ; l'infanterie, qui marchait la première, occupa sans affectation toutes les avenues de la place ; la cavalerie vint ensuite avec le gouverneur général à sa tête, et s'avança jusqu'à la salle du festin qu'elle investit : tous les cavaliers castillans mirent alors le sabre à la main. Ce spectacle fit frémir la reine et tous ses convives. Mais, sans leur laisser le temps de se reconnaître, Ovando porta la main à sa croix d'Alcantara, signal dont il était convenu avec ses troupes. Aussitôt l'infanterie fit main basse sur le peuple dont la place était remplie, tandis que les cavaliers, mettant pied à terre, entrèrent brusquement dans la salle. Les caciques furent attachés aux colonnes ; et, sans autre forme de justice, on mit le feu à la salle : tous ces infortunés furent réduits en cendre.

Là reine, destinée à des traitements plus honteux, fut chargée de chaînes et présentée au gouverneur, qui la fit conduire dans cet état à San-Domingo, où son procès fut instruit dans les formes d'Espagne. Elle fut déclarée convaincue d'avoir conspiré contre les Espagnols, et condamnée au plus ignominieux supplice, celui de la potence.

On fit périr, dans la fatale journée de Xaragua, un nombre infini d'Américains, sans distinction d'âge ni de sexe. Quelques cavaliers ayant sauvé, par pitié, plusieurs jeunes enfants qu'ils menaient en croupe, et qu'ils réservaient pour l'esclavage, d'autres venaient percer derrière eux ces malheureux enfants, ou leur coupaient les jambes, et les abandonnaient en cet état. De ceux qui échappèrent à la fureur du soldat, quelques uns se jetèrent dans des canots que le hasard leur fit trouver sur le bord de la mer, et passèrent dans une île nommé Guanabo, à huit lieues d'Hispaniola ; mais ils y furent poursuivis, et s'ils obtinrent la vie, ce fut pour tomber dans une servitude plus dure que la mort.

Un parent de la reine, nommé Guarocuya, se cantonna dans les montagnes de Barruco, les plus hautes et les plus inaccessibles de l'île, qui s'étendent, par l'intérieur des terres, depuis Xaragua jusqu'à la côte du sud, et dont les habitants étaient encore sauvages. Plusieurs pénétrèrent dans celles qui forment le milieu de l'île. Ovando fit marcher des troupes vers ces deux retraites. Les Américains s'y défendirent quelque temps ; mais Guarocuya et les autres chefs ayant été pris et condamnés à mort, le reste fut si généralement dissipé, que, dans l'espace de six mois, on ne connut plus un insulaire qui ne fût soumis au joug espagnol.

Cependant Colomb et son frère, sans cesse contrariés par les vents et battus par la mer, avaient été obligés de faire échouer leurs navires à la Jamaïque, île encore sauvage, et qui offrait des ressources suffisantes pour un équipage délabré et depuis longtemps assiégé par les besoins et les maladies ; ses vaisseaux faisaient eau de tout côté, et il manquait d'ouvriers pour les rétablir. Tout ce qu'il avait pu faire, c'était de les amarrer au port avec de bons cables, et de faire construire deux barraques aux deux bouts pour le logement des équipages. La traversée jusqu'à Hispaniola n'était que de trente lieues : mais ne pouvant faire ce voyage qu'avec des canots achetés à la Jamaïque, il fallait suivre les côtes, et alors il y avait deux cents lieues de route. Cependant deux Castillans, Mendez et Fieschi, risquèrent ce périlleux voyage. Il n'y avait pas d'autre moyen, pour se tirer d'embarras, que d'obtenir des vaisseaux et des secours de San-Domingo.

Les deux aventuriers castillans y arrivèrent après des fatigues inexprimables. Ovando retint longtemps Mendez sans prendre aucune résolution, et ce ne fut qu'après avoir été fatigué par ses instances qu'il lui accorda la permission de se rendre à la capitale. Mendez y acheta un navire, et, suivant les ordres qu'ils avaient reçus en commun, Fieschi se chargea de le conduire à la Jamaïque ; mais on lui fit naître des difficultés qui retardèrent encore son départ ; et dans l'intervalle Ovando fit partir secrètement Diégo d'Escobar avec une barque, pour aller prendre des informations certaines sur l'état de l'amiral et de son escadre.

On peut s'imaginer à quelle extrémité les Colomb et leurs gens étaient réduits par le délai du secours qu'ils attendaient depuis plus de six mois. La mauvaise qualité des nourritures et les fatigues d'une si rude navigation avaient reduit l'équipage à un état déplorable. S'ils avaient reçu quelque soulagement des habitants de la Jamaïque, il ne leur avait pas ôté la crainte de se voir abandonnés dans une île sauvage et condamnés à ne jamais revoir leur patrie.

Cette idée, qui n'avait agi que faiblement sur les Castillans, tant qu'ils avaient espéré quelque chose du voyage de Mendez et de Fieschi, produisit des mouvements séditieux lorsqu'ils eurent commencé à perdre cette espérance. Ils soupçonnèrent l'amiral de n'oser se rendre à Hispaniola, dont on lui avait refusé l'entrée ; de n'avoir envoyé Mendez et Fieschi que pour faire sa paix à la cour, où l'on ne voulait plus entendre parler de lui, et de s'embarrasser si peu du sort de tous ses gens, qu'il n'avait peut-être fait échouer ses navires que pour faire servir cet accident au rétablissement de sa fortune. Ils en conclurent qu'une juste prudence obligeait chacun de penser à soi, et de ne pas attendre que le mal fût sans remède. Les plus violents ajoutèrent qu'Ovando, qui n'était pas bien avec les Colomb, ne ferait un crime à personne de les avoir quittés ; que le ministre des Indes occidentales, leur ennemi, n'en recevrait pas plus mal ceux qu'il verrait arriver sans eux ; et que la cour, persuadée enfin que personne ne pouvait vivre avec ces étrangers, prendrait une fois le parti d'en délivrer l'Espagne.

Ces discours, qui avaient d'abord été secrets, se communiquèrent avec tant de chaleur, que les mécontents, ne gardant plus de mesure, s'assemblèrent le 2 janvier, et prirent les armes sous la conduite des Porras, deux frères, dont l'un avait commandé un des quatre vaisseaux de l'escadre, et l'autre était trésorier militaire.

L'amiral était retenu au lit par la goutte. L'aîné des Porras vint le trouver, et lui dit insolemment qu'on voyait bien que son dessein n'était pas de retourner sitôt en Castille, et que, sans doute, il avait résolu de faire périr tous les équipages.

L'amiral répondit qu'il ne comprenait pas d'où pouvait lui venir cette idée ; que tout le monde savait, comme lui, que, si l'on avait relâché dans cette île et si l'on y était encore, c'était parce qu'on n'avait pas eu d'autre choix ; qu'il avait envoyé demander des navires au gouvernement d'Hispaniola, et qu'il ne pouvait rien faire de plus ; qu'il n'était pas moins intéressé que tous les autres à repasser en Castille ; que d'ailleurs il n'avait rien fait sans avoir demandé l'avis du conseil, et que si l'on avait quelque chose d'utile à proposer, il était toujours disposé à l'embrasser avec joie.

Ce discours aurait satisfait des gens moins emportés ; mais l'esprit de révolte ne connaissant point la raison, Porras reprit encore plus brusquement, qu'il n'était plus question de discourir, mais de s'embarquer à l'heure même ; qu'il voulait retourner en Castille, et que ceux qui ne voulaient pas le suivre pouvaient rester à la garde du ciel. Il s'éleva aussitôt un bruit confus parmi les gens de guerre qui criaient, les uns : « Nous vous suivrons » ; d'autres : « Castille ! Castille ! » et d'autres : « Capitaine, que ferons-nous ? » Quelques-uns même firent entendre, en parlant sans doute des Colomb, ces mots : « Qu'ils meurent ! »

L'amiral voulut se lever, mais il ne put pas se soutenir, et l'on fut obligé de le remettre sur son lit. L'adelantade parut une hallebarde à la main et se plaça courageusement proche d'une poutre qui traversait le vaisseau, prêt à disputer le passage aux mutins. Ses meilleurs amis le forcèrent à rentrer dans sa chambre, et, prenant le ton de la douceur avec Porras, ils lui représentèrent qu'il devait lui suffire qu'on ne s'opposât point à sa résolution.

Il se retira, mais ce fut pour se saisir de dix pirogues que l'amiral avait achetées des Américains, et pour s'y embarquer aussitôt, lui et tous les mutins, avec autant d'empressement et de joie que s'ils eussent été prêts de débarquer à Séville. Il ne resta guère avec les Colomb que leurs amis particuliers et les malades. L'amiral, les ayant fait assembler autour de lui, les excita par un discours fort touchant, à prendre confiance au ciel, et leur promit de se jeter aux pieds de la reine pour faire récompenser leur fidélité.

Dès le même jour, les séditieux prirent le chemin de la pointe orientale de l'île. Ils s'y arrêtèrent pour commettre les dernières violences contre les Américains, auxquels ils enlevèrent tout ce qui se trouvait dans leurs habitations, en leur disant qu'ils pouvaient se faire payer par l'amiral, ou le tuer s'il refusait de les satisfaire. Ils ajoutèrent qu'il était résolu de les exterminer ; qu'il en avait usé de même avec les peuples de Véragua, et que le seul moyen de se défendre contre un homme si cruel était de le prévenir.

Lorsqu'ils se virent à l'extrémité de l'île, ils entreprirent d'abord de traverser le golfe, sans faire réflexion que la mer était fort agitée. A peine eurent-ils fait quelques lieues que, leurs pirogues s'étant remplies d'eau, ils crurent les soulager en jetant leur bagage dans les flots. L'inutilité de cette ressource leur fit prendre le parti de se défaire des Américains, qu'ils avaient embarqués pour la rame. Ces malheureux, voyant des épées nues, et quelques-uns de leurs compagnons déjà étendus morts, sautèrent dans l'eau ; mais, après avoir nagé quelque temps, ils demandèrent en grâce qu'on leur permît de se délasser par intervalles en tenant le bord des pirogues. On ne leur répondit qu'à coups de sabre, dont on leur coupait les mains, et plusieurs se noyèrent. Le vent augmentait, et la mer devint si grosse, que cette troupe de furieux se vit contrainte de retourner au rivage.

Après y avoir délibéré sur leur situation, et proposé plusieurs partis qui ne pouvaient venir que d'un excès d'aveuglement et de désespoir, ils tentèrent encore une fois le passage ; mais la mer ne devenant pas plus calme, ils se répandirent dans les bourgades voisines, où ils commirent toutes sortes d'excès. Six semaines après, ils tentèrent de passer pour la troisième fois, et leurs efforts ne furent pas plus heureux. Alors, abandonnant un dessein dont l'exécution leur parut impossible, et ne doutant plus que Mendez et Fieschi n'eussent péri dans les flots, ils se mirent à faire des courses dans toutes les parties de l'île, et causèrent mille maux aux insulaires pour en tirer des vivres.

L'amiral était réduit à vivre aussi par le secours des Américains ; mais sa conduite était fort différente : il faisait régner parmi ses gens une exacte discipline, qu'il adoucissait par des attentions continuelles sur leurs besoins et par des exhortations paternelles ; d'ailleurs, il ne prenait jamais rien qu'en payant, et jusqu'alors il n'avait rien reçu des Américains qu'ils n'eussent volontairement apporté. Cependant, comme ils n'étaient pas accoutumés à faire de grandes provisions, ils se lassèrent enfin de nourrir des étrangers affamés, qui les exposaient eux-mêmes à manquer du nécessaire. Les discours des mutins pouvaient avoir fait aussi quelque impression sur eux. Ils commencèrent à s'éloigner, et les Castillans se virent menacés de mourir de faim.

Dans cette extrémité, l'amiral s'avisa d'un stratagème qui lui réussit. Ses connaissances astronomiques lui avaient fait prévoir qu'on aurait bientôt une éclipse de lune. Il fit dire à tous les caciques voisins qu'il avait à leur communiquer des choses fort importantes pour la conservation de leur vie.

Un intérêt si pressant les eut bientôt rassemblés. Après leur avoir fait de grands reproches de leur refroidissement et de leur dureté, il leur déclara d'un ton ferme qu'ils en seraient bientôt punis, et qu'il était sous la protection d'un Dieu qui se préparait à le venger.

« — N'avez-vous pas vu, leur dit-il, ce qu'il en a coûté à ceux de mes soldats qui ont refusé de m'obéir ? Quels dangers n'ont-ils pas courus en voulant passer à l'île d'Haïti, pendant que ceux que j'y ai envoyés ont traversé sans peine ? Bientôt vous serez un exemple beaucoup plus terrible de la vengeance du Dieu des Espagnols ; et, pour vous faire connaître les maux qui vous menacent, vous verrez dès ce soir la lune rougir, s'obscurcir, et vous refuser sa lumière ; mais ce n'est que le prélude de vos malheurs, si vous vous obstinez à me refuser des vivres ! »

En effet, l'éclipse commença quelques heures après, et les barbares, épouvantés, poussèrent d'effroyables cris. Ils allèrent aussitôt se jeter aux pieds de l'amiral, et le conjurer de demander grâce pour eux et pour leur île. Il se fit un peu presser pour donner plus de force à son artifice ; et, feignant de se rendre, il leur dit qu'il allait se renfermer et prier son Dieu, dont il espérait apaiser la colère.

Il s'enferma pendant toute la durée de l'éclipse, et les Américains recommencèrent à jeter de grands cris. Enfin, lorsqu'il vit paraître la lune, il sortit d'un air joyeux pour les assurer que ses prières étaient exaucées, et que Dieu leur pardonnait cette fois, parce que, ayant répondu pour eux, il l'avait assuré qu'il serait désormais bons et dociles, et qu'ils fourniraient des vivres aux chrétiens. Depuis ce jour, non-seulement ils ne refusèrent rien aux Espagnols, mais ils évitèrent avec soin de leur causer le moindre mécontentement.

Ce secours était d'autant plus nécessaire à l'amiral, qu'il se formait sous ses yeux un nouveau parti qui l'aurait jeté dans de mortels embarras. Un apothicaire nommé Bernardi, et deux de ses compagnons, Villatora et Zamora, avaient entrepris de soulever tous les malades par d'anciens ressentiments qu'ils crurent avoir trouvé l'occasion de faire éclater, et qui ne menaçaient pas moins que la vie des Colomb. L'effet n'aurait pu manquer d'en être funeste, si l'arrivée de la barque d'observation qu'Ovando avait fait partir d'Hispaniola, n'eût arrêté ceux que le seul chagrin de leur misère avait engagés dans cette conspiration.

Le capitaine, nommé Diégo d'Escobar, était un de ceux qui s'étaient révoltés avec Roldan Ximenès, et que l'amiral avait destinés au supplice. Ovando l'avait choisi pour cette commission, parce que, avec la haine qu'il lui connaissait pour les Colomb, il l'avait jugé propre plus que personne à remplir exactement ses vues. Les ordres qu'il lui avait donnés portaient de ne point approcher des vaisseaux de l'amiral : de ne pas descendre au rivage, de n'avoir aucun entretien avec les Colomb, ni avec ceux qui les accompagnaient ; de ne donner aucune autre lettre que la sienne, et de n'en pas recevoir d'autre que la réponse de l'amiral, afin de faire concevoir qu'il n'était envoyé que pour reconnaître l'état de l'escadre.

Escobar exécuta tous ces points avec une brutale exactitude. Après avoir mouillé à quelque distance des vaisseaux échoués, il alla seul à terre dans un canot; il fit débarquer un baril de vin et un porc; il fit appeler l'amiral pour lui remettre la lettre d'Ovando, et, s'étant un peu éloigné, il lui dit, en élevant la voix, que le gouverneur général était bien fâché de ses malheurs, mais qu'il ne pouvait encore le tirer de la situation où il se trouvait, quoiqu'il fût dans le dessein d'y apporter toute la diligence possible, et qu'en attendant il le priait d'agréer cette légère marque de son amitié.

En achevant ces mots, il se retira pour aller attendre que l'amiral eût écrit sa réponse, et il la prit ensuite avec les mêmes précautions.

On regarda comme une insulte pour Christophe Colomb le choix d'un envoyé de ce caractère, qui d'ailleurs, suivant les ordres de la cour, ne devait plus être en Amérique; et la modicité du présent ne fut pas moins blâmée pour un homme de ce genre, dont on pouvait juger que la situation n'était pas abondante. L'amiral s'aperçut aussitôt du mauvais effet que la conduite d'Ovando avait produit sur ses gens; il les rassembla pour les assurer qu'ils recevraient de prompts secours; mais il ne persuada pas les plus clairvoyants, qui, jugeant mal de l'affectation d'Escobar à ne converser avec personne, commencèrent à craindre que le dessein ne fût de laisser périr les Colomb et tous ceux qui leur marquaient de l'attachement. Cependant les promesses de l'amiral calmèrent la multitude; il se flatta même de pouvoir engager, par la même voie, les déserteurs à rentrer dans le devoir : il leur communiqua l'agréable nouvelle qu'il venait de recevoir, et leur fit porter un quartier de la bête dont on lui avait fait présent; mais cette honnêteté fut mal reçue.

Porras jura que de sa vie il ne se fierait aux Colomb, et que, jusqu'à l'arrivée du secours, il continuerait de vivre dans l'indépendance; il ajouta que, si l'on envoyait deux vaisseaux, il en prendrait un pour lui et pour sa troupe, et que s'il n'en arrivait qu'un, il se contenterait de la moitié; et qu'au reste, ses gens ayant été forcés de jeter à la mer toutes leurs hardes et leurs marchandises, il convenait que l'amiral partageât avec eux ce qui lui en restait.

Les envoyés ayant représenté qu'ils ne pouvaient faire des propositions de cette nature à leur chef commun, la fureur des rebelles augmenta jusqu'à protester que ce qu'on ne voulait pas leur accorder de bonne grâce, ils l'enlèveraient par force; et Porras, se retournant vers eux, leur dit que l'amiral était un cruel dont ils avaient tout à craindre pour leur vie;

qu'il joignait le sortilége à la cruauté ; que cette barque qui n'avait paru qu'un instant était l'effet de quelque prestige ; qu'il excellait dans ses inventions ; et que, si la barque eût été réelle, il n'aurait pas manqué, dans l'extrémité à laquelle il était réduit, de s'y embarquer avec son fils et son frère ; que le plus sûr était de le visiter l'épée à la main, de se saisir de sa personne et d'enlever tout ce qu'il y avait sur ses vaisseaux. Il faut convenir que, s'il n'est pas très-extraordinaire que l'on prît Colomb pour un sorcier, il n'était guère conséquent d'attaquer un homme que l'on croyait doué d'un pouvoir surnaturel ; mais cette contradiction se trouve à tout moment dans l'histoire de l'esprit humain.

Porras s'avança bientôt jusqu'à la vue des navires, et s'étant arrêté dans un village nommé Mayma, où quelques années après on vit naître une bourgade castillane sous le nom de Séville, il parut se disposer à forcer les Colomb dans leur retraite. L'amiral était encore retenu au lit par les douleurs de la goutte. Il frémit d'indignation en apprenant que les rebelles étaient prêts à l'attaquer ; cependant, la prudence l'emportant sur la colère, il chargea don Barthélemi, qu'il envoya contre eux avec cinquante hommes, de les exhorter encore à la soumission, et d'offrir un pardon général à ceux qui voudraient l'accepter ; mais ils ne lui donnèrent pas le temps de faire cette proposition. A peine eurent-ils aperçu sa troupe, qu'ils s'avancèrent les armes à la main, en criant :

— Tue ! tue !

L'adelantade excita ses gens par les motifs de l'honneur, et ne leur demanda rien dont il ne promît l'exemple. Le combat fut engagé ; une décharge, qui se fit à propos, renverse d'abord six des conjurés. L'aîné des Porras, furieux de les voir tomber, s'élança sur l'adelantado, et fendit son bouclier d'un coup de sabre, qui le blessa même à la main ; mais don Barthélemi, qui était d'une vigueur extraordinaire, le saisit par le milieu du corps, et le fit son prisonnier. Ensuite pressant ceux qui continuaient de résister, il en tua plusieurs, et le reste se sauva par la fuite. Ainsi l'amiral fut redevable de son salut à la valeur de son frère, car les rebelles avaient juré de ne pas ménager sa vie, si la victoire s'était déclarée pour eux.

Elle ne coûta qu'un seul homme à l'adelantade, mais quelques-uns furent dangereusement blessés. Sédesma, pilote connu par son courage et par sa force, fut si maltraité d'un coup de sabre à la tête que la cervelle était à découvert ; un autre coup faillit de lui abattre le bras, et d'un troisième il eut la jambe fendue jusqu'à l'os, depuis le jarret jusqu'à la cheville du pied. Comme on l'avait cru mort, et qu'il était demeuré sur le champ de bataille, les Américains du village de Mayma, surpris de voir étendu par terre et sans mouvement des hommes qu'ils avaient cru immortels, s'approchèrent de lui et voulurent toucher ses blessures, pour observer quelles plaies faisaient les épées. Ce mouvement avait rappelé ses esprits.

— Si je me lève ! s'écria-t-il d'une voix terrible ; et de ce seul mot il causa tant d'épouvante aux Américains qu'ils se mirent à fuir, sans oser tourner les yeux.

Le lendemain du combat, tous les rebelles qui avaient échappé par la fuite prirent le parti d'aller se jeter aux pieds de l'amiral, et de s'engager par de nouveaux serments. Il les reçut avec bonté, mais à condition que Porras, leur chef, demeurerait dans les chaînes, et qu'ils recevraient eux-mêmes, jusqu'au départ pour Hispaniola, un capitaine de sa main, sous la conduite duquel ils auraient la liberté de s'établir dans le lieu qu'ils voudraient choisir, pour y subsister du commerce de quelques marchandises qu'il leur ferait délivrer.

Il se passa une année entière avant l'arrivée du navire que Mendez et Fieschi avaient acheté à San-Domingo. Diègue de Salcédo, que l'amiral y avait envoyé dans l'intervalle pour presser le gouverneur, parut en même temps avec deux caravelles, qu'il avait équipées, comme le navire, aux frais des Colomb.

Enfin, tous les Castillans s'étant rassemblés, le 28 juin 1501, on mit à la voile pour Hispaniola. Les vents contraires rendirent le passage si difficile qu'on eut beaucoup de peine à gagner l'île Béata, à vingt lieues du port d'Yaquimo. L'amiral ne voulut pas aller plus loin sans en avoir fait demander la liberté au gouverneur général, et non-seulement il l'obtint, mais étant arrivé à San-Domingo le 13 août, il y fut reçu avec les plus grandes marques de joie et d'honneur.

Ovando vint lui-même, à la tête de tous les habitants, le recevoir à sa descente. Il lui donna un logement dans sa maison, et ne cessa point de le traiter fort civilement. Cet accueil surprit un peu les Colomb, qui ne s'y étaient pas attendus.

Mais ils devaient s'attendre encore moins à quelques actions du gouverneur, qui semblaient démentir de si belles apparences : il les obligea de lui livrer François Porras, qu'ils avaient laissé à bord, et qu'ils se proposaient de mener en Espagne : c'était à lui, leur dit-il, qu'appartenait la connaissance des affaires criminelles. Mais il n'eut pas plus tôt le prisonnier entre les mains qu'il lui rendit la liberté ; ensuite il déclara qu'il voulait informer sur tout ce qui s'était passé à la Jamaïque, et juger quels étaient les coupables de ceux que s'étaient soulevés, ou de ceux qui étaient demeurés fidèles à l'amiral ; insulte aussi vive que l'injustice était criante, mais que les Colomb dissimulèrent, parce qu'ils n'étaient point en état de s'y opposer. L'amiral se contenta de dire avec assez de modération que les droits de son amirauté avaient des bornes étroites, s'il ne pouvait pas juger un de ses officiers qui s'était révolté contre lui sur son propre bord; et, pour sortir plus promptement d'une île qui était devenue le théâtre de ses humiliations après avoir été celui de sa gloire, il fréta deux navires, dont il partagea le commandement avec son frère.

CHAPITRE XIII

Il mit à la voile pour l'Espagne le 12 septembre, avec son fils et tout ceux qui lui étaient attachés. En sortant du port, le navire qu'il montait perdit son grand mât; mais cet accident ne fut pas capable de le faire retourner dans un lieu où il venait d'essuyer tant de dégoûts. Il aima mieux renvoyer le bâtiment à San-Domingo et passer dans celui de son frère.

Le 19 octobre, après avoir essuyé une furieuse tempête, et lorsqu'on se croyait délivré du danger, le mât du second vaisseau se fendit en quatre, et ne laissa point d'autre ressource que l'antenne, dont on fut obligé de faire un petit mât, en la fortifiant avec des perches et d'autres pièces de bois. Une nouvelle tempête brisa la contre-misaine. Il continua sa navigation l'espace de sept cents lieues dans ce dangereux état, ce qui ne l'empêcha pas néanmoins de mouiller heureusement à Saint-Lucar avant la fin de l'année.

Mais il y était attendu avec une nouvelle disgrâce qui devait mettre le comble à tous ses malheurs. C'était la mort d'Isabelle, reine de Castille, arrivée à Médina del Campo, le 9 novembre. Toute l'Espagne pleurait encore une princesse qui avait égalé les plus grands rois par ses qualités personnelles, et que la ruine des Maures, la conquête de Grenade et la découverte du Nouveau-Monde élevaient au dessus de tous les souverains de son siècle.

Il paraît qu'il ne faut pas lui attribuer les cruautés commises en Amérique. Elle recommandait avec instance, à ceux qu'elle envoyait pour gouverner, de traiter ces peuples comme les Castillans mêmes, et jamais elle ne fit éclater plus de sévérité que contre ceux qui contrevenaient à cette partie de ses ordres. On a vu ce qu'il en coûta aux Colomb pour avoir souffert qu'on ôtat la liberté à quelques Américains. Cependant elle aimait les Colomb ; elle connaissait tout leur mérite. Elle attachait un juste prix à leurs services. On ne douta point en Espagne que sa mort n'eût sauvé le gouverneur Ovando d'un châtiment exemplaire pour le massacre de Xaragua, dont elle avait appris la nouvelle avec beaucoup de chagrin ; et dans son testament, elle insista encore sur les bons traitements dont il fallait user envers les Américains.

Personne ne perdit plus que les Colomb à la mort de cette grande reine. L'amiral comprit d'abord qu'il tenterait inutilement de se faire rétablir dans sa dignité de vice-roi. Cependant, pour ne pas se manquer à lui-même, après avoir pris quelques mois de repos à Séville, il partit avec son frère pour Ségovie, où la cour était alors ; et, dans une audience particulière du roi, qui les reçut tous deux avec quelque apparence de satisfaction, il lui fit un récit fort touchant de ses longs et pénibles services. Ferdinand lui donna de belles espérances ; mais Colomb s'aperçut bientôt qu'elles étaient peu sincères.

Ce prince, s'il faut s'en rapporter à l'histoire, avait contre lui une prévention secrète, qu'il déguisait à la vérité sous le voile de l'estime, mais qui l'empêcha toujours de lui donner la moindre marque de faveur et d'amitié, Il fit proposer à Colomb de renoncer à tous ses priviléges, en lui offrant pour récompense des terres en échange en Castille. Il détacha effectivement du domaine une petite ville, nommée *Canion de los Condes*, à laquelle il joignit quelques pensions ; et tel devait être le fruit d'un si grand nombre de travaux que l'amiral avait essuyés pour la gloire de l'Espagne. Son chagrin en fut d'autant plus vif, qu'il crut devoir conclure que la cour n'observerait pas mieux les promesses qu'elle avait faites à sa famille.

Cette ingratitude de Ferdinand porta le coup mortel à l'amiral. Le dernier jour de sa vie fut le 20 mai 1506, fête de l'Ascension. Il se trouvait alors à Valladolid, où son corps fut porté au monastère des chartreux de Séville, et dans la suite à Hispaniola, pour être inhumé dans la grande chapelle de l'église cathédrale de San-Domingo.

Il avait eu, du premier mariage, don Diègue, qui lui succéda dans ses dignités ; et de Béatrix Henriquez, qu'il avait épousée en Espagne, il eut don Fernand, l'écrivain de sa vie, et qui eut autant d'inclination pour le repos que son père en avait eu pour les voyages.

Christophe Colomb mourut dans sa soixante-cinquième année. Tous les traits de sa figure et de son caractère ont été recueillis par les divers historiens de son temps.

Il était d'une taille haute et bien proportionnée. Son regard et toute sa personne annonçaient de la noblesse. Il avait le visage long, le nez aquilin, les yeux bleus et vifs, et le fond du teint blanc, quoique un peu enflammé.

Dans sa jeunesse, ses cheveux avaient été d'un blond ardent; mais la fatigue et les chagrins les firent blanchir avant le temps. Il avait d'ailleurs le corps bien constitué, et autant de force que d'agilité dans les membres. Son abord était facile et prévenant; ses mœurs douces et aisées. Il était affable pour les étrangers, humain à l'égard de ses domestiques, enjoué avec ses amis, et d'une agréable égalité d'humeur. On a dû reconnaître, dans les événements que nous avons rapportés, qu'il avait l'âme grande et forte, l'esprit fécond en ressources, le cœur à l'épreuve de tous les dangers. Quoiqu'il eût passé les deux tiers de sa vie dans une fortune médiocre, il n'eut pas plus tôt changé de condition qu'il prit naturellement des manières nobles et qu'il parut né pour la grandeur. Personne ne possédait mieux que lui le ton et l'éloquence du commandement. Il parlait peu et avec grâce. Il était sobre, modeste dans son habillement, plein de zèle pour le bien public et pour la religion.

Il avait une piété solide, une probité sans reproche, et l'esprit orné par les sciences, qu'il avait étudiées à l'université de Padoue. Il faisait même des vers.

Tant de qualités éminentes ne furent point sans quelques défauts. Colomb, passé tout d'un coup de l'état de simple pilote à des dignités qui ne lui laissaient voir au-dessus de lui que le sceptre, conserva de sa première condition une défiance qui le rendit trop jaloux de son autorité. Il était naturellement porté à la colère, quoiqu'il trouvât en lui assez de force pour en réprimer les saillies. Peut-être ne considéra-t-il point assez qu'il avait à conduire une nation fière, et qui ne recevait pas volontiers la loi d'un étranger.

On lui reproche de la dureté pour les Américains, et d'avoir paru trop persuadé qu'ils étaient nés pour être esclaves. Ces légères taches n'ont point empêché les historiens espagnols de rendre à son caractère toute la justice qui lui était due. Oviédo ne fit pas difficulté de dire à Charles-Quint qu'on n'aurait pas porté trop loin la reconnaissance et l'estime en lui élevant une statue d'or. Herréra le compare à ces héros des premiers temps dont l'antiquité profane a fait des demi-dieux.

Le roi Ferdinand, revenu de l'injuste prévention par laquelle il s'était laissé trop longtemps gouverner, ordonna non-seulement qu'on rendît des honneurs distingués à sa mémoire, mais que ses enfants se ressentissent des glorieux services de leur père.

En effet, bientôt don Diègue recueillit tous les avantages de sa naissance, et illustra encore son nom dans la première dignité du Nouveau-Monde.

Fin des Voyages de Christophe Colomb

VOYAGES

DE

VASCO DE GAMA

1

Né en 1469 à Sinès (province d'Alentijo), Vasco de Gama appartenait à une famille ancienne et distinguée ; toutefois, les détails sur ses parents et sur sa propre jeunesse font entièrement défaut. L'histoire nous le montre arrivé à la réputation, au crédit, et, quand il apparaît pour la première fois aux regards de la postérité, c'est pour prendre le commandement d'une des expéditions les plus considérables qui eussent encore été tentées.

« Le désir de connaître notre globe, excité encore par l'appât du gain, s'était emparé de tous les esprits ; mais, par dessus tout, le succès de l'expédition de Christophe Colomb leur avait donné un nouvel essor. Cet homme extraordinaire avait enseigné aux navigateurs les moyens de se conduire avec sûreté à travers l'espace des mers, et son exemple leur avait appris à braver tous les dangers.

» Les Portugais qui les premiers avaient, par les soins du prince Henri, dirigé leurs efforts de ce côté, nepurent voir, sans jalousie, le fruit de leurs recherches profiter aux Espagnols. Ils voulurent se dédommager, en poursuivant avec plus d'activité que jamais leurs découvertes sur les côtes d'Afrique, dans l'espoir de passer au sud du continent et de pénétrer dans l'Inde ou dans le royaume d'Abyssinie, dont ils avaient eu quelque notion par les relations qu'ils entretenaient avec les Maures.... L'existence de ce royaume, où régnait un prince chrétien, ayant été confirmée par Pierre de Covilham, parti, en 1487, pour les Indes par la mer Rouge avec Alphonse de Païva, ce dernier eut ordre de se diriger vers l'Abyssinie. Au retour de ce voyage, Païva fut arrêté au Caire par la maladie et y mourut.

» Covilham, qui pendant ce temps visitait Goa, Cananor, Calicut et prenait connaissance de la côte de Sofala, dans le canal de Mozambique, trouva au Caire la relation du voyage de Païva qu'il envoya en Portugal avec le récit de celui qu'il avait fait lui-même. Il descendit une seconde fois la mer Rouge, se rendit à Ormus et pénétra enfin en Abyssinie, où il fut retenu pendant vingt ans. Non-seulement il ne revit pas sa patrie, mais la relation de ses aventures, les incidents de son séjour ne purent franchir les frontières soigneusement gardées de l'Abyssinie, dont l'organisation sociale et les traditions historiques ne furent pas plus connues que par le passé.

» Mais si ce second voyage de Covilham ne porta d'autres fruits que de stimuler le zèle de ses contemporains, il n'en avait pas été de même du premier dont le plan très sage devait servir aux navigateurs qui lui succédèrent, pendant que les connaissances qu'il procura achevèrent de persuader de l'importance de trouver l'entrée de la mer des Indes, si toutefois on parvenait à tourner le continent d'Afrique.

» On connaissait, en effet, et grâce à lui, dans l'Inde de grandes villes riches et commerçantes, et l'on ne pouvait plus douter que sur la côte occidentale d'Afrique, non loin des lieux où l'on pourrait pénétrer dans la mer des Indes, il y eût des peuples commerçants, chez lesquels il serait possible de se ravitailler et deprendre des guides pour aller plus loin.... Aucun obstacle ne devait donc plus, semblait-il, retarder le moment de franchir le passage si désiré, et de se mettre en rapport avec des peuples conservant encore le dépôt des civilisations antiques.

» Les Portugais étaient d'autant plus désireux d'arriver à un résultat qui ouvrirait des voies nouvelles à leur commerce, à leur industrie, à tout l'ensemble en un mot de leurs connaissances, que jusque-là, en effet, ils n'avaient rencontré dans les vastes étendues des côtes occidentales de l'Afrique, objets depuis un siècle de leurs explorations, que des hordes sauvages qui leur présentaient avec une égale indifférence leurs trésors pour quelques bagatelles d'Europe ou leurs enfants pour quelques pièces de monnaie.

» Sur ces plages lointaines, point de villes florissantes, de monuments superbes, de nombreuses armées ; point de ces raffinements du luxe ou de ces fêtes somptueuses par lesquelles la demi-civilisation asiatique sait éblouir le conquérant et le voyageur.

» Ces explorations n'avaient pas laissé cependant que de procurer à l'Europe de sérieux avantages; sur ce sol habité par des hommes grossiers et barbares, la nature se montrait fréquemment riche et féconde. Les Européens y voyaient, pour la première fois, les productions du tropique, et rapportaient dans leur patrie de nouvelles semences et des collections précieuses. C'est de cette époque que nous pouvons faire dater nos premières notions sur la botanique et l'histoire naturelle.

» Quand les navires portugais abordèrent pour la première fois aux rives africaines, les nègres, qui n'avaient jamais rien vu de semblable, crurent voir d'énormes oiseaux fendant les airs à l'aide de leurs immenses ailes blanches. Les matelots ayant plié les voiles, les naturels s'imaginèrent que ces monstres inconnus appartenaient à l'espèce des poissons ; enfin, les voyant s'avancer vers eux avec la rapidité de la flèche, ils furent convaincus que ces merveilleuses machines étaient mises en mouvement par des esprits vagabonds et malfaisants, dont l'apparition était le signe et le prélude de grandes calamités.

» Cependant, l'appât du gain modérant bientôt leur frayeur, on parvint à établir avec eux un commerce réglé, où les deux peuples trouvèrent un mutuel avantage, mais sans que la civilisation avançât nullement vers le progrès qu'on avait espéré.

» Les relations de plus en plus fréquentes avec les Européens n'ont point, en effet, et jusqu'à présent même, modifié les traits distinctifs des dernières tribus nègres. Telles les premiers navigateurs portugais les trouvèrent, telles, à peu près, on les rencontre de nos jours. On peut donc craindre que, malgré tous les efforts des philantropes, ces enfants de l'Afrique tropicale n'arrivent que très-difficilement à prendre rang parmi les grandes nations du globe. Il n'en est heureusement de même, ni des races asiatiques et américaines, ni des insulaires de la majorité des îles de l'Océanie.

» L'inconstance et la légèreté d'esprit, si ordinaires à la race nègre, seront longtemps un insurmontable obstacle à la civilisation. Leur indolence naturelle les rend ennemis du travail, et l'imprévoyance, jointe à l'amour du plaisir, les porte à repousser toute contrainte. Les premiers missionnaires portugais trouvèrent des cœurs dociles tant qu'il ne s'agit que de leur expliquer les vérités de la foi, mais dès qu'il fut question d'en venir à la pratique des vertus divines de l'Evangile, leur courage chancela et ils retournèrent à leurs superstitions.

» Les historiens ont cependant conservé le souvenir de quelques néophytes fidèles, parmi lesquels on cite un prince du Congo, qui reçut au baptême le nom d'Alfonse. Pendant son règne, qui fut long et heureux, il protégea le christianisme, et fit bâtir des églises dans toute l'étendue de ses Etats. Ce prince mourut au commencement du xvi siècle. Nous ignorons à quelle époque les missionnaires européens ont quitté ces provinces, mais il est certain qu'il n'y en existe plus un seul. Les colonies portugaises ont également disparu, et à peine si ce peuple, il y a quatre siècles si florissant, a laissé quelques traces de son séjour parmi les colonies africaines qu'il avait espéré courber sous sa domination.

» Et cependant la puissance coloniale de ce peuple dépassa d'abord et rivalisa ensuite avec celle des nations les plus favorisées sous ce rapport.

» La découverte du cap de Bonne-Espérance, vu par Barthélemy Diaz et nommé par lui cap des Tempêtes, avait été, sans contredit, un pas immense fait par les Portugais vers les mers de l'Asie. Ils l'apprécièrent dans les résultats qu'ils pouvaient en attendre et, oubliant pour un temps toute prétention sur l'Amérique, ils tournèrent leurs vues ambitieuses du côté de l'Orient.

» L'Afrique leur offrait un commerce régulier avec les peuples du Sénégal, de Tocrour et de Tombouctou. Ils pouvaient se procurer par ce canal de l'or, des esclaves et des dents d'éléphants qu'ils échangeaient avec les noirs contre des objets de très-mince valeur, mais qui plaisaient à ces tribus à demi-sauvage. Une princesse nègre, ignorant également les somptuosités du luxe asiatique, et le bon goût qu'une civilisation éclairée entraine après elle, se parait de grains de verre avec autant d'orgueil que si elle eût placé sur ses épaules d'ébène, une rivière de diamants. Le miroir qui lui retraçait ses charmes n'était pas moins recherché; les hommes, dans leurs échanges, ne se montraient pas plus exigeants.

» Maîtres absolus de ce lucratif commerce, possédant déjà un comptoir à Ouaden et plusieurs forteresses sur la côte de Guinée, il ne restait plus aux Portugais qu'à franchir le cap des Tempêtes; mais cet obstacle terrible épouvantait les plus braves et rendait timides les marins les plus déterminés.

» Sur ces entrefaites, Emmanuel 1er, cousin et successeur de Jean II, voulut inaugurer son avènement au trône par une nouvelle expédition capable de réaliser les vœux de la nation, qui demandait hautement qu'on tentât enfin de découvrir le chemin des Indes. Parmi les navigateurs à qui une tâche aussi importante pouvait être confiée, Vasco de Gama tenait un des premiers rangs, et c'est un titre d'honneur pour Emmanuel que d'avoir su distinguer le mérite de celui dont les brillants exploits devaient consoler le Portugal de la perte du Nouveau-Monde.

» Contemporain de Christophe Colomb, Gama peut soutenir le parallèle avec cet illustre navigateur et contrebalancer sa réputation. La nature semblait avoir pris plaisir à les former l'un et l'autre pour l'exécution des grandes choses auxquelles ils étaient destinés. Egalement courageux et braves, méprisant le danger pour eux-mêmes, attentifs au salut de leurs flottes, animés d'un zèle patriotique et ne respirant que l'amour de la gloire, ils s'élancent intrépidement sur des mers inconnues pour découvrir les bornes du globe ; ils luttent presque seuls contre la violence des tempêtes, des équipages mutinés et la fureur des barbares..... Tous deux triomphent de tous les obstacles et, les premiers, parviennent à frayer la voie aux marins et aux guerriers, qui bientôt se précipiteront sur leurs pas pour conquérir les Indes et le Mexique. Tous deux enfin reviennent dans leur patrie chargés de dépouilles glorieuses et des trophées de la victoire.

» Toutefois la postérité, en consacrant pour jamais les noms de ces deux grands hommes dans les pages de l'histoire, doit faire une réserve entre eux : le caractère distinctif de l'un manquait complètement à l'autre. Vasco de Gama est le héros des Indes orientales et le vainqueur des Indoux ; Christophe Colomb est le père du Nouveau-Monde et le bienfaiteur de l'humanité !... (1).

II

» La flotte mise par le roi Emmanuel à la disposition de Vasco de Gama se composait de trois vaisseaux sur lesquels étaient répartis cent soixante hommes d'équipage.

» Cette flotte sortit du Tage le 8 juillet 1497. Toute la population de Lisbonne réunie sur les bords du fleuve, saluait de ses acclamations, accompagnait de ses vœux le futur conquérant des richesses de l'Inde.

» Gama dirigea sa route sur les îles du cap Vert et, après les avoir doublées, il s'avança au sud et alla relâcher à la *baie de Sainte-Hélène* (2),

(1) Résumé des voyages, découvertes et conquêtes des Portugais en Afrique et en Asie aux xve et xvie siècle par Mme H. Dufarday.

(2) Ne pas confondre avec l'île du même nom.

située à la côte occidentale d'Afrique, un peu au nord du cap de Bonne-Espérance.

» En ce pays, dit l'auteur de la relation récemment découverte du voyage de Vasco de Gama, il y a des hommes au teint basané qui ne se nourrissent que de loups marins, de baleines, de viande de gazelles, de racines de plantes et qui se couvrent de peaux. Leurs armes sont faites en corne durcie au feu ; ils ajustent ces espèces de dard à des gaules d'olivier sauvage et s'en servent avec beaucoup d'adresse. Ils ont un grand nombre de chiens lesquels aboient comme les nôtres.... Ce pays a beaucoup d'oiseaux ; nous avons reconnu des corbeaux de mer, des mouettes, des hirondelles, des alouettes... Le climat est tempéré et très-salubre.

» Le jour suivant, un jeudi, nous nous rendîmes à terre et nous emparâmes d'un naturel du pays. C'était un homme petit de corps que nous surprîmes pendant qu'il recueillait dans les halliers le miel que les abeilles, en ce pays, déposent au pied des buissons. On l'emmena au navire du commandant, lequel le fit mettre à table avec lui, et de tout ce que nous mangions il mangeait. Le jour suivant, on l'habilla de bonne façon et on le fit mettre à terre, après quoi nous débarquâmes nous-mêmes et fîmes beaucoup d'échanges.

» Ces hommes paraissaient doux et bien disposés, mais un d'entre nous s'étant aventuré parmi eux, après quelques amitiés, ils voulurent le saisir et l'emmener. Nous eûmes de la peine à le délivrer ; ils tirèrent sur nous avec leurs *zagaies* et nous blessèrent plusieurs hommes. »

Telle fut la première rencontre qui eut lieu entre les Européens et les populations guerrières des environs du Cap, avec lesquelles les gouvernements de l'Europe, qui veulent coloniser ces régions ou y fonder des points de relâche, ont encore à compter de nos jours ; témoin, la guerre actuelle de l'Angleterre contre les zoulous.

Enfin, le mercredi 22 novembre, après plusieurs tentatives infructueuses faites les jours précédents, la flottille passait devant le cap de Bonne-Espérance, le long de la côte, avec le vent en poupe.

Le samedi suivant, Gama jetait l'ancre dans la baie de Saint-Braz, grande baie qui pénètre de six lieues en terre, dont l'entrée peut avoir la même étendue et qui est située auprès du cap de Bonne-Espérance, au sud, c'est-à-dire de l'autre côté de l'obstacle qui jusque-là n'avait jamais été franchi.

« Le vendredi suivant, continue notre narrateur, comme nous étions encore dans cette baie, nous vîmes arriver environ quatre-vingt-dix hommes basanés, appartenant à la race que nous avions vue dans la baie de Sainte-Hélène....

» Nous gagnâmes aussitôt la terre dans des chaloupes bien armées et, quand nous nous trouvâmes à portée, nous leur jetâmes des grelots sur le rivage. Non-seulement ils les ramassèrent, mais ils vinrent recevoir divers objets de nos propres mains ; toutefois nous ne débarquâmes pas en cet endroit à cause du grand bois qui s'étendait près du rivage et pouvait cacher quelque embuscade. »

Un débarquement eut lieu quelques jours plus tard et fut suivi d'une alerte. Le commandant fit embarquer au plus vite et, pour leur faire bien comprendre le mal que nous pourrions leur faire et que nous ne leur faisions pas, il fit tirer deux bombardes. Ils étaient tous assis sur la plage près du bois quand ils entendirent les détonations, et ils commencèrent à fuir si vite vers la forêt, que les peaux dont ils étaient couverts aussi bien que leurs armes, jonchaient la plage, et après qu'ils eurent pénétré dans le bois, il y eut encore deux coups, et ils commencèrent à se réunir et à fuir vers le sommet d'une montagne, en poussant leur bétail devant eux.

« Les bœufs de ce pays sont fort grands, gras à merveille, fort doux ; parmi eux, il y en a sans cornes. Les indigènes leur mettent un bât fabriqué avec des planches qu'ils renforcent de gaules se croisant au-dessus du bât en guise de civière, et ils se font porter ainsi, eux et leurs fardeaux. Ils leur passent un petit morceau de bois taillé en pointe dans les naseaux, et les dirigent par ce moyen. »

Cependant, Vasco de Gama, n'ayant trouvé dans ses diverses relâches aucun peuple qui pût ou qui voulût lui donner aucun renseignement sur la route qu'il devait tenir pour se rendre aux pays signalés par Covilham, et qui étaient le premier but qu'il se proposait d'atteindre, se décida à se passer de pilote.

Il continua de remonter vers le nord, passa le cap des Courants, situé presque sous le tropique, et s'avança au-delà de la côte de Sofala, et même de la ville de ce nom, où il croyait que Covilham s'était rendu sans avoir connaissance d'aucun établissement qui pût l'engager à s'arrêter. Enfin, il mit à l'ancre dans les premiers jours de mars 1498, devant la ville de Mozambique, alors habitée par des Maures ou Arabes mahométans, qui vivaient sous l'autorité d'un prince de leur religion et faisaient un commerce considérable avec la mer Rouge et les Indes.

L'espoir de trafiquer aussi avec ces nouveaux voisins leur fit d'abord accueillir favorablement les Portugais ; mais dès qu'ils eurent reconnu que ceux-ci étaient chrétiens, ils résolurent de les massacrer et leur dressèrent des pièges que la prudence de Gama sut éviter.

En quittant Mozambique, la flottille, qui se dirigea vers Quiloa, fut forcée, par les courants contraires, de gagner Montbaze, dont les habitants, de même race et de même religion que ceux de Mozambique, ne se montrèrent pas mieux disposés.

Gama s'avança alors jusqu'à Mélinde, qui n'est qu'à trois degrés au sud de l'équateur, et où il fut plus heureux. Les mœurs des musulmans, qui peuplaient cette ville, avaient été adoucies sans doute par le commerce ; le prince qui la gouvernait se montra très favorable ; il vint faire visite aux Portugais sur leurs bords, et y reçut de grands honneurs. Toutefois Gama, instruit par les dangers qu'il avait déjà courus, ne consentit pas à débarquer ; il se contenta d'envoyer à terre quelques-uns de ses gens, qui furent accueillis avec les plus cordiales dispositions.

Plusieurs vaisseaux, venus des Indes, se trouvaient alors en rade, et parmi leurs équipages se trouvaient quelques chrétiens qui procurèrent aux Portugais les plus précieux renseignements. D'autre part, le pilote, que le souverain du pays leur donna pour les conduire à Calicut, était un homme honnête, intelligent et très habile navigateur.

Cet Indien guzurate, qui se nommait Malemo-Cana, ne parut pas très étonné, assure-t-on, quand on lui montra l'astrolabe dont les Portugais se servaient pour observer la hauteur du soleil ; il dit que les pilotes de la mer Rouge employaient au même usage des triangles de cuivre et des quarts de cercle, et qu'ils mesuraient de plus avec ces instruments la hauteur de l'étoile sur laquelle ils se dirigeaient dans leur navigation, laquelle est probablement l'étoile polaire.

Jean de Barros, qui nous a transmis ces particularités très remarquables, cite, au nombre des renseignements fournis par le même pilote, la coutume où étaient les navigateurs de l'Inde, de se diriger aussi bien sur les étoiles du pôle nord que sur celles du pôle sud, donnant à entendre qu'ils prenaient les distances ou mesuraient les angles avec un instrument qui ressemble à notre arbalestrille, que les instruments à miroir ou à réflexion, inventés par Hadley, nous ont fait abandonner vers le commencement de notre siècle. Il est assez probable que nous tenons la boussole des navigateurs de la mer des Indes et de la Chine, et qu'elle nous a été transmise par les Italiens, dont le commerce par terre et par mer s'étendait autrefois fort loin.

La flotte de Gama se rendit de Mélingue à la côte de Malabar en vingt-trois jours, et mit à l'ancre devant Calicut, le 20 mai 1498.

Cette ville, la plus puissante et la plus riche de l'Inde, avait pour souverain un prince qui portait le titre de zamorin.

Gama mit à terre, selon sa coutume, plusieurs des condamnés qu'il avait embarqués à cet effet, et les fit accompagner par un Maure qu'il avait sur sa flotte. Heureusement, ce dernier se trouva connaître un autre Maure qui faisait le métier de courtier à Calicut, et qui, pénétré d'estime pour la nation portugaise dont il avait entendu parler, introduisit les envoyés de Gama chez un des ministres du zamorin.

Les premières négociations eurent tant de succès, que l'entrée du port fut permise sur-le-champ à la flottille, et que Gama fut autorisé à se présenter à la cour, où lui serait faite la réception solennelle attribuée par l'étiquette indienne aux ambassadeurs des plus grandes puissances.

Les officiers et les amis de Gama s'efforcèrent de le détourner d'accepter une offre qui pouvait cacher un piége ; mais accoutumé à ne jamais marchander avec les périls qui ne menaçaient que sa personne, Gama déclara qu'il se rendrait à terre le jour suivant.

Il débarqua, en effet, laissant la flotte au commandement de son frère Paul, à qui il recommanda, en cas de malheur, de se garder de chercher à tirer vengeance de sa mort ; mais de lever l'ancre sans perdre de temps, afin de sauver la flotte, et surtout d'aller apporter au roi et à l'Europe la grande nouvelle de la découverte de la route des Indes.

Un courage si magnanime méritait une autre récompense que la mort, si honorable qu'elle fût ; cette récompense ne faillit pas au vaillant navigateur. Il fut reçu avec une grande pompe, et comme il devait aller trouver le zamorin à une de ses maisons de plaisance, située à cinq milles au-delà de Calicut, il traversa cette ville au milieu d'une foule immense, qui regardait ces nouveaux venus avec une sorte d'admiration à laquelle ne contribuait pas peu, sans doute, le costume dont ils étaient revêtus et qui ne ressemblait en rien à ce qu'elle avait vu auparavant.

L'accueil que fit le prince à l'amiral portugais fut des plus favorables, et Gama put se flatter d'obtenir sans difficultés l'autorisation, pour son pays, de trafiquer avec les habitants de Calicut. Il avait compté sans la haine des Arabes et des Maures mahométans contre les chrétiens. Cette haine, qui avait failli lui être fatale à Mozambique et à Montbaze, fut sur le point de ruiner ses espérances de commerce en faveur de son pays.

Par leurs intrigues, leurs calomnies, ils s'efforcèrent de changer les dispositions du zamorin, et comme Gama, n'ayant malheureusement pas apporté de présents dignes d'être offerts à un grand souverain, dut se contenter de réunir quelques objets de peu de valeur pour former le cadeau exigé par la coutume orientale ; les officiers du prince rejetèrent ces objets avec mépris.

A ce premier désagrément, s'en ajoutèrent de plus significatifs encore, et il semblait que l'amiral portugais n'eût plus qu'à regagner ses vaisseaux et à quitter le port, s'il pouvait s'échapper, et si ses vaisseaux n'étaient pas surpris et brûlés, lorsque, grâce aux bons offices des amis que lui avaient procurés Malemo-Cana, on parvint à persuader au zamorin qu'il ne manquerait pas de retirer de très sérieux avantages d'une alliance avec le Portugal.

Gama profita de ce revirement de fortune pour se rembarquer et mettre à la voile. Il alla réparer ses vaisseaux dans une des îles Angadives, au nord de Calicut, et reprit la route de l'Europe, où on ignorait encore ses heureuses découvertes.

En passant à Mélinde, il prit à son bord un ambassadeur du prince du pays, seul ami que les Portugais eussent acquis dans l'Inde, et après avoir prolongé la côte d'Afrique dans le sens opposé où il l'avait parcouru en venant, il doubla le cap de Bonne-Espérance dans le mois de mars 1499, et arriva à Lisbonne en septembre de la même année, c'est-à-dire plus de deux ans après son départ.

Le roi Emmanuel reçut l'heureux navigateur avec la plus grande magnificence ; il célébra son retour par des fêtes publiques, lui donna le titre de *dom*, et le créa amiral des Indes.

III

Une seconde flotte portugaise fut expédiée de suite dans l'Inde sous les ordres d'Alvarez Cabral, qui parvint à établir un comptoir à Calicut ; mais à peine était-il reparti que les Portugais furent massacrés à l'instigation des Maures.

Plus heureux à Cochin, dont il sut se concilier l'amitié du roi, Cabral obtint un traité d'alliance qui devint la base de l'établissement des Portugais dans l'Inde.

Cependant le roi Emmanuel, persuadé par les rapports de Cabral, que cet établissement devait être fondé et appuyé par les armes, réunit vingt vaisseaux divisés en trois escadres, dont la plus nombreuse, formée de deux vaisseaux, fut placée sous le commandement de Gama.

Ces forces imposantes, en déterminant la soumission des princes de la côte occidentale d'Afrique, permettait de fonder des établissements à Sofala et à Mozambique. Ce résultat, si différent de l'accueil qu'il y avait précédemment reçu, fit penser à Gama que la meilleure politique, en ces régions, était de s'attacher à inspirer la crainte.

En conséquence, résolu à jeter l'épouvante dans les esprits, il s'empara, en arrivant à la côte près de Montdheli, d'un riche vaisseau du soudan d'Égypte, auquel il fit mettre le feu, et dont tout l'équipage fut brûlé, noyé, ou mis à mort par les Portugais.

Il se rendit de là à Cananor, où le bruit de sa victoire l'avait précédé, et il décida le prince du pays, avec qui il traita d'égal à égal, à faire alliance avec son souverain.

Sa flotte, en arrivant devant Calicut, s'empara de tous les bateaux indiens qu'il rencontra et de cinquante Malabares qui en formaient les équipages. Le zamorin dont Gama, on s'en souvient, avait personnellement à se plaindre, effrayé de ce début, lui expédia un Maure déguisé sous l'habit de saint François, pour offrir aux Portugais de traiter avec eux, et d'établir un comptoir dans la ville de Calicut ; mais l'amiral ne voulut entendre à aucune proposition avant qu'on lui eût donné pleine et entière satisfaction pour le massacre des Portugais, et pour les marchandises qu'on leur avait prises.

Après avoir attendu pendant trois jours la réponse du zamorin, il eut la cruauté de faire pendre aux vergues de ses vaisseaux, et aux yeux des habitants, les cinquante Malabares dont il s'était emparé. Non content de cette exécution, il fit canonner la ville le lendemain, et, après en avoir renversé une partie, il laissa quelques vaisseaux pour la bloquer et fit route pour Cochin, dont le roi s'empressa de renouveler le traité fait avec Cabral, et de permettre aux Portugais de s'établir dans ses États.

Comme ce prince, par cette alliance, s'était déclaré l'ennemi du zamorin, et qu'il ne pouvait sans danger se séparer désormais de ses nouveaux amis, on pouvait compter sur sa fidélité. Gama lui proposa de lui laisser une partie de ses troupes de débarquement, mesure qui, tout en ayant l'air d'avoir pour objet de le protéger contre le zamorin, était en réalité une sorte de première prise de possession de ses États et de sa personne.

Le comptoir et la ville de Cochin furent ensuite fondés par Albuquerque, et devinrent le berceau de la domination portugaise dans l'Inde. « C'est là que les Portugais ont commencé à faire ces prodiges de valeur qui, en peu de temps, les ont élevés à un si haut point de prospérité. Ils avaient débuté par la violence, et il fallut, dans la suite que l'exaltation leur donnât une force plus que surhumaine pour les faire triompher des efforts de presque toute l'Asie, réunie à la puissance des Turcs. »

Cependant Gama, laissant sur la côte de Malabar celle des deux petites escadres qui était au commandement de Sodre, revint à Lisbonne, où il arriva, le 20 décembre 1505, avec treize vaisseaux. Son titre d'amiral des Indes lui fut conservé. Le roi y joignit celui de comte de Videguéra.

Gama jouit de ces honneurs pendant un long repos de vingt-un ans, après lesquels les établissements portugais de l'Inde, ayant été érigés en vice-royauté, il en reçut le gouvernement. Il ne devait pas jouir longtemps de cette dignité. Il mourut peu de temps après son arrivée à Cochin, où son corps resta déposé jusqu'en 1558, époque à laquelle on le transporta, avec grande pompe, en Portugal

« Vasco de Gama, disent les historiens, était de taille médiocre et excessivement gros. Son teint était fortement coloré, et l'ensemble de ses traits devenaient effrayants quand la colère les animait.... Il se laissait trop souvent emporter par cette colère jusqu'aux plus violents excès; toutefois, il est juste peut-être d'attribuer la majeure partie des cruautés que l'histoire lui reproche aux mœurs dures et sévères du temps où il vivait... Personne n'ignore que Vasco de Gama et ses conquêtes ont inspiré le grand poète du Portugal, et donné à la littérature européenne l'immortel chef-d'œuvre intitulé *la Lusiade*.»

Fin des Voyages de Vasco de Gama

MAGELLAN

VOYAGE AUTOUR DU MONDE

— 1519-1522 —

Par le Chevalier A. PIGAFETTA

MAGELLAN

« C'est en ces derniers temps seulement, que l'on est parvenu à réunir quelques renseignements biographiques sur Magellan. En 1820, un savant écrivain, marin habile, auquel ces sortes de recherches étaient familières, (de Rossel), affirmait que l'on ignorait même quel était le lieu de naissance du grand navigateur. Tous les doutes à ce sujet, écartés déjà par Argensula, ont cessé.

» Fernand de Maghalaens, dont nous avons fait Magellan, naquit à Porto, vers la fin du quinzième siècle. Son père s'appelait Ruy Maghalaens et son aïeul Pedro Alfonso; ils étaient gentilshommes, comme on disait alors dans la péninsule *de Cota et Armas* (1), et leur propriété de famille avait une origine parfaitement connue. L'éducation du jeune Magellan se

(1) *De cottes et d'armes* ou *nobles de lignage*, très distincts des familles ennoblies pour services rendus.

fit dans la maison de la reine Dona Léonor, femme de Jean II. Il passa ensuite au service d'Emmanuel.

» Il est évident que Magellan avait reçu dans le palais une forte instruction et que tout ce qu'on savait alors des sciences mathématiques lui avait été enseigné. Il ne faut pas oublier que le Portugal avait des géographes éminents destinés à servir les vastes projets de Jean II, et il est probable que Magellan suivit leurs leçons.

» Il entra jeune dans l'armée de mer et fit parti de la fameuse expédition commandée par le vice-roi des Indes, don Francisco d'Alméida, qui sortit du Tage le 25 mars 1505, pour assurer les nouvelles conquêtes des Portugais dans l'extrême-orient.

» Cette flotte, dans laquelle le jeune Fidalgo fit ses premières armes, se composait de vingt-deux navires. Dès son entrée en campagne, elle mit à sac Quiloa et détruisit, pour ainsi dire, cette cité de Monbaço qu'une politique astucieuse rendait hostile aux Portugais, depuis le moment où les Espagnols avaient paru dans ces mers.

» En 1506, Magellan fut expédié par le vice-roi pour continuer, dans une autre partie de l'orient, la lutte commencée, et il passa avec un nouveau chef, Vaz Pereira, dans l'île de Sofala, à laquelle sa position géographique allait faire prendre de toute nécessité une importance immense.

» De retour sur les côtes de Malabar, Magellan débuta en s'honorant par une de ces preuves de courage et de dévouement que les marins n'oublient jamais et qui donnent à ceux qui les ont accomplies, un degré de popularité que les simples matelots aiment à se transmettre jusque dans les régions les plus lointaines. Un navire à bord duquel le jeune officier servait, passait au port de Cochin en Portugal, de conserve avec un autre bâtiment ; les deux navires allèrent échouer sur les bas fonds de Padua.

Les équipages purent heureusement se sauver dans les chaloupes et gagner un îlot situé dans le voisinage. On agita bientôt la question d'un sauvetage plus complet, et il s'agit, parmi ces hommes désolés, de savoir comment on gagnerait le port le plus voisin. Les chefs et les personnages importants prétendaient s'éloigner, sur le champ, du lieu du sinistre; les simples marins s'opposaient énergiquement à leur départ.

« Magellan n'hésita point; il promit de rester avec les équipages en détresse et fit promettre aux chefs qu'aussitôt arrivés dans un port, ils expédiraient du secours. Comme ces pourparlers exigeaient qu'il se tînt dans une frêle embarcation, à côté des chaloupes prêtes à mettre à la voile, les matelots se crurent abandonnés par celui-là même dans lequel ils avaient mis leur confiance. « Une voix sortit de la foule, dit Barros qui raconte ce trait : — Ah ! seigneur Magellan, ne nous avez-vous pas promis de rester avec nous ! » Et le jeune officier, sautant d'un seul bond sur la plage, se contenta de dire :

« — Me voilà ! »

« Quelques jours plus tard, les matelots, maintenus par la discipline, pouvaient gagner un port voisin d'où on les repatria à Lisbonne.

Magellan prit part à la conquête de Malacca, où Alphonse d'Albuquerque donna des preuves si éclatantes de son génie militaire. Le jeune officier rendit alors un service immense à son pays, en allant prévenir Sequeira des trames qui s'ourdissaient parmi les populations malaises pour anéantir les Européens, non-seulement à terre, mais à bord de leurs flottes. On peut dire qu'en cette circonstance sa prudence sauva tout à la fois le général et les troupes de débarquement. Il fut aidé dans cet acte patriotique par un personnage auquel on voit jouer pendant cette campagne un rôle très généreux et très actif, par ce Francisco Serrao (1) qui se lia dès lors avec lui d'une amitié sincère et qui tenait, du reste, à sa personne par des liens de parenté (2).

A son retour en Portugal, Magellan sollicita un commandement qu'il estimait lui être dû plus encore à cause de ses services personnels que par considération pour le nom qu'il portait. Les intrigues de ses compétiteurs empêchèrent le succès de ses démarches. Magellan insista, et pensant qu'il

___

(1) Mentionné par les Espagnols et connu sous le nom de François Serrano.

(2) Voyageurs anciens et modernes, par Ed. Charton.

réussirait plus sûrement en appuyant sa demande d'un mémoire dans lequel il exposerait les découvertes qu'il méditait, il fit connaître au roi son dessein de découvrir l'extrémité du continent où Christophe Colomb avait abordé et de parvenir ensuite dans la mer vue par Balboa ; en un mot, et de même que Vasco de Gama, vingt-un ans auparavant s'était ouvert un chemin en doublant le cap de Bonne-Espérance, de pénétrer dans l'océan situé à l'ouest de l'Amérique, en passant au sud de l'extrémité méridionale du Mouveau-Monde.

Mais il était dans la destinée de la cour de Lisbonne de méconnaître l'importance des propositions qu'on lui adressait à l'effet de développer et d'assurer sa prépondérance maritime. Comme Colomb, Magellan ne rencontra qu'indifférence et dédain ; froissé, irrité, il résolut de s'expatrier.

Sur ces entrefaites, des correspondances secrètes l'informèrent que la cour d'Espagne était favorablement disposée en sa faveur ; il n'hésita plus à se rendre auprès de Charles-Quint.

Les lumières qu'il devait à Serrano, l'étroite intimité qui s'était établie entre eux, ne lui permettaient pas de prendre une résolution aussi grave sans en informer son ami, alors dans les Indes, et c'est grâce à cette correspondance, trouvée plus tard dans les papiers de Serrano, qu'on a eu des détails sur cette période de la vie du célèbre navigateur.

Accompagné de Ruy Faléro, si savant astrologue, que le peuple le tenait pour sorcier, et qui estimait avoir lui aussi à se plaindre de la cour, et suivi de quelques pilotes auxquels il avait persuadé d'abandonner le Portugal, Magellan arriva, en 1517, à Valladolid, où Charles-Quint faisait sa résidence. Ce prince était alors absent ; Magellan s'adressa à don Juan Rodriguez de Fonseca, évêque de Burgos, chargé du département des Indes. Le ministre l'écouta avec attention, et, approuvant ses vues, informa son souverain des propositions de Magellan, qui s'offrait de démontrer que les Moluques et les autres îles d'où le Portugal tirait tant d'épiceries précieuses, appartenaient à l'Espagne, conformément à la ligne de démarcation du pape Alexande VI, ajoutant que ce navigateur se proposait de trouver une route qui y conduirait par la mer de l'ouest, opposée à celle des Portugais, qui s'y rendaient en allant à l'est par la mer des Indes.

Charles, qui était à Saragosse, fit venir Magellan, et lui donna audience en présence de ses ministres. Magellan, qui avait déjà fourni des informations sur la richesse des productions des Moluques, n'eut pas de peine à prouver au roi que l'Espagne avait des droits sur ces îles, et la proposition de les faire valoir fut accueillie avec empressement.

Les motifs sur lesquels cette prétention était fondée paraîtront très-plausibles, si toutefois on se reporte au temps où la question fut agitée. Alexandre VI avait partagé le monde en deux parties égales par une ligne qui, relativement à l'Europe, passait à l'ouest des Canaries et des Açores, et de l'autre côté de la terre marquait une séparation à 180° en longitude. Les Espagnols devaient avoir la possession de tous les pays qu'ils pourraient découvrir à l'ouest de cette ligne de démarcation, et les Portugais, de ceux qu'ils découvriraient à l'est.

La partie inférieure de ce cercle imaginaire tracé par le pape fixait le terme où devaient s'arrêter de part et d'autre toutes les prétentions : or, comme on ignorait les lieux où cette ligne devait passer, et que l'on manquait des moyens de les connaître, il s'ensuivit des contestations, dont celle qui occupait alors la cour d'Espagne est la plus remarquable.

Tous les cosmographes croyaient alors, d'après Ptolémée, que les côtes de Siam et de Cochinchine étaient à 180° de longitude, comptés du méridien des îles Canaries ; il pouvait, en conséquence, y avoir des difficultés entre le Portugal et l'Espagne sur la possession de quelques points de ces côtes. Cependant les Moluques, situées à une grande distance à l'est, semblaient se trouver dans la moitié du monde concédé à l'Espagne. Cette dernière puissance pensa qu'elle donnerait plus de poids à ses prétentions si elle envoyait chercher ces îles du côté de l'ouest. Mais il fallait pour cela contourner la barrière que le continent d'Amérique semblait opposer de ce côté. Magellan s'y était engagé ; il confirma devant Charles-Quint ce qu'il avait dit à son ministre ; et, pour prouver la possibilité de ce qu'il avançait, il montra au roi, sur un globe ingénieusement enluminé, la route qu'il se proposait de suivre pour aller aux Moluques par l'ouest. On y voyait un détroit tracé immédiatement à la suite des terres les plus au sud de l'Amérique.

On demanda à Magellan comment, dans la supposition où le détroit n'existerait pas, il arriverait dans le grand Océan. Il répondit qu'il lui était impossible de douter de la réalité du détroit; mais que, en supposant même qu'il pût se tromper, il prendrait la même route que les Portugais; ajoutant qu'ils n'avaient aucun droit de s'en plaindre, puisqu'on pourrait toujours leur prouver que les Moluques étaient dans les limites assignées à l'Espagne par la décision du pape.

Magellan parvint à persuader le conseil d'Espagne; et Charles-Quint, dont le génie était capable d'apprécier un projet hardi, conçut une haute opinion de celui qui le lui présentait : il voyait d'ailleurs ses raisonnements appuyés du témoignage d'un Portugais aussi renommé que Serrano, et d'un savant aussi célèbre que Falero. Il ne balança pas à lui accorder sa confiance. Il créa Magellan et Falero, chevaliers de Saint-Jacques de Calatrava, et les nomma capitaines de vaisseau.

Le conseil d'Espagne conclut avec Magellan un traité dont les dispositions sont curieuses à connaître.

Magellan s'engage à découvrir les Moluques et les îles occidentales dans les limites assignées à l'Espagne par la ligne de démarcation, et de s'y frayer une route par la mer de l'ouest. Le roi lui promet que pendant dix ans il ne permettra à aucun navigateur, sujet de l'Espagne, d'aller sur les traces de ses découvertes. Il accorde à Magellan le vingtième de toutes les richesses qu'on retirera des nouvelles découvertes, déduction faite des frais de l'armement. Magellan et ses descendants, nés en Espagne, auront le titre de général de tous les pays qui seront découverts. Ils auront aussi la faculté d'envoyer, tous les ans, pour la valeur de 10,000 ducats de marchandises dans les vaisseaux du roi, qui en rapporteront les retours, sans autres frais que les droits ordinaires. Si les îles que Magellan découvrira excèdent le nombre de six, la quinzième partie du revenu net de deux de ces îles lui sera accordé. Il recevra ensuite le cinquième de ce que rapporteront les vaisseaux de la première expédition. Le roi s'engage à faire armer cinq vaisseaux. La flotte aura deux cent trente-quatre hommes d'équipage, payés et nourris pendant deux ans.

dessein de Magellan fut d'abord traversé par don Alva d'Acosta, ambassadeur de Portugal, qui sentit combien le succès de cette entreprise nuirait aux intérêts de son souverain. Il se donna beaucoup de mouvements pour faire chasser Magellan de la cour, représentant que c'était un homme dans la disgrâce de son roi légitime ; et en même temps il assurait Magellan que, s'il voulait retourner en Portugal, le roi le chargerait de ces mêmes découvertes qu'il avait le dessein d'entreprendre, et lui accorderait de bien plus grands avantages que ceux qu'il obtenait en Castille.

Magellan ne se laissa pas amorcer par les propositions d'Acosta, et eut même besoin d'une certaine adresse pour échapper à ses embûches ; car le bruit courut que des assassins étaient postés pour attenter à la vie de Magellan et de Falero. D'un autre côté, Acosta échoua dans ses tentatives de détourner le conseil d'Espagne d'exécuter le projet de Magellan, et celui-ci partit avec les ordres du roi pour faire armer à Séville la flotte destinée à son expédition.

De nouveaux obstacles attendaient Magellan à Séville. Les officiers du gouvernement apportèrent à l'équipement de la flotte des lenteurs extraordinaires ; ce ne fut qu'avec une sorte de répugnance qu'ils la pourvurent d'armes, de munitions, de provisions et de marchandises. L'argent nécessaire manqua ; Alonzo Guttierez, trésorier, et Christophe Aro de Burgos, firent de leurs propres fonds des avances pour accélérer l'armement ; et, en considération de l'évêque de Burgos, des négociants de Séville suppléèrent à ce qui manquait encore. Enfin, comme il était question d'une entreprise nouvelle, et que l'on ne savait pas précisément où elle devait aller, les pilotes refusaient de s'embarquer. Il arriva ordre de les y contraindre.

La flotte était sur le point de faire voile, lorsqu'il s'éleva un différend entre Magellan et Ruy Falero, qui devait faire le voyage en qualité de cosmographe. Il s'agissait de savoir auquel des deux serait confié le droit de porter l'étendard royal et le fanal. Le roi ordonna que Falero resterait en Espagne pour y rétablir sa santé, jusqu'au prochain voyage.

Sancho Martinez de Leyva, corrégidor de Séville, eut ordre en même temps de remettre à Magellan l'étendard royal dans l'église de Sainte-Marie de la Victoire, et de lui faire prêter serment suivant l'usage d'Espagne, de se conduire en loyal et fidèle serviteur du roi. Magellan reçut le même serment de tous les officiers de la flotte, qui lui jurèrent de le suivre partout où il voudrait les conduire, et de lui obéir en tout ce qu'il leur commanderait. S'étant tous recommandés à Dieu, ils s'embarquèrent pour ce voyage, qui devait immortaliser le nom de Magellan.

Ce chef de l'expédition commandait *la Trinité*; Juan de Cartagéna *le Saint-Antoine*; Louis de Mendoça *la Victoire*; Gaspard de Quésada, *la Conception*, dont Sébastien del Cano était second; enfin Rodriguez Mendoza commandait *le Saint-Jacques*. Sur ces cinq navires, les deux premiers étaient de cent trente tonneaux chacun, les deux autres de quatre-vingt-dix, le cinquième de soixante : ils portaient en tout deux cent trente-sept hommes d'équipage. Quels faibles moyens pour une longue navigation dont le terme était inconnu !

On sait quelle fut la fin déplorable de Magellan. Conduit par le roi des îles Mariannes aux Philippines, le premier lieu où il s'arrêta fut la ville de Zebu. La bonne intelligence s'établit à l'instant même entre les habitants de l'île et les Espagnols. Le roi de Zebu n'hésita pas à se reconnaître vassal de la couronne d'Espagne et à se faire chrétien. Le génie ardent du navigateur portugais lui fit entrevoir cette conquête comme le prélude de succès nouveaux. Pour donner au nouveau sujet du roi d'Espagne une haute idée du souverain au nom duquel il agissait, Magellan écoutant plus son courage que la prudence, promit aux prince de Zebu d'aller attaquer un de ses voisins, dans son propre domaine; et, pour cette expédition dangereuse, cinquante-cinq hommes selon lui étaient suffisants. Il partit donc avec cette faible troupe. Il s'engagea dans le pays. Il y était à peine, lorsque tout à coup lui et les siens se virent entourés par une multitude d'insulaires, qui firent pleuvoir sur eux une grêle de pierres. La position était difficile; l'intrépidité seule pouvait sauver les Espagnols : aussi combattirent-ils pendant toute la journée avec cette ardeur qu'excite le péril extrême.

Magellan tint ferme au milieu des siens, dont sa présence semblait doubler la valeur ; mais tout ce qu'ils avaient de poudre étant épuisé, ils songèrent à la retraite. Le premier pas qu'ils firent en arrière fut le signal de leur perte. Les ennemis, voyant qu'on cessait de tirer sur eux, revinrent en foule, se portèrent à pas précipités sur les soldats de Magellan ; et le capitaine devint surtout l'objet de leurs plus vives attaques.

Une pierre fit d'abord tomber son casque; une autre l'atteignit à la cuisse. Il chancela. Une troisième, une quatrième, plus grosses, le renversèrent. Les insulaires se précipitèrent sur lui, quand déjà les siens, dispersés, ne pouvaient plus lui porter secours.

Ainsi périt ce grand capitaine, victime d'une valeur téméraire.

Herrera dit que Magellan, quoique d'une taille peu élevée, savait prendre un grand ascendant sur les autres hommes. Il montra beaucoup de fermeté dans les périls de toute espèce qu'il eut à courir, et les surmonta par son audace. Dans plus d'une circonstance sa rigueur tint de la férocité. Il sut cependant, dans le cours de son commandement, se concilier tous les esprits.

CHAPITRE Ier

Le capitaine Magellan avait formé le projet d'entreprendre un voyage de longue durée sur l'Océan, et de frayer un chemin inconnu jusqu'alors aux plus hardis navigateurs ; mais il se garda de laisser deviner sa pensée. Quelques rivaux de gloire pouvaient chercher à le détourner d'une si noble résolution, en lui faisant envisager les périls vers lesquels il se précipitait, en essayant de décourager son équipage. Mais un danger bien plus réel pour Magellan était l'inimitié que lui portaient les capitaines appelés au commandement des quatre autres vaisseaux qui devaient être sous son commandement : Magellan était Portugais ; l'Espagne avait vu naître ses ennemis. Rien, cependant, ne fut capable de l'arrêter.

Avant son départ, il eut soin de prescrire quelques règlements relatifs aux signalements et surtout à la discipline. Son vaisseau devait toujours marcher en tête des autres ; et pour n'avoir pas à craindre qu'on le perdit de vue pendant la nuit, il avait ordonné qu'un *farol* (1) fût placé à la poupe de son vaisseau ; s'il croyait nécessaire d'allumer aussi une lanterne ou un morceau de corde de jonc, à l'instant même les autres bâtiments devaient répéter le signal. Il était certain alors qu'ils le suivaient. Allumait-il deux autres feux sans le farol ? Attentif à ce signal, les autres navires devaient prendre une autre direction, soit pour diminuer la rapidité de leur course, soit à cause des vents contraires. S'il allumait trois feux, c'était l'ordre d'ôter la bonnette. L'apparition de quatre indiquait qu'il fallait amener toutes les voiles ; étaient-elles pliées, les quatre feux annonçaient qu'il devenait nécessaire de les déployer. Voulait-on nous

(1) Flambeau de bois.

avertir que nous étions près de terre, ou bien de remonter quelques bas-fonds et qu'il fallait naviguer avec une extrême prudence? on allumait plusieurs feux, on tirait quelques bombardes. Un autre signal était donné pour jeter l'ancre.

L'escadre, composée de cent trente-sept hommes, ayant à bord tout ce qui était nécessaire, partit de Séville, le 10 août 1519. Une décharge d'artillerie annonça le départ. Nous descendîmes le fleuve Bétis jusqu'au pont du Guadalquivir, en passant près de Jean d'Alfarax, ville habitée autrefois par les Maures, où l'on remarquait un pont dont on ne voit plus aujourd'hui que deux piliers restés debout sous les flots, et auxquels on ne saurait trop prendre garde. La prudence veut encore que, pour éviter tout danger, on ne navigue dans cet endroit qu'avec l'aide de pilotes habiles, et à la haute marée.

En continuant de descendre le Bétis, on passe à la vue de quelques villages, jusqu'à Saint-Lucar, château du duc de Medina-Sidonia. Là est le port qui donne sur l'Océan.

Peu de jours après, le capitaine-général et les capitaines des autres vaisseaux arrivèrent à San-Lur, sur les chaloupes, et on termina l'approvisionnement de l'escadre.

Chaque matin, nous allions à terre entendre la messe dans l'église de Notre-Dame de Barrameda; et avant de donner le signal du départ, le capitaine exprima le désir que tout le monde allât à confesse : il fut enjoint, sous les peines les plus sévères, de ne point embarquer de femmes sur l'escadre.

Le 26 septembre, arrivés à l'île Ténériffe (une des îles Canaries), nous nous y arrêtâmes pendant trois jours, pour y faire de l'eau et du bois.

Nous passâmes aussi deux jours dans un port de cette île, qu'on nomme *Monte-Rosso*, et qui présente un phénomène singulier. S'il faut en croire ce qu'on nous raconta, il n'y pleut jamais, et l'on n'y trouve ni source d'eau, ni rivière; mais on y voit croître un arbre très élevé, dont les feuilles distillent sans cesse des gouttes d'une eau excellente, qui tombe dans une fosse creusée au pied de cet arbre, et c'est là que les habitants vont puiser l'eau et que les animaux accourent se désaltérer. Un brouillard très épais, et qui sans doute fournit l'eau à ses feuilles, couvre continuellement cet arbre (1).

(1) Cette île ne serait, selon quelques savants, que la *Pluviala* ou l'*Ombrion* dont parle Pline, qui prétend que dans la première on ne boit que de l'eau de pluie, et qu'il ne pleut jamais dans l'autre, dont les habitants sont réduits à recueillir l'eau que distillent les branches d'un arbre; mais comme ceux qui ont abordé depuis dans cette île n'ont rien vu de semblable, il est probable que tout cela est un conte.

Le 3 octobre, nous passâmes entre le cap Vert et ses îles. Après avoir couru plusieurs jours le long de la côte de Guinée, nous arrivâmes par le 8° de latitude septentrionale, où s'élève une montagne nommée *Sierra-Leona* ; nous eûmes des vents contraires ou des calmes plats avec de la pluie jusqu'à la ligne équinoxiale, et ce temps pluvieux dura soixante jours.

Les anciens croyaient qu'il ne pleuvait jamais sous les tropiques ; ce qui leur faisait supposer que cette région devait être inhabitée.

Tant que le temps fut calme et serein, des requins ou des chiens de mer nageaient près de notre vaisseau. Nous en prîmes quelques-uns avec des hameçons de fer. Ces poissons ont plusieurs rangées de dents : si un homme tombe dans la mer, ils le dévorent.

Dans les temps orageux, nous apercevions souvent ce qu'on appelle le *Corps-Saint*, c'est-à-dire Saint-Elme. Au milieu d'une nuit profonde, on eût dit un flambeau sur la pointe du grand mât, où il s'arrêta une fois pendant deux heures, ce qui était bien peu propre à nous rassurer au fort de la tempête. Prêt à disparaître, la lumière qu'il jeta fut si vive qu'elle faillit nous aveugler. Notre crainte fut extrême ; mais, par bonheur, le vent cessa au moment même (1).

Parmi les oiseaux que nous avons vus, quelques-uns paraissaient n'avoir point de croupion ; d'autres, n'ayant point de pattes, ne sauraient faire de nid ; mais la femelle pond et couve ses œufs sur le dos du mâle au milieu de la mer (2).

Il y en a d'autres qu'on appelle *cagasseda* ou *caca-uccello* (le stercoraire), qui se nourrissent des excréments des autres oiseaux ; ils les poursuivent jusqu'à ce qu'ils lâchent leur fiente, qu'ils prennent avidement (3).

Nous avons vu aussi des poissons volants et d'autres poissons rassemblés en un si grand nombre, qu'on eût dit un banc dans la mer.

(1) On sait que cette lumière n'est que l'effet de la matière électrique, qui, plus ou moins abondante, tantôt positive, tantôt négative, s'agite avec plus ou moins de vivacité ; cette matière étant la cause de l'orage, on conçoit que le phénomène doit cesser aussitôt que l'électricité ne se fait plus apercevoir dans ces jeux au haut des mâts.

(2) L'oiseau dont parle ici le chevalier Pigafetta, est un oiseau aquatique, que M. de Bougainville a vu aux îles Malouines. Cet oiseau a des pattes, mais tellement courtes et couvertes de plumes, qu'on ne saurait les apercevoir. Il fait son nid à terre. Seulement, à peine éclos, les petits sont portés sur le dos de leur mère au milieu des flots.

(3) C'est une erreur ; cette prétendue fiente n'est autre chose que les poissons pris par les oiseaux amphibies. Aussitôt que les cagassèdes aperçoivent ces amphibies hors de l'eau, ils les poursuivent jusqu'à ce qu'ils lâchent leur proie.

Aussitôt que nous eûmes dépassé la ligne équinoxiale, en approchant du pôle antarctique, nous cessâmes d'apercevoir l'étoile polaire, et nous fîmes route jusqu'à la terre du Verzin (1). Cette terre est une continuation de celle où est le cap Saint-Augustin.

Ici nous trouvâmes en abondance des poules, des patates, et un fruit qui est semblable au cône du pin, mais d'un goût parfait et d'une grande douceur (2) ; des roseaux excellents (3), de la chair d'anta (espèce de gros cochon), qui a le goût de celle de la vache, etc.

Nous fîmes des échanges fort avantageux ; en donnant un hameçon ou un couteau, nous obtenions quelques poules ; deux oies pour un peigne ; montrions-nous un petit miroir ou une paire de ciseaux, les habitants étaient si désireux de ces objets, qu'ils nous offraient en échange une grande quantité de poissons ; un ruban, un grelot, étaient le prix d'une corbeille de patates ; c'est ainsi qu'on appelle des racines qui ont à peu près la forme de nos navets, et dont le goût approche de celui des châtaignes (4). Nous échangions aussi à très grand prix les figures de nos cartes à jouer ; pour un roi, on me donna six poules, encore l'insulaire crut-il avoir fait un marché considérable.

Nous entrâmes dans le port (5) le 13 décembre.

A midi, le soleil était à notre zénith, et la chaleur nous faisait beaucoup plus souffrir qu'en passant la ligne.

Abondante en toutes sortes de denrées, la terre du Brésil est d'une aussi grande étendue que l'Espagne, la France et l'Italie prises ensemble ; elle appartient au roi de Portugal.

Ni chrétiens, ni idolâtres, les Brésiliens ne professent aucun culte exclusif ; ils n'ont pour unique loi que leur instinct naturel. Les exemples de longévité sont très communs chez ce peuple ; les vieillards atteignent ordinairement leur cent vingt-cinquième année ; quelquefois ils parviennent jusqu'à cent quarante (6). Les hommes comme les femmes ne portent pas le moindre vêtement ; leurs habitations, qu'ils nomment *boi*, sont des cabanes d'une grande longueur ; ils ont pour lit des filets de coton (dit *hamaks*) suspendus par chaque bout à d'énormes poutres. Leur cheminée est par terre. Cent hommes avec leurs femmes, leurs familles, sont

(1) Le Brésil.

(2) L'auteur veut sans doute parler des ananas.

(3) Les cannes à sucre.

(4) La pomme de terre.

(5) Appelé depuis Rio-Janeiro.

(6) On présenta à Améric-Vespuce le fils, le père, le bisaïeul et le trisaïeul, tous vivants.

parfois renfermés dans une seule cabane. Leurs canots, qui peuvent contenir trente ou quarante personnes, sont faits d'un tronc d'arbre qu'ils creusent adroitement avec une pierre aiguisée. Leurs rames sont taillées comme nos pelles de boulangers. En voyant ces rameurs ainsi nus, d'une malpropreté révoltante et la tête chauve, on les prendrait pour les matelots du Styx.

Les hommes et les femmes ont notre conformation, notre structure ; s'ils mangent de la chair humaine, ce n'est jamais que celle de leurs ennemis.

Mais ils ne sont pas anthropophages par goût ou par besoin ; chez eux, cet usage s'est introduit de la manière suivante, ainsi que me l'a raconté Jean Cavajo, notre pilote, qui avait passé quatre ans au Brésil :

Une vieille femme n'avait qu'un seul fils, objet de tout son amour ; ce jeune homme tomba sous les coups des ennemis ; elle pleurait encore la perte de cet enfant, digne de tous ses regrets, lorsqu'à son tour, le meurtrier du jeune homme est fait prisonnier par les Brésiliens, et mené devant cette mère inconsolable. A son aspect, la fureur s'empare de cette femme : la vengeance l'anime ; elle se précipite sur le prisonnier avec la rage stupide d'un animal féroce, lui déchire une épaule avec les dents. Le prisonnier se débat ; il prend la fuite, rejoint ses compagnons d'armes, leur montre encore visible sur son épaule l'empreinte sanglante des dents de la mère, et déclare que les ennemis avaient voulu le dévorer tout entier. Indignés, ils jurent d'égaler et de surpasser ces derniers en férocité. Depuis cet instant, ils mangèrent leurs prisonniers, et les Brésiliens en firent autant. Néanmoins, ils ne les mangent pas vivants ; ils les coupent en morceaux après les avoir tués, et les vainqueurs se partagent les lambeaux palpitants. Chacun alors expose dans sa cabane la portion qu'il a reçue, la fait sécher à la fumée, et, à chaque huitième de la journée, il en fait rôtir un morceau et le mange de bon appétit.

Les Brésiliens ont les cheveux courts et laineux, et épilent avec grand soin les poils de leur corps ; leur vêtement consiste en une espèce de veste faite de plumes de perroquets, tissues ensemble, et disposées de manière que les grandes pennes des ailes et de la queue leur forment un cercle sur les reins, ce qui ne laisse pas de leur donner une figure bizarre et ridicule.

Les hommes ont la lèvre inférieure percée de trois trous, par lesquels ils passent de petits cylindres de pierre, longs de deux pouces. Hommes et femmes se peignent le corps de diverses façons, et le mélange des couleurs du dessin produit le plus singulier effet. Leur couleur est plutôt olivâtre que noire. On nomme leur roi cacique.

Les perroquets sont tellement communs dans ce pays, qu'on nous en donnait souvent huit ou dix pour un petit miroir. On y voit aussi de très beaux chats maimons, jaunes, qui ressemblent à des petits lions (1).

Leur pain très blanc, mais que nous ne trouvions pas bon, est fait avec de la moelle qui se trouve entre l'écorce et le bois d'un arbre (espèce de palmier sans doute), et qui a quelque ressemblance avec du lait caillé.

Réservées aux travaux les plus durs, les femmes ne vont jamais seules; leurs maris marchent sans cesse près d'elles, tenant toujours d'une main leur arc, de l'autre des flèches. Cet arc est fait de bois de Brésil ou de palmier noir. Les femmes placent leurs enfants dans un filet de coton qu'elles portent suspendu à leur cou.

La bonté et la crédulité sont un des caractères distinctifs de ce peuple. On les amènerait facilement, je crois, à embrasser le christianisme, et une circonstance particulière leur fit concevoir pour nous autant de vénération que de respect.

Depuis deux mois, une grande sécheresse désolait le pays, lorsque, au moment de notre arrivée, la pluie tomba en abondance. Notre présence leur sembla avoir attiré ces bienfaits sur la contrée. Aussitôt que nous eûmes débarqué pour célébrer à terre l'office divin, ils se pressèrent d'assister à cette cérémonie sacrée avec l'air du plus profond recueillement, et, s'apercevant que nous lancions à la mer nos chaloupes qu'ils avaient vues attachées au vaisseau, ou le suivant, ils crurent que ces chaloupes devaient être les enfants du vaisseau que ce dernier nourrissait.

Quand nous eûmes passé treize jours dans ce port, nous allâmes côtoyant le pays jusque par le 31° 40' de latitude méridionale, où nous trouvâmes une grande rivière d'eau douce. Ici habitent les cannibales. Un d'eux, d'une mine effrayante, qui en parlant mugissait comme un taureau, s'approcha de notre navire; son intention était de calmer la frayeur de ses camarades, qui, persuadés que nous voulions leur faire du mal, s'enfuyaient emportant leurs effets dans l'intérieur du pays. Nous ne voulions pas, comme on le pense bien, laisser échapper cette occasion de leur parler et de les voir de près. Aussi, cent hommes de l'équipage vinrent à terre; mais, vainement, nous essayâmes d'en arrêter quelques-uns. La rapidité de leur course, leurs enjambées étaient si grandes, que nous ne pûmes, quelle que fût notre vitesse, les atteindre.

Dans la plus grande des sept petites îles que contient cette rivière, et qu'on appelle le *cap de Sainte-Marie,* on trouve des pierres précieuses.

(1) Espèce de singes.

C'est ici que Jean de Solis et soixante hommes de son équipage, cherchant comme nous à découvrir de nouvelles terres, furent dévorés par les cannibales, auxquels ils s'étaient trop fiés.

En côtoyant toujours cette terre vers le pôle antarctique, nous nous arrêtâmes à deux îles (1) où l'on ne voit que des oies ou des loups marins

En continuant notre route, nous trouvâmes, par 49° 53' de latitude méridionale, le port Saint-Julien, et, l'hiver approchant, nous crûmes sage d'y rester pendant toute la mauvaise saison.

Nous y étions depuis deux mois, et aucun habitant ne s'était encore offert à nos regards.

Mais, un soir, au moment où nous comptions le moins sur une pareille rencontre, un insulaire d'une stature extraordinaire se présenta devant nous. Nous l'aperçûmes étendu sur le sable, presque nu; se levant tout à coup, il se prit à chanter et à danser, tout en se jetant de la poussière sur la tête. Un de nos matelots eut ordre d'aller près de cet homme, et de répéter ces gestes comme témoignage d'amitié. Cela réussit à merveille. Le géant suivit volontiers le matelot dans une petite île où Magellan s'était rendu. Je les avais accompagnés avec plusieurs autres officiers. Le géant ne put se défendre d'une vive surprise à notre aspect. Il leva le doigt, comme s'il voulait exprimer la pensée que nous étions descendus du ciel.

La taille de cet insulaire était tellement élevée, que la tête du plus grand de nous touchait à peine à sa ceinture. Son visage était entièrement teint de rouge. Une couleur jaune entourait seulement ses yeux, et deux taches en forme de cœur étaient placées sur ses joues. Il avait peu de cheveux, chargés d'une poudre blanche. Son vêtement se composait de fourrures cousues étroitement, et qui viennent d'un animal très commun dans ce pays (2). Cet animal a la tête et les oreilles d'une mule; son corps est celui d'un chameau, ses jambes celles d'un cerf; sa queue ressemble à celle du cheval; son hennissement est pareil aussi à celui du cheval. La chaussure de notre géant était faite avec la même peau (3).

Il portait pour armes un arc court et massif, dont la corde, presque aussi faible que celle d'un luth, était faite avec le boyau du même animal; des flèches de roseau, fort courtes, garnies de plumes d'un côté, et ayant

(1) Ils s'arrêtèrent au Port-Désiré, où il y a deux îles, dont l'une s'appelle l'*île des Pinguins*, et l'autre l'*île des Lions*.

(2) Le guanaque, espèce de chameau ou de brebis, dont la laine est très précieuse.

(3) C'est à cause de cette chaussure, qui donnait aux pieds de cet homme la figure de la patte d'un ours, que Magellan les a appelés *Patagons*. (*Voyez* Debry, *America*, lib. 4, pag. 66.

à la pointe une pierre à fusil. C'est aussi avec ces sortes de pierres qu'ils forment des outils tranchants qui leur servent à tailler le bois.

Le capitaine-général ordonna qu'on lui apportât à boire et à manger ; après cela, il lui fit présent de quelques bijoux de peu de valeur, parmi lesquels se trouvait un miroir d'acier. N'ayant pas la moindre idée d'un pareil meuble, qui réfléchissait sa figure, le géant se recula avec tant de vivacité, qu'il renversa quatre de nos matelots qui étaient près de lui. Après lui avoir fait quelques autres présents, on le remit à terre, où quatre hommes bien armés le conduisirent.

Son camarade, qui n'avait pas voulu le suivre sur le vaisseau, le voyant revenir, alla prévenir les autres insulaires. A l'aspect de nos gens armés qui s'approchaient d'eux, ils se placèrent sur leur passage, et se mirent à chanter, à danser, levant l'index vers le ciel avec la pensée, sans doute, que nous avions supposée au géant lorsqu'il fit un geste pareil au moment où nous en approchâmes. Ils nous firent voir en même temps une poudre blanche dans des marmites d'argile, et nous la présentèrent comme la seule chose qu'ils eussent à nous donner à manger.

Nos matelots les pressèrent par signes de les suivre sur les vaisseaux, offrant de porter tout ce qu'ils voudraient prendre ; mais cela était inutile : arcs, flèches et autres objets étaient déjà confiés à leurs femmes, qu'ils faisaient marcher devant eux, chargées comme des bêtes de somme.

La taille des femmes est moins haute que celle des hommes ; mais elles sont plus grosses. Leur vêtement se rapproche de celui des hommes et rien en elles ne constitue ce que nous appelons la beauté.

Nous les vîmes conduire les animaux dont j'ai déjà parlé avec une espèce de licou. On emploie les petits pour se rendre maître des grands ; ils sont attachés à un arbre. Sans défiance, les grands s'approchent pour jouer avec eux. Des hommes se tiennent à quelque distance, masqués par des broussailles, et quand ces animaux arrivent à la portée de leurs traits, ils les tuent. Dix-huit habitants (hommes et femmes) de ce pays nous amusèrent beaucoup en se livrant à cette chasse.

Nous étions déjà familiarisés avec la vue de nos géants, lorsque nos gens, occupés à couper du bois pour la provision de l'escadre, en aperçurent un dont l'armement et le vêtement étaient pareils. Il s'approcha d'eux, se toucha la tête et le corps, et ensuite leva les mains au ciel. Nos gens l'imitaient, et le capitaine, instruit de cette rencontre, envoya l'esquif à terre, et donna ordre qu'on le menât sur l'ilot qui se trouvait dans le port. Nous avions élevé là une maison qui devait nous servir de magasin et contenir une forge.

Plus grand et d'une taille mieux prise que celle des autres habitants, cet homme paraissait aussi avoir des manières moins violentes; quand il dansait, il s'élevait si haut et il retombait avec tant de force que ses pieds entraient très-avant dans le sable. Il consentit volontiers à passer quelques jours avec nous. Il parvint à prononcer aussi bien que nous, mais avec une voix terrible, le nom de Jésus et l'oraison dominicale. Nous le soumîmes à la cérémonie du baptême, et ce nouveau chrétien reçut de nous le nom de Jean. Le capitaine général lui fit présent d'une chemise, d'une veste, de caleçons de drap, d'un bonnet, d'un miroir, d'un peigne, de grelots et autres objets. Très-satisfait de notre accueil et surtout de nos présents, il nous quitta pour rejoindre les siens. Il revint le lendemain apporter au capitaine, en échange de quelques bagatelles, un de ces grands animaux qu'ils attrapent avec tant d'adresse. Mais cette visite fut la dernière qu'il nous fit : ses camarades avaient-ils voulu le punir de l'attachement qu'il avait montré pour des étrangers ? était-il tombé victime de leur fureur ? Nous ne pûmes le savoir.

Quinze jours s'étaient passés quand nous vîmes s'avancer vers nous quatre de ces hommes : ils se présentaient sans armes ; mais nous sûmes plus tard, par deux des leurs que nous retînmes, qu'elles étaient cachées dans des broussailles. Ceux-ci étaient tous peints de différentes couleurs.

L'intention du capitaine fut d'abord d'emmener avec nous les deux plus jeunes et les mieux faits, afin de les conduire en Espagne. Il pouvait employer la force pour exécuter son projet ; il préféra avoir recours à la ruse, et voici comment il s'y prit : il leur donna une telle quantité de couleurs, de miroirs, de verreries, qu'ils pouvaient à peine la tenir dans leurs deux mains. Il leur fit voir ensuite deux forts anneaux de fer qui servent à enchaîner; leur premier mouvement fut d'exprimer le plus vif désir de posséder ces anneaux; ils préfèrent le fer à tout ; mais il leur était impossible de les prendre, tant leurs mains se trouvaient pleines :

« Eh bien ! dit le capitaine qui avait prévu ce qui allait arriver, on va vous les attacher aux jambes ; de cette manière vous pourrez facilement les emporter chez vous. »

Ils n'hésitèrent pas à se laisser faire. Aussitôt nos gens leur appliquent les cercles de fer en rivant les anneaux, et voilà nos insulaires bien enchaînés.

Dupes de leur bonne foi, ils entrent en fureur, poussent des cris, appellent à leur aide Setebos, leur principal démon, mais c'est inutile : leur fureur est impuissante, ils sont à nous. Ce n'était pas assez; il fallait encore avoir leurs femmes.

Le capitaine, décidé à faire cette capture, exige qu'on s'empare des deux autres, et qu'on les force de conduire plusieurs de nos gens à l'endroit qu'habitent leurs femmes. L'action fut vive ; les deux insulaires se défendirent avec fureur, et ce ne fut pas trop de neuf ou dix hommes les plus forts de l'équipage, pour les renverser, les charger de liens. L'un des deux parvint même à rompre les nœuds qui pressaient ses membres ; et son camarade fit de tels efforts pour le suivre, que nos gens, en voulant le contenir, le blessèrent à la tête. Mais enfin, ils restèrent maître de lui, et il se vit contraint de les conduire chez les femmes, qui, ayant appris les violences exercées envers leurs maris, poussèrent des cris si violents, que, bien que placées à une distance considérable de l'habitation, leurs gémissements arrivaient jusqu'à nous.

Carvajo, qui dirigeait l'expédition, voyant arriver la nuit, ne crut pas prudent de s'emparer alors de la femme chez laquelle on l'avait mené ; mais il passa la nuit dans la cabane, faisant bonne garde. A cet instant, deux autres insulaires vinrent, sans donner le moindre signe de surprise de tout ce qui se passait, sans avoir l'air de faire attention à la présence de nos gens, à cette heure, dormir près d'eux. Mais le jour commençant à paraître, ils dirent quelques paroles aux femmes, et ils avaient à peine fini de parler, que déjà, hommes, femmes, enfants, avaient pris la fuite. Nos gens restèrent maîtres de la hutte déserte et de tout ce qu'elle renfermait.

Cependant un des insulaires emmena les animaux qu'ils ont pour la chasse, et un autre dirigea sur un de nos gens une flèche empoisonnée. Il fallait que ce venin fût bien actif, car ce malheureux, atteint à la cuisse, expira à l'instant même, et dans les plus horribles tourments. On fit feu sur les fuyards ; mais non-seulement ils allaient aussi vite que le meilleur cheval lancé au grand galop, mais encore ils ne suivaient jamais la même direction dans leur course, et sautaient sans cesse de côté et d'autre ; ils évitèrent ainsi les balles.

On croirait difficilement que ces sauvages aient découvert quelques secrets en médecine ; le fait est vrai cependant. Eprouvent-ils un grand mal d'estomac, ils se plongent aussitôt une flèche fort avant dans le gosier, ce qui excite un vomissement des plus forts. Une entaille au front est le remède qu'ils ont imaginé pour se guérir de la migraine. Ils attaquent de même les différentes parties du corps qui sont douloureusement affectées, afin de faire sortir de ces endroits beaucoup de sang ; et ici la théorie répond à la pratique, car ils raisonnent ainsi : qui cause la douleur ? le sang qui ne veut plus rester dans telle ou telle partie du corps : donc il faut lui ouvrir un passage pour faire cesser le mal .

Ils ont les cheveux coupés comme les moines, mais plus longs, et retenus autour de la tête par un cordon de coton ; c'est là qu'ils mettent.

leurs flèches lorsqu'ils vont à la chasse. Pour toute religion ils adorent le diable. Selon eux, quand ils sont près de leur fin, dix ou douze démons viennent entourer, en dansant et en chantant, le lit sur lequel ils reposent. Ils appellent leur principal démon *setebos*, et les autres *cheleude*.

Ces peuples emploient la même peau qui leur sert de vêtement à couvrir les huttes qu'ils transportent partout. Comme les Bohémiens errants, ils vont s'établir là où ils trouvent les commodités de la vie. Une racine douce qu'ils appellent *capac* et de la viande crue, voilà leur nourriture ordinaire. Ils mangent beaucoup et boivent de même. Ceux que nous avions pris buvaient un demi-seau d'eau tout d'une haleine. Les souris toutes crues leur paraissent un fort bon mets. Magellan donna à ce peuple le nom de *Patagons* (1). Les divers évènements que je viens de décrire eurent lieu pendant cinq mois que nous passâmes dans le port de Saint-Julien.

(1) Les renseignements les plus récents que nous connaissions sur les Patagons ont été fournis, en 1873, à la Société anthropologique de Londres, par le capitaine Mursters, qui venait de faire un séjour d'un an en Patagonie.

« Le véritable nom des Patagons, celui sous lequel ils se désignent eux-mêmes, dit-il, est *Ahonicanka* ou *Tchouek*, mais ils sont plus généralement connus sous celui de *Tchuelches* ou *Tchuels*, qu'on leur donne communément et qui leur vient sans doute des Araucaniens.

» Ils sont divisés en Patagons du nord et Patagons du sud. Les Patagons du nord fréquentent la région comprise entre le Rio-Negro et le fleuve Santa-Cruz; ceux du sud, le reste de la contrée, depuis le fleuve Santa-Cruz jusqu'au détroit. Toutefois, ces deux tribus sont assez mélangées, ainsi que j'ai pu le remarquer chez la troupe d'Indiens avec laquelle je voyageais; on les rencontre même souvent, soit en chasse, soit en marchant à l'aventure. On peut toujours, d'ailleurs, les distinguer par certaines différences d'accent.

» En général, lorsqu'on parle des Patagons, les premières questions que dicte la curiosité concernent la gigantesque stature que l'on attribue à ce peuple. Des deux divisions de la race, la méridionale est d'une taille légèrement supérieure à la septentrionale; mais celle-ci dépasse la première sous le rapport de la force musculaire. La stature moyenne des Tchuelches du sud va rarement au-delà de 1^m 78, quoique j'en aie vu plusieurs ayant 1^m 83 et même 1^m 93. La largeur de leur poitrine et le développement de leurs membres ne peuvent manquer d'attirer l'attention de celui qui les voit pour la première fois. On comprend l'impression que de tels hommes durent produire sur les premiers explorateurs espagnols.

» Plusieurs femmes, que j'ai vues, étaient remarquablement grandes : l'épouse du cacique Orkeke n'avait pas beaucoup moins de 1^m 80, et ses membres robustes correspondaient à sa taille. La stature moyenne des femmes varie entre 1^m 50 et 1^m 80.

» Les Tchuelches ont de grosses têtes recouvertes de longs cheveux noirs, des yeux vifs et bruns qui donnent à leur visage ovale un regard clair et franc. Leurs fronts sont bombés et présentent des proéminences particulières au-dessus des sourcils. Le nez est souvent aquilin, avec des narines d'une largeur bien marquée; mais il varie beaucoup, comme dans tous les pays. La couleur naturelle de leur peau est d'un brun rougeâtre. Aussitôt que le poil de leur barbe et de leurs moustaches commence à pousser, les Patagons mettent le plus grand soin à l'épiler au moyen d'une petite pince et d'un fragment de miroir. Plusieurs d'entre eux seraient considérés comme de beaux hommes n'importe dans quel pays; mais leur expression de bonne humeur, quand ils sont chez eux, contraste singulièrement avec l'air maussade et abattu qu'ils

Notre arrivée dans ce pays donna lieu à un fait très-grave : nous avions à peine jeté l'ancre que les capitaines espagnols des quatre autres vaisseaux formèrent l'horrible projet de faire périr le capitaine-général. Leurs noms méritent d'être transmis à l'exécration des hommes d'hon-

prennent lorsqu'ils sont établis dans les comptoirs européens. Leur physionomie change complètement aussi dès qu'ils ont la perspective d'un combat : leurs regards enflammés et l'altération de leur visage dénotent alors une indomptable férocité.

» Les femmes, dans leur jeunesse et avant d'être tatouées, ont un extérieur agréable ; leur peau est fine et vermeille ; mais, par suite des rudes travaux dont elles sont chargées, et par la vie qu'elles mènent toujours en plein air, elles ont une vieillesse prématurée.

» Le costume des hommes comprend d'abord un vêtement serré autour de la taille, qui a nom *chiripa* ; il est fait soit de toile, soit d'un puncho, soit même d'un pan de vieux drap ; mais, quels qu'en soient la forme et le tissu, il constitue un article de toilette indispensable (je ferai observer ici que les Patagons observent scrupuleusement la décence, non-seulement dans leurs personnes, mais dans leurs vêtements). Le reste du costume se compose d'un manteau de six pieds carrés environ, fait de peaux de guanaques, de putois, de renards ou de chats sauvages. Ce manteau est retenu autour du chiripa au moyen d'un ceinturon ordinairement recouvert d'ornements d'argent, ceinturon dans lequel le Patagon met son tabac, son couteau et ses *bolas* pour la chasse aux autruches.

» Les pieds sont protégés par des bottes faites de peaux provenant des jarrets du cheval ou du gros puma.

» Les hommes vont nu-tête, mais ils ont les cheveux emprisonnés dans un filet tressé avec des fils de coton ou de laine de puncho, obtenus, par échange, des Araucaniqns.

Les femmes portent un sac de calicot ou d'autre étoffe flottant librement des épaules aux chevilles ; sur ce vêtement, elles mettent un manteau de peau de guanaque retenu à la taille par une épingle ou argent ornée d'un grand disque, remplacée, si la femme est pauvre, par un clou ou une épine d'algarobo. Lorsqu'elles voyagent, leur costume est complété par d'énormes colliers de perles bleues ou par des anneaux soit d'argent, soit de cuivre. Leurs chaussures sont pareilles à celles des hommes, sauf cependant que le poil est resté sur le cuir.

» Les femmes recherchent passionnément les grandes boucles d'oreilles, les colliers d'argent ou de perles dont nous venons de parler. Les hommes ne sont pas moins amateurs de parure : ils portent les mêmes colliers et couvrent d'ornements leurs ceintures, leurs armes et les harnais de leurs chevaux.

» Les deux sexes se peignent le visage et quelquefois les jambes ; la peinture employée à cet effet se compose, soit d'ocre rouge, soit de terre noire mélangée à un corps gras qu'on obtient en faisant bouillir la moelle des os du gibier tué à la chasse. Ils se tatouent aussi l'avant-bras au moyen d'un procédé bien simple qui consiste à faire des piqûres dans la peau avec une grosse épingle, et à introduire dans les blessures ainsi formées une mixture composée de terre bleue et d'herbes sèches.

» Les tentes ou *toldos* des Patagons, appelées par eux *kou*, ressemblent assez à celles des bohémiens nomades, quoiqu'elles soient beaucoup plus vastes, plus élevées et de forme carrée... Le double soin de construire les toldos et de charger les peaux sur les chevaux est dévolu aux femmes.

» Le mobilier d'un toldo comprend quelques peaux, des traversins formés de vieilles gibecières rembourrées avec du duvet de guanaque et fermées au moyen de tendons de cet animal ou d'autruche, puis quelques *léchos* ou couvertures de lit, tissus obtenus des Araucaniens. Les selles et les harnais forment le reste de l'ameublement. Les ustensiles de cuisine se bornent à un pot de fer et à une broche à rôtir ou *asador*, parfois accompagnée de grands plats de bois.

» Les armes communément employées pour la chasse sont les bolas à deux ou trois balles :

neur : l'un se nommait Jean de Carthagène, l'autre Louis de Mendoza, c'était le trésorier ; le troisième, Antoine Cocca, et le dernier Gaspard de Casada ; mais leur complot fut découvert. On écartela le premier, le poignard trancha la vie du second, on fit grâce à Gaspard. Le traître, par reconnaissance, se rendit coupable d'une nouvelle trahison. Comme ce monstre avait été fait capitaine par l'empereur lui-même, le capitaine-général se contenta de lui déclarer qu'il n'appartenait plus à l'escadre,

les premières utilisées contre l'autruche, les secondes contre le guanaque. Ils font aussi usage du lasso pour la capture des chevaux sauvages et du bétail.

» Les Tchuelches ont en outre, en fait d'armes, un fusil ou un revolver, une lourde et longue lance à laquelle ils n'ont recours que lorsqu'ils sont désarçonnés ; enfin, la *bola perdeda* ou balle simple, engin des plus terribles dans leurs mains.

» ..... Lorsqu'ils ne sont pas occupés à dresser leurs chevaux ou à la chasse, les hommes s'emploient à fabriquer des selles de bois, des bolas, des lassos, des éperons et toute espèce de harnais, ou à travailler des ornements d'argent au moyen d'outils qu'ils fabriquent très adroitement avec le fer qu'ils obtiennent par échange ou qu'ils arrachent aux épaves des vaisseaux échoués sur leurs côtes.

» Leurs marteaux et leurs enclumes sont généralement en pierre ; ils façonnent également avec des pierres dures les matériaux nécessaires à leurs bolas. Les grattoirs avec lesquels les femmes nettoient les peaux sont en silex ou en obsidienne, matière dans laquelle ils taillaient leurs couteaux avant la venue des Espagnols.

» Les travaux des femmes, outre les occupations du ménage et l'approvisionnement de bois et d'eau, consistent à préparer les peaux : elles se servent pour cela, et en manière d'aiguilles, de grosses épingles de métal bien pointues ; les nerfs de guanaque leur servent de fil.

» La chair d'autruche est la viande que préfèrent ces peuples, et voici comment ils la préparent sur le terrain même où ils ont tué l'animal : ils disposent l'oiseau en forme de sac, le placent sur des cendres, puis l'entourent de pierres chaudes. Dans leurs camps, ils se servent de la broche à rôtir ; ils font même, quelquefois, bouillir l'animal.

» Comme légumes, ils recherchent une espèce de pommes de terre et d'épinards sauvages ; ils mangent aussi la feuille de la dent-de-lion, ainsi que des groseilles sauvages, des fraises et autres fruits produits par le sol des régions qu'ils habitent. De fait, ils dévorent avec avidité toute espèce de fruits ou de végétaux, et ne se montrent pas moins grands consommateurs de sel, condiment dont de nombreuses salines naturelles leur procurent une abondante quantité. Enfin, ils mâchent quelquefois la gomme que donne l'encensier, et l'emploient habituellement comme dentifrice.

» Par suite de ses rapports avec les comptoirs européens, le Tchuelche s'est accoutumé à faire usage du tabac, du sucre, du *yerba* et du rhum ; il ne regarde toutefois comme indispensable que le tabac à fumer, qu'il n'emploie que mélangé à de légers copeaux. Beaucoup d'entre eux, d'ailleurs, ne fument ni ne boivent.

. . . .

» ..... Ce peuple est bien près de disparaître, puisque, au milieu des colons chaque jour plus nombreux dans ces parages, c'est à peine si l'on peut y compter aujourd'hui quinze cents Tchuelches proprement dits. Ces restes de l'ancienne population indigène parcourent les immenses solitudes comprises entre le détroit de Magellan et le Rio-Negro.... Les rixes sanglantes et surtout la petite vérole ne cessent de réduire l'effectif des tribus, et le moment peut être prévu où le voyageur pourra parcourir tout leur antique domaine sans y rencontrer un seul spécimen de cette race, vouée à la destruction comme presque toutes celles qui peuplaient le Nouveau-Monde lorsque, il n'y a pas encore quatre siècles révolus, y aborda Christophe Colomb. »

et le laissa chez les Patagons, avec un autre qui s'était associé à son crime (1).

Un autre malheur nous était réservé dans cet endroit : le vaisseau *le Saint-Jacques*, en allant reconnaître la côte, échoua au milieu des rochers ; mais l'équipage fut sauvé. Il resta pendant deux mois au lieu même du naufrage, afin de rassembler les débris du bâtiment, et les marchandises que les flots apportaient chaque jour sur le rivage.

Pendant ces deux mois, quoique la distance fût de cent milles, fidèle aux ordres du capitaine-général, nous apportions des vivres au malheureux naufragés. Le chemin était difficile ; il fallait voyager la nuit au milieu des épines et des broussailles, n'ayant pour toute boisson que la glace qu'il fallait de grands efforts pour casser ; mais il s'agissait de secourir nos frères, et la fatigue disparaissait.

Pour nous, quoique les coquillages, dont quelques-uns avaient des perles, fussent une très-mauvaise nourriture, nous attendions avec patience le moment du départ du port, dont les environs étaient assez fertiles en autruches, en renards, en lapins très-petits et en moineaux. Les arbres y produisent de l'encens. Nous prîmes possession de cette terre au nom du roi d'Espagne, après avoir planté une croix sur une montagne que nous appelâmes *Monte-Cristo*.

Enfin, le 21 août 1520, nous quittâmes le port, et, le 21 septembre, l'escadre faillit faire naufrage dans une rivière d'eau douce (2). Les vents soufflaient avec fureur et rendaient la mer fort grosse ; mais Dieu nous sauva. Nous y restâmes deux mois pour faire provision d'eau et de bois. Nous nous approvisionnâmes aussi d'une espèce de poisson, long de deux pieds et fort couvert d'écailles : c'était un assez bon manger.

En continuant notre route vers le sud, le 21 du mois d'octobre, nous trouvâmes un détroit que nous nommâmes *le détroit des onze mille Vierges*, parce que ce jour-là leur était consacré. Ce détroit va aboutir à une autre mer, que nous appelâmes *mer Pacifique*. Des montagnes très élevées et chargées de neige environnent ce détroit des onze mille Vierges (3).

(1) Lorsque Gomez, après avoir abandonné Magellan dans le détroit, repassa au port Saint-Julien, il les reprit tous deux à bord, et les reconduisit en Espagne.

2) C'est la rivière de Sainte-Croix, que Cook a placée par le 50e de latitude méridionale.

(3) Les onze mille Vierges, ou plus communément les îles des *Vierges* (*Virgin island*), groupe d'îles et d'îlots situés dans l'Amérique centrale, au nord des petites Antilles, à l'est de Porto-Rico, entre 17° 40' et 18° 45' de latitude nord, et entre 66° 20' et 67° 40' de longitude ouest, sont au nombre de quarante, dont les principales sont Culebra, Saint-Thomas, Saint-Jean, Sainte-Croix, Anegada, Corda et Terfola. Elles sont assez fertiles, mais exposées à de fréquents

Nous étions tous persuadés que ce détroit ne pouvait offrir d'issue à l'ouest. Le capitaine-général, cet homme dont le courage égalait l'habileté, savait qu'il fallait passer un détroit fort caché mais qu'il avait vu indiqué sur une carte dressée par Martin de Bohême, très excellent cosmographe.

Une fois entré dans cette eau, que l'on croyait n'être qu'une baie, le capitaine envoya *le Saint-Antoine* et *la Conception*, afin de voir où elle finissait ou aboutissait; nous restâmes à l'entrée avec *la Trinité* et *la Victoire*.

Une terrible bourrasque, qui survint pendant la nuit, et dura trente-six heures, nous contraignit de nous laisser entraîner dans la baie au gré des flots et du vent. *Le Saint-Antoine* et *la Conception* ne purent parvenir à doubler le cap (1) et à se réunir à nous. Ils craignaient d'échouer à chaque instant; mais ayant aperçu une petite ouverture, qu'ils prirent pour une anse de la baie, ils s'y enfoncèrent. Le canal n'était pas fermé, et, en le parcourant, ils se trouvèrent dans une autre baie (2); arrivèrent enfin dans une seconde plus grande, et vinrent instruire le capitaine-général de tout ce qu'ils avaient vu.

Déjà nous avions cru submergés par la tempête que nous venions d'essuyer, les deux vaisseaux qui n'avaient pas reparu depuis deux jours; mais, tandis que nous éprouvions cette incertitude cruelle sur leur sort, nous les vîmes cinglant à pleines voiles vers nous; réunis à eux, nous essayâmes de continuer notre route.

Nous étions à peine dans la troisième baie que j'ai déjà indiquée, lorsque deux canaux s'offrirent à nos regards, l'un au sud-est et l'autre au sud-ouest (3). L'essentiel était de savoir reconnaître si le premier canal venait aboutir à une mer ouverte; aussi le capitaine-général donna-t-il l'ordre que les vaisseaux *le Saint-Antoine* et *la Conception* fissent cette reconnaissance.

Un événement, que nous étions loin de prévoir, empêcha l'exécution des ordres du capitaine-général. *Le Saint-Antoine* partit le premier, et força

---

et terribles ouragans. Elles appartiennent, partie aux Anglais et partie aux Danois et aux Espagnols; leur population totale est évaluée à environ 60,000 habitants.

Les premiers établissements européens y furent fondés aux seizième et dix-septième siècles par les Hollandais, en vue de la pêche aux tortues.

(1) Cap de la Possession.

(2) Baie Boucault.

(3) Le canal au sud-est est celui qui se trouve près du cap Monmouth, appelé *Détroit supposé*, par Bougainville.

tellement de voiles pour se séparer de *la Conception*, qu'il eut bientôt laissé ce bâtiment en arrière. Le but de cette manœuvre était, de la part du pilote du *Saint-Antoine*, en profitant des ombres de la nuit, de changer de direction, et de prendre, pour retourner en Espagne, la route que nous avions déjà parcourue pour arriver où nous nous trouvions. Une semblable conduite était dictée à ce pilote, nommé étienne Gomez, par un sentiment de haine contre le capitaine-général.

Étienne Gomez, lorsque Magellan vint en Espagne offrir de se rendre aux îles Moluques, par l'ouest, était au moment d'obtenir des caravelles pour une expédition, dont le commandement lui aurait été confié. Il s'agissait de faire de nouvelles découvertes; l'arrivée de Magellan fit changer les dispositions du gouvernement à l'égard de Gomez, qui fut obligé de se contenter de l'emploi subalterne de pilote, et d'obéir aux ordres d'un Portugais, ce qui blessait surtout son orgueil. Depuis longtemps il tenait sa vengeance captive; mais il s'était bien promis de ne pas négliger la première occasion qui se présenterait de la faire éclater. Il crut se trouver dans cette circonstance, et disposa tout pour que l'événement réussît au gré de son impatience, que partageaient tous les Espagnols qui étaient à bord du *Saint-Antoine*.

Pendant la nuit, ils chargèrent de fers et blessèrent le capitaine Alvaro de Meschita, parent du capitaine-général, et le menèrent ainsi en Espagne. Ils voulurent également y conduire l'un des géants que nous avions pris, et qui se trouvait à leur bord; mais en approchant de la ligne équinoxiale, dont il ne put supporter la chaleur, ce malheureux mourut.

Ne pouvant suivre de près *le Saint-Antoine*, le capitaine de *la Conception* se contenta de croiser dans le canal jusqu'au retour de ce pauvre bâtiment qu'on ne devait plus revoir.

Quand nous fûmes entrés dans l'autre canal, qui nous restait au sud-ouest, avec les deux autres vaisseaux, nous atteignîmes une rivière tellement remplie de sardines, que nous lui donnâmes le nom de ce poisson. Nous y mouillâmes pendant quatre jours pour attendre les deux autres vaisseaux, et une chaloupe bien équipée alla reconnaître le cap de ce canal, que nous croyions devoir aboutir à une autre mer.

Les hommes de cette embarcation nous annoncèrent, en effet, avoir vu le cap où finissait le détroit, et une mer immense (l'Océan). Nous en pleurâmes tous de joie; aussi appelâmes-nous ce cap le *cap Désiré* (1). Depuis si longtemps, nous désirions le voir !

---

(1) Le cap Désiré forme l'extrémité occidentale de la côte méridionale que la chaloupe côtoya; mais les navires rangèrent de près la côte septentrionale, et abandonnèrent l'Amérique au cap Victoire, nom du vaisseau qui le doubla le premier, et qui revint seul en Europe.

Nous voulûmes alors rejoindre le *Saint-Antoine* et *la Conception,* nous ne trouvâmes que ce dernier vaisseau. Qu'était devenu le premier ? Le pilote, Jean Sérano, nous dit que, n'ayant pas reparu depuis le moment où il avait embouqué le canal, il le croyait perdu.

La prudence voulait que je cherchasse particulièrement dans le canal où on l'avait vu passer. Le capitaine-général donna un ordre à *la Victoire* d'aller jusqu'à l'embouchure du détroit, et là, si on ne trouvait pas *le Saint-Antoine,* on devait planter, dans un endroit qu'on pût apercevoir de très loin, un drapeau auprès duquel on placerait une marmite qui contiendrait une lettre indiquant la route qu'on allait suivre, afin que ce bâtiment pût rejoindre l'escadre, ou au moins prendre la même direction. Les mêmes signaux furent placés sur les lieux les plus élevés de la première baie et sur une petite île de la troisième, où nous trouvâmes des loups marins et des oiseaux en grande quantité.

L'intention de Magellan, en supposant que nous n'eussions pas découvert ce détroit pour arriver d'une mer dans une autre, était de poursuivre sa route, au sud, jusque par le 75° de latitude méridionale, où, pendant l'été, il y a très peu de nuit, et peu de jour en hiver. Nous étions dans le détroit au mois d'octobre, et la nuit durait à peine trois heures.

Nous donnâmes à ce détroit le nom de *Détroit des Patagons* (1) ; on y trouve un bon port, de l'eau excellente, du bois de cèdre, des sardines et des coquillages. Parmi les herbes qui y croissent, quelques-unes sont amères, d'autres d'un goût assez agréable. Nous trouvâmes surtout assez bon une sorte de céleri qu'on cueille au bord des fontaines (2).

Au moment où nous entrions dans l'Océan, nous vîmes une chasse assez singulière que quelques poissons donnaient à d'autres ; les poissons-chasseurs sont des dorades, des albicores et des bonites ; les poissons qu'ils poursuivent sont appelés *colondrins* (espèce de poissons volants). Ils ont plus de deux pieds de long, et leur chair est excellente. Quand ces derniers se voient poursuivis, ils s'élancent hors de l'eau, étendent leurs nageoires très longues, qui leur servent d'ailes, et volent à distance d'arbalète. Bientôt ils replongent, et, pendant ce temps, les chasseurs, suivant leur ombre, arrivent au moment où ils croient trouver leur sûreté au sein des flots, les attrapent et les mangent.

Je m'occupais beaucoup du géant que nous avions à bord. J'essayai, au moyen de gestes que je cherchais à rendre les plus significatifs possibles,

(1) On l'a appelé ensuite *détroit de Magellan.*

(2) Cook, à cause de cette abondance d'herbes anti-scorbutiques, crut le passage du détroit préférable à celui du cap Horn.

et qu'il finissait par comprendre, d'obtenir de lui le nom de plusieurs objets, et je vins même à bout d'en composer une espèce de vocabulaire. Il était si attentif, qu'aussitôt qu'il me voyait prendre la plume et le papier, il accourait me dire, ou plutôt me faire deviner quel était le nom de chacun des objets qui frappaient alors ses regards, et comment il désignait les opérations dont il était témoin. Il nous apprit, par exemple, comment on s'y prend dans son pays pour allumer le feu. On frotte un morceau de bois pourri contre un autre. Ce choc, ce frottement communique le feu à une sorte de moelle d'arbre qu'on a soin de placer entre les deux morceaux de bois.

Il vit un jour entre mes mains une croix que je baisais avec respect. Pouvant alors difficilement contenir un mouvement de colère, il me fit entendre que leur grand démon, Setebos, pénètrerait dans mon corps et me ferait mourir. Cependant, lorsqu'il se sentit près de sa fin, il demanda la croix, y imprima ses lèvres tremblantes, et témoigna le désir de recevoir le baptême. Il fut baptisé à l'instant même sous le nom de *Paul.*

CHAPITRE II

Sortie du détroit jusqu'à la mort du capitaine Magellan, et notre départ de Zubu.

En quittant le détroit, nous entrâmes, le 28 novembre, dans la grande mer, que nous nommâmes plus tard la *mer Pacifique*. Notre navigation sur cette mer dura plus de trois mois, et, pendant ce temps, nous n'eûmes qu'une mauvaise nourriture qui pouvait altérer sensiblement la santé de nos équipages. Notre biscuit, rempli de vers, tombait en poussière, ou, humide d'urine de souris, il exhalait une odeur fétide. Notre eau était puante. Nous étions réduits, pour apaiser notre faim, à déchirer avec peine, pour les manger, les cuirs de bœufs qui recouvraient la grande vergue, et qu'on avait employés à cet usage, parce qu'on craignait que, le soir, on coupât les cordes ; encore ces cuirs étaient-ils d'une telle dureté, opposaient-ils une telle résistance à la dent la plus incisive, qu'il fallait, pour pouvoir les broyer en nourriture, les laisser tremper pendant plusieurs jours dans l'eau, et ensuite les mettre sur de la braise. Nous vivions, même souvent, de sciure de bois, et quelque dégoût que nous inspirât la chair de souris, nous payions souvent un de ces animaux jusqu'à un demi-ducat (1).

Mais le défaut de nourriture n'était pas le seul mal, le seul fléau qui nous accablât ; nous étions presque tous atteints d'une maladie qui faisait de prompts ravages sur nos bâtiments : les gencives enflaient au point qu'elles recouvraient les dents de la mâchoire inférieure et de la mâchoire supérieure ; de là l'impossibilité de prendre la moindre nourriture (2).

(1) En 1540, une souris se payait quatre écus sur l'escadre de Pizarre. Les équipages de M. de Bougainville ont mangé du cuir.

(2) Le scorbut.

Nous perdîmes dix-neuf hommes ; de ce nombre était notre géant et un Brésilien que nous avions emmenés. Nos matelots éprouvèrent aussi de violentes douleurs dans différentes parties du corps. Le bonheur voulut que je ne fusse atteint d'aucune infirmité.

Dans le cours de ces trois mois, nous avions parcouru près de quatre mille lieues sur cette mer, que nous nommâmes Pacifique, parce que, durant toute notre traversée, pas la moindre tempête ne vint nous assaillir (1). A l'exception de deux îles désertes, que nous appelâmes les *îles Infortunées*, car nous n'y vîmes que des arbres et des oiseaux, nous ne fîmes la découverte d'aucune terre. Les îles Infortunées sont séparées par deux cents lieues l'une de l'autre, et le long de leurs côtes, où nous ne trouvâmes pas de fond, nous ne vîmes que des requins ; elles sont par 15 et 20° de latitude sud-est (2).

Il est certain que si Dieu n'eût pas eu pitié de nous, il nous eût fallu mourir de faim sur cette vaste étendue de mer ; et je ne crois pas qu'instruit par nos malheurs, jamais navigateurs se décident à recommencer un voyage aussi dangereux.

Il est certain que si, une fois hors du détroit, nous eussions continué à courir vers l'ouest, sur le même parallèle, nous aurions achevé le tour du monde, et, sans qu'aucune terre s'offrit à nos regards, nous fussions revenus par le cap Désiré au cap des onze mille Vierges.

Nous naviguâmes entre l'ouest et le nord-ouest-quart-nord-ouest, jusqu'à ce que nous nous trouvassions sous la ligne équinoxiale à 122° de longitude de la ligne de démarcation.

Après avoir dépassé la ligne, nous naviguâmes entre l'ouest et le nord-ouest-quart-ouest. Ensuite, nous courûmes deux cents lieues à l'ouest, et nous changeâmes de nouveau de direction jusqu'à ce que nous nous trouvassions par le 13° de latitude septentrionale. Nous espérions arriver par cette route au cap de Gaticara, que les cosmographes, sans avoir visité comme nous ces pays, ont par erreur placé sous cette latitude.

Lorsque nous eûmes couru soixante-dix lieues dans cette direction, le six mars, une petite île au nord-ouest et deux autres au sud-ouest s'offrirent à nos regards. La première avait plus d'élévation et de circonférence

(1) Cinquante-sept ans plus tard (1578) Drak traversa la mer Pacifique.

(2) Selon les premières positions, l'une de ces îles devait être celle des Chiens, que Lemaire a vu après Magellan, et l'autre une des Marquelas de Mendoza. Les deux îles vues par Magellan sont d'une part l'île Pitcairn de Carteret, et, de l'autre, l'île des Chiens de Lemaire. Quoi qu'il en soit, il paraît que Magellan a passé entre l'archipel Dangereux de Bougainville et les Marquelas de Mendoza ; qu'il a fait route ensuite à peu près au nord, jusqu'à l'hémisphère septentrional, et qu'il atteignit ensuite les îles des Mariannes.

que les autres (1), et Magellan avait dessein de s'y arrêter, espérant que nous pourrions nous y procurer des rafraîchissements. Mais il renonça bientôt à ce projet, car les naturels qui venaient à bord avaient tellement la manie du vol, qu'ils emportaient tout ce qui se trouvait sous leurs mains, sans que notre vigilance pût les contenir ou arrêter leur audace. Ils étaient d'ailleurs en si grand nombre que l'on ne pouvait plus se remuer. Le capitaine les fit mettre dehors, et il en fallut venir à la violence, parce qu'ils ne voulaient pas sortir. Les insulaires, en colère, revinrent dans leurs pirogues, et jetèrent tant de pierres et de bâtons brûlés, que le général, qui d'abord avait défendu de leur faire aucun mal, ne pouvant plus souffrir ces insultes, commanda de tirer sur eux. Quoiqu'on en eût tué plusieurs, ils ne laissèrent pas de revenir à nos vaisseaux pour troquer leurs denrées contre nos marchandises. Ils enlevèrent les vivres qu'ils trouvèrent. Les Indiens qui s'étaient retirés sur la montagne lançaient sur nos gens une si grande quantité de pierres que l'on eût cru qu'il grêlait; mais quand on vint à tirer les arquebuses ils s'enfuirent plus haut.

De cette manière nous reprîmes notre canot. Magellan fit charger de l'eau, répartir les vivres entre tous les vaisseaux, et donna ordre à chacun de monter à son bord. Comme après ces actes d'hostilités, il jugea qu'elles pourraient se renouveler, ce qui nous forcerait à recourir encore à des mesures violentes, il quitta, le lendemain, ces îles, en continuant sa route dans la même direction.

Quelque sévère que fût le châtiment que leur audace avait attiré sur eux, les insulaires nous suivirent, quand ils nous virent prêts à partir; montés sur plus de cents canots, ils nous montraient de loin du poisson. Nous pensions qu'ils offraient de nous le vendre. Les laissions-nous alors arriver près de nous, ils nous accablaient de pierres, puis prenaient la fuite. L'escadre passa à pleines voiles au milieu d'eux. Mais on ne saurait trop admirer l'adresse avec laquelle ils évitaient notre rencontre. Nous aperçûmes dans leurs canots des femmes qui s'arrachaient les cheveux et poussaient des cris douloureux. Leurs maris avaient sans doute péri dans le combat que nous leur avions livré.

Ces peuples ne sont soumis à aucune loi : ils n'ont à leur tête ni roi ni chef, ne professent aucun culte, ne portent aucun vêtement. Leur chevelure est longue et noire, et leur descend jusqu'au milieu du corps. Leur taille est élevée et bien prise. Nés blancs, ils deviennent, avec les années, d'un brun foncé. Ils regardent comme une beauté, comme une parure

(1) On pourrait présumer que c'est celle de Rota, où Georges Menriques, commandant d'un vaisseau de la flotte de Loaisa (qui, en 1526, alla du Pérou aux Mariannes), trouva Gonzalve de Vigo, un des matelots de Magellan, qui s'y était établi volontairement.

même, de se peindre les dents de rouge et de noir. Les traits des femmes sont assez agréables ; leur peau a plus de blancheur que celle des hommes ; leurs cheveux, fort noirs, sont plats. Elles vont nues comme les hommes. Leur occupation consiste à tresser des nattes et des corbeilles faites de feuilles de palmiers, et quelques autres ouvrages employés aux besoins domestiques. Leur corps et leurs cheveux sont enduits d'huile de coco et de séséli.

La nourriture de ces insulaires se compose d'oiseaux, de poissons volants, de patates et de figues très-longues (des bananes), de cannes à sucre et de quelques autres fruits pareils. Leurs maisons en bois sont couvertes de planches sur lesquelles on applique des feuilles de figuier : ces feuilles ont quatre pieds de longueur. Une grande propreté règne dans leurs chambres ; elles sont éclairées par des fenêtres. Les lits sont composés de nattes de palmiers tressées très-ferme, posées sur de la paille bien battue, ce qui fait un coucher fort doux. La lance, garnie au bout d'un os de poisson, est leur seule arme. Si ces insulaires sont d'une adresse extrême dans tout ce qu'ils entreprennent, ils ne se montrent pas moins habiles comme voleurs ; aussi donnerons-nous à ces îles le nom d'*îles des Larrons* (1).

Ces insulaires ne connaissent d'autres amusements que la promenade

(1) L'Ile des Larrons, cet archipel appelé aussi archipel des Mariannes, est situé dans la Micronésie espagnole, par 13° et 21° de latitude nord, et 140° et 144° de longitude, et au nord des îles Carolines. Sa superficie totale est de 3,078 kilomètres carrés, et il compte environ 6,000 habitants.

« Les côtes sont, en général, rocailleuses et entourées de corail ; elles offrent des baies et des ports assez nombreux ; mais, à l'exception de Guam, elles ont un aspect stérile et triste.

» Les montagnes dont ces îles sont en partie couvertes, renferment quelques volcans en activité. Le pays est souvent ravagé par d'épouvantables ouragans, qui sévissent surtout à la nouvelle et à la pleine lune. La chaleur, généralement tempérée par la brise de mer, est très intense pendant quelques mois.

» Dans les parties fertiles, le palmier, l'oranger, le melon d'eau croissent abondamment. A ces produits naturels s'ajoutent, sur les points occupés par les Espagnols, ou au moins habités par des Indiens soumis à leur domination, la culture de l'indigo, du coton, du cacao, du riz, du maïs et de la canne à sucre.

» Les habitants, très nombreux à l'époque de la découverte de ces îles que Magellan, on le sait, nomme île des Larrons, parce que tous les objets en fer que les insulaires purent découvrir sur son navire furent enlevés par eux, ont été presque exterminés. »

D'abord négligées par les Espagnols, qui possédaient trop d'autres terres plus favorisées sous le rapport des richesses du sol, ces îles devinrent bientôt un point précieux d'avitaillement pour les galions à leur passage dans ces régions.

Philippe IV leur donna le nom, qui a généralement prévalu depuis, de Mariannes, en l'honneur de Marie-Anne d'Autriche, mère de Charles II, qui y fit passer des missionnaires.

Ces îles, ainsi qu'on le verra dans un autre volume de notre collection de voyages (1), furent

(1) Anson, Voyage autour du Monde.

avec leurs femmes dans des canots, qu'on pourrait comparer aux gondoles sur lesquelles les habitants de Fusine vont à Venise ; mais ces canots sont moins larges, et peints en noir, en blanc ou en rouge. La voile composée de feuilles de palmier, présente la forme d'une voile latine. Elle est toujours placée d'un côté, et, du côté opposé, pour donner un équilibre à la voile, et en même temps pour soutenir le canot, ils attachent une grosse poutre pointue d'un côté avec des perches en travers pour la soutenir. C'est ainsi qu'ils naviguent sans danger. Leur gouvernail est une perche, au bout de laquelle ils attachent une planche. Comme ils ne font aucune différence entre la proue et la poupe, ils ont un gouvernail à chaque bout. Ils sont bons nageurs, et ne craignent pas de se hasarder en pleine mer comme des dauphins (1).

La surprise que leur causa notre présence fut telle, que nous crûmes que jusqu'à notre arrivée ils n'avaient jamais vu d'autres hommes que les habitants de leurs îles.

Le 16 mars, au lever du soleil, nous nous trouvâmes près d'une terre élevée, à trois cents lieues des îles des Larrons. Nous reconnûmes bientôt que c'était une île. Elle se nomme *Zamal* (2). Derrière cette île, on en trouve une autre inhabitée, et qu'on appellait *Humunu* (3). Le capitaine annonça que son intention était de prendre terre, le lendemain, dans cette île, afin de faire aiguade. Il voulait d'abord se délasser, par un instant de repos, des fatigues d'un voyage aussi long que pénible.

visitées par l'amiral Anson, qui aborda à Tinian, en 1742, et en donna une description enchanteresse.

Byron (1), qui y débarqua quelque temps après, éprouva, assure-t-il, un complet désenchantement.

Auquel des deux faut-il ajouter foi ? A tous les deux, croyons-nous ; la différence d'appréciation tenant, non à aucune partialité ou exagération de part ni d'autre, mais au changement que la cruelle et funeste administration des Espagnols a apporté, non-seulement sur ce point, mais en bien d'autres parties encore de leurs vastes possessions.

Quoi qu'il en soit, il paraît que depuis les voyages des amiraux Anson et Byron, l'oppression ayant diminué, et par suite les insulaires s'étant remis à cultiver la terre, les Mariannes se rapprochent bien plus maintenant de la description donnée par Anson que de celle de Byron.

Il a été question, il y a peu d'années, de la colonisation de cet archipel par des Français, lesquels, disait-on, en avaient acheté la propriété à l'Espagne. Par malheur, ce bruit qui avait pris assez de consistance pour faire des dupes, n'était autre qu'une mystification frauduleuse, laquelle est allée recevoir son dénouement devant les tribunaux.

(1) C'est peut-être ce qui a fait donner à une île située près des Mariannes le nom de l'*île des Nageurs*.

(2) Dans les cartes modernes on la trouve sous le nom de *Samar*.

(3) Humunu, qu'on appelait l'*île Enchantée* est située près du cap Guigan de l'île Samar.

(1) Voir dans le même volume qu'Anson, Voyage de Byron.

Les gens de l'équipage eurent ordre d'y élever deux tentes, et de tuer une truie (1).

Le 18 mars, rien n'était venu troubler notre tranquillité, lorsque nous aperçûmes une barque montée par neuf hommes, qui se dirigeait vers nous. Le capitaine-général prescrivit aussitôt qu'on gardât le plus profond silence tant qu'il n'aurait pas permis le contraire, et qu'on se gardât de faire aucun mouvement qui pût faire supposer de notre part des dispositions hostiles.

Quand ces insulaires furent à terre, leur chef, après nous avoir bien examinés, se tourna vers Magellan, et, par des gestes très-significatifs, lui exprima combien il avait de plaisir à nous voir. Les quatre qui étaient le plus richement vêtus, ou plutôt le moins mal vêtus, se placèrent près de nous, tandis que les autres s'éloignèrent et revinrent bientôt avec leurs camarades qui étaient au loin occupés à la pêche.

Voyant qu'il n'y avait rien à redouter de ces insulaires, le capitaine voulut qu'on leur donnât à manger, et lui-même leur fit présent de bonnets, de petits miroirs, de peignes, de grelots, de boccassins (1), et de quelques autres bagatelles. Les soins, les prévenances du capitaine disposèrent aisément les insulaires en notre faveur; ils offrirent à Magellan du poisson, et en assez grande quantité; un vase rempli de vin de palmier, des bananes de différentes longueurs, dont les unes avaient plus d'une palme et une saveur délicieuse. Ils donnèrent aussi au capitaine deux cocos plus gros que la tête d'un homme. C'était là, au moins nous le firent-ils comprendre par des signes, tout ce dont ils pouvaient disposer pour le moment ; mais ils nous firent également entendre que, dans quelques jours, nous les reverrions, et qu'alors ils nous apporteraient du riz, des noix de cocos, et d'autres provisions.

Les noix de cocos sont produites par une espèce de palmier, avec les fruits duquel ils font leur pain, leur vin, leur huile et leur vinaigre.

Voici le moyen qu'ils emploient pour en extraire le vin : ils pratiquent tout au haut de l'arbre une incision tellement profonde, qu'elle s'étend jusqu'à la moelle; de cette moelle se répand goutte à goutte, et va tomber dans les tuyaux d'un roseau aussi gros que la jambe, et qu'on a soin de vider deux fois dans la journée, une liqueur semblable au moût blanc, mais beaucoup plus aigre. Le fruit de l'arbre a une première écorce verte, épaisse de deux doigts, et très-filamenteuse. Avec ces filaments, ils

____

(1) Il avait pris sans doute cette truie aux îles des Larrons, où tous les navigateurs postérieurs ont trouvé beaucoup de cochons.

(1) Espèce de toile qui était fort en usage au XVIe siècle.

tressent des cordes qui servent à amarrer leurs canots. Vient ensuite
une seconde écorce très-dure; ils la brûlent, et en composent, une fois
qu'elle est réduite en cendre, une poudre dont ils font un grand usage.
L'intérieur de la noix renferme une moelle blanche, épaisse d'un doigt,
et qui remplace le pain que nous mangeons avec nos autres aliments.
Mais ces noix sont d'une ressource immense pour les insulaires; car, dans
le centre du fruit, et mêlée à la moelle dont nous venons de parler, se
trouve une liqueur très-douce et reconfortante. Versez-vous cette liqueur
dans un vase, et l'y laissez-vous reposer longtemps, elle prend la consistance d'un fruit dur, d'une pomme, par exemple. Pour extraire de l'huile
de la noix, on laisse fermenter la moelle avec la liqueur, et quand cette
fermentation a longtemps bouilli, elle donne une huile très-épaisse. Le
procédé pour obtenir du vinaigre est aussi simple : la liqueur bien
reposée et restée plusieurs jours exposée à l'ardeur du soleil devient
acide. Les cocotiers ressemblent aux palmiers; on voit cependant moins
de nœuds à leurs troncs. Les cocotiers sont tellement productifs, surtout
d'après le parti que les insulaires savent tirer de leurs fruits, qu'une
famille composée de dix personnes, et qui possède seulement deux de ces
arbres, a de quoi subsister; et elle doit seulement les laisser reposer
alternativement pendant une semaine, ne leur pas faire des incisions en
même temps; sans cela, la liqueur coulant sans cesse, l'arbre périrait
infailliblement. On assure qu'un cocotier a une durée séculaire.

Les insulaires aimant beaucoup à venir parmi nous, il nous fut aisé
de nous faire dire ou expliquer le nom d'une foule de choses. C'est ainsi
qu'ils nous dirent que le nom de leur île était *Zuluan*. Elle est petite; les
habitants ont de la politesse et de l'honnêteté. Ils avaient pris notre capitaine en grande amitié, et le prièrent de vouloir bien venir dans leurs
canots pour examiner ce que contenaient leurs magasins. Ils étaient
remplis de clous de girofle, de cannelle, de poivre, de noix muscade, de
macis, et autres productions végétales. Nous comprîmes aussi par leurs
gestes que les pays que nous allions parcourir, en les quittant, produisaient, et en très-grande abondance, des denrées pareilles. Magellan,
satisfait de leur accueil et de leurs prévenances, voulut ne pas se montrer
moins empressé, moins complaisant envers eux. Il les engagea à venir à
bord, et ils acceptèrent sans hésiter cette proposition. Le capitaine avait
donné ordre qu'on offrît aux regards de ces insulaires tout ce qui pouvait
exciter leur curiosité, par la nouveauté d'objets dont, sans doute, ils
n'avaient pas la plus légère idée. Au moment de leur départ on tira un
coup de bombarde. A ce bruit la frayeur s'empara d'eux. Quelques-uns se
disposaient déjà à se jeter à la mer pour prendre la fuite. Mais nous

parvînmes facilement à leur persuader qu'ils n'avaient aucun danger à craindre ; aussi se séparèrent-ils de nous sans laisser paraître le moindre soupçon sur notre loyauté, et nous assurant même que nous les reverrions dans peu de temps.

L'île où nous nous étions arrêtés, bien que ses habitants l'appellent *Humunu*, reçut de nous le nom d'*Aiguade aux bons indices (Acquada da li buoni signali)*, parce que nous y trouvâmes deux fontaines dont l'eau est très-bonne, et que nous aperçûmes les premiers indices d'or. On y trouve aussi du corail blanc. Plusieurs arbres qui portent des fruits plus petits que nos amandes, ressemblent aux pignons de pin. On voit aussi beaucoup de palmiers, dont plusieurs sont improductifs, et d'autres chargés de fruits excellents.

Le 17 mars, dimanche de la Passion, nous vîmes que nous étions environnés d'une assez grande quantité d'îles. Nous leur donnâmes le nom d'*Archipel Saint-Lazare*, parce que, dans notre pays, on appelle le dimanche de la Passion le dimanche de Saint-Lazare (1).

Le 22 du mois, nous vîmes les insulaires arriver comme ils nous l'avaient promis ; leurs canots étaient chargés d'oranges, de cocos ; ils apportaient aussi une cruche remplie de vin de palmier et un coq, afin de faire voir qu'ils avaient des poules. Nous leur offrîmes un très bon prix de tout ce que contenaient leurs canots, et ils parurent satisfaits de notre générosité. Celui qui les commandait était un vieillard dont le visage était peint ; il portait des pendants à ses oreilles. Nous remarquâmes des bracelets d'or aux bras de ceux qui l'accompagnaient, et des mouchoirs sur leurs têtes.

Pendant tout le temps que nous passâmes dans cette île (huit jours), Magellan descendait chaque jour à terre ; son premier soin était d'aller visiter, consoler les malades, auxquels il faisait donner du vin de cocotier, boisson que nous jugeâmes très-salutaire, car ils en éprouvaient beaucoup de soulagement.

Les trous que les habitants de ces îles se font aux oreilles sont si grands, et le bout est tellement allongé, qu'on peut facilement y faire entrer le doigt.

Ces insulaires ne portent aucun vêtement. Ils sont de couleur olivâtre, et généralement assez replets. Ils se tatouent et se graissent tout le corps avec de l'huile de cocotier et de gengeli ; ils croient ainsi se garantir des ardeurs du soleil et de l'impression du vent. Ils ont les cheveux noirs et si longs qu'ils leur tombent presque sur les reins. Ils ont pour armes des

(1) Cet archipel reçut ensuite le nom d'*îles Philippines*.

coutelas, des boucliers, des massues et des lances garnies d'or. Leurs embarcations ressemblent à nos canots. Leurs instruments de pêche sont faits comme ceux dont nous nous servons.

Le 25 mars faillit être un jour fatal pour moi. Nous étions au moment de faire voile, et je me disposais à partir. Pour être plus à mon aise, je place mon pied sur une vergue très-mouillée, à ce qu'il paraît, par la pluie, ce dont je ne m'étais pas aperçu ; je glisse et tombe dans la mer sans que personne l'ait remarqué. Par bonheur la corde d'une voile pendait dans l'eau ; je la vois, la saisis fortement, et ainsi suspendu, je pousse des cris qui sont entendus ; plusieurs gens de l'équipage se jettent dans l'esquif, arrivent à mon secours, et bientôt je n'ai plus que le souvenir d'un aussi grand péril.

Nous mîmes à la voile le même jour, et, gouvernant à l'ouest et au sud-ouest, nous passâmes au milieu de quatre îles, Cenalo, Huinangan, Ibusson et Abarien.

Le 28 mars, nous mîmes le Cap sur une île dans laquelle nous avions aperçu du feu pendant la nuit. Nous en étions assez près, lorsque nous vîmes une petite barque montée par huit hommes qui s'approchaient du bâtiment. Magellan avait à son service un esclave né à Sumatra ; il lui ordonna d'essayer de se faire entendre de ces insulaires ; ce qui ne fut pas difficile. En effet, ils se placèrent à quelque distance du navire ; mais quelles que fussent nos instances pour les déterminer à venir à bord, ils refusèrent ; ils paraissaient même craindre d'être encore trop rapprochés du navire. Pour leur donner plus de confiance, le capitaine attacha sur une planche qu'on jeta ensuite à la mer, un bonnet rouge et quelques autres objets de peu de valeur. Ils s'en emparèrent avec une sorte de joie, et bientôt s'éloignèrent. Nous sûmes plus tard qu'ils avaient été prévenir leur roi de notre arrivée.

Deux heures étaient à peine passées depuis leur départ, quand nous vîmes deux de leurs grands canots qui se dirigeaient vers le vaisseau. Ces canots étaient remplis d'insulaires ; dans le plus grand, on voyait une sorte de dais fait avec des nattes et sous lequel le roi était assis. Quand le canot qui portait leur souverain fut assez près du vaisseau pour qu'on pût se faire entendre, l'esclave de Magellan adressa la parole au prince, qui comprit très-bien ce qu'on lui disait, car les rois de ces îles parlent plusieurs langues. Celui-ci consentit que les hommes de sa suite vinssent à notre bord ; mais il ne quitta pas son canot, et lorsqu'ils furent de retour, il donna le signal du départ.

Magellan s'étant empressé d'accueillir avec bienveillance, avec affabilité, tous ceux qui étaient venus à notre bord, et de leur faire des présents, le roi, instruit de tant de générosité et d'une réception aussi amicale, ne voulut pas retourner à terre sans avoir laissé au capitaine quelques gages de sa satisfaction. Il lui envoya un lingot d'or et une corbeille pleine de gingembre. Magellan ne crut pas devoir accepter, et dès le soir l'escadre alla mouiller non loin de la maison du roi.

Le lendemain, le capitaine-général envoya l'esclave devenu son interprète, avec mission de demander au roi s'il ne pouvait pas nous envoyer des vivres ; que nous étions dans l'intention de bien payer ; l'assurant que non-seulement il n'avait rien d'hostile à redouter de notre part, mais encore que nous étions disposés à lui donner, ainsi qu'à son peuple des preuves d'amitié. Rassuré par ce message, le roi se rendit au vaisseau dans notre chaloupe, accompagné de ses principaux officiers. Son entrevue avec le capitaine général fut des plus amicales. Ils se tinrent long-temps embrassés.

En échange de deux vases remplis de riz et couverts de deux dorades assez grosses et de quelques autres objets, le capitaine offrit au roi une veste de drap rouge et jaune, faite à la turque, et un bonnet rouge de laine très-fine : les officiers qui accompagnaient le roi reçurent aussi des présents, tels que miroirs et coûteaux. On servit ensuite un déjeuner splendide, au moins autant que notre position pouvait le permettre, et le capitaine-général fit dire, par son esclave, au roi, qu'il voulait entretenir entre eux la meilleure intelligence, vivre en frères. Le roi parut enchanté d'une offre aussi flatteuse, et on put lire dans ses regards, dans ses gestes, dans son sourire, le plaisir qu'il éprouvait.

Magellan donna ensuite l'ordre de placer sous les yeux du roi et de ses officiers, du drap de diverses couleurs, des toiles, du corail et beaucoup d'autres marchandises que nous avions à bord ; il voulut aussi qu'on leur montrât nos armes à feu et notre grosse artillerie. Quelques coups de canon qui furent tirés au même instant effrayèrent beaucoup les insulaires ; mais ce n'était pas assez encore pour leur donner une preuve de notre force ; le capitaine fit armer de toutes pièces un Castillan, et dit à trois autres de se précipiter sur lui en lui portant des coups d'épées et de stylet, afin de montrer au roi qu'un soldat ainsi armé était à l'abri de tous les traits et invulnérable ; ce qui parut au prince tellement singulier, qu'il ne pouvait revenir de la surprise que lui causaient les paroles du capitaine-général ; aussi s'adressant à l'esclave, notre interprète, il lui dit de lui demander si un tel homme ne pouvait pas sans danger combatre contre cent.

« Oui certainement, répondit Magellan ; et sur chacun de mes vaisseaux » on conte deux cents soldats ainsi armés. »

Le capitaine-général engagea ensuite le prince à regarder avec attention, et une à une, chaque pièce dont se composait l'armure, et toutes nos armes, de quelque nature qu'elles fussent ; il lui indiqua ensuite de quelle manière nous en faisions usage (1).

Ensuite il le mena dans le château d'arrière, où il donna ordre qu'on lui apportât la carte et la boussole, et là, avec l'aide de l'interprète, il fit comprendre au roi comment il était parvenu à découvrir le détroit pour venir dans la mer où nous nous trouvions, et combien de mois il avait navigué sans apercevoir la terre.

Encore dans l'étonnement de tout ce qu'on lui avait raconté, le roi se sépara du capitaine-général ; mais avant, il le pria de vouloir bien permettre que deux des nôtres l'accompagnassent, afin qu'il pût aussi leur montrer quelques curiosités du pays. Je fus choisi, ainsi qu'un de mes camarades, par le capitaine, pour suivre le roi.

En abordant à terre, le prince leva ses mains vers le ciel et se tourna vers nous. Nous nous empressâmes de l'imiter, et ceux qui étaient près de nous suivirent notre exemple. Cette espèce de cérémonie terminée, le roi me prend par la main, un des officiers du prince donne la sienne à mon camarade, et nous tenant de cette manière, nous arrivâmes tous les quatre à une espèce de hangar long de cinquante pieds au moins, et qui ressemblait à une galère. Quand i ou fûmes assis, il s'agissait de se faire entendre. Comment ? par des gestes, des signes, puisque l'esclave interprète ne nous avait pas suivis. Tous les gens qui formaient l'escorte du roi étaient restés debout, et chacun d'eux portait une lance et un bouclier.

A un signal donné par le roi, on apporta un plat de chair de porc et une cruche remplie de vin. A chaque morceau de viande qu'on mettait dans sa bouche, il fallait boire une écuelle remplie de vin, et si on ne pouvait la vider, il était d'usage de verser le reste dans une autre cruche.

L'écuelle du roi restait toujours couverte, et il n'était permis à personne d'y toucher, si ce n'est à moi. Chaque fois que ce prince voulait boire, il levait ses mains vers le ciel en se tournant vers nous ; puis, lorsqu'il prenait l'écuelle de la main droite, il allongeait vers nous la gauche, ayant le point fermé ; et ce mouvement était fait avec tant de vivacité, que j'imaginai d'abord qu'il voulait me donner un coup de poing : je me reculai. Il garda cette position jusqu'à ce qu'il eut vidé son écuelle, et voyant que tous les officiers qui l'environnaient répétaient ce geste, j'en fis autant.

---

(1) Magellan exagère ici beaucoup le nombre des hommes qu'il avait sous ses ordres, puisque en tout il ne lui en restait pas deux cents. Si le récit de Pigafetta est sincère, on doit supposer que ce chef enfla ses forces, afin d'ôter au roi l'envie d'attaquer ses vaisseaux ; ce qui rend sa forfanterie excusable.

En attendant l'heure du souper, je fis voir au roi plusieurs objets que j'avais eu soin d'apporter, et le priai de me dire quel nom, dans sa langue, on donnait à quelques-uns de ces objets. Il répondait, et je m'empressais d'écrire, ce qui paraissait beaucoup le surprendre.

L'heure du souper arriva enfin, et on observa les mêmes cérémonies que je viens de décrire. De là nous nous rendîmes dans le palais du prince. Cet édifice, si on peut donner un pareil nom à un semblable bâtiment, avait la forme d'une meule de foin ; quelques grosses poutres le soutenaient à une assez grande distance de terre : il était couvert avec des feuilles de bananier. Quant à l'escalier on n'en avait pratiqué aucun. On se servait d'une échelle pour monter dans le palais.

Quand nous fûmes tous arrivés, le roi s'assit le premier sur des nattes de roseaux et les jambes croisées. Nous l'imitâmes, et nous étions ainsi à nous regarder les uns les autres, sans dire un seul mot, lorsqu'on servit un plat de poisson rôti coupé par morceaux, du gingembre et du vin. Dans ce moment, le fils du roi entra ; son père lui dit de se placer à notre côté. On apporta aussitôt du poisson cuit dont on nous invita à prendre notre part avec le prince héréditaire. Mon compagnon, qui trouva le vin excellent, en but beaucoup et s'enivra.

Les chandelles qu'on avait mises de distance en distance éclairaient assez mal. Elles sont faites avec une espèce de résine qu'ils appellent *anime*, et roulées dans des feuilles de palmier ou de figuier.

Le roi, éprouvant le besoin du sommeil, fit signe qu'il allait se coucher, et se retira. Nous restâmes avec le prince héréditaire, qui s'endormit bientôt ainsi que nous sur une natte de roseaux, et notre tête reposait sur des oreillers faits de feuilles d'arbres.

A peine faisait-il jour, le lendemain, lorsque le roi entra dans la pièce où nous étions restés. Il m'éveilla et me prit par la main : je me levai à la hâte, et nous passâmes dans l'endroit où, la veille, nous avions soupé. On parla de servir le déjeuner ; mais comme déjà notre chaloupe était arrivée, je priai le prince de nous excuser et de permettre que nous partissions. Il y consentit de fort bonne grâce, et nous nous séparâmes gaîment, après nous être baisé réciproquement les mains. Son frère, qui régnait dans une autre île, témoigna le désir de nous accompagner avec trois de ses hommes. Arrivé à bord, le capitaine lui fit l'accueil le plus bienveillant, s'empressa de lui offrir à dîner, ce qu'il accepta, et lui donna quelques bagatelles qui parurent beaucoup lui plaire.

Ce roi nous apprit, avec le secours de l'interprète, que dans son île on trouvait des morceaux d'or de la grosseur d'une noix et même d'un œuf, mêlés avec la terre, qu'on passait au crible pour les trouver. Les vases dont il se servait et tous les ornements de son palais étaient faits avec ce métal. Ce roi était vêtu avec assez de propreté, et je n'ai pu voir parmi ces peuples un homme plus beau. Il laissait flotter sur ses épaules ses cheveux d'un noir d'ébène, un voile de soie était jeté sur sa tête, et des anneaux d'or pendaient à ses oreilles. Un drap de coton, brodé en soie, l'enveloppait depuis les reins jusqu'aux genoux. Son armure consistait en une espèce d'épée, dont le manche était d'or et fort long, et le fourreau était de bois, travaillé avec un soin extrême; on remarquait sur chacune de ses dents, trois morceaux ou plutôt trois parcelles d'or, ce qui aurait pu faire croire, au premier aspect, qu'il avait toutes ses dents unies par ce métal (1). Il était tout parfumé de storax et de benjoin; bien que sa peau fût tellement peinte, qu'il était difficile d'abord de distinguer sa couleur, on s'apercevait bien, en l'examinant de près, que le fond était olivâtre.

Ce roi réside dans l'île où se trouvent situés les pays de Butnan et de Calagan (2); mais quand les deux princes ont besoin de conférer ensemble sur les affaires du pays, ils choisissent pour leur rendez-vous l'île de Massana (celle où nous étions). Le premier de ces deux princes que nous vîmes s'appelle Raja Colambu, et son frère Raja Siagu (3).

Le jour de Pâques, Magellan invita l'aumônier à se rendre à terre de grand matin, accompagné de gens de l'équipage, qui devaient, d'après ses ordres, faire tous les préparatifs nécessaires pour célébrer la messe avec pompe. En même temps, il fut prescrit à l'esclave interprète de se rendre auprès du roi, pour le prévenir que nous descendrions dans son île, pour remplir un devoir sacré, et y accomplir une cérémonie religieuse. Le prince assura que nous ne serions aucunement troublés dans l'exercice de notre culte, et nous fit apporter deux porcs tués.

Cinquante des nôtres descendirent à terre, armés seulement à la légère et vêtus avec une grande propreté. Aussitôt que nous touchâmes le rivage, six coups de bombarde se firent entendre en signe de paix. Nous trouvâmes à terre les deux rois, qui s'étaient empressés de venir à notre rencontre; après avoir embrassé le capitaine, ils le prièrent de se placer entre eux deux; il y consentit, et nous nous dirigeâmes en ordre vers le lieu peu éloigné du rivage, où l'aumônier devait célébrer l'office divin.

Avant que le prêtre montât à l'autel, le capitaine général répandit de

---

(1) A Macassar, île peu éloignée des Philippines, quelques insulaires se font arracher les dents pour y substituer des dents d'or.

(2) Ce sont deux cantons de Mendanao.

(3) Herrera donna à l'île de Massana le nom de *Mazaquas*.

l'eau musquée sur les deux rois. Ils se prosternèrent comme nous à l'oblation, baisèrent la croix, mais n'allèrent qu'à l'offrande lors de l'oblation. Imitant tout ce que nous faisions, ils adorèrent l'Eucharistie les mains jointes. Dans cet instant, à un signe du capitaine, qui fut répété au dehors, il se fit une décharge générale de l'artillerie des vaisseaux. Quelques gens de l'équipage communièrent, et, les cérémonies religieuses terminées, Magellan fit exécuter une danse avec des épées. Les deux rois parurent prendre un grand plaisir à voir cette danse nouvelle pour eux.

Après cela, il fit apporter une grande croix garnie des clous et de la couronne d'épines, devant laquelle nous nous prosternâmes; les insulaires nous imitèrent ainsi qu'ils l'avaient fait pendant la messe; le capitaine fit expliquer ensuite à ces deux rois, par l'interprète, que cette croix était l'étendard que son empereur lui avait confié, avec ordre de la planter partout où il aborderait, et qu'il allait l'élever dans cette île; qu'un pareil signe d'ailleurs les protégerait; car tous les vaisseaux européens qui pourraient dorénavant venir la visiter, apprendraient, en le voyant, que nous y avions été accueillis comme amis, et qu'alors leurs personnes et leurs propriétés seraient respectées; et qu'enfin si, par hasard, quelques-uns d'eux avaient avec les Européens des différends et que leur liberté fût menacée, il suffirait de montrer la croix pour que toute inimitié cessât.

Il faut, ajouta-t-il encore, mettre la croix sur la sommité la plus élevée des environs, pour que chacun de vous puisse la voir, et que chaque matin aussi vous puissiez l'adorer. En suivant ce conseil que je vous donne, vous serez désormais à l'abri de la foudre et de l'orage.

Persuadés que le capitaine-général leur avait fait entendre la vérité, les insulaires le remercièrent, et lui firent répondre par l'interprète, que, satisfaits de tout ce qu'il venait de leur dire, ils suivraient exactement ses avis.

Le capitaine-général voulut savoir aussi quelle était leur religion ; et interrogés à cet égard par l'interprète : Nous n'adorons, répondirent-ils, aucun objet terrestre ; et joignant les mains avec une sorte d'enthousiasme et les yeux levés vers le ciel, ils nous firent comprendre qu'un être suprême était l'objet de leur culte. Ils donnaient à cet être suprême le nom d'*Abba*. Le capitaine-général vit avec plaisir quelles idées religieuses avaient les deux rois. Dans ce moment, le roi de Colambu exprima le désir de donner au capitaine quelques marques d'une amitié sincère, de lui prouver combien il était touché de ses soins et de ses redevances. L'interprète, d'après les ordres de Magellan, lui demanda comment il se faisait qu'il y eût si peu de vivres dans l'île. C'est, répondit le prince, parce que cette île n'est pas ma résidence ordinaire. Si j'y viens, c'est pour chasser, ou bien m'entretenir avec mon frère.

Magellan, pour entretenir de plus en plus la bonne intelligence qui regnait entre eux, assura ce prince que si des voisins turbulents venaient troubler sa tranquillité, il lui porterait secours ; que ses vaisseaux de guerres combattraient pour lui. En effet, le roi était en guerre avec les habitants de deux îles ; mais le moment de prendre les armes pour les attaquer n'était pas encore venu, et il ne crut pas nécessaire de mettre à l'épreuve la bonne volonté du capitaine.

Comme Magellan l'avait désiré, la croix fut plantée dans l'après-midi, sur le sommet de la montagne la plus élevée de l'île. Une décharge de notre mousqueterie termina la fête. Le roi et Magellan prirent congé l'un de l'autre en s'embrassant ; alors nous retournâmes à bord en traversant des champs cultivés avec grand soin. Le capitaine aurait désiré connaître quel était, dans les environs, le port où l'on pourrait ravitailler les vaisseaux et trafiquer de nos marchandises ; on lui en indiqua trois : Leyte, Zebu et Calagan (ou Caragua dans l'île de Mindanao) ; mais on lui désigna celui de Zebu comme étant le meilleur. On lui offrit même des pilotes pour l'y conduire. Le capitaine accepta, et il fut décidé que nous mettrions à la voile le lendemain. Cependant il fallait répondre des pilotes jusqu'à ce qu'on les eût renvoyés, et nous proposâmes aux rois des otages ; ils consentirent à les accepter.

Nous étions au moment de lever l'ancre le 1er avril, lorsque le roi Colambu nous fit demander si nous voulions qu'il nous servît lui-même de guide ; mais, pour cela, il fallait attendre que sa récolte de riz et des autres productions de l'île fût terminée, et, pour accélérer ce travail assez pénible, lui envoyer des gens de l'équipage. Le capitaine-général donna sur-le-champ des ordres pour qu'un certain nombre d'hommes fût mis à la disposition des princes. Mais ces rois avaient tant mangé et tant bu la veille, que soit fatigue des suites de l'ivresse, soit maladie, ils ne furent pas en état d'indiquer à nos gens ce qu'ils avaient à faire pour la récolte. La perte de cette journée fut bientôt réparée, et aucune affaire importante n'empêcha plus le prince de Colambu de nous servir de pilote.

Nous passâmes sept jours à Massana, et nous eûmes tout le loisir nécessaire pour étudier les mœurs et les usages des habitants. Ces insulaires se peignent tout le corps, et ne portent pas de vêtements. Un morceau de toile leur sert de ceinture ; les femmes ont simplement un jupon d'écorce qui les prend aux reins, et descend jusqu'aux talons ; leurs cheveux noirs sont d'une telle longueur, que si elles n'ont pas soins de les relever un peu, elles peuvent marcher dessus. Ces insulaires attachent un grand prix aux boucles et aux pendants d'oreilles ; ils sont buveurs intrépides, et ont continuellement dans la bouche un fruit qu'ils appellent *areca*. Ce fruit a la forme d'une poire ; ils le coupent en plusieurs morceaux, le roulent dans les feuilles d'un arbre assez semblable au mûrier (le bétel), et y mêlent un peu de chaux. Quand ils l'ont mâché pendant longtemps, leur bouche a une teinte d'un rouge très vif.

Selon eux, ce fruit *rafraichit le cœur*, et s'ils en étaient privés, leur existence ne serait pas de longue durée. Les chiens, les chats, les cochons, les chèvres et les poules sont les seuls animaux de ces îles. Les végétaux et les comestibles consistent en riz, en millet, en orange et en citron, en banane et en gingembre. Il y a aussi de la cire.

Deux faits dont j'ai été témoin prouvent que l'or s'y trouve en abondance. Un insulaire nous offrit une jatte remplie de riz et de figues en échange d'un couteau. Le capitaine, qui ne trouva pas l'échange assez avantageux, voulut lui donner quelques pièces de monnaies, parmi lesquelles était une double pistole d'or ; mais il tint à sa proposition. Un second n'hésita pas à nous demander des filières de verroteries pour un lingot d'or massif et d'un poids considérable ; mais le capitaine ne voulut pas qu'un pareil échange eût lieu ; il craignit, avec raison, qu'en agissant ainsi, nous ne fissions voir aux insulaires que nous estimions beaucoup plus l'or que le verre et les différentes marchandises que nous avions apportées.

Partant de Massana, qui est à vingt lieues d'Humunu, et dirigeant notre route au sud-est, nous passâmes au milieu des îles de Leyte ou Baibais, Bohol, Candigan. Dans cette dernière île, nous aperçûmes des chauve-souris aussi grosses que des aigles. Nous en tuâmes une pour la manger ; sa chair a le goût de celle du poulet. Des pigeons, des tourterelles, des perroquets, et d'autres gros oiseaux noirs qu'on trouve aussi dans cette île, sont une fort bonne nourriture. Les femelles des oiseaux noirs dont je viens de parler pondent dans le sable des œufs aussi forts que ceux des canards, et la chaleur du soleil suffit, dit-on, pour les faire éclore.

De Massana à Gatigna on compte vingt lieues. Nous nous éloignâmes de Gatigna en plaçant le cap à l'ouest ; mais comme le roi ne pouvait pas nous suivre, parce que sa pirogue n'avait pas la marche rapide de nos vaisseaux, nous nous arrêtâmes pour qu'il pût nous rejoindre près des îles Toson, Ticobon et Pozon. Enfin, il se réunit à nous, et monta sur le vaisseau avec quelques-uns de sa suite ; la joie brillait dans ses regards. Nous nous dirigeâmes aussitôt vers Zebu, le dimanche 7 avril.

Nous entrâmes dans le port. nous passâmes près de plusieurs villages,

où nous vîmes des maisons construites sur les arbres. Quand nous fûmes près de la ville, le capitaine fit arborer tous les pavillons et amener toutes les voiles, et l'on fit une décharge générale de l'artillerie, ce qui causa une grande alarme parmi les insulaires. Le capitaine envoya aussitôt l'interprète et un Castillan à terre pour rassurer le roi, en lui disant que c'était notre usage de faire ainsi ce grand bruit comme un salut et un signe de paix et d'amitié, et pour honorer en même temps le roi et l'île. Ces explications tranquillisèrent les esprits.

Le roi était environné d'un peuple immense. Il demanda le motif de notre arrivée dans son île ; l'interprète répondit que le commandant des vaisseaux était au service du plus grand roi de la terre, et allait aux Molluques ; mais que le roi de Massana, où le roi avait touché, lui ayant parlé avec de grands éloges du roi de Zebu, il était venu lui rendre visite, et en même temps prendre des rafraîchissements en échange de marchandises.

« Le roi repartit que le capitaine était le bienvenu, mais que tous les vaisseaux qui entraient dans son port pour y trafiquer devaient commencer par payer un droit, ajoutant que quatre jours auparavant ce droit avait été acquitté par une jonque de Siam, qui avait chargé des esclaves et de l'or, et il appela un marchand maure, arrivé de Siam pour le même objet, afin qu'il confirmât la vérité de ce discours.

» L'interprète répliqua que le capitaine, étant le serviteur d'un si grand roi, ne paierait de droit à aucun roi de la terre ; que, si le roi de Zebu voulait la paix, il avait apporté la paix, mais que s'il voulait la guerre, il lui ferait la guerre. Le marchand de Siam, s'approchant alors du roi, lui dit en son langage : *Cata raja chita*, c'est-à-dire, Seigneur, prenez garde à vous. Ces gens-là (il nous croyait Portugais) sont ceux qui ont conquis Calicut, Malacca, et toutes les Indes. L'interprète, qui avait compris le discours du marchand, ajouta que son roi était encore beaucoup plus puissant, tant par ses armées de terre que par ses escadres, que le roi de Portugal dont le Siamois venait de parler ; que c'était le roi d'Espagne et l'empereur de tout le monde chrétien, et que, s'il eût préféré l'avoir plutôt pour ennemi que pour ami, il aurait envoyé un nombre assez grand de soldats et de vaisseaux pour détruire l'île entière. Le roi, fort embarrassé, dit qu'il se concerterait avec les siens, et donnerait sa réponse le lendemain. En attendant, il fit apporter aux députés du capitaine-général un déjeuner de plusieurs mets, tous composés de viandes, dans des vases de porcelaine.

» Nos députés ayant raconté ce qui leur était arrivé, le roi de Massana qui, après le roi de Zébu, était le plus puissant de ces îles, descendit à terre pour annoncer les bonnes dispositions de notre capitaine-général envers le roi de Zébu.

» Le lendemain, l'écrivain de notre vaisseau et l'interprète allèrent à Zebu. Le roi vint au-devant d'eux, accompagné de ses officiers, et après avoir fait asseoir nos deux députés devant lui, il leur dit que, convaincu par ce qu'il venait d'entendre, non-seulement il ne prétendait aucun droit, mais que, si on l'exigeait, il était prêt à se rendre lui-même tributaire du roi de Castille. On lui répondit que l'on ne demandait autre chose que le privilége d'avoir le commerce exclusif de son île. Le roi y consentit, et chargea les députés d'assurer le capitaine-général que, s'il voulait être véritablement son ami, il devait se tirer du sang de son bras droit et le lui envoyer, et qu'il en ferait autant de son côté; ce qui serait de part et d'autre le signe d'une amitié loyale et inébranlable. L'interprète l'assura que la chose se ferait comme il le désirait.

Alors le roi lui dit que tous les capitaines ses amis qui entraient dans son port lui faisaient des présents, et qu'ils en recevaient d'autres en retour; qu'il laissait au capitaine le choix de donner le premier ces présents ou de les recevoir. L'interprète répondit que, puisqu'il paraissait mettre tant d'importance à cet usage il n'avait qu'à commencer; à quoi le roi consentit.

» Le mardi matin, le roi de Massana vint à bord de notre vaisseau avec le marchand maure, et après avoir salué le capitaine de la part du roi de Zebu, il lui annonça que ce prince était occupé à rassembler tous les vivres qu'il pouvait trouver pour lui en faire présent, et que, dans l'après-midi, il lui enverrait son neveu avec quelques-uns de ses ministres pour établir la paix. Le capitaine les remercia, et il leur fit en même temps voir un homme armé de pied en cap, en leur disant que, dans le cas qu'il fallût combattre, nous nous armerions tous de la même manière.

Le Maure fut saisi de peur en voyant un homme armé de cette manière; mais le capitaine le tranquillisa, en l'assurant que nos armes étaient aussi avantageuses à nos amis que fatales à nos adversaires; que nous étions en état de dissiper tous les ennemis de notre roi et de notre foi, avec autant de facilité que nous en avions à nous essuyer la sueur du front avec un mouchoir. Le capitaine prit ce ton fier et menaçant pour que le Maure allât en rendre compte au roi.

» Effectivement, après dîner, nous vîmes venir à bord le neveu du roi, qui était son héritier présomptif, le roi de Massana, le Maure, le gouverneur ou ministre, le prévôt-major avec huit chefs de l'île, chargés de conclure un traité de paix et d'alliance avec nous. Le capitaine le reçut avec beaucoup de dignité : il s'assit dans un fauteuil rouge, donnant des chaises de la même étoffe au roi de Massana et au prince; les chefs s'assirent sur des chaises de cuir, les autres sur des nattes.

» Le capitaine s'informa si c'était leur coutume de faire les traités en public, et si le prince de Zebu et le roi de Massana avaient les pouvoirs nécessaires pour conclure un traité d'alliance avec lui. On répondit qu'ils y étaient autorisés et qu'on pouvait parler en public. Le capitaine leur fit sentir alors tous les avantages de cette alliance, pria Dieu de la confirmer dans le ciel, et ajouta plusieurs autres choses qui leur inspirèrent de l'amour et du respect pour notre religion.

» Il demanda si le roi avait des enfants mâles. On lui répondit qu'il n'avait que des filles, dont l'aînée avait épousé son neveu qui, par cette raison, était regardé comme prince héréditaire. En parlant de l'ordre de succession parmi eux, nous apprîmes que lorsque les pères sont parvenus à un certain âge, l'on n'a plus de considération pour eux, et que le commandement passe alors aux fils. Ce discours scandalisa le capitaine, qui condamna cet usage, attendu que Dieu, qui a créé le ciel et la terre, s'écria-t-il, a expressément ordonné aux enfants d'honorer leurs père et mère, et menacé de châtier du feu éternel ceux qui transgressent ce commandement; et pour leur faire mieux sentir la force de ce précepte divin, il leur dit que nous étions également soumis aux mêmes lois divines, parce que nous sommes tous également descendus d'Adam et d'Eve. Il ajouta d'autres passages de l'Histoire sainte qui firent grand plaisir à ces insulaires, excitèrent en eux le désir d'être instruits des principes de notre religion; de sorte qu'ils prièrent le capitaine de leur laisser, à son départ, un ou deux hommes capables de les enseigner, et qui seraient fort honorés parmi eux.

Mais le capitaine leur fit entendre que la chose la plus essentielle pour eux était de se faire baptiser, ce qui pouvait s'effectuer avant son départ; qu'il ne pouvait maintenant laisser parmi eux aucune personne de son équipage; mais qu'il reviendrait un jour leur conduire plusieurs prêtres et moines pour les instruire sur tout ce qui regarde notre sainte religion. Ils témoignèrent leur joie à ce discours, et ajoutèrent qu'ils seraient bien contents de recevoir le baptême; cependant qu'ils voulaient consulter leur roi sur ce sujet.

Le capitaine leur dit alors qu'ils ne devaient pas se faire baptiser, soit par la crainte que nous pouvions leur inspirer, soit par l'espoir d'en tirer des avantages temporels, parce que son intention n'était pas d'inquiéter personne parmi eux pour avoir préféré de conserver la foi de ses pères; il ne dissimula pas toutefois que ceux qui se feraient chrétiens seraient les mieux traités. Tous s'écrièrent que ce n'était ni par crainte ni par complaisance pour nous qu'ils allaient embrasser notre religion; mais qu'ils s'y déterminaient par un mouvement de leur propre volonté.

Ces insulaires, émus et persuadés de tout ce qu'ils venaient d'entendre, répondirent qu'ils avaient pleine confiance en lui; sur quoi le capitaine pleura d'attendrissement et les embrassa tous.

Il prit alors entre ses mains celle du prince de Zebu et celle du roi de Massana, et dit que par la foi qu'il avait en Dieu, par la fidélité qu'il levait au roi d'Espagne, son seigneur, et par l'habit même qu'il portait, il établissait et promettait une paix perpétuelle entre le roi d'Espagne et le roi de Zebu. Les deux ambassadeurs firent la même promesse.

Après cette cérémonie, on servit à déjeuner; ensuite les Indiens présentèrent au capitaine, de la part du roi de Zebu, de grands paniers pleins de riz, des cochons, des chèvres et des poules, en faisant leurs excuses de ce que le présent qu'ils offraient n'était pas plus digne d'un si grand personnage.

De son côté, le capitaine-général donna au prince un drap blanc de toile très-fine, un bonnet rouge, quelques filières de verroterie et une tasse de verre dorée, le verre étant très-recherché parmi ces peuples. Il ne fit aucun présent au roi de Massana, parce qu'il venait de lui donner une veste de toile de Cambaie et quelques autres choses. Les personnes qui accompagnaient l'ambassadeur reçurent aussi des dons du capitaine.

Après que les insulaires furent partis, je fus envoyé à terre avec une autre personne par le capitaine, pour porter au roi les présents qui lui étaient destinés; ils consistaient en une veste de soie jaune et violette, faite à la turque, un bonnet rouge et quelques filières de verroterie, le tout dans un plat d'argent, avec deux tasses de verre dorées que nous portions à la main.

En arrivant dans la ville, nous trouvâmes le roi dans son palais, assis à terre sur une natte de palmier, au milieu d'une foule nombreuse. Il avait un voile brodé à l'aiguille autour de la tête, un collier de grand prix au cou, et aux oreilles deux grands cercles d'or enrichis de pierres précieuses. Il était de petite taille, replet, avait le corps peint de différentes manières par le moyen du feu. Il mangeait des œufs de tortue contenus dans deux vases de porcelaine; devant lui étaient quatre cruches pleines de vin de palmier, et couvertes d'herbes odoriférantes. Il buvait au moyen d'un roseau.

Après que nous lui eûmes rendu notre salut, l'interprète lui dit que le capitaine, son maître, le remerciait du présent qu'il avait reçu, et lui envoyait en retour quelques objets, non comme une récompense, **mais** comme une marque de l'amitié sincère qu'il venait de contracter avec lui. Alors nous le vêtîmes de la veste, nous lui mîmes le bonnet sur la tête, et nous étalâmes devant lui les autres présents. Avant de lui offrir les tasses de verre, je les baisai et je les élevai au-dessus de ma tête. Le roi en fit de même en les recevant. Ensuite il nous fit manger des œufs de tortue et boire de son vin avec les tuyaux dont il se servait. Pendant que nous mangions, ses députés, qui étaient venus sur le vaisseau, lui rapportèrent tout ce que le capitaine avait dit touchant la paix, et ses exhortations pour embrasser le christianisme.

Le roi voulait aussi nous donner à souper ; mais nous nous excusâmes, et prîmes congé de lui. Le prince, son gendre, nous conduisit dans sa propre maison, où nous trouvâmes quatre jeunes filles qui faisaient de la musique à leur manière : l'une battait un tambour pareil aux nôtres, mais posé à terre ; l'autre avait auprès d'elles deux timbales, et dans chaque main une espèce de petite massue, garnie à l'extrémité de toile de palmier, dont elle frappait tantôt sur l'une, tantôt sur l'autre ; la troisième battait de même une grande timbale ; la quatrième jouait de deux petites cymbales, qui rendaient un son fort doux. Elles se tenaient toutes si bien en mesure, qu'on devait leur supposer une grande intelligence de la musique. Ces cymbales, qui sont de cuivre, se fabriquent dans le pays de *Sign Magno* (*la Chine*), et leur tiennent lieu de cloches : on les appelle *ogon*. Ces insulaires ont aussi une espèce de violon dont les cordes sont de cuivre, et une musette qu'ils nomment *sabin*.

Nous prîmes une collation chez le prince, puis nous retournâmes à nos vaisseaux.

Un de nos gens étant mort pendant la nuit, je retournai, le 10 au matin, chez le roi, avec l'interprète, pour lui demander la permission d'enterrer le corps, et le prier de nous indiquer un lieu pour la sépulture. Le roi était entouré d'un cortége nombreux ; il nous répondit que le capitaine pouvait disposer de lui et de tous ses sujets, et, à plus forte raison, de sa terre. J'ajoutai que, pour enterrer le défunt, nous devions consacrer l'endroit de la sépulture et y planter une croix. Le roi y donna son consentement, et dit qu'il adorait comme nous la croix.

On consacra le mieux qu'il fut possible un espace même de la ville destiné à servir de sépulture aux chrétiens, selon les rites de l'Église, afin d'inspirer aux insulaires une bonne opinion de nous. Dès le même jour, deux hommes y furent enterrés.

Ayant débarqué ce jour-là beaucoup de marchandises, elles furent déposées dans une maison que le roi prit sous sa protection, ainsi que quatre hommes que le capitaine y laissa pour trafiquer en gros. Ce peuple a des poids et des mesures; ses balances sont faites d'un bâton soutenu au milieu par une corde. A l'extrémité du bâton est suspendu par trois petites cordes le bassin de la balance; à l'autre se trouve un plomb dont la pesanteur équivaut à celle du bassin. On attache au dessous de ce plomb des poids qui représentent des livres, des demi-livres, et en quantité suffisante pour peser ce qui est mis dans le bassin. Ils ont aussi leurs mesures de longueur et de capacité.

Ces insulaires sont adonnés au plaisir et à l'oisiveté. Leurs maisons sont construites en poutres, en planches et en roseaux; elles ont des chambres comme les nôtres, et sont élevées sur des pilotis. L'espace vide au dessous sert d'étable et de poulailler; c'est là qu'ils tiennent leurs cochons, leurs chèvres et leurs poules.

Le 12, nous ouvrîmes notre magasin. Les insulaires admirèrent avec étonnement toutes nos marchandises. Ils échangeaient de l'or pour les gros objets en fer et en cuivre; les bijoux et les autres petits objets se troquaient contre du riz, des cochons, des chèvres et autres comestibles. On nous donnait dix pièces d'or, chacune de la valeur d'un ducat et demi, pour quatorze livres de fer. Le capitaine-général défendit de montrer trop d'empressement pour l'or; sans cette injonction, chaque matelot aurait vendu tout ce qu'il possédait pour se procurer ce métal, ce qui aurait ruiné pour toujours notre commerce.

Le roi ayant promis à notre capitaine d'embrasser la religion chrétienne, on avait fixé pour cette cérémonie le dimanche 14 avril. On dressa pour cet effet, dans la place que nous avions déjà consacrée, un échafaud garni de tapisseries et de branches de palmiers. Nous allâmes à terre au nombre de quarante, outre deux hommes armés de pied en cap, qui précédaient la bannière royale. Au moment où nous descendîmes sur le rivage, les vaisseaux firent une décharge de toute l'artillerie, ce qui ne laissa pas d'épouvanter les insulaires. Le capitaine et le roi s'embrassèrent. Nous montâmes sur l'échafaud, où il y avait pour eux deux chaises de velours vert et bleu. Les chefs des insulaires s'assirent sur des coussins, et les autres sur des nattes.

Le capitaine fit dire au roi que, parmi les autres avantages dont il jouirait en devenant chrétien, il aurait celui de vaincre plus facilement ses ennemis.

Le roi répliqua que, même sans cette raison, il était content de se faire chrétien, mais qu'il aurait désiré de pouvoir se faire respecter de certains chefs de l'île qui refusaient de lui être soumis, en disant qu'ils valaient autant que lui et ne voulaient pas lui obéir. Le capitaine fit

appeler ces chefs et chargea les interprètes de leur dire que, s'ils n'obeis-
saient pas au roi comme à leur souverain, il les ferait tous tuer, et donnerait leurs biens au roi. A cette menace, tous les chefs promirent de
reconnaître l'autorité du roi.

» Le capitaine assura le roi qu'il reviendrait dans ce pays avec des
forces beaucoup plus considérables, et qu'il le rendrait le plus puissant
monarque de toutes ces îles, récompense qu'il croyait lui être due, comme
ayant le premier embrassé la religion chrétienne. Le roi leva les mains
au ciel, remercia le capitaine, et le pria instamment de laisser chez lui
des personnes pour l'instruire dans la religion chrétienne, ce que le
capitaine promit de faire, mais à condition qu'on lui confierait deux fils
des principaux de l'île pour les conduire en Espagne, où ils apprendraient
la langue espagnole, afin de pouvoir, à leur retour, donner une idée de ce
qu'ils avaient vu.

Une croix fut plantée au milieu de la place, et tous les insulaires
furent avertis que ceux d'entre eux qui voudraient se convertir aux
vérités du christianisme devaient à l'instant jeter à bas leurs idoles et à
leur place mettre une croix. Il ne s'en trouva pas un qui ne voulût se
faire chrétien.

Le roi, dont le nom était Raja Humabon, fut baptisé avec le prince
héréditaire, le roi de Massana, le marchand maure dont il a déjà été
parlé, et plus de cinq cents insulaires. Le roi fut nommé Charles; le
prince, Ferdinand; le roi de Massana, Jean; et le marchand maure,
Christophe. Les autres reçurent différents noms. On célébra ensuite la
messe, puis on alla dîner à bord, à l'exception du roi, qui s'excusa d'y
venir. Après dîner, l'on baptisa la reine, l'épouse du prince, celle du roi
de Massana, et plus de quatre cents autres femmes avec des enfants. La
reine, jeune et belle personne, reçut le nom de Jeanne, celui de la mère
de l'empereur; la femme du prince prit celui de Catherine; la reine de
Massana eut nom Elisabeth. On fit voir à la jeune reine une statue,
représentant la Vierge avec l'enfant Jésus (1); elle désira l'avoir pour la
mettre à la place occupée avant par ses faux dieux. Cette reine était
vêtue d'une pièce de toile blanche et noire; elle avait sur la tête un grand
chapeau fait de feuilles de palmier en forme de parasol, surmonté d'une
triple couronne formée des mêmes feuilles, qui ressemblait à la tiare du
pape, et sans laquelle elle ne sort jamais. Sa bouche et ses ongles
étaient peints d'un rouge très-vif.

(1) Cette statue se conserva jusqu'en 1568. Les Espagnols étant retournés à Zebu, l'y retrouvèrent; c'est alors qu'ils donnèrent le nom de Jésus à la ville qu'ils y bâtirent.

Presque tous les habitants de Zébu et des îles voisines étaient convertis à la religion chrétienne; un seul village refusa de l'embrasser. Aussitôt l'esprit d'intolérance, malheureusement si commun chez les navigateurs et les conquérants du seizième siècle, se déploya dans toute sa fureur. Le village fut brûlé, et l'on éleva sur ses ruines une croix de bois, parce que les habitants étaient idolâtres ; s'ils eussent été mahométans, ajoute Pigafetta, la croix eût été de pierre, pour marquer l'endurcissement de leur cœur. »

Magellan allait chaque matin à terre, où l'on célébrait la messe; les insulaires, convertis à la religion chrétienne, s'empressaient d'assister au service. Le capitaine-général leur faisait une espèce de catéchisme, et cherchait à leur faire comprendre ce que notre religion renferme de sublime, et les points principaux qui lui servent de base.

La reine assistait un jour à la messe, richement parée; trois jeunes filles, tenant chacune à la main un des chapeaux de la princesse, marchaient devant elle. La reine était vêtue d'une robe blanche et noire; un grand voile de soie orné de raies d'or était jeté avec élégance sur son cou et sur sa tête. Les femmes qui composaient sa suite avaient aussi pour parure un voile surmonté d'un chapeau ; du reste, elles étaient entièrement nues, si l'on en excepte une légère couverture de toile de palmier; leurs cheveux flottaient au gré des vents sur leurs épaules. La reine, qui s'était inclinée profondément devant l'autel, alla s'asseoir sur un coussin de soie brodé. Aussitôt le capitaine se fit apporter un flacon d'eau de rose musquée, et répandit cette odeur, que les femmes de ce pays trouvent délicieuse, sur la reine et ses compagnes.

Magellan, qui voulait établir d'une manière forte l'autorité du roi, que les chefs ne semblaient pas assez respecter, voulut que ce prince assistât un jour à la messe, et qu'il fût accompagné de ses deux frères, Bondara et Cadaro. La, le capitaine-général exigea que ces deux frères, ainsi que Simiut, Sibuaia, Sisacai, chefs principaux du gouvernement, prêtassent serment de fidélité et d'obéissance au roi. Ils n'hésitèrent pas, et après avoir juré soumission au prince, ils lui baisèrent respectueusement la main.

La capitaine engagea ensuite le prince lui-même à faire le même serment de fidélité au roi du pays.

« Souvenez-vous bien, lui dit alors Magellan, que lorsqu'on a prêté un serment aussi sacré, on meurt plutôt que de le violer; et moi-même, ajouta-t-il en tirant son épée, je suis prêt à périr mille fois plutôt que de fausser le serment que j'ai fait à mon souverain. »

Il donna alors au prince une châsse de velours, qu'un de ses chefs devait porter partout où il irait, et il lui apprit le cérémonial employé pour cet usage.

Le roi de Zebu s'engage franchement à faire tout ce que Magellan lui prescrit. Il veut aussi, comme preuve de dévouement à sa personne, faire préparer des bijoux, qu'il se propose d'offrir au capitaine-général. Ces bijoux consistaient en pendants d'oreille d'or, en bracelets du même métal, pour les bras et les chevilles des pieds, le tout orné de pierreries d'un grand prix. Ces anneaux sont la parure qu'estiment le plus les rois de ces contrées. On sait que ces princes vont toujours nus et sans chaussure.

Une des plus singulières cérémonies de ces insulaires est la bénédiction du cochon. On commence la cérémonie par battre quatre grandes timbales ; on apporte ensuite trois grands plats, deux chargés de poisson rôti, de gâteaux de riz, et de millet cuit, enveloppés dans des feuilles ; sur le troisième sont des linceuls de toile de Cambaie, et deux bandes de toile de palmier. Deux vieilles femmes, dont chacune tient à la main une grande trompette de roseau, se placent sur un des linceuls que l'on a étendus à terre, saluent le soleil, et s'enveloppent des autres toiles. La première de ces deux vieilles se couvre la tête d'un mouchoir, et le lie sur son front de manière à y former deux cornes ; et, prenant un autre mouchoir à la main, elle danse et sonne en même temps de la trompette, en invoquant de temps en temps le soleil. L'autre vieille prend une des bandes de toile de palmier, danse et sonne également de la trompette, et, se tournant vers le soleil, lui adresse quelques mots.

La première saisit alors l'autre bande de toile de palmier, jette le mouchoir qu'elle tenait à la main, et toutes deux dansent longtemps autour du cochon lié et couché par terre. Cependant la première continue à parler d'une voix basse au soleil, et l'autre lui répond. On présente ensuite une tasse de vin à la première ; elle la prend sans cesser de danser et de s'adresser au soleil, l'approche quatre ou cinq fois de sa bouche en feignant de vouloir boire ; mais elle verse la liqueur sur le cœur du cochon ; elle rend la tasse. On lui donne une lance qu'elle agite, toujours en dansant en parlant, et la dirige plusieurs fois contre le cœur du cochon, qu'elle perce à la fin d'outre en outre d'un coup prompt et bien mesuré. Aussitôt qu'elle a retiré la lance de la blessure, on la ferme, et on la panse avec des herbes salutaires. Durant toute cette cérémonie brûle un flambeau que la vieille, après avoir tué le cochon, prend et met dans sa bouche pour l'éteindre. L'autre vieille trempe dans le sang du cochon le bout de sa trompette, et en touche le front des assistants, en commençant par celui de son mari ; mais elle ne vint pas à nous. Les deux vieilles se déshabillent, mangent ce qui se trouve sur les deux premiers plats, et invitent les femmes à prendre part au festin. On épile ensuite le cochon au feu. Jamais on ne mange de cet animal qu'il n'ait été auparavant purifié de cette manière. Les vieilles femmes seules peuvent accomplir cette cérémonie.

Les cérémonies qui ont lieu lorsqu'un de leurs chefs vient à mourir ne sont pas moins singulières; comme j'en ai été témoin, je puis les décrire exactement. Les femmes les plus distinguées du pays, par leur rang et leurs vertus, se rendent à la maison mortuaire, au milieu de laquelle est une caisse où le cadavre est étendu. Une corde fortement arrêtée aux deux bouts forme une espèce d'enceinte que les personnes désignées pour le service ont le droit de franchir. A ces cordes sont enlacées des branches d'arbres, qui supportent des draps de coton formant une sorte de pavillon. Sous cet abri se placent les femmes dont je viens de parler. A côté de chacune d'elles est une esclave dont tout le soin est de rafraîchir l'air autour d'elles avec un éventail de palmier. Les autres femmes restent assises tout autour de la chambre et dans l'attitude de la douleur. Une d'elles tient un couteau, avec lequel elle coupe les cheveux du mort. Sa femme préférée (car bien que les chefs puissent en prendre autant qu'il leur plaît et en aient souvent un grand nombre, une seule règne dans la maison), sa femme préférée s'étend sur lui de manière qu'elle ait sa bouche, ses mains et ses pieds, sur sa bouche, sur ses mains et sur ses pieds. Tandis que celle qui a mission de couper les cheveux remplit ce devoir, cette dernière pleure et chante aussitôt que l'autre laisse reposer son couteau. Tout autour de la pièce sont placés des vases en porcelaine remplis de feu, où de moment en moment, on jette de la myrrhe, du storax et du benjoin; le parfum qui s'en exhale purifie l'air et produit une sensation agréable.

On consacre à ces cérémonies funèbres six jours entiers, pendant lesquels le corps reste étendu dans la caisse. Il est probable que, pour empêcher la putridité, on l'embaume, mais j'ignore quels procédés ils emploient, de quelles herbes ils se servent pour cela. Les six jours expirés, on enterre le mort dans un cimetière qui ordinairement est un vaste terrain clos et couvert d'ais.

S'il faut en croire les habitants de Zebu, chaque nuit un oiseau noir, semblable à un corbeau, voltige sur le toit des maisons; ses cris éveillent les chiens, les épouvantent, et ils ne cessent de hurler que lorsque le jour paraît. Peut-être aura-t-on peine à croire à ce phénomène, mais il n'en est pas moins réel, et nous en fûmes témoins. A quelle cause faut-il l'attribuer? voilà ce que je ne saurais définir.

Outre les animaux qu'on trouve dans cette île, et que j'ai déjà nommés, on y voit beaucoup de chiens et de chats dont la chair est excellente. On y récolte aussi en abondance du riz, du millet, du maïs, des oranges, des citrons, des cannes à sucre, des noix de coco, des citrouilles, de l'ail, du gingembre, et une quantité d'autres productions. Enfin, l'île de Zebu est pourvue de tout ce qu'il faut pour y très-bien vivre; le vin qu'on tire du palmier nous a paru excellent, et l'on trouve mêlée à la terre une grande quantité d'or.

Les Indiens aiment assez à faire partager leurs repas aux étrangers, car jamais des hommes de l'équipage ne descendaient à terre sans être invités à venir s'asseoir à leurs banquets. Peu cuits, leurs mets sont très-salés, aussi boivent-ils beaucoup, et à chaque moment; ils n'ont pas de verres, et hument avec des tuyaux de roseau le vin dont les vases sont remplis.

En général, ils aiment beaucoup à rester longtemps à table; il n'est pas rare de les y voir pendant cinq ou six heures.

Cette île se compose de quatre villages, qu'on nomme : Cingapola, Mandani, Lalan et Lalutan ; ils ont pour chefs des vieillards que le respect de tous environne. Ces quatre villages, rangés sous notre obéissance, nous payaient un tribut.

La réception amicale qu'on nous avait faite dans cet archipel promettait une issue heureuse à notre expédition. Il en fut autrement; le courage bouillant du capitaine-général nous précipita dans des difficultés qui lui devinrent surtout fatales.

Près de l'île de Zebu se trouve l'île de Matan, avec un port du même nom.

Le 26 avril, un des chefs de cette île, où Magellan avait déjà brûlé un village, lui envoya un de ses fils avec deux chèvres, en lui faisant dire que s'il ne lui donnait pas tout ce qu'il lui avait promis, c'était la faute de l'autre chef, qui ne voulait pas reconnaître l'autorité du roi d'Espagne; enfin il lui demandait du secours pour attaquer son ennemi. Magellan envoya dire à l'autre roi qu'il brûlerait ses villages s'il ne payait pas le tribut.

« Qu'il vienne, répondit le chef, je l'attends. »

Magellan fait aussitôt armer trois barques, y embarque soixante hommes, et se met à leur tête. Serrano lui représente que les vaisseaux sont en mauvais état, qu'une poignée d'hommes pourrait s'en emparer, que cette entreprise est peu utile, mais qu'au moins, s'il veut absolument l'exécuter, il en charge un autre, et n'expose pas sa personne.

Magellan répond qu'en bon pasteur il ne doit pas abandonner son troupeau.

Soixante hommes furent commandés pour faire partie de cette expédition ; nous avions nos cuirasses et nos casques. Le roi chrétien, son gendre, les chefs les plus importants de l'île, et un grand nombre d'hommes armés se joignirent à nous, et nous suivirent dans vingt ou trente balangais.

Le jour ne commençait pas encore à poindre lorsque nous arrivâmes à Matan. On délibéra si on attaquerait tout de suite ; le capitaine ne fut pas d'avis d'attaquer à l'instant même ; mais il envoya son esclave interprète dire à Cilapulapu, l'un des chefs de Matan, et à son peuple, que s'ils voulaient jurer obéissance au roi d'Espagne, se ranger sous les lois du roi chrétien de Zebu, et se reconnaître tributaires de l'Espagne, l'amitié règneraient entre eux et nous. Une réponse contraire attirerait sur eux notre courroux, et ils allaient connaître la force de nos lances.

L'interprète s'acquitta de sa mission ; mais les menaces du capitaine-général n'intimidèrent pas Cilapulapu.

Nous avons, répondit-il, des lances aussi ; elles ne sont que de roseaux pointus et de pieux endurcis au feu ; mais les mains qui les manient sont fortes et savent s'en servir. Nous demandons une seule chose, c'est qu'on ne nous attaque pas dans l'obscurité, parce que les renforts que nous attendons n'arriveront qu'au jour, et nous serons alors plus nombreux.

Le roi de Zebu supplia le capitaine-général de ne pas attaquer avant le jour, parce qu'il savait bien que les insulaires avaient creusé entre le rivage et leurs maisons des fossés profonds, garnis de pieux pointus, où ses gens périraient.

Il l'engagea aussi à lui laisser commencer le combat avec ses mille Indiens, et ajouta que, le secourant ensuite avec ses Castillans, il remporterait infailliblement la victoire ; mais Magellan le remercia de sa bonne volonté, et l'invita à rester dans ses balangais, et à voir comment les Castillans combattaient.

Les chaloupes ne pouvant approcher de terre à cause des rochers et des bas-fonds, nous résolûmes alors, impatients de combattre, de sauter dans l'eau jusqu'aux cuisses. Onze soldats restèrent pour garder les chaloupes, et nous nous avançâmes seulement au nombre de quarante-neuf. Nous fûmes obligés de marcher quelque temps dans l'eau avant de pouvoir atteindre la rive.

Nous allâmes droit au village, où nous ne trouvâmes personne ; les maisons étaient désertes : mais à peine y eûmes-nous mis le feu, que quinze cents insulaires, partagés en trois bataillons, se précipitèrent sur nous comme un torrent, et en poussant des cris horribles; cinq cents nous prirent en flanc, et le reste nous attaqua de front.

Magellan, que le péril n'intimidait pas et qui conservait un sang-froid admirable au milieu de ce choc inattendu, partagea sa petite troupe en deux pelotons. Les mousquetaires et les arbalétriers tirèrent d'assez loin pendant une demi-heure sans que l'ennemi en souffrît beaucoup; car, bien que les balles et les flèches entrassent dans leurs boucliers faits d'ais assez minces et qu'ils restassent parfois blessés au bras, cela ne les empêchait pas de combattre avec la même ardeur; au contraire, voyant que ces blessures ne donnaient pas à l'instant même la mort, effet que, selon eux, devaient produire nos armes, cela ajoutait encore à leur force, à leur hardiesse. Fiers de la supériorité de leur nombre, ils nous accablèrent de nuées de lances de roseaux, de pieux durcis, nous jetèrent avec de la terre, une grêle de pierres. Comment pouvions-nous nous défendre contre de telles attaques? nos armes étaient impuissantes pour les repousser. Plusieurs ennemis prenant le capitaine-général pour point de mire de cette attaque, lui lancèrent des pieux ferrés au bout; c'est alors que, croyant ou les arrêter ou les intimider, il nous ordonna d'aller mettre le feu à leurs cases.

Cet ordre fut exécuté sur-le-champ. Les flammes s'élevèrent avec rapidité, et à la vue de ce vaste incendie, devenus plus féroces et plus terribles, quelques-uns se précipitèrent au milieu des flammes et tuèrent deux de nos gens sur la place. On aurait dit qu'ils se multipliaient et revenaient chaque fois plus furieux.

Une flèche empoisonnée vint percer la jambe du capitaine; il nous ordonna aussitôt de faire retraite lentement et en bon ordre; mais ayant combattu la plus grande partie de la journée, la poudre manquait aux arquebusiers; les arbalétriers n'avaient plus de flèches; les Indiens nous serraient de plus en plus près.

Alors s'étant aperçu que leurs coups dirigés sur notre tête ou sur notre corps, protégés par notre armure, devenaient inutiles, et remarquant que nos jambes n'étaient nullement garanties, c'est cette partie du corps qu'ils cherchaient à atteindre de leurs flèches, de leurs lances, de leurs pierres, et toutes étaient lancées en si grand nombre, avec une telle rapidité, qu'il nous fut impossible de résister plus longtemps. Les bombardes que nous avions sur nos chaloupes ne nous étaient d'aucune utilité, parce que les bas-fonds les empêchaient d'approcher de terre assez près pour nous secourir. Le capitaine, voyant notre situation critique, ordonna la retraite.

Nous nous retirâmes donc sans cesser de combattre; nous étions déjà à la distance d'un trait d'arbalète de nos canots, ayant de l'eau jusqu'aux genoux ; les insulaires nous poursuivaient toujours de près ; ils reprenaient leurs lances, et jetaient la même jusqu'à six fois.

Comme ils connaissaient notre capitaine, c'étaient principalement vers lui qu'ils dirigeaient leurs coups ; deux fois ils firent tomber son casque ; cependant il ne céda pas, et nous combattions en petit nombre à ses côtés. Ce combat, si inégal, dura près d'une heure.

Un insulaire réussit enfin à pousser le bout de sa lance dans le front du capitaine ; ce vaillant homme irrité, le perça de la sienne, et la laissa enfoncée dans son corps. Il essaya alors, mais en vain, de tirer son épée, son bras droit, fortement blessé, ne put faire aucun mouvement. Les insulaires s'apercevant des souffrances du capitaine et de l'impossibilité où il était de se servir de ses armes, se précipitèrent sur lui et l'un d'eux lui porta un si furieux coup de sabre sur la cuisse gauche, que l'infortuné Magellan alla au loin tomber sur le visage. Les insulaires saisirent ce moment pour s'élancer sur lui, et le tuèrent à coups de lances.

Et ainsi nous perdîmes en un seul homme, un guide, un ami, un soutien, et celui dont les talents et les lumières pouvaient seuls assurer le succès de notre périlleuse expédition. Prêt à rendre le dernier soupir, et occupé seulement du salut de ses compagnons, il se tourna plusieurs fois vers nous ; voyant que nous succomberions bientôt sous tant de forces réunies, il faisait des vœux pour que nous pussions nous sauver. Comme il n'y en avait pas un de nous qui ne fût plus ou moins dangereusement blessé, et que nous aurions, sans succès, tenté de le secourir, nous regagnâmes, aussi vite que nous pûmes, nos chaloupes. Dans cet instant terrible, ce fut à Magellan que nous dûmes notre salut, parce qu'au moment où il périt, les insulaires s'étant jetés en foule vers l'endroit où il était tombé, ne songeaient pas à nous poursuivre.

Sans doute le roi de Zebu aurait pu venir à notre secours ; il eût bien changé la face des choses, et fait triompher nos armes, s'il se fût présenté avec ses Indiens au lieu du combat ; mais on se rappelle que Magellan lui avait donné ordre de rester simple spectateur de l'action. Ce prince versa des larmes amères quand il vit le capitaine-général tomber victime de sa valeur et de son dévouement.

Ce funeste combat eut lieu le samedi (27 avril 1521). Huit de nos mousquetaires et de nos arbalétriers, et plusieurs Indiens, baptisés la veille, restèrent sur le champ de bataille. Les Indiens perdirent quinze cents hommes ; et peu des nôtres, qui prirent part à cette action terrible, ne furent pas blessés. Vainement les hommes que nous avions laissés dans les chaloupes voulurent nous protéger en tirant des bombardes, ils étaient trop éloignés ; aussi nous firent-elles plus de mal qu'aux ennemis.

Doué de toutes les vertus qui font le héros et le grand citoyen ; incapable de se laisser abattre par l'adversité ; au-dessus des périls, toujours prêt à tout entreprendre pour la gloire de l'Espagne ; chef généreux constamment occupé du bien-être de ceux qui se trouvaient placés sous son commandement en mer, Magellan s'imposait plus de privations que le reste de l'équipage. Riche d'une connaissance profonde des cartes nautiques, il avait étudié, dans toutes ses branches, l'art si difficile de la navigation. Enfin, il a fait le tour du monde, ce qu'aucun autre n'avait osé tenter avant lui (1).

Le roi de Zebu, après nous avoir demandé notre consentement, fit dire aux habitants de Matan, que s'ils rendaient les corps de nos soldats tués dans le combat, et surtout celui de Magellan, nous étions prêts à leur donner autant de marchandises qu'ils en exigeraient. Cette démarche fut sans résultats ; rien ne put décider ces insulaires à abandonner les restes inanimés du capitaine-général, ce gage sanglant de leur victoire, et pour eux préférable à toutes les richesses qu'on pouvait leur offrir.

Le corps de ce vaillant homme resta donc au pouvoir de ces barbares, et fut privé des honneurs que ses compagnons voulaient lui rendre. Aussitôt qu'ils furent instruits de la perte du capitaine-général, ceux de nos gens qui se trouvaient dans la ville pour y trafiquer quittèrent la place, et ordonnèrent que l'on transportât leurs marchandises sur les vaisseaux. On s'occupa alors d'élire deux gouverneurs ; le choix tomba sur Odoard Barbosa (2) et Jean Serano. Le premier était Portugais, le second, Espagnol.

Henri, cet esclave si attaché à Magellan, et qui nous servait d'interprète, avait été légèrement blessé à Matan, et sa blessure lui servit de prétexte pour ne plus descendre à terre, où cependant il était difficile de se passer de son aide pour continuer nos relations avec les insulaires. Triste, sombre, mécontent, Henri passait des journées entières sans proférer une seule parole, et couché sur sa natte. Barbosa, qui commandait sur le vaisseau qu'avait toujours monté Magellan, fit des reproches à Henri :

« Bien que ton maître n'existe plus, lui dit-il, tu n'en es pas moins un

---

(1) Magellan n'avait fait que la moitié du tour du globe ; mais Pigafetta dit avec raison qu'il l'avait fait presque en entier, parce que les Portugais connaissaient très-bien le reste de la route des îles Moluques en Europe par le cap de Bonne-Espérance.

(2) Ce Portugais avait déjà été aux Moluques par le Cap. On a de lui une relation des Indes, très-intéressante.

vil esclave; aussitôt que nous serons de retour en Espagne, tu rentreras au service de dona Béatrix, la veuve du capitaine-général; et dans ce moment, si tu ne te rends pas à terre pour notre service, je vais te faire fustiger. »

A ces mots, la colère s'empara d'Henri; mais il maîtrisa ses transports, et sans mot dire, sans avoir l'air d'avoir compris ou même entendu les injures, les menaces de Barbosa, il se leva et se disposa à se rendre à terre. Son premier soin fut d'aller trouver le roi Zebu, et de lui apprendre que nous comptions mettre sous peu à la voile, et que, s'il voulait suivre ses conseils, il lui enseignerait le moyen de se rendre maître de nos vaisseaux et de toutes nos marchandises. L'offre était séduisante; aussi le roi écouta-t-il les propositions d'Henri, et après une conversation assez longue, il fut convenu qu'ils agiraient de concert. Henri, revenu à bord, se montra plus actif, plus empressé que jamais; mais sa trahison devait bientôt éclater.

Le 1er mai, le roi de Zebu, sous prétexte de reformer l'alliance conclue avec nous, invita les deux commandants à un festin, annonçant en même temps qu'il tenait prêt, pour les leur remettre, de belles pierreries dont il avait intention de faire hommage au roi de Castille. Barbosa assembla les capitaines pour les prévenir qu'il allait se rendre à l'invitation du roi de Zebu. Serano, qui craignait quelque perfidie, tâcha de dissuader Barbosa de ce dessein :

« Dans les circonstances actuelles, lui dit-il, il y a peut-être témérité, imprudence à quitter nos vaisseaux; pourquoi, d'ailleurs, le roi n'envoie-t-il pas le présent ? »

Barbosa n'en persista pas moins dans sa résolution, et piqua même tellement, par sa réponse, l'amour-propre de Serano, que celui-ci fut le premier à sauter dans la chaloupe.

Ils partirent au nombre de vingt-quatre; parmi eux, se trouvait notre astrologue San-Martino de Séville.

J'avais tellement le visage gonflé par la blessure d'une flèche empoisonnée qui m'avait atteint au front, qu'il me fut impossible de me joindre à eux; ils étaient à peine à terre quand je vis revenir Jean Carvajo et le prevôt, qui avaient réfléchi à cette démarche pendant la traversée, et qui déjà soupçonnaient les Indiens de trahison, parce qu'ils avaient vu l'un d'eux conduire notre aumônier chez lui.

A peine nous avaient-ils instruits du motif de leur retour précipité, que nous entendîmes résonner au loin des cris et des plaintes. Nous levons les ancres, nous approchons avec les vaisseaux du rivage, et l'ordre est donné de tirer plusieurs coups de bombarde sur les maisons. Nous aper-

cevons alors Jean Serano que l'on traînait blessé et garrotté près **du**
rivage.

— Ne tirez plus de bombarde, nous cria-t-il, ou ces barbares vont **m'ar-**
racher la vie.

— Que sont **devenus** nos infortunés compagnons? » demandâmes
nous?

— Tous ont **été égorgés,** répondit-il, au moment où ils prenaient place
à la table du roi, tous excepté Henri : l'esclave s'était joint à nos
assassins.

Il nous conjura d'offrir des marchandises pour sa rançon; mais Jean
Carvajo, qui avait la principale autorité, et quelques autres, refusèrent; ils
défendirent même que les canots approchassent de terre, firent lever
l'ancre et mirent à la voile. Voyant que nous étions insensibles à ses
plaintes, Serano proféra d'affreuses imprécations, dit à Carvajo qu'au
jugement dernier il rendrait compte à Dieu de tant de cruauté. Nous
vîmes alors les Indiens ramener Jean Serano au village; et à peine y fut-
il entré qu'on entendit de grands cris. On aperçut aussi les insulaires qui
travaillaient à abattre les croix élevées sur leur terrain.

L'île de Zebu a un port excellent; il a deux entrées, l'une à l'ouest, et
l'autre à l'est nord-est. C'est là qu'avant la mort de Magellan nous avions
obtenu des renseignements sur les îles de Malucco.

CHAPITRE III

Départ de Zebu, jusqu'au départ des îles Malucco.

En quittant l'île de Zebu, nous allames mouiller à la pointe de l'île Botol, éloignée de dix-huit lieues de Zebu. Comme nous avions perdu beaucoup de monde, et qu'il ne nous en restait pas assez pour la manœuvre de nos trois navires, nous nous résolûmes à en brûler un (*la Conception*) qui était le plus vieux, et nous transportâmes sur les deux autres tout ce qui pouvait être utile.

Le commandement de *la Trinité* fut donné à Carvajo, et Gomez d'Espinosa eut celui de *la Victoire*. Comme ils avaient acquis à Zebu des lumières sur les Moluques, ils se mirent à la recherche de ces îles. Nous mimes aussitôt le Cap au sud-ouest, pour côtoyer l'île de Panilongon, dont les habitants ont le teint des Ethiopiens.

En poursuivant notre route, nous abordâmes à Butuan ; c'est une ville du Mindanao. Le roi s'empressa de venir sur notre vaisseau pour nous donner une preuve d'alliance, et la plus forte qu'il put offrir, il se fit une blessure à la main gauche, et, avec le sang qui en sortit, il s'en frotta la poitrine et le bout de la langue. Nous l'imitâmes tous, et lorsqu'il quitta notre bord, je l'accompagnai seul pour visiter son île.

Sa maison était située sur une rivière (1), à deux lieues de distance du mouillage, et sur laquelle nous vîmes quelques pêcheurs qui vinrent offrir du poisson au roi.

Ce prince était nu comme les habitants des îles voisines ; sauf une pagne de toile de palmier. Les principaux personnages sautèrent dans des

(1) La rivière qui forme la baie de Chipit.

pirogues, qu'ils conduisirent eux-mêmes en chantant. Nous passâmes devant plusieurs habitations élevées le long de la rivière, et il était deux heures de la nuit quand nous arrivâmes à la maison du roi.

Lorsque nous approchâmes de cette maison, on accourut à notre rencontre avec des flambeaux faits de cannes et de feuilles de palmier, et remplis de résine, qu'on appelle *anniam*. Pendant qu'on s'occupait de servir le souper, le roi et deux de ses principaux officiers vidèrent un grand vase plein de vin. Le prince m'engagea à l'imiter; mais je cherchai à m'en dispenser, en prétextant que j'avais déjà soupé, et j'en fus quitte pour boire une seule fois. En vidant les vases de vin de palmier, ils pratiquaient les mêmes cérémonies que le roi de Massana.

Enfin le souper fut servi; il consistait en riz et en poisson très salé. Je ne vis pas de pain, le riz en tenait lieu, et voici comment ils le font cuire: ils se servent d'un pot à peu près semblable, et par sa forme et sa grandeur, à nos marmites: on y étend une grande feuille qui recouvre tout le fond du vase; après, on y met de l'eau, dans laquelle on jette le riz; puis on ferme bien cette marmite. Quand le tout a longtemps bouilli, le riz acquiert la fermeté du pain, et alors on le retire par morceaux. C'est la méthode adoptée dans les différentes îles de ce pays.

Le souper terminé, le roi donna ordre qu'on étendît deux nattes, une de roseaux, une seconde faite de feuilles de palmier, et qu'on donnât un oreiller; c'est là que je dormis avec un des chefs.

Le lendemain, après avoir passé une nuit excellente, je profitai du temps qui me restait encore jusqu'à l'heure du dîner pour visiter l'île. J'examinai quelques cases; elles sont bâties et habitées comme celles des autres îles que nous avons déjà vues; j'y remarquai beaucoup d'ustensiles en or. Je retournai alors à l'habitation du prince, où déjà le dîner était servi; des mets semblables à ceux qu'on nous avait donnés la veille composèrent notre repas.

Quand nous nous levâmes, j'essayai de faire entendre au roi que j'avais un extrême désir de voir la reine; il me comprit fort bien et en parut enchanté. Il me dit alors de le suivre, et nous voilà nous dirigeant vers la cime d'une montagne très élevée; là se trouve l'habitation de la reine.

En entrant, je fis à la princesse un salut profond qu'elle me rendit avec assez de grâce; elle me fit signe de m'asseoir près d'elle, et je la regardai tresser des nattes de palmier pour un lit. On voyait partout dans la maison, suspendus aux parois, des vases de porcelaine; j'y remarquai aussi quatre cimballes de différentes grandeurs. La reine prenait beaucoup de plaisir à jouer de ces instruments.

Le nombre de ses esclaves des deux sexes était considérable. Au bout de quelque temps je pris congé de cette princesse, et je retournai à la case du roi, où j'étais attendu à déjeuner : il fit servir des cannes à sucre.

Nous remarquâmes dans cette île tout ce que nous avions vu dans les autres, en animaux et en végétaux ; mais le riz est la production la plus abondante dans plusieurs vallons qu'on me désigna, où nous devions trouver, disait-on, plus d'or que nous n'avions de cheveux sur la tête ; mais, privés de fer, les habitants ne pouvaient se livrer à l'exploitation de ce métal précieux, exploitation qui exige un grand travail, sans néanmoins présenter beaucoup de difficultés.

Ayant témoigné le désir de retourner à bord, le roi et quelques-uns des principaux de l'île demandèrent à monter avec moi dans le même balangais et à m'accompagner. J'y consentis. Nous descendions la rivière, lorsqu'un spectacle singulier frappa mes regards : je vis sur un monticule à ma droite, et à peu de distance de la rive, trois insulaires pendus aux branches d'un arbre. Je demandai quels étaient ces hommes, et ce qui avait pu leur mériter ce châtiment ; le roi me répondit :

« Ce sont des malfaiteurs, et telle la peine que nous leur infligeons. »

Nous apprîmes que cette partie de l'île, qu'on nomme Chipit, est la continuation de la même terre que Butuan et Calagan. Elle offre un port assez bon, et est située par le 8° de latitude nord à 167° de longitude de la ligne de démarcation et à cinquante lieues de Zebu. Au nord-ouest, et à deux journées, on trouve l'île Lozon (1), d'une étendue considérable, où se rendent chaque année, pour y faire du commerce, six à huit jonques des peuples appelés *Lequics*.

En partant de cette île, nous fîmes route à l'ouest et abordâmes à Cagayan, île presque déserte. Le petit nombre des habitans que nous y trouvâmes étaient des insulaires chassés de Bornéo. Ces insulaires ne portent pas le moindre vêtement ainsi que les divers habitants des autres îles ; ils ont pour armes des sarbacanes, et des flèches empoisonnées avec des herbes. Ces flèches sont renfermées dans des carquois. Ils se servent aussi de poignards dont les manches sont garnis d'or et de pierres précieuses ; de lances, de massues. Ils portent de petites cuirasses faites avec la peau du buffle. Ils nous prirent pour des dieux ou des saints. Sur le sol de cette île on voit de très grands arbres, mais on y trouve peu de vivres. Elle est par le 7° 30' au nord de la ligne équinoxiale.

En quittant cette île et suivant toujours la même direction, nous abordâmes à une île très étendue, et où les vivres sont en abondance. Il ne pouvait rien nous arriver de plus heureux, car la famine commençait à se

(1) Luçon ou Manille.

faire sentir sur nos vaisseaux ; nos approvisionnements étaient presque entièrement épuisés ; enfin, notre crainte de manquer de vivres était telle, que plusieurs fois nous fûmes au moment d'abandonner nos bâtiments, et de nous établir sur quelque coin de terre pour y terminer nos jours.

Cette île se nomme *Palaoan*. Elle nous fournit, en très grande quantité, des cochons, des chèvres, des poules, des bananes, d'espèces différentes et de diverses grandeurs ; les plus petites sont les meilleures. Les noix de coco, les cannes à sucre, des racines qui ressemblent à des navets sont aussi des productions de cette île. Les insulaires font cuire du riz sous le feu dans des cannes ou des vases de bois ; cuit de cette manière, on peut le garder beaucoup plus longtemps et sans qu'il perde rien de sa bonté ni de son goût, que celui que nous mettons au feu dans des marmites. Les insulaires ont aussi un procédé pour tirer du riz un vin meilleur et plus fort que celui que donne le palmier ; ils se servent pour cela d'une sorte d'alambic. Enfin cette île fut pour nous une terre promise.

Nous nous rendîmes auprès du roi, qui nous reçut avec bonté et n'hésita pas à accepter notre alliance ; et, pour nous donner une preuve de sa sincérité, il pria un de nos gens de lui donner un couteau ; on le lui remit, et aussitôt il se fit une blessure à la poitrine, et avec le sang qui en sortit, il se gratta le front et la langue : il nous fallut bien l'imiter.

Comme les habitants des autres îles, les insulaires de Palaoan aiment beaucoup les bagues, les chaînettes de laiton et les grelots : ce sont leurs ornements favoris ; mais ils font grand cas surtout du fil d'archal auquel ils attachent leurs hameçons.

Ils s'occupent presque tous de la culture de leurs terres. Leurs armes sont des sarbacanes et d'énormes flèches de bois longues d'une palme au moins et qu'ils garnissent d'un harpon. La pointe de quelques-unes est faite avec une arête de poisson ; celle de quelques autres d'un roseau empoisonné avec une herbe qu'on ne nous indiqua pas. Le haut de ces flèches est garni d'un bois fort léger. Quand leurs flèches sont épuisées, ils prennent la sarbacane, au bout de laquelle ils attachent un fer, et s'en servent comme d'une lance.

Ils ont de grands coqs domestiques qu'ils se gardent bien de manger, par une espèce de superstition ; mais ils aiment à les faire combattre entre eux : ces combats donnent lieu à des gageures, et l'on propose des prix pour ceux à qui appartiennent les coqs vainqueurs.

Nous naviguâmes ensuite au sud-ouest et, à dix lieues de Talaoan,

(1) Palaonam ou Waragon.

nous reconnûmes une grande île que nous suivîmes pendant cinquante lieues environ avant de pouvoir trouver un mouillage. Nous y avions à peine jeté l'ancre, quand une violente tempête nous menaça ; le ciel devint sombre, et nous vîmes briller sur nos mâts le feu de saint Elme. Le lendemain, 9 juillet, une belle pirogue s'approcha du vaisseau, la proue et la poupe étaient ornées d'or, à la proue était attaché un pavillon blanc et bleu, et au bout du bâton on voyait une touffe de plume de paon. A côté des rameurs on remarquait des joueurs de cornemuse, de tambour, et plusieurs autres personnes. Deux armadies (bateaux pêcheurs) suivaient cette pirogue, espèce de fuste ou de galère.

Huit des principaux officiers du roi de l'île vinrent à notre bord. On avait placé pour eux, dans le gaillard d'arrière, un tapis sur lequel il s'assirent. Nous apprîmes qu'ils étaient envoyés par leur roi et avaient mission de nous offrir des provisions. En effet, ils nous présentèrent au même moment un vase rempli de bétel, racine que ces insulaires mâchent continuellement en la mêlant avec des fleurs d'oranger et de jasmin. Deux cages pleines de poulets, deux chèvres, trois vases de vin, de riz et des cannes à sucre faisaient parties des vivres que le roi nous envoyait ; le tout était couvert d'étoffe de soie. Ils avaient ordre également de faire un présent semblable à l'autre vaisseau.

Après s'être acquittés très bien de leur mission, les ambassadeurs du roi de Bornéo (c'est le nom de cette île) nous embrassèrent et partirent. Leur vin de riz, qu'ils appellent arach, est très fort, beaucoup de gens de l'équipage, bien qu'ils en eussent bu peu, furent ivres.

On peut juger de notre joie en recevant ces provisions. Mais le roi ne devait pas borner là ses largesses : six jours après le premier message, nous vîmes arriver trois autres pirogues très-richement ornées, qui, au son des cornemuses, au bruit des tambours, firent le tour de nos vaisseaux. Les hommes nous saluèrent en ôtant les bonnets de toile qu'ils portent, et qui sont si petits, qu'ils garantissent à peine le sommet de la tête. Nous leur rendîmes le salut avec nos bombardes, mais elles n'étaient pas chargées de pierres. Ceux-ci nous traitaient encore avec plus de soin, car les mets qu'ils nous apportaient étaient tout préparés. Après nous avoir présenté ces dons au nom de leur souverain, ils nous témoignèrent combien ce prince était satisfait de nous voir arriver dans son île pour y faire du bois et de l'eau, et qu'il nous laisserait toute liberté d'y trafiquer.

Un accueil si obligeant nous détermina à nous rendre auprès du roi et à lui porter des présents. Nous résolûmes de partir au nombre de sept, emportant pour les offrir au prince un habit en velours vert fait à la turque, une chaise de même étoffe, cinq brasses de drap écarlate, un bonnet, une tasse de verre dorée avec son couvercle, une écritoire dorée et trois cahiers de papier; pour la reine, nous avions trois brasses de drap jaune, une paire de souliers argentés, et un étui d'argent plein d'épingles; pour le gouverneur ou ministre du roi, trois brasses de drap rouge, un bonnet et une tasse de verre dorée; pour le roi d'armes ou héraut, qui était venu avec la pirogue, un habit à la turque de drap rouge et vert, un bonnet et un cahier de papier; nous préparâmes aussi des présents pour les autres sept principaux personnages qui l'avaient accompagné : ces présents consistaient en quelques aunes de toiles, un bonnet et un cahier de papier. Quand tous les dons furent réunis, nous entrâmes dans l'une des trois pirogues, ayant à notre tête Gomez Despinosa.

Arrivés à la ville de Bornéo, nous fûmes obligés d'attendre dans la pirogue l'arrivée de deux éléphants, couverts de soie, et de douze hommes, dont chacun portait un vase de porcelaine qui devait renfermer nos présents. Enfin nous montâmes sur les éléphants, nos gens nous précédaient, et nous arrivâmes dans cet ordre à la maison du gouverneur, qui nous fit servir un souper composé de plusieurs mets, et nous invita à passer la nuit chez lui. Nous eûmes pour lit des matelats de coton doublés en soie, et des draps de toile de coton de Cambaie.

A midi, le lendemain, nous quittâmes la maison du gouverneur pour nous acheminer vers le palais du roi, montés sur nos éléphants comme la veille et environnés du même cortége. Toutes les rues où nous passâmes étaient bordées d'une haie de soldats armés de lances, d'épées et de massues. Cette espèce de cérémonial avait été prescrit par le roi lui-même.

Nous mimes pied à terre dans la cour du palais, et, accompagnés du gouverneur, de plusieurs officiers, nous parvînmes, après avoir franchi un escalier, dans un grand salon. Là nous vîmes un grand nombre de courtisans : nous saluâmes et prîmes place sur des tapis; nos présents furent placés près de nous.

A l'extrémité du salon on apercevait une salle moins grande et tendue de soie. Deux rideaux de brocart, qu'on leva dans ce moment, nous laissèrent voir les deux fenêtres qui éclairaient l'appartement. Dans cette pièce étaient rangés trois cents hommes de la garde du roi : chacun d'eux était armé d'un poignard, dont il appuyait la pointe sur la cuisse. Une porte qui se trouvait au bout de cette salle était masquée aussi d'un rideau de brocart; on le leva et nous aperçûmes le roi : il était assis devant une table, ayant entre ses genoux un enfant et mâchant du bétel. Derrière lui étaient placées quelques femmes.

Alors un des courtisans s'avança et nous dit : « Vous ne pouvez parler au roi ; mais si vous désirez lui faire savoir quelque chose, vous pouvez vous adresser à moi ; je le dirai à un courtisan d'un rang supérieur, celui-ci le dira au frère du gouverneur, qui est dans cette salle, et qui, au moyen d'une sarbacane placée dans un trou de la muraille, exposera vos demandes à un des principaux officiers qui sont auprès du roi ; et ce dernier les transmettra au monarque. Faites trois révérences, ajouta-t-il, en portant vos mains jointes au dessus de vos têtes, et levant tantôt un pied, tantôt l'autre. »

Nous étant conformés au cérémonial qu'on nous prescrivait, nous fîmes savoir au prince que nous étions sujets du roi d'Espagne, dont le désir était d'entretenir avec lui des relations d'amitié, et qui ne demandait pour les Espagnols que l'autorisation de pouvoir trafiquer dans son île.

Je suis charmé, nous fit-il répondre, d'avoir pour ami le roi d'Espagne, et vous serez libres ici de vous livrer à tout trafic que vous pourrez croire avantageux, et d'y faire de l'eau et du bois pour vos navires.

Nous lui présentâmes alors les présents que nous lui destinions : à chaque objet que nous offrions à ses regards, et qu'il prenait avec empressement, il faisait un petit mouvement de tête. Chacun de nous reçut de la brocatelle, du drap d'or ou de soie, qu'on nous jetait sur notre épaule gauche, et qu'on reprenait ensuite pour le mettre de côté, afin que nous trouvassions le tout au moment où nous partirions. Le déjeuner fut ensuite servi ; il se composait de clous de girofle et de cannelle. On tira alors les rideaux, et on ferma les fenêtres.

Tous les courtisans qui environnaient le roi avaient les reins entourés d'une ceinture de drap d'or. Leurs poignards avaient des manches d'or enrichis de perles et de pierreries d'un très-grand prix ; leurs doigts étaient couverts de bagues.

Nous remontâmes sur nos éléphants, pour nous rendre à la maison du gouverneur. Sept hommes nous précédaient chargés des présents que nous venions de recevoir du roi. Quand nous fûmes arrivés à notre destination, on nous remit à chacun l'objet que le prince nous avait destiné, en se conformant au cérémonial pratiqué le matin dans le palais du prince. Chacun des hommes qui nous avaient accompagnés reçut de nous deux couteaux. Bientôt nous vîmes arriver chez le gouverneur neuf hommes ; chacun d'eux portait un plat de bois où l'on avait placé des jattes de porcelaine remplies de chapons, de poules, de paons, et de plusieurs espèces de poissons : on comptait plus de trente mets en viande seulement.

Une natte de palmier fut étendue à terre, et là nous nous assîmes pour souper. Il était d'usage, à chaque morceau qu'on mettait dans sa bouche, de boire, dans une petite tasse de porcelaine, une liqueur provenant d'une distillation de riz. On nous servit aussi du riz et d'autres mets où le sucre dominait, avec des cuillers d'or semblables aux nôtres.

La pièce que nous avions habitée la nuit précédente fut encore celle où nous couchâmes. Des flambeaux de cire blanche placés sur des candélabres d'argent, et des lampes à quatre mèches et garnies d'huile, éclairaient l'appartement; et deux hommes veillaient pour avoir soin que ces lumières ne s'éteignissent pas.

Quelques instants après notre réveil, le lendemain, on nous reconduisit jusqu'au bord de la mer; là deux pirogues nous attendaient, et nous retournâmes sur nos vaisseaux.

A l'exception du palais du roi, et de quelques maisons appartenant aux principaux chefs, la ville de Bornéo est bâtie dans la mer même. On y compte cent vingt mille feux (1).

Les maisons sont construites en bois, et portées sur de grosses poutres, afin qu'elles se trouvent garanties de l'inondation. Lorsque la marée monte, les femmes qui vendent les denrées comestibles traversent la ville dans des barques. Devant la maison du roi s'élève une grande muraille bâtie de grosses briques, avec des barbacanes comme une forteresse, et munie de cinquante-six bombardes de bronze et six de fer. On en tira plusieurs coups, pendant les deux jours que nous passâmes dans la ville.

Le roi, se nomme *Raja Siripada*. Il est fort replet, et peut avoir environ quarante ans. Il n'est servi que par des femmes, qui sont les filles des principaux habitants de l'île. Personne ne peut lui parler que par le moyen d'une sarbacane, comme nous avons été obligés de le faire. Il a dix secrétaires occupés à écrire ce qui le concerne sur des écorces d'arbre très-minces, qu'on nomme *chirisoles*. Il ne sort jamais de son palais que pour aller à la chasse.

Le 29 juillet, plus de cent pirogues divisées en trois escadres environnèrent nos vaisseaux; elles étaient escortées du même nombre de *tunguli* (petites barques). Comme nous redoutions la trahison et une attaque imprévue, nous nous empressâmes de mettre à la voile, et, dans notre précipitation, nous oubliâmes une ancre. Les soupçons que nous avions conçus prirent plus de consistance encore, lorsque nous remarquâmes un

---

(1) La Harpe, dans son *Abrégé des Voyages*, trouve ce nombre exagéré. On ne voit maintenant à Bornéo que deux ou trois milles maisons.

certain nombre de grandes embarcations (des jonques), qui vinrent se placer à la vue de nos vaisseaux. Il était donc naturel que nous pussions croire à la possibilité d'être assaillis à la fois de tous côtés. Dans une circonstance qui semblait menacer notre sûreté de manière à nous rendre bien difficiles les moyens de défense, nous crûmes que le seul parti à prendre était de faire feu sur ces jonques. Nous y tuâmes beaucoup d'insulaires, et nous nous emparâmes facilement de quatre de ces grandes embarcations. Celles qui ne tombèrent pas en notre pouvoir, obligées de fuir à la hâte, allèrent échouer à terre.

Dans une des embarcations dont nous nous rendîmes maîtres, se trouvait le fils du roi de l'île de Lozon, et qui, au service du roi de Bornéo, en qualité de capitaine-général, venait avec ses jonques, dont le commandement lui était confié, de prendre une petite île appelé *Laoë*, située près de la côte méridionale de Bornéo. Cette petite île avait été livrée par lui au pillage, parce que ses habitants avaient refusé obéissance au roi de Bornéo, pour ne reconnaître que l'autorité du roi de Java.

Notre pilote, Jean Carvajo, séduit par l'or qu'on lui offrit, consentit, sans y être autorisé, à rendre la liberté à ce capitaine général. Si cet homme fût resté en notre puissance, il est certain que, pour sa rançon, nous aurions obtenu du roi de Siripada tout ce que nous aurions voulu exiger de ce prince, car le fils du roi de Lozon s'était rendu très-redoutable aux ennemis du roi de Bornéo.

Outre la ville où Siripada commande, l'île où nous étions en renferme encore une autre qui s'élève également au sein de la mer et d'une aussi grande étendue que celle du roi musulman. Il existe entre les deux peuplades une telle haine, que chaque jour ils en viennent aux mains et se livrent des combats sanglants. Mais moins vain de son autorité, le chef de la seconde peuplade, consentirait facilement à laisser le christianisme s'introduire dans ses états. Informé que nous nous étions emparés de ses grandes embarcations et du nombre d'insulaires que nous avions tués, Siripada nous fit prévenir par un de nos gens établi avec lui pour faire le commerce de nos marchandises, que ces embarcations n'étaient pas dirigées contre nous; qu'elles suivaient leur route pour aller porter sur le territoire de Bornéo des soldats qui devaient les combattre. Instruits de ces détails, et comprenant que nous avions dû irriter le roi par notre attaque si vive contre les insulaires, nous lui répondîmes que si les choses étaient ainsi, il eût à nous renvoyer les deux Espagnols qui se trouvaient encore à terre pour y trafiquer, et le fils de notre pilote, Jean Carvajo; il s'y refusa.

Ainsi Carvajo trouva, dans la perte de son fils, la punition de sa désobéissance à l'ordre de ses chefs ; car sans doute si le capitaine eût encore
été en son pouvoir, on n'aurait pas hésité à échanger le fils du pilote avec
lui. Dans une telle circonstance, nous crûmes devoir retenir à bord seize
des principaux de l'île, et trois femmes, que nous avions l'intention d'emmener pour les présenter, à notre retour en Espagne, à la reine.

Les Mahométans vont nus comme tous les habitants de ces climats.
Ils font grand cas du vif-argent, et regardent ce métal comme très précieux, parce que, selon eux, il conserve la santé et guérit de tous les
maux. S'ils veulent tuer des poulets, ils s'adressent avant au soleil,
comme pour lui en demander la permission ; alors ils coupent le bout des
ailes de ces animaux, puis la peau qu'ils ont sous les pattes, et ensuite les
coupent en deux : ils ne mangeraient pas d'un animal qu'un autre qu'eux
aurait tué.

Au nombre des productions de cette île, on trouve le camphre, espèce
de baume qui suinte goutte à goutte entre l'écorce et le bois d'un arbre
appelé *cappor;* ces gouttes sont petites comme des brins de son. Le
camphre s'évapore aussitôt qu'on le laisse exposé à l'air (1). Cette île pro
duit aussi de la cannelle, du gingembre, des mirabolants, des cannes à
sucre, des oranges, des citrons, des melons, des citrouilles, des radis, des
oignons, etc. Les animaux qu'on y voit sont les éléphants, les chevaux,
les buffles, les cochons, les chèvres, les poules, les oies, les corbeaux et
un grand nombre d'autres espèces d'oiseaux.

On dit que le roi de Bornéo possède deux perles grosses comme des
œufs de poule, et si exactement rondes, qu'étant posées sur une table bien
unie, elle ne peuvent jamais rester en repos. Quand nous lui offrîmes nos
présents, je lui exprimai par mes gestes que je désirais voir ces perles ;
il promit de nous les montrer, mais il se garda bien de tenir sa promesse.
Quelques-uns des officiers principaux m'ont assuré avoir vu ces perles si
rares.

La monnaie est de bronze et percée, afin qu'on puisse l'enfiler. D'un
côté on voit quatre lettres qui sont les quatre caractères du grand roi
de la Chine, on l'appelle *pici* (2). Dans nos échanges avec les insulaires,
pour un cathil de vif-argent, ils nous donnaient six jattes de porcelaine.
Pour un cahier de papier nous recevions davantage encore. Le cathil de
bronze nous valait un petit vase de porcelaine, et pour trois couteaux nous
en recevions un plus grand ; un bahar de cire pour cent soixante cathils

(1) Le meilleur camphre nous vient actuellement de Bornéo.

(2) La plus petite monnaie des Indes.

de bronze. Le bahar est un poids de deux cent trois cathils. Pour quatre-vingts cathils, un bahar de sel; et, pour quarante cathils, un bahar d'anime, espèce de gomme dont on se sert pour goudronner les vaisseaux; car, dans ce pays, il n'y a pas de goudron. Vingt tabils font un cathil. Les marchandises qu'on recherche davantage dans cette île sont le cuivre, le vif-argent, le cinabre, le verre, les draps de laine, les toiles; on fait grand cas du fer et des armes.

Les jonques dont nous avons parlé sont leurs plus grandes embarcations. Voici la manière dont elle sont construites : les œuvres vives, jusqu'à deux palmes des œuvres mortes, sont faites d'ais joints ensemble par des chevilles de bois, et leur construction est assez bonne. Dans la partie supérieure, ce sont de très gros roseaux qui saillissent en dehors de la jonque pour former contrepoids. Elles portent une cargaison aussi forte que nos navires. Les mats sont faits de roseaux, et les voiles d'écorce d'arbre.

Comme j'avais vu une grande quantité de porcelaine à Bornéo, je fus curieux de savoir quels procédés les insulaires employaient pour sa fabrication. On me répondit seulement qu'on la faisait avec une sorte de terre blanche qu'on laisse pendant cinquante ans sous la terre pour la raffiner : de là vient le proverbe « le père s'enterre pour le fils. » On dit que si l'on met du poison dans un de ces vases, il éclate à l'instant.

L'étendue de l'île de Bornéo est telle, que si nous eussions voulu en faire le tour avec nos navires, nous n'aurions pas pu l'achever en moins de trois mois et demi (1). L'île est située par le 5° 16' de latitude septentrionale, et 176° 40' de longitude de la ligne de démarcation.

En nous éloignant de cette île, nous retournâmes en arrière, afin de trouver un endroit où nous pussions radouber nos vaisseaux, dont l'un avait une forte voie d'eau, et l'autre, par la maladresse du pilote, ou par son défaut d'attention, avait donné contre un bas-fond, près de l'île Bibalon (2); mais heureusement nous nous en aperçûmes à temps, et nous réussimes à le remettre à flot.

Un bien plus grand danger, s'il se peut, vint encore nous menacer pendant cette traversée. En mouchant une chandelle, un matelot laissa, par inadvertance, tomber la mèche, qu'il n'avait pas éteinte, dans une de nos caisses de poudre à canon; mais nous en fûmes quittes pour la peur, car

(1) La grande île de Bornéo a en longueur du nord-est au sud-est 1,200 kilomètres ; sa plus grande largeur est de 560 kilomètres et sa superficie totale de 675,000 kilomètres carrés.

Sa population est évaluée à 4,000,000 d'habitants, mélange de Malais, de Papous, de Dayacks, d'Indous, de Chinois et d'Arabes.

(2) Balaba

il retira si promptement cette mèche, que le feu ne se communiqua pas à la poudre.

Dans notre route, nous aperçûmes quatre grandes pirogues : nous donnâmes la chasse à une, dont nous nous emparâmes, sans pouvoir nous rendre maîtres des gens de l'équipage. Ils s'enfuirent dans une petite île où nous ne songeâmes pas à les poursuivre. Cette pirogue était chargée de noix de cocos; les autres évitèrent notre rencontre, en se cachant derrière des îlots.

En suivant toujours la côte nord-est de l'île de Bornéo, nous trouvâmes un lieu propre à radouber nos vaisseaux, dans l'île de Cimbonbon, située à 8° 7' au nord de la ligne (1). Comme nous manquions d'une foule de choses nécessaires à notre opération, nous ne pûmes l'achever en moins de quarante-deux jours. Chacun mettait la main à l'œuvre; mais ce qui nous coûtait le plus de peine, c'était d'aller couper le bois dans les forêts ; car, partout, le terrain était couvert de broussailles et de buissons épineux, à travers lesquels nous ne pouvions avancer sans éprouver de vives douleurs, étant tous pieds nus.

Les sangliers sont en très grand nombre dans cette île, nous en tuâmes un tandis qu'il traversait à la nage d'une île dans une autre. La tête de cet animal avait deux palmes et demi de longueur, ses défenses étaient très grosses (2).

Nous vîmes aussi beaucoup de crocodiles qui vivent également sur la terre et dans la mer, des coquillages d'espèces différentes et de très grandes tortues. Nous en prîmes deux; la chair d'une seule pesait vingt-six livres et celle de l'autre près du double. Nous prîmes aussi un poisson assez singulier : sa tête était presque celle d'un cochon; il avait deux cornes; une substance osseuse couvrait son corps; sur son dos on voyait une espèce de selle; mais il n'était pas très grand.

Avant d'aborder à cette île, nous avions pris, comme je viens de le dire, une barque où nous trouvâmes plus de trente mille cocos qui furent d'un très grand soulagement pour nous. Nous la quittions à peine quand nous rencontrâmes une autres grande embarcation venant de Bornéo. Nous lui faisons aussitôt signal d'amener; elle cherche à s'éloigner avec rapidité; nous lui donnons la chasse; elle est bientôt prise et pillée.

Elle était montée par le gouverneur de Poulaon avec un de ses fils et

(1) C'est probablement une des îles entre Bornéo et Poulaon, ou Paragoa. Elles sont peu connues.

(2) C'est le babi-roussa (*sus-babirussa*, Linn.), qui a la propriété de nager, et dont le grouin allongé est armé de longues défenses.

son frère ; nous exigeâmes d'eux que, dans l'espace de sept jours, ils nous livrassent quatre cents mesures de riz, vingt cochons, autant de chèvres et cent cinquante poules. Non-seulement nous eûmes tout ce que nous avions demandé, mais le gouverneur nous accorda encore, et par pure générosité, des noix de cocos, des bananes, des cannes à sucre et des vases remplis de vin de palmier. Cette conduite franche nous toucha, et, pour reconnaître un pareil procédé, surtout envers le chef d'une île où nous avions été si bien accueillis, nous lui rendîmes la plus grande partie des fusils et des poignards que nous avions trouvés dans l'embarcation, et lui offrîmes un étendard, un habit de damas jaune et quinze brasses de toile. Nous fîmes présent à son fils d'un manteau de drap bleu et de différents autres objets ; son frère eut pour sa part un habit de drap vert. Les gens de l'équipage ne furent pas non plus oubliés, et nous nous quittâmes très bons amis.

En courant à l'est-quart-sud-est pour aller à la découverte des îles Malucco, nous repassâmes entre l'île de Cagayan et de Chipit ; et côtoyant quelques îlots, nous vîmes la mer couverte d'herbes, bien qu'elle eût là une très grande profondeur : nous croyions vraiment être dans d'autres parages.

Laissant le port de Chipit à l'est, nous aperçûmes à l'ouest les îles Zolo et Taghima (1) ; c'est, dit-on, dans cette dernière île qu'on pêche les perles les plus précieuses ; c'est là qu'ont été trouvées celles si extraordinaires du roi de Bornéo, dont j'ai parlé.

Voici comment elles devinrent la propriété du roi de Bornéo : ce prince avait épousé une fille du roi de Zolo, et cette jeune femme lui apprit un jour que son père possédait ces deux perles ; il forme aussitôt le projet de s'en emparer ; la nuit venue, il part avec cinq cents embarcations remplies d'hommes armés, arrive à l'habitation de son beau-père, se saisit de lui et de ses deux fils, qui ne peuvent racheter leur liberté qu'en abandonnant au vainqueur les deux perles si rares.

Continuant de cingler à l'est-quart-nord-est, nous longeâmes deux habitations appelées Cavit et Subanin, et passâmes près d'une île également habitée qu'on nomme Monoripa, à dix lieues des îlots dont je viens de parler. Les habitants de cette île n'ont point de maisons ; ils vivent toujours sur leurs barques.

Les villages de Cavit et Subanin sont dans les îles de Butuan et de Calagan, où croît la meilleure cannelle ; nous regrettâmes de n'avoir pas le temps de nous y arrêter, car nous aurions pris un chargement de cette

______

(1) *Basilan.*

écorce odoriférante ; mais il eût été imprudent de ne pas profiter du vent pour doubler une pointe, et de passer quelques petites îles qui l'environnent. Nous vîmes des insulaires qui échangèrent avec nous dix-sept livres de cannelle contre deux couteaux. Le cannellier est haut de cinq à six pieds, et a à peine l'épaisseur d'un doigt ; il ne porte jamais que trois ou quatre branches. Sa feuille est semblable à celle du laurier. La cannelle, dont nous faisons tant usage, n'est que l'écorce de cet arbre. On fait deux fois la récolte de cette écorce. Le bois et les feuilles vertes ont autant de goût que l'écorce. On l'appelle *cainama*, dont est venu le nom *cinnamomum*, parce que *cain* signifie bois, et *mana*, dur.

Ayant mis le cap au nord-ouest, nous arrivâmes à Maingdanao (Mindanao), ville située dans la même île où se trouvent Butuan et Calagan, afin d'y prendre une connaissance exacte de la route des îles Molucco (les Moluques;) nous rencontrâmes un bignadai, espèce de barque qui ressemble à une pirogue, et nous en rendîmes maîtres ; mais non sans un combat assez opiniâtre, car nous fûmes obligés de tuer sept des hommes qui le montaient. On en comptait dix-huit, du nombre desquels se trouvaient le frère du roi, qui nous fit très bien connaître la route des îles Molucco ; les autres étaient tous des chefs de Maingdanao.

Après avoir écouté attentivement les renseignements que nous donna le frère du roi de Maingdanao, nous changeâmes de direction et mîmes le cap au sud-est ; nous étions alors par le 62° 7' de latitude nord et à trente lieues de Cavit. On nous assura qu'au cap de cette île, et non loin d'une rivière, habitaient des hommes velus, bons guerriers, et surtout archers très-habiles ; on les appelle Bénaians (1) ; ils sont armés d'une dague qui a une palme de largeur. Lorsque, dans un combat, ils font des prisonniers, ils leur mangent, dit-on, le cœur tout saignant, en l'arrosant de jus d'orange ou de citron.

En poursuivant notre route au sud-est, nous vîmes diverses îles, qui sont : Ciboco, Biraham-Batolach, Sarangani (2), et Candigar. Le 26, au moment où la nuit commençait à étendre ses voiles sombres, nous essuyâmes sur la côte de l'île de Biraham-Batolach une bourrasque si violente, que nous fûmes forcés d'amener toutes nos voiles, et de nous recommander à Dieu.

En continuant notre route, nous nous trouvâmes dans un port où nous mouillâmes au milieu de l'île Sarangani, vers Candigar ; nous étions près d'une habitation de Sarangani, où il y a beaucoup de perles et d'or. Ce

(1) Denaian, cap septentrional de l'île qui porte le même nom.

(2) Sirangan.

port est par le 5° 9', à cinquante lieues de Cavit. Les habitants de l'île sont des idolâtres; comme tous les autres peuples de ces parages, ils ne portent aucun vêtement.

C'est là que nous primes par force deux pilotes, qui eurent ordre de nous conduire aux îles Malucco. Leur avis fut que nous courussions au sud-sud-ouest, et nous passâmes au milieu de huit îles, les unes habitées et les autres désertes. Voici le nom de ces îles : Cheava, Caviao, Cabiao, Camanuca, Cabaluzao, Cheai, Lipan et Nuza ; ces îles forment une espèce de rue au bout de laquelle nous nous trouvâmes vis-à-vis d'une île assez belle et fort grande, nommée *Kanghir* (1); mais le vent devint si contraire qu'il nous fut impossible d'en doubler la pointe septentrionale; aussi, pendant toute la nuit fûmes-nous obligés de courir des bordées. C'est alors que les prisonniers que nous avions faits à Sarangani se sauvèrent à la nage avec le frère du roi de Mandanao ; mais nous apprimes plus tard que le fils de ce prince, n'ayant pu se tenir sur le dos de son père, et excédé de la fatigue que lui causait une pénible position, tomba dans la mer, et qu'on ne parvint pas à l'en retirer.

Voyant que nous tenterions sans succès de doubler la pointe de la grande île, nous la passâmes sous le vent près de plusieurs petites îles, en continuant à suivre la direction du sud-ouest. L'île Kanghir est gouvernée par quatre rois qui sont : raja Matandatu, raja Laga, raja Bapti et raja Parabu. Elle est à vingt-sept lieues de Sarangani, et par le 32° 30' de latitude septentrionale.

Nous passâmes bientôt auprès de cinq autres îles, appelées Chéoma, Carachita, Para, Zangalura, Ciau, dont la dernière est éloignée de dix lieues de Sang'hir. On y voit une montagne assez étendue, mais peu élevée. Le roi de Ciau s'appelle raja Ponto.

Nous arrivâmes à l'île de Paghinzara, dont le roi se nomme raja Babinton. Cette île est invironnée de trois hautes montagnes. A douze lieues à l'est de Paghinzara, nous trouvâmes, outre Talaut, deux petites îles habitées, Zoar et Mean.

Le 6 novembre, nous avions dépassé ces îles, et nous en découvrimes quatre autres assez hautes, à quatorze lieues dans l'est. Le pilote que nous avions pris à Sarangani n'hésita pas à nous déclarer que c'étaient les îles Molucco.

(1) Les îles dont il est mention ici appartiennent à ce groupe où les géographes modernes placent Kararotan, Linop et Cabrocana, après lesquelles on trouve Sanghir, qui est l'île assez belle dont parle l'auteur. Au sud-ouest de cette île il y a plusieurs îlots dont Pigafetta parle plus bas. Cabiou, Cabalousu, Limpaug et sont nommées dans la note des îles qui appartenaient, en 1682, au roi de Ternate.

Ravis de joie à cette vue, et satisfaits de cette assurance, notre premier mouvement fut de fléchir le genou pour rendre grâce à Dieu ; nous fîmes une décharge générale de notre artillerie. On comprendra aisément quel dut être notre allégresse en découvrant les îles Molucco, si l'on songe que, depuis vingt-sept mois moins deux jours, nous courions les mers pour aller à la recherche de ces îles que nous ne croyions jamais atteindre.

S'il fallait en croire les récits des Portugais, les îles Molucco seraient placées au milieu d'une mer inabordable ou très-dangereuse, à cause des bas-fonds qu'on rencontre sans cesse, et de l'atmosphère toujours couverte de brouillards qui les entoure ; nous pouvons, sans crainte, dire que cette opinion est fausse, car rien de pareil n'a été à craindre pour nous, et jusqu'aux îles Molucco mêmes, nous n'avons jamais eu moins de cent brasses d'eau.

Le vendredi, 8 du mois de novembre, trois heures avant le coucher du soleil, nous entrâmes dans le port de l'île de Tadore (1). Nous allâmes mouiller près de la terre par vingt brasses d'eau, et tirâmes toute notre artillerie.

Le lendemain, le roi vint dans une pirogue, et fit le tour de nos vaisseaux. Nous allâmes à sa rencontre avec nos canots, pour lui témoigner notre reconnaissance. Il nous fit entrer dans sa pirogue, où nous nous plaçâmes auprès de lui. Il était assis sous un parasol de soie qui le couvrait entièrement. Devant lui se tenait un de ses fils qui portait le sceptre royal, deux hommes avec des vases d'or pleins d'eau pour lui laver les mains, et deux autres avec des coffrets dorés remplis de bétel. Il nous complimenta sur notre arrivée, en nous disant que depuis longtemps il avait rêvé que des navires devaient venir des pays lointains aux Molucco ; que, pour s'assurer si ce songe était véritable, il avait examiné la lune, dans laquelle il avait remarqué que ces vaisseaux arrivaient effectivement, et que c'était nous qu'il attendait.

Il monta ensuite sur la capitane, et nous lui baisâmes tous la main. On le conduisit au gaillard d'arrière et dans la chambre, où, pour ne pas être obligé de se baisser, il voulut entrer par le capot. Nous le fîmes asseoir sur une chaise de velours rouge, et lui endossâmes une veste à la turque, de velours jaune ; et, pour lui témoigner mieux notre respect, nous nous assîmes sur le plancher vis-à-vis de lui.

Lorsqu'il eut appris qui nous étions, et le but de notre voyage, il nous dit que lui et tous ses peuples seraient très-contents d'être les amis et les

(1) Tidor.

vassaux du roi d'Espagne; qu'il nous recevait dans son île comme ses propres enfants; que nous pouvions descendre à terre et y demeurer comme dans nos maisons, et que, pour l'amour du roi, notre souverain, il voulait que dorénavant son île portât le nom de Castille.

Nous lui fîmes alors présent de la chaise sur laquelle il était assis, et de l'habit que nous lui avions endossé. Nous lui donnâmes aussi une pièce de drap fin, quatre brasses d'écarlate, une veste de brocart, des coupons de damas jaune, et d'autres étoffes de l'Inde, tissues en or et en soie, une pièce de toile de Cambaie très-blanche, deux bonnets, six filières de verroterie, douze couteaux, trois grands miroirs, six paires de ciseaux, six peignes, quelques tasses de verre doré, et d'autres objets. Nous offrîmes à son fils un coupon de brocart d'or et de soie, un grand miroir, un bonnet et deux couteaux. Chacun des neufs principaux personnages qui l'accompagnaient reçut un coupon de soie, un bonnet et deux couteaux.

Nous fîmes aussi des dons à tous ceux qui se trouvaient à sa suite, tels qu'un bonnet, un couteau, etc., jusqu'à ce que le roi nous eût avertis de ne plus rien donner.

Il dit qu'il était fâché de n'avoir rien à présenter au roi d'Espagne qui fût digne de lui, mais qu'il ne pouvait offrir que sa personne. Il nous invita d'approcher avec nos vaisseaux des habitations, ajoutant que, si quelqu'un des siens osait pendant la nuit essayer de nous voler, nous n'avions qu'à le tuer à coups de fusil. Après cela, il partit fort satisfait de nous; mais il ne voulut jamais incliner la tête, malgré toutes les révérences que nous fîmes. A son départ, nous le saluâmes d'une salve de toute notre artillerie.

Ce roi est musulman, il est âgé à peu près de quarante-cinq ans, assez bien fait et d'une belle physionomie. Il était vêtu d'une chemise très-fine, avec les manches brodées en or; une draperie lui descendait de la ceinture jusqu'aux pieds, qui étaient nus. Un très-beau voile de soie couvrait sa tête en forme de mître. Son nom est raja sultan Mansour; il est grand astrologue.

Le 10 novembre (dimanche), nous vîmes de nouveau le roi. Il se montra curieux de savoir quels étaient nos appointements, et quelle ration, d'après les ordres du roi d'Espagne, chacun de nous recevait par jour. Nous ne fîmes pas difficulté de répondre à sa demande. Il témoigna aussi le désir de voir un sceau du roi et un pavillon royal. Son intention était que son île, ainsi que celle de Tarenate (1), dont il se proposait de donner

(1) Aujourd'hui Ternate.

le gouvernement à son neveu appelé Calanogapi, fussent rangées **sous** l'autorité du roi d'Espagne, pour l'honneur duquel il voulait combattre à l'avenir, et que si, par malheur, il succombait dans un combat, il fuirait en Espagne sur un de ses propres bâtiments, emportant avec lui le sceau et le pavillon que nous lui avions donnés. Il demanda aussi que quelques-uns d'entre nous restassent dans l'île, ce qu'il préférait à toutes nos marchandises et aurait un prix inestimable à ses yeux.

« Des marchandises, ajouta-t-il, ne me rappelleront pas aussi long-temps que vos personnes le souvenir du roi d'Espagne, de notre roi. »

Voyant que nous attachions une grande importance à rassembler des clous de girofle pour en charger nos vaisseaux, et ne croyant pas que, dans le moment, il y en eût assez de secs dans l'île, il nous proposa d'aller en chercher dans l'île de Bachian, où il était sûr d'en trouver une quantité considérable.

Comme c'était un dimanche, nous ne voulûmes faire aucune acquisition. Le vendredi est jour de repos pour les insulaires.

Voici quelques détails sur les îles où croissent les girofliers. Il y en a cinq, Tarenate, Tadore, Mutir, Machian et Bachian (1). Tarenate (Ternate) est la principale. Le dernier roi gouvernait presque entièrement les quatre autres.

Tadore (Tidor), où nous étions alors, a son roi particulier. Le gouvernement de Mutir et de Machian est populaire, et lorsque les rois de Tarenate et de Tadore se font la guerre, ces deux républiques démocratiques fournissent des contingents aux deux partis. La dernière est Bachian, qui a aussi son roi. Toute cette province où croît le girofle s'appelle *Molucco* (2).

Lors de notre arrivée à Tadore, nous apprîmes que, huit mois auparavant, un nommé François Serano, Portugais d'origine, était mort dans cette île, servant alors en qualité de capitaine-général du roi de Tarenate, qui était en guerre avec celui de Tadore, et ce dernier, vaincu, fut obligé de donner sa fille en mariage au roi de Tarenate. La paix n'eut lieu qu'à cette condition, qui fut exécutée. De ce mariage naquit le petit-fils du roi de Tadore, appelé Calanogapi, dont j'ai déjà parlé.

---

(1) On croyait que les girofliers ne se trouvaient que dans cinq îles qu'on appelle proprement les *Moluques* ; mais ensuite on les trouva dans plusieurs autres îles, auxquelles, par cette raison, on étendit le nom de *Moluques* ; de façon que sous ce nom on comprend aujourd'hui toutes les îles qui sont entre les Philippines et Java. Les Hollandais, pour avoir le commerce exclusif des clous de girofle, tâchèrent de détruire par la force, ou par artifice, tous les girofliers qui étaient hors de leur dépendance ; mais il n'y réussirent pas.

(2) Moluques.

Néanmoins, le roi de Tadore ne put pardonner un tel traitement et voua à Serano une haine qui n'attendait que l'occasion favorable pour éclater. Plusieurs années après, et quand on ne pouvait plus croire que le moindre ressentiment vivait au cœur du roi, Serano alla un jour à Tadore pour acheter des clous de girofle ; le roi lui fit prendre un poison préparé dans des feuilles de bétel ; il expira au bout de quatre jours. Le roi voulait le faire enterrer selon les usages du pays ; mais des domestiques chrétiens, que Serano avait amenés, s'y opposèrent. Serano avait un fils et une fille encore très jeunes. Deux cents bahars de clous de girofle étaient tout ce qu'il possédait.

Le 11 novembre, Chechilideroix, un des fils du roi de Tarenate, vint près de nos vaisseaux avec deux pirogues. Il avait amené avec lui la veuve et les enfants de Serano. Cependant il n'osa pas venir à notre bord, et nous ne crûmes pas pouvoir l'inviter à s'y rendre, sans que le roi de Tadore, son ennemi, dans le port duquel nous étions, l'eût permis. Chechilideroix, concevant quelques soupçons, se retira alors. Nous allâmes vers lui avec la chaloupe pour lui offrir une pièce de drap indien de soie et d'or, et quelques bagatelles qu'il eut l'air d'accepter par complaisance, et il partit aussitôt.

Le 12 novembre, nous transportâmes nos marchandises sous un hangar que le roi avait fait construire ; c'était le lieu où devaient se faire les échanges. Voici comment on fixa la valeur des marchandises que nous comptions donner en échange des clous de girofle. Pour dix brasses de drap rouge de bonne qualité, on devait nous donner un bahar de clous de girofle. Le bahar est de quatre quintaux et six livres. Pour quinze brasses de drap de qualité moyenne, un bahar de clous de girofle ; pour quinze haches, un bahar ; pour trente-cinq tasses de verre, un bahar. Nous échangeâmes ensuite de cette manière toutes nos tasses de verre avec le roi. Pour dix-sept cathils de cinabre, un bahar ; et la même quantité pour autant de vif argent ; pour vingt-six brasses de toile, un bahar ; et d'une toile plus fine, on n'en donnait que vingt-cinq brasses ; pour cent cinquante couteaux, un bahar ; pour cinquante paires de ciseaux, ou pour quarante bonnets, un bahar ; pour dix brasses de drap de Guzzerate, un bahar ; pour trois de leurs timballes, un bahar ; pour un quintal de cuivre, un bahar. Nous aurions tiré un fort bon parti des miroirs ; mais la plus grande partie s'étaient cassés en route ; et le roi s'appropria presque tous ceux qui étaient restés entiers.

Une partie de nos marchandises venait des jonques dont j'ai déjà parlé. Par ce moyen, nous avons certainement fait un trafic bien avantageux ; cependant nous n'en avons pas tiré tout le bénéfice que nous aurions pu, à cause que nous voulions nous hâter autant qu'il était possible de retourner Espagne.

Outre les clous de girofle, nous faisions tous les jours une bonne provision de vivres, les Indiens venant sans cesse avec leurs barques nous apporter des chèvres, des poules, des noix de coco, des bananes et autres comestibles, qu'ils nous donnaient pour des choses de peu de valeur. Nous fîmes en même temps bonne provision d'une eau excessivement chaude, mais qui, exposée à l'air, devenait très froide dans l'espace d'une heure. Nous reconnûmes par là l'imposture des Portugais, qui veulent faire croire qu'on manque entièrement d'eau douce aux îles Molucco, et qu'on est obligé d'aller la chercher dans des pays lointains.

Le lendemain, le roi, comme il nous l'avait offert, envoya son fils Mossahap à l'île de Mutir, chercher des clous de girofle pour compléter notre cargaison. Le roi s'étant intéressé pour les Indiens que nous avions pris chemin faisant, nous les lui donnâmes, afin que les insulaires de Tadore qui les reconduiraient dans leur île pussent faire l'éloge du roi d'Espagne, et faire bénir et respecter par tous ces peuples le nom espagnol! Nous lui remîmes aussi les trois femmes que nous voulions mener en Espagne, et tous les hommes, à l'exception de ceux de Burné.

Le roi nous demanda, comme une autre faveur, de tuer deux cochons, et nous offrit de les remplacer par des chèvres et de la volaille. Nous y consentîmes et les tuâmes de manière à ce que les indigènes ne s'en aperçussent pas : leur répugnance pour ces animaux est telle que, lorsqu'ils en rencontraient, ils se fermaient les yeux et se bouchaient le nez.

Le même soir, le Portugais Pierre-Alphonse de Lorosa vint à notre bord nous donner tous les renseignements qui pouvaient nous intéresser. Il nous dit qu'il était dans les Indes depuis seize ans, qu'il en avait passé dix aux îles Molucco, où il était venu avec les premiers Portugais, qui véritablement s'y étaient établis depuis dix ans, mais qui ne parlaient pas de la découverte qu'ils avaient faite de ces îles.

Il y a onze mois et demi, ajouta-t-il, qu'un gros navire est venu de Malacca aux îles Molucco pour y charger des clous de girofle. Ce navire venait d'Europe, et le capitaine, Tristan de Meneze, apprit à Loroza qu'une escadre de cinq vaisseaux, partie de Séville, avait mission de découvrir les îles Molucco, et que le roi de Portugal, contrarié de cette expédition, avait envoyé des vaisseaux au cap de Bonne-Espérance, et au cap Sainte-Marie (1), dans le pays des cannibales.

Ces vaisseaux avaient pour instruction d'intercepter à Magellan le pas-

(1) Cap septentrional de Rio de la Plata.

sage dans la mer des Indes ; mais ils ne l'avaient pas rencontré. Instruit ensuite que Magellan se dirigeait vers ces îles, le roi de Portugal avait prescrit à don Diego Lopez de Sichera, son capitaine en chef dans les Indes, d'envoyer six vaisseaux de guerre à Molucco contre le chef de l'expédition espagnole ; mais Sichera avait été détourné de l'exécution de ses ordres pour combattre les Turcs qui préparaient une flotte contre Malacca. Cependant, peu de temps après, il avait envoyé à notre rencontre un galion, que les vents contraires obligèrent de retourner, sans nous combattre, au port d'où il était sorti. Lorosa ajouta que, peu de jours auparavant, une caravelle et deux jonques, ayant à bord sept Portugais, étaient venues aux îles Molucco pour savoir si nous y étions ; et que, malgré les remontrances du roi, ces Portugais, ayant insulté les femmes des habitants et celles du roi, avaient été tous massacrés. A cette nouvelle, le capitaine de la caravelle avait jugé à propos de partir au plus vite, et de s'en retourner à Malaca, après avoir abandonné à Bachian les deux jonques avec quatre cents bahars de clous de girofle, et une assez grande quantité de marchandises pour en obtenir cent autres.

Il nous dit aussi que, chaque année, plusieurs jonques vont de Malucco à Bandan, acheter du macis et de la noix muscade, et de là viennent aux îles Molucco y charger des clous de girofle. On fait en trois jours le voyage de Bandan aux îles Molucco, et en quinze jours on va de Bandan à Malacca. Ce commerce, disait-il, est celui de ces îles qui donne le plus grand bénéfice au roi de Portugal ; aussi a-t-il grand soin de le cacher aux Espagnols.

Ce que Lorosa venait de dire était d'un grand intérêt pour nous ; aussi voulûmes-nous l'engager à se rendre avec nous en Espagne, où le roi récompenserait honorablement ses services.

Vendredi, 15 novembre, le roi nous dit qu'il voulait aller à Bachian prendre les clous de girofle que les Portugais y avaient laissés, et nous demanda des présents pour les gouverneurs de Mutir, qu'il leur donnerait au nom du roi d'Espagne. Il s'amusa en même temps, étant monté sur notre vaisseau, à voir l'usage que nous faisions de nos armes, c'est-à-dire de l'arbalète, du fusil et des bersils (1), qui est une arme plus grande qu'un fusil. Il tira lui-même trois coups d'arbalète ; mais il ne voulut jamais toucher aux fusils.

Vis-à-vis de Tadore est Giailolo (2) île d'une telle étendue, qu'il faut plus de quatre mois pour en faire le tour dans un canot.

---

(1) Le bersil est une espèce de grosse arbalète.

(2) Gilolo.

Le 16 novembre, un des rois de Giailolo vint à notre bord. Nous lui fîmes des présents qui lui plurent beaucoup, et après nous avoir dit que puisque nous étions les amis du roi de Tadore, qu'il aimait comme son propre fils, il nous conjurait d'être les siens; il nous engagea à l'aller voir dans son pays, où de grands honneurs nous seraient rendus. Ce roi est très puissant, et l'objet du respect de tous les insulaires qui habitent les îles environnantes.

Le lendemain, au matin, ce roi revint à notre bord; il désira voir de quelle manière nous combattions et déchargions nos bombardes. Nous exécutâmes tout sous ses yeux, ce qui enchanta ce prince, guerrier très renommé dans sa jeunesse.

Le même jour, j'allai à terre pour examiner le giroflier, et voir la manière dont il porte son fruit. Voici ce que j'observai : le giroflier atteint une assez grande hauteur, et son tronc est de la grosseur du corps d'un homme, plus ou moins, selon l'âge de l'arbre. Ses branches s'étendent beaucoup vers le milieu du tronc; mais à la cime elles forment une pyramide. Sa feuille ressemble à celle du laurier, et l'écorce en est olivâtre. Les clous de girofle naissent au bout de petites branches en bouquets de dix à vingt. Cet arbre donne plus de fruit d'un côté que de l'autre, selon les saisons. Les clous de girofle sont d'abord blancs; en mûrissant ils deviennent rougeâtres, et ils noircissent en séchant. On en fait la récolte deux fois par an : la première fois vers Noël, et la seconde à la Saint-Jean-Baptiste, c'est-à-dire, à peu près vers les deux solstices, saisons où l'air est le plus tempéré dans ces pays; mais c'est au solstice d'hiver qu'il est le plus chaud, parce que le soleil y est alors au zénith.

La feuille, l'écorce et la partie ligneuse même de l'arbre ont une odeur aussi forte et autant de saveur que le fruit même. Si ce dernier n'est pas cueilli dans sa juste maturité, il devient si gros et si dur qu'il n'y reste de bon que l'écorce. Il n'y a de girofliers que dans les montagnes des îles Molucco, et quelques arbres dans l'île de Giailolo et sur l'îlot de Mare, entre Tadore et Mutir; mais leurs fruits ne sont pas si bons. On prétend que le brouillard leur donne un certain degré de perfection; ce qu'il y a de certain, c'est que nous vîmes chaque jour un brouillard en forme de petits nuages environner tantôt l'une et tantôt l'autre des montagnes de ces îles. Chaque habitant possède quelques girofliers, auxquels il veille lui-même, et dont il va cueillir les fruits, mais sans en soigner la culture. Dans chaque île on donne un nom différent aux clous de girofle : on les appelle *ghomodes* à Tadore, *bongalavan* à Sarangani, et *chianche* aux îles Molucco.

La noix muscade, quand on la cueille, ressemble au coing, tant **par sa** forme que par sa couleur, et le duvet qui le couvre; mais elle est plus petite. La première écorce est aussi épaisse que le brou de notre noix ; au-dessous il y a une espèce de tissu mince ou plutôt de cartilage, sous lequel est le macis, d'un rouge très vif qui enveloppe l'écorce ligneuse, laquelle contient la noix muscade proprement dite.

L'île de Giailolo produit, outre le giroflier, la noix muscade et le gingembre.

Les maisons des insulaires sont construites comme celles que nous avons déjà vues, mais peu élevées au-dessus de terre, et entourées de cannes qui servent de haie.

Pour faire leurs étoffes d'écorce d'arbre, les habitants prennent un morceau d'écorce qu'ils laissent tremper dans l'eau jusqu'à ce qu'il soit amolli. Ils le battent ensuite avec des gourdins pour l'étendre en long et en large; il devient alors comme une étoffe de soie écrue avec des fils entrelacés intérieurement, comme s'il était tissu.

Le bois d'un arbre qui ressemble au palmier leur sert à faire leur pain. Ils arrachent de ce bois les épines dont il est entouré ; puis, le pilant, ils en fabriquent du pain qu'ils appellent *sagou*.

Les insulaires de Tarenate venaient journellement avec leurs canots nous offrir des clous de girofle; mais comme nous en attendions, nous ne voulûmes pas en acheter des autres insulaires, et nous nous contentions de leur prendre des vivres; c'est de quoi les habitants de Tarenate se plaignaient beaucoup.

Le 24 novembre, le roi revint et nous dit qu'on nous apporterait, pendant quatre jours, une quantité considérable de clous de girofle, ce qui eut lieu en effet : ces clous de girofle, envoyés par le roi, sont les premiers dont nous prîmes cargaison, et comme ils formaient le principal objet de notre voyage, nous témoignâmes notre joie en tirant plusieurs bombardes.

Le roi revint deux jours après, et nous rappelant qu'il avait fait en notre faveur ce qu'on n'eût pu attendre de ses prédécesseurs, il ajouta qu'il était bien aise d'avoir donné cette marque d'attachement pour le roi d'Espagne et pour nous, afin que nous pussions partir au plus tôt pour notre pays, et revenir sous peu de temps avec plus de forces encore pour venger la mort de son père, qui avait été tué dans une île appelée *Buru* (1), et dont on avait jeté le cadavre à la mer. Il désira, selon l'usage de l'île, lorsqu'on charge sur un navire les premiers clous de girofle, donner un festin aux matelots ou autres gens du bâtiment. Son intention, nous dit-

(1) Bouro.

il aussi, était de profiter de l'occasion pour convier à un festin le roi de Bachian, qui venait avec son frère lui rendre une visite.

Nous crûmes devoir refuser cette invitation, avec d'autant plus de raison qu'on venait de nous raconter la fin déplorable de trois Portugais, assassinés peu de temps auparavant dans l'endroit où nous faisions aiguade, par des insulaires cachés dans un bois voisin. Le souvenir du funeste festin de Zébu était sans cesse présent à notre esprit. Nous nous contentâmes d'envoyer faire des excuses et des remercîments au roi.

Il vint le même jour à bord, sans témoigner qu'il eût la moindre défiance, et nous assura qu'il était aussi affligé que surpris d'un départ si subit et si peu ordinaire, puisque tous les vaisseaux n'employaient jamais moins de trente jours pour compléter leur cargaison; et il ne nous avait pas fallu ce temps pour faire la nôtre. Il nous fit ensuite observer que la saison était peu propre pour naviguer dans ces mers, à cause des basfonds qu'on trouve près de Bandan.

» D'ailleurs, ajouta-t-il, ne craignez-vous pas en ce moment de rencontrer quelques bâtiments portugais? »

Quand il vit que rien ne pouvait faire changer notre résolution :

« Eh bien ! reprit-il, vous reprendrez tout ce que vous m'avez offert au nom de votre roi; car si vous partez sans qu'il me soit possible de préparer pour lui des présents dignes de lui être présentés, les princes mes voisins me traiteront d'ingrat, ils penseront que c'est la crainte d'être trahis par moi qui a hâté votre départ, et le nom de traître me sera donné. »

Enfin, pour ne pas nous laisser le moindre soupçon sur sa bonne foi, il jura sur le Coran, qu'il tenait à la main, de rester à jamais fidèle ami du roi d'Espagne. Nous lui promîmes de rester encore quinze jours dans son île, et nous lui remîmes le sceau du roi et le pavillon royal. Nous sûmes ensuite que quelques-uns des principaux de l'île avaient voulu le déterminer à nous massacrer tous pour mériter la bienveillance des Portugais, mais que, loyal et fidèle au roi d'Espagne, il avait refusé de se rendre coupable de cet acte de perfidie.

Le mercredi 27, le roi fit publier un avis qui portait que tout le monde pouvait nous vendre librement des clous de girofle, ce qui nous fournit l'occasion d'en acheter une grande quantité.

Le vendredi, le roi de Machian vint à Tadore avec plusieurs pirogues; mais il ne mit pas pied à terre, parce que son père et son frère, bannis de Machian, s'étaient réfugiés dans cette île.

Le samedi, le roi vint aux vaisseaux avec le gouverneur de Machian, son neveu, âgé de vingt-cinq ans; et ayant su que nous n'avions plus de drap, il envoya chez lui chercher trois aunes de drap rouge, et nous les donna, pour que, en y joignant quelques autres objets que nous pouvions avoir encore, nous pussions faire au gouverneur un présent digne de son rang; ce que nous fîmes; et à leur départ nous tirâmes plusieurs coups de bombarde.

Le 1er décembre, le gouverneur de Machian partit, et on nous dit que le roi lui avait fait également des présents, pour qu'il nous envoyât au plus tôt des clous de girofle.

Le lundi, le roi fit un autre voyage hors de son île pour le même objet.

Le mercredi, étant le jour de Sainte-Barbe, et pour faire honneur au roi, qui était de retour, nous fîmes une décharge de toute l'artillerie; et, le soir, nous tirâmes des feux d'artifice, que le roi prit grand plaisir à voir.

Les jeudi et vendredi, nous achetâmes une grande quantité de clous de girofle qu'on nous donnait à bon marché, parce que nous étions sur le point de partir. On nous en fournit un bahar pour deux aunes de ruban, et cent livres pour deux chaînettes de laiton, qui ne coûtaient qu'un marcel (1). Et comme chaque matelot voulait en apporter en Espagne autant qu'il pouvait, chacun changeait ses hardes pour des clous de girofle.

Le samedi, trois fils du roi de Tarenate, avec leurs femmes, qui étaient filles du roi de Tadore, vinrent aux vaisseaux. Le Portugais Pierre-Alphonse était avec eux. Nous fîmes présent d'une tasse de verre dorée à chacun des trois frères, et donnâmes aux trois femmes des ciseaux et d'autres bagatelles. Nous envoyâmes aussi quelques bijoux à une autre fille du roi de Tadore, veuve du roi de Tanerate, qui avait refusé de venir à notre bord.

Le dimanche, étant le jour de la Conception de Notre-Dame, nous tirâmes, en réjouissance, plusieurs coups de bombarde, des bombes de feux et des fusées.

Le lundi, sur le soir, le roi vint à bord de notre vaisseau, avec trois femmes qui portaient son bétel. Il faut observer que les rois, et ceux de la famille royale, ont seuls le droit de conduire des femmes avec eux. Le même jour, le roi de Giailolo vint une seconde fois pour voir notre exercice à feu.

Comme le jour fixé pour notre départ approchait, le roi nous quittait le moins souvent possible.

« Je me regarde, nous disait-il, comme un enfant jeune encore, que sa mère va abandonner. »

(1) Petite monnaie de Venise que le doge Nicolo Marcello fit battre en 1473, et qui valait à peu près dix sous de France.

Il exprima le désir que nous lui laissassions quelques bersils pour sa défense, et il nous avertit de ne point naviguer pendant la nuit, à cause des bas-fonds et des écueils qui se trouvent dans cette mer; et quand nous lui dîmes que notre intention était de naviguer jour et nuit pour arriver le plus tôt possible en Espagne, il nous répondit que, dans ce cas, il ne pouvait rien faire de mieux que de prier et de faire prier Dieu pour la prospérité de notre navigation.

Pierre-Alphonse de Lorosa était déjà arrivé à bord avec sa femme et tous ses effets, pour repasser en Europe avec nous. Deux jours après, le fils du roi de Tarenate vint avec un canot bien garni d'hommes, et l'invita à venir vers lui; mais Pierre-Alphonse, qui semblait deviner une funeste intention, refusa, et nous conseilla même de ne pas le laisser venir à bord. On sut, par la suite, que ce fils du roi, ami du capitaine portugais de Malacca, avait formé le projet de lui livrer Pierre-Alphonse.

Trompé dans son espoir, il menaça de punir ceux qui avaient donné asile à son ennemi et l'avaient laissé partir sans qu'il en fût instruit.

Le roi nous faisant prévenir que le roi de Bachian devait venir avec son frère, qui le jour même épousait une de ses filles, nous avait priés de faire, en son honneur, une décharge de notre artillerie, ce que nous fîmes, quand il arriva, le 15 décembre vers le soir.

Le roi de Bachian et son frère, qui devait épouser la fille du roi de Tadore, vinrent dans une grande embarcation à trois rangs de rameurs de chaque côté; plusieurs pavillons, formés de plumes de perroquet, blanches, jaunes et rouges, ornaient le bâtiment; la musique réglait le mouvement des rameurs. Deux autres canots portaient les jeunes filles qui devaient être présentées à l'épouse.

Comme l'étiquette s'oppose à ce qu'un roi s'avance sur la terre d'un autre, le roi de Tadore rendit visite à celui de Bachian dans son propre canot. Alors le roi de Bachian lui offrit cinq cents patolles, comme dédommagement de l'épouse qu'il donnait à son frère. Les patolles sont des draps d'or et de soie fabriqués à la Chine et fort recherchés dans ces îles. Lorsque quelques chefs du pays meurent, on se couvre de ces draps en l'honneur du défunt.

Le lundi, le roi de Tadore envoya un dîner au roi de Bachian; ce dîner était porté par cinquante femmes couvertes de draps de soie de la ceinture jusqu'aux genoux. Chacune tenait un grand plat sur lequel étaient posées de petites assiettes contenant différents ragoûts. Les hommes portaient du vin dans de grands vases. Elles vinrent dans cet ordre jusqu'à l'embarcation, et présentèrent le tout au roi. En revenant, ces femmes importunèrent tellement quelques-uns de nos gens qui avaient été voir cette cérémonie, qu'ils ne trouvèrent moyen de les renvoyer qu'en leur donnant quelques bagatelles.

Le mardi, le roi de Bachian vint à terre pour conclure une alliance avec nous. Il promit de réserver pour nous tous les clous de girofle que les Portugais avaient laissés dans son île. Il en donna volontiers une très-grande quantité ; mais nos bâtiments étaient déjà si chargés, qu'ils n'en purent prendre que deux bahars.

Il nous pria aussi d'offrir au roi d'Espagne deux oiseaux de paradis.

Un jour le roi de Tadore envoya prévenir ceux de nos gens à qui étaient confiée la garde du magasin où étaient renfermées nos marchandises, de ne pas s'éloigner de ce lieu pendant la nuit, parce que des insulaires, au moyen de certains onguents, prenaient la figure d'un homme sans tête, et, dans cet état, parcouraient l'île pendant la nuit. S'ils rencontrent un homme à qui ils en veulent, ils lui prennent la main, et lui oignent la paume avec ces onguents ; l'homme tombe malade aussitôt et meurt promptement. Rencontrent-ils trois ou quatre personnes ensemble, ils se gardent bien de les toucher ; mais ils ont l'art de les étourdir. Le roi avait déjà fait pendre plusieurs de ces sorciers de nuit.

Avant d'aller habiter une maison qu'ils ont fait construire, ces insulaires allument tout autour un grand feu et font plusieurs festins ; ensuite ils placent au haut du toit un échantillon de tout ce que l'île produit de bon, et restent persuadés que ceux qui doivent habiter cette maison ne manqueront jamais de rien.

Le mercredi matin, tout étant prêt pour notre départ, les rois de Tadore, de Giailolo et de Bachian vinrent pour nous accompagner jusqu'à l'île de Marc. Le vaisseau *la Victoire* fit voile le premier et gagna le large, où il attendit *la Trinité* ; mais celle-ci eut beaucoup de difficulté à lever l'ancre, et pendant ce temps, les matelots s'aperçurent qu'elle avait une forte voie d'eau à fond de la cale. *La Victoire* revint alors jeter l'ancre à sa première place. On déchargea une partie de la cargaison de *la Trinité* pour chercher la voie d'eau et pour l'étancher ; mais quoiqu'on l'eût couchée sur le côté, l'eau y entrait toujours avec une grande force, comme par un tuyau, et sans qu'on pût jamais en trouver la voie. Toute cette journée et le jour suivant on ne cessa de faire aller les pompes, mais sans le moindre succès.

Le roi de Tadore, à cette nouvelle, vint sur le vaisseau pour nous aider à chercher la voie d'eau, mais en vain. Il envoya sous l'eau cinq de ses plongeurs accoutumés à y demeurer longtemps ; ils y restèrent en effet plus d'une demi-heure sans pouvoir trouver l'endroit par où l'eau entrait ; et comme, malgré les pompes, l'eau gagnait toujours, il envoya à l'autre

bout de l'île chercher trois hommes plus habiles encore que les premiers
à rester sous l'eau.

Il revint avec eux, le lendemain de grand matin. Ces hommes plongèrent dans la mer avec leur chevelure flottante, parce qu'ils s'imaginaient
que l'eau, en entrant par la voie, attirerait leurs cheveux, et leur indi-
querait, par ce moyen, l'endroit de l'ouverture (1); mais après une heure
de recherches, ils remontèrent à la surface de la mer sans avoir rien
trouvé. Le roi parut vivement affecté de ce malheur, au point qu'il offrit
d'aller lui-même en Espagne faire au roi le rapport de ce qui venait de
nous arriver ; mais nous répondîmes qu'ayant deux vaisseaux, nous pourrions bien faire ce voyage avec *la Victoire* seule, qui ne tarderait pas à
partir pour profiter des vents d'est qui commençaient à souffler ; que
pendant ce temps on radouberait *la Trinité*, qui pourrait ensuite
profiter des vents d'ouest pour aller au Darien, qui est de l'autre
côté de la mer dans la terre de Diucatan (2). Le roi dit alors qu'il avait à
son service deux cent cinquante charpentiers, qui seraient tous employés
à ce travail sous la direction de nos gens; et que ceux de nous qui resteraient dans l'île seraient traités comme ses propres enfants. Il prononça
ces mots avec tant d'émotion, qu'il nous fit verser des larmes.

Nous, qui montions *la Victoire*, craignant que sa charge ne fût trop forte,
ce qui aurait pu la faire ouvrir en pleine mer, nous nous déterminâmes à
renvoyer à terre soixante quintaux de clous de girofle, et les fîmes porter
à la maison où l'équipage de *la Trinité* était logé. Il y eut cependant
quelques-uns d'entre nous qui préférèrent rester aux îles Molucco plutôt
que de retourner en Espagne, soit par la crainte que le vaisseau ne pût
résister à un si long voyage, soit que, par le souvenir de tout ce qu'ils
avaient souffert avant d'arriver aux îles Molucco, ils craignissent de
mourir de faim au milieu de l'Océan.

Le 21, jour de Saint-Thomas, nous partîmes ; nos compagnons nous
suivirent aussi loin qu'ils purent avec leur chaloupe, et nous nous séparâmes en versant des larmes. Jean Carvajo resta à Tadore avec cinquante-
trois Européens. Notre équipage était composé de quarante-sept Européens
et treize Indiens.

Toutes les îles Molucco produisent des clous de girofle, du gingembre,
du sagou (qui est le bois dont on fait le pain), du riz, des noix de coco,

(1) Cela pouvait bien avoir lieu, les cheveux flottants étant attirés par l'eau qui entre dans le
bâtiment, s'ils en sont voisins. Maintenant on met des étoupes dans une voile qu'on passe sous
le bâtiment; l'eau porte ces étoupes en dedans, et par ce moyen on connaît la voie d'eau.
(*Dictionnaire de marine*).

(2) L'Yucatan.

des figues, des bananes, des amandes plus grosses que les nôtres, des pommes de grenade douces et acides, des cannes à sucre, des melons, des concombres, des citrouilles ; d'un fruit qu'on appelle *comilicai* (1), très-rafraîchissant, gros comme un melon d'eau ; un autre fruit qui ressemble à la pêche, et qu'on appelle *goyave*, et autres végétaux bons à manger : il y a aussi de l'huile de coco et de gengeli.

Outre les animaux utiles qu'on trouve dans les îles Molucco, on y voit plusieurs espèces de perroquets, entre autres des rouges qu'on appelle *nori*. La beauté de leur plumage, et leur facilité à prononcer mieux que les autres les mots qu'on leur apprend, leur donne un grand prix. Un de ces perroquets se vend un bahar de clous de girofle.

Il y a cinquante ans que les Musulmans habitent les îles Malucco, qu'ils conquirent. Avant, il n'y avait que des indigènes, qui ne cultivaient guère les girofliers. Quelques familles de ceux-ci, retirées dans les montagnes, existent encore.

L'île de Tadore est par la 27' de latitude septentrionale, et a 161° de longitude de la ligne de démarcation. Elle est distante des 9° 30' de la première île de cet archipel, appelée *Zamal*, au sud-est 1/4 sud.

L'île de Tarenate est par la 40' de latitude septentrionale.

Mutir est exactement sous la ligne équinoxiale.

Machian est par la 15' de latitude sud.

Bachian par le 1° de la même latitude.

Les îles Tarenate, Tadore, Mutir et Bachian ont des montagnes hautes et pyramidales où croissent les girofliers. Bachian ne s'aperçoit pas des quatre autres îles, quoiqu'elle soit la plus grande des cinq. Sa montagne de girofliers n'est ni si haute, ni si pointue que celles des autres îles, mais sa base est plus grande (1).

---

(1) Espèce d'ananas.

(2) Les *Moluques* ou *îles aux épices* : ce grand archipel de l'Océanie, entre les Philippines au nord, les Célèbes à l'ouest, l'Australie au sud et la Papouasie à l'est, entre 3° de latitude nord et 5° 30' de latitude sud et entre 122° et 130° de longitude est.

Les Moluques sont divisées en trois groupes, qui comprennent les trois résidences entre lesquelles les Hollandais ont partagé ces îles et leurs dépendances médiates ou *immédiates*. Ces groupes sont celui d'*Amboine* le plus important, celui de *Banda* et celui des *Moluques* proprement dites, dont les îles principales sont Gilalo, Ternate, Tidor et Batchian. La ville d'Amboine, dans l'île de ce nom, est la capitale des Moluques.

Les îles de cet archipel renferment de nombreux volcans dont quelques-uns brûlent encore et jettent des laves dont les ravages sont considérables ; la nature y présente les aspects les plus variés et les plus pittoresques, mais, par suite de sa formation volcanique, le sol est généralement rocailleux, spongieux, et les ardeurs du climat ne permettent pas de le mettre en culture.

En revanche, les parties cultivées y produisent les plus précieuses des denrées et en font pour leurs possesseurs, les Hollandais, un centre de richesse que l'Europe tout entière leur envie et qu'ils gardent et surveillent avec un soin jaloux.

La température, qui y serait insoutenable pour des Européens, est heureusement rafraîchie par le vent dominant, qui souffle du nord. La sécheresse naturelle du sol est également contrebalancée par des pluies périodiques et mensuelles, et surtout par l'hivernage ou saison des pluies continuelles, qui dure deux mois, — juin et juillet.

On y éprouve de fréquents tremblements de terre, qui déplacent incessamment les bancs de sable, en placent de nouveaux et, par suite, rendent la navigation difficile et dangereuse, non-seulement au moment où ils se produisent, mais surtout après s'être produits. Les plus habiles pilotes y sont trompés, et les cartes les plus exactes aujourd'hui ne le sont plus le lendemain.

Ces îles furent découvertes par les Chinois, qui en firent connaître, en orient, les produits. Les Arabes les leur enlevèrent bientôt, et y introduisirent le mahométisme. En 1510, les Portugais les visitèrent, en expulsèrent les Arabes et y formèrent des établissements qui ne tardèrent pas à prospérer et dont les Hollandais s'emparèrent en 1607. En 1809, les Anglais les enlevèrent aux Hollandais et les gardèrent jusqu'en 1814, époque à laquelle les traités les rétrocédèrent aux Hollandais qui les possèdent toujours.

Le 8 septembre 1853, une loi émanant des Etats généraux de Hollande, ayant ouvert les ports des Moluques au commerce de toutes les nations, la navigation qui ne se faisait guère auparavant que sous pavillon hollandais dans cet archipel, y a fait de considérables progrès. Ses ports principaux y sont très fréquentés par les baleiniers anglais et américains.

La population de ces îles réunies est évaluée à environ 531,000 habitants, composés d'Horaforas ou Alforous, de Malais, de Chinois et d'Européens. La religion dominante et le mahométisme et les insulaires qui y professent le christianisme portent généralement des noms portugais. Le gouvernement relève de celui de Batavia. Les Hollandais ne dominent et ne gouvernent directement que dans les îles d'Amboine et de Banda. Les autres îles sont gouvernées par des sultans, plus ou moins dépendants de cette nation.

Les Alforous et les Malais, qui peuplent en général l'intérieur de ces îles, sont féroces et très guerriers ; ceux de la côte se livrent à une piraterie effrénée. En somme, et malgré la longue domination européenne, la civilisation n'a pénétré que dans une partie très restreinte de cet archipel et encore n'y a-t-elle fait que très peu de progrès, ce qui n'empêche pas que ce soit une des colonies des temps modernes les plus importantes et les plus enviées.

La simple énumération des produits qui en sont originaires et qui y sont cultivés dans des conditions plus favorables de qualité et de produits que sur aucun autre point du monde, suffit à faire comprendre cette importance : ainsi le giroflier, le muscadier, le poivrier et autres arbres à épices y sont très-multipliés. On y trouve encore en abondance la canne à sucre, l'indigo, le sagou, le café et une foule de plantes tinctoriales. Les forêts produisent naturellement le bois d'ébène, le bois de fer, le tek, le laurier culilaban, qui donne une huile aromatique très estimée et quantité d'arbrisseaux précieux et utiles ; au milieu de cette flore aromatique vivent et se multiplient l'opossum, le babiroussa, le phalanger, le tarsier et le petit chevrotin ; les oiseaux y sont aussi variés que nombreux ; nous citerons entre autres, le kakatoès, le casoar, l'oiseau de paradis, le martin-pêcheur, etc.

Dans le règne minéral, on exploite l'or, une espèce de granit à grain très fin, des pierres calcaires, de la craie et sur la côte, de très beau corail.

L'exportation porte sur les épices, dont le gouvernement hollandais possède le monopole, le trepang, l'écaille de tortue, la nacre de perle, la cire, les nids d'oiseaux, les nageoires de requin, la résine, l'ambre gris, les perles et enfin l'or, mais en petite quantité.

CHAPITRE IV

En continuant notre route, nous passâmes au milieu des îles Caioan, Laigoma, Sico, Giogi, Cafi, Labuan, Toliman, Titameti, Bachian, Latalata, Jabobi, Mata et Batutiga. Dans l'île de Cafi les hommes sont, nous a-t-on dit, petits comme des Pygmées.

Nous prîmes la direction d'ouest-sud-ouest. Au sud, nous vîmes de petites îles, et, suivant l'avis des pilotes moluquois, nous mouillâmes à une île appelée *Sulach*, à cinquante lieues de Tadore. Les habitants sont anthropophages. Les femmes, comme les hommes, vont nus. Les habitants de quelques îles voisines mangent également de la chair humaine.

Ayant parcouru dix lieues dans la même direction, nous allâmes mouiller à une grande île appelée *Buru*.

En allant de Buru au sud-ouest-quart-ouest, nous essuyâmes une tempête des plus violentes. Nous fîmes aussitôt vent arrière, et courûmes sur une île assez élevée qu'on appelle Mallua, où nous mouillâmes.

Les habitants de cette île ressemblent plutôt à des bêtes brutes qu'à des hommes ; ils sont anthropophages, et vont tout nus. Quand ils se disposent à combattre, ils roulent leur barbe dans des feuilles, puis l'enferment dans des étuis faits avec des roseaux ; ce qui nous amusa beaucoup. Nous n'avons pas rencontré dans tout notre voyage d'hommes plus laids.

Ils mettent leurs provisions de bouche dans des sacs faits de feuilles d'arbre ; leurs femmes ne nous eurent pas plus tôt aperçus que, saisissant leurs arcs, elles semblaient nous menacer. Mais, au moyen de quelques présents, nous les apaisâmes facilement.

Nous passâmes quinze jours dans cette île pour radouber les flancs de notre vaisseau qui avaient beaucoup souffert : nous y trouvâmes des chèvres, des poules, du poisson, des noix de coco, de la cire et du poivre. Pour une livre de vieux fer on nous donnait quinze livres de cire. Il y a deux espèces de poivre, le long et le rond. Les fruits du poivre long ressemblent aux fleurs amentacées du noisetier.

Nous prîmes à Mallua un homme qui se chargea de nous conduire à une île où il y avait une plus grande abondance de vivres. Mallua est par le 8° 30' de latitude méridionale et 160° 40 de longitude de la ligne de démarcation.

Notre vieux pilote moluquois nous raconta que dans ces parages on trouve une île appelée Aruchcto, dont les habitants n'ont pas au-delà d'une coudée de haut ; leurs oreilles sont aussi longues que tout le corps ; en sorte que, quand ils se couchent, ils se servent de l'une pour matelas et de l'autre pour couverture (1). Ils ont la voix aigre et leur agilité est extrême. Ils vivent sous terre, se nourrissent de poisson et d'une espèce de fruit qu'ils trouvent entre l'écorce et la partie ligneuse d'un arbre qu'ils nomment ambulon.

Le 25 janvier, à deux heures, ayant quitté l'île Mallua, nous en atteignîmes une assez grande, nommée Timor. Je descendis seul à terre, pour obtenir du chef du village quelques vivres. Il m'offrit des buffles, des cochons et des chèvres ; mais nous ne pûmes pas nous entendre pour les échanges ; il demandait beaucoup trop. Nous ne vîmes alors d'autre parti à prendre que de garder sur le vaisseau le chef d'un autre village appelé *Balibo*, qui s'était rendu à bord avec son fils.

Le sandal blanc ne se trouve que dans cette île. Il y croit du riz, des bananes, du gingembre, des cannes à sucre, des oranges, des citrons, des amandes, des haricots et de la cire.

Nous mouillâmes près de la partie de l'île où il y avait quelques villages habités par leurs chefs. On nous dit qu'une montagne près de l'un de ces villages, nommé Cabanaza, produit beaucoup d'or. C'est avec les grains de ce métal que les habitants achètent tout ce dont ils ont besoin.

L'île est entièrement habitée (1).

(1) Les insulaires de ces parages s'amusent à conter aux étrangers des choses merveilleuses. On voulut faire croire à Cook que dans une île les hommes étaient si forts et si grands qu'ils auraient emporté son vaisseau.

(1) *Timor*, île de la Malaisie, archipel de la Sonde entre l'océan Indien et la mer des Moluques, par 8° 30' et 10° 30' de latitude sud, et 131° 125' de longitude est. Cette île a environ 444 kilom. de longueur du nord-ouest au sud-ouest, sur 110 kilom. dans sa plus grande largeur. Elle se rétrécit vers le nord-est. Sa superficie est de 28,650 kilom. carrés. Une chaîne de montagnes des flancs

On nous a dit qu'à la distance d'une journée de voyage à l'ouest-nord-ouest de Timor il y a une ile appelée Ende, où l'on trouve beaucoup de canelle. Les habitants n'ont pas de roi. Près de là il y a une chaine d'iles jusqu'à Java majeure et au cap de Malaca.

Les plus grands villages du pays sont dans l'ile de Java, et le principal s'appelle Magapaher. On récolte ici beaucoup de poivre.

Le mardi, 11 février, à la nuit, nous quittâmes l'ile de Timor, et entrâmes dans la grande mer appelée *Laut Chidol*. La crainte des Portugais nous fit éviter l'approche des terres et notamment l'ile de Zumatra (1), nous laissâmes de côté toute la côte de l'Inde majeure pour doubler le cap de Bonne-Espérance, nous nous élevâmes jusqu'à 42° de latitude sud, jusqu'au cap le plus grand et le plus dangereux qui existe. Les vents contraires, qui finirent par une tempête terrible, nous retinrent pendant neuf semaines dans ces parages.

Plusieurs de nous, et surtout les malades, demandaient à prendre terre à Mozambique, où il y a un établissement portugais ; d'ailleurs le froid était excessif, et nous manquions de provisions, il ne nous restait plus que du riz et de l'eau ; cependant il fut décidé que, par honneur, quelques périls que nous eussions encore à redouter, nous braverions tout pour retourner en Espagne.

desquelles s'échappent de nombreuses sources, la traverse. Le climat, très variable, est entièrement subordonné aux moussons. Sujette à d'assez fréquents tremblements de terre, l'ile a encore à souffrir de violents orages ; mais l'admirable fertilité du sol compense en partie ces rudes fléaux qui lui sont communs, d'ailleurs, avec toutes les terres situées en ces régions. Les principales cultures sont les épices, le riz, le tabac, l'indigo, le coton, les bois de bambou et de santal, une foule d'autres bois de construction navale, de menuiserie, d'ébénisterie, le maïs, etc.; plusieurs pêcheries importantes de perles sont établies au sud-est. Le commerce y est des plus actifs.

Le règne animal comprend un grand nombre d'animaux et de poissons, et, en quadrupèdes, les buffles, les chèvres, les cerfs, les sangliers, les chevaux, les singes, une espèce particulière de moutons, etc., un grand nombre d'essaims d'abeilles y fournissent un miel délicieux et très estimé.

L'exportation, qui porte principalement sur le bois de santal, les épices, l'écaille de tortue, les noix et l'huile de coco, les écorces de bois de teintures, les nids d'oiseaux, etc., s'élève à environ 800,000 fr.; l'importation dépasse ce chiffre de près de 900,000 fr.

Le sud-ouest de cette ile appartient aux Pays-Bas, et forme la Résidence de Timor, dont le chef-lieu est Company, et qui comprend les iles de Timor, de Samao, de Lando, de Roth, de Davias, de Sava, d'Ombay, de Potar, de Lemblen, d'Odonaro, de Solor et la partie sud de Mangaraai.

Le nord de l'ile appartient presque en entier aux Portugais.

La population de Timor est évaluée à 1,000,000 d'habitants, Malais, Papous, Portugais, Hollandais et Chinois.

La religion des indigènes est le paganisme.

(1) Sumatra.

Nous doublâmes enfin, le 6 mai, ce cap terrible ; mais il fallut nous en approcher de cinq lieues, autrement jamais nous ne l'aurions dépassé.

Nous naviguâmes encore deux mois sans interruption, et perdîmes vingt-un hommes, soit chrétiens ou Indiens.

Le 9 juillet, la disette nous força de relâcher à San-Iago, une des îles du cap Vert. Un canot alla à terre avec treize hommes, et, comme nous nous trouvions en terre ennemie, nous eûmes soin de cacher de quel pays nous venions. On ajouta foi à nos discours, et on nous fournit des vivres.

Le canot étant retourné à terre une troisième fois, nous crûmes remarquer qu'on le retenait, et, au mouvement qu'on faisait, nous soupçonnâmes qu'on voulait s'emparer de notre vaisseau. Aussitôt nous appareillâmes, et continuâmes heureusement notre route. Nous sûmes ensuite pour quelle raison on avait voulu retenir le canot. Un de nos matelots avait dit que le capitaine-général avait été tué, et que notre vaisseau était le seul de l'expédition qui revînt en Europe.

Enfin, le 6 septembre, nous entrâmes dans le port de San-Lucar, après un voyage de trois ans et quatorze jours.

Soixante hommes formaient encore notre équipage quand nous quittâmes les îles Molucco, et nous n'étions plus que dix-huit, pour la plupart malades. Parmi les manquants à l'île de Timor, les uns étaient restés, et les autres avaient péri de faim.

Du moment de notre départ de la baie de San-Lucar jusqu'à celui de notre retour, nous avions parcouru plus de quatorze mille quatre cent soixante lieues, et achevé le tour du monde en courant toujours de l'est à l'ouest.

Lundi, 8 septembre, nous jetâmes l'ancre près le mole de Séville.

Le mardi, fidèles au vœu que nous avions fait dans les grands dangers, nous nous rendîmes tout en chemise et pieds nus, tenant un cierge à la main, à l'église de Notre-Dame de la Victoire et à celle de Sainte-Marie d'Antigua.

En quittant Séville, je me rendis à Vagliadolid (1) ; là je présentai à Charles V non de l'or ni de l'argent, mais des choses bien plus précieuses à ses yeux ; et, entre autres objets, un livre écrit de ma main, où, jour par jour, j'avais noté tout ce qui nous était arrivé pendant le voyage. Je passai ensuite en Portugal, où je fis au roi Jean le récit de ce que j'avais vu ; je vins enfin en France, où je fis présent de quelques objets de l'autre hémisphère à madame la Régente, mère du roi très chrétien François Ier.

(1) Valladolid.

Fin du Voyage de Magellan

LES MERS POLAIRES

Recherches et Hivernages — (1596-1676)

CHAPITRE Ier

Naufrage d'un navire hollandais et hivernement de l'équipage sur la côte orientale de la Nouvelle Zemble en 1596 et 1597.

Les mers du nord n'étaient fréquentées que par les navires baleiniers ou par ceux que le commerce des pelleteries attiraient du port d'Archangel; mais quand les Portugais, doublant le cap des Tourmentes, se furent, ainsi que nous venons de le raconter, frayé des routes nouvelles vers l'Inde et la Chine, les Hollandais, les Anglais, les Français même, faisant revivre d'anciennes traditions, cherchèrent, à travers les glaces polaires, un passage qui leur permit de devancer les Portugais dans ces heureuses contrées, patrie de la soie, des perles et des diamants.

Les uns se dirigèrent vers le nord-est, les autres vers le nord-ouest, et si l'on ne découvrit pas le passage, objet de tant de vœux et d'explorations, on trouva des terres, des îles, des mers qu'on ne cherchait pas, et le cercle des connaissances géographiques s'agrandit considérablement.

Behring, Baffin, Hudson, Davis et beaucoup d'autres navigateurs, dont l'histoire et les voyages trouveront place dans un autre volume, ont légué leur nom à la postérité, bien que le fameux passage se soit obstiné à rester caché sous les glaces. Ce n'est qu'au bout de trois cents ans de ten-

tatives et de recherches, tantôt poursuivies avec ardeur et tantôt aban-
données, que des expéditions récentes ont montré la route qui seule peut
conduire à la grande mer.

Ce n'est pas, nous venons de le dire, le récit de ces importants voyages
que nous offrons ici au lecteur; nous nous bornerons à détacher de cette
histoire quelques chapitres émouvants qui nous paraissent de nature à
compléter l'ensemble de cette grande période de découvertes inaugurée
par Christophe Colomb et glorieusement continuée par Vasco de Gama,
Magellan et leurs émules.

De tous les voyages entrepris dans le but de percer le mystère qui
enveloppe les régions polaires, il n'en est point de plus célèbre et qui
mérite mieux d'être connu que celui des Hollandais. Heemskerke, Barensz et Ryp.

Les talents déployés par ces officiers durant le cours d'une navigation
périlleuse, les cruelles extrémités où ils furent réduits sur la côte inhospitalière de la Nouvelle-Zemble, l'inébranlable courage qu'ils opposèrent
aux dangers les plus imminents, leur retour en Hollande, tout, dans le
récit de leur aventureuse expédition, excite au plus haut point l'intérêt et
la curiosité.

Deux voyages de Guillaume Barensz, en 1584 et 1595, avaient produit
quelque avantage pour la navigation et la géographie. C'était trop peu.
Barensz, à son second retour, donna des assurances si positives que le
passage existait par le détroit de Waigatz, il montra tant de conviction et
de bonne foi, que les chefs de l'entreprise, partageant avec lui l'espoir du
succès, ne songèrent qu'à faire un nouvel armement.

Ils comptaient, il est vrai, sur une commission spéciale du gouvernement, et sur ce point, leur attente fut trompée; les États, après mûre
délibération, rejetèrent leur demande, mais ils déclarèrent que si une
ville, une compagnie ou même un simple armateur voulaient faire les
frais du voyage, une récompense nationale leur serait décernée en cas de
réussite.

Le conseil de ville d'Amsterdam se contenta de cette autorisation im-
plicite, et deux vaisseaux furent équipés sans délai. Officiers, matelots,
tous obtinrent des conditions avantageuses. Jacques Heemskerke eut le
commandement du premier vaisseau; Jean Cornelisz Ryp celui du second;
Guillaume Barensz fut nommé premier pilote.

Les deux vaisseaux sortirent du Texel le 18 mai 1596; dès le 30 ils
avaient atteint 69° 24' de latitude. Le premier juin, on n'eut point de
nuit; le crépuscule du soir s'unit à l'aurore. Le lendemain, vers les dix
heures et demie du matin, un magnifique spectacle s'offrit aux yeux des

Hollandais. Deux parélies (1) brillantes se montraient auprès du soleil, une de chaque côté ; les trois soleils étaient couronnés par un arc-en-ciel. Deux autres arcs-en-ciel se montraient en même temps ; l'un deux traversait le disque du vrai soleil, qui se trouvait à 28° au-dessus de l'horizon. A midi, la latitude était de 71°.

Le 5, on crut voir des cygnes sillonnant la mer : c'étaient des bancs de glace qui s'étaient détachés et flottaient à l'aventure.

Le surlendemain, on navigua parmi les glaces ; mais le mouvement des vaisseaux les séparait facilement ; on se trouvait sous le 74°, et l'eau était verte ; on se crut près du Groënland.

A mesure qu'on avançait, la glace devenait plus épaisse. Le 9, on découvrit une île qui parut avoir cinq lieues de long ; quelques matelots descendirent à terre, ils y trouvèrent beaucoup d'œufs de mouettes. La curiosité les poussa jusqu'au sommet d'une montagne escarpée ; au retour, ils ne purent voir sans frémir les abîmes ouverts sous leurs pas ; ils furent obligés de se traîner sur le ventre pour diminuer le danger.

Barensz, qui les voyait du rivage, craignit longtemps pour eux ; il leur reprocha amèrement leur imprudente et inutile témérité. Ils furent assaillis par un ours blanc qu'ils tuèrent après un combat de deux heures ; ce qui fit donner à l'île le nom de *Baeren-Eylandt*, île des Ours. La peau de cet ours avait douze pieds de long.

Cependant les glaces retardaient la marche des vaisseaux ; on ne réussit qu'avec peine à gagner la pointe de l'île, mais on ne put la doubler. Le 19, on découvrit une autre terre ; l'observation de la hauteur donna 80° 11'. On rangea la côte vers l'ouest, et l'on découvrit une belle rade, dont le vent, qui soufflait de terre avec violence, ne permit pas d'approcher.

Le 21, on jeta l'ancre à vue de terre, par 18 brasses d'eau. L'équipage de Barensz était allé prendre du lest à la côte occidentale ; au même instant, un ours blanc, se jetant à l'eau, se dirigea vers le bâtiment ; les matelots quittèrent aussitôt leur travail, et rentrant dans la chaloupe et les deux canots qui les avaient apportés, ils voguèrent vers le monstre à force de rames. L'ours gagna le large ; on le poursuivit.

Au moment où on l'atteignit, on lui porta plusieurs coups ; mais sa peau était si dure que les armes se brisaient dans les mains des matelots. Il est vraisemblable que les forces de l'animal commençaient à l'aban-

(1) On donne le nom de parélie à une image du soleil qui se montre à côté de cet astre. Ce phénomène est causé par la réfraction des rayons lumineux sur un nuage qui se trouve entre le soleil et l'observateur. Les parélies sont presque toujours accompagnées de couronnes ou cercles colorés, semblables, par l'ordre et l'éclat des couleurs, à l'arc-en-ciel.

donner ; on le tua à l'instant même où, par un dernier effort, il s'était élancé sur la proue d'un canot dont il embrassait l'étrave si étroitement qu'il manqua de le submerger. Sa peau, qu'on emporta, avait treize pieds (1).

En continuant leur route, les Hollandais découvrirent une grande baie au milieu de laquelle se trouve une île. Cette île était toute couverte d'oies sauvages. Heemskerke ne douta point que les oies qu'il voyait arriver tous les ans dans la Frise et le Zuyderzée ne vinssent de cette île ou des environs. Il paraît que ces terres sont situées entre le Groënland et la Nouvelle-Zemble. On navigua lentement jusqu'au 29, en suivant les contours de la côte ; ce dernier jour, on fut obligé de s'éloigner pour éviter le choc des glaces ; on revint à Bacrem-Eylandt.. Là, Cornelisz Ryp et ses officiers se rendirent à bord du vaisseau de Heemskerke ; il s'agissait de déterminer la route qu'il fallait suivre, et l'on ne put se mettre d'accord. Il fut convenu que chacun prendrait celle qu'il jugerait la meilleure.

Cornelisz, cédant aux idées qu'il s'était formées, retourna au lieu d'où il venait, dans l'espérance qu'il trouverait un passage à l'est, au-delà de ces terres, tandis que Barensz se détermina par la direction des glaces à courir au sud.

Le 17 juillet, à midi ou une heure, il reconnut la Nouvelle-Zemble, vers la baie de Saint-Louis, par les 74° 40'.

Bientôt les glaces fermèrent le passage. Le 20, on fut contraint de mouiller sous l'île des Croix ; huit matelots y descendirent dans le dessein de visiter les croix que la dévotion y a plantées, et ils s'assirent d'abord au pied de la première. Quelques instants après, ils se levèrent pour aller

(1) L'ours blanc joint la force à l'adresse, l'audace à la férocité ; tous les navigateurs qui ont fréquenté les mers du nord ont eu mille fois l'occasion de s'en convaincre. L'auteur du journal de Barensz, Girard le Veer, rapporte le fait suivant. Le 6 septembre, quelques matelots retournèrent à l'île des États pour y chercher des cristaux semblables à ceux qu'ils y avaient d'abord trouvés. Deux d'entre eux s'étaient couchés pour se reposer. Un ours blanc s'approcha doucement par-derrière, et en saisit un par la nuque. Eh bien ! que faites-vous, s'écria le matelot, qui ne se méfiait de rien. Son compagnon, tournant alors la tête, aperçoit l'ours, et fuit vers les autres matelots qui étaient à terre. Ceux-ci saisirent aussitôt leurs armes, et se mirent à courir vers le lieu indiqué. L'ours ne les eut pas plus tôt aperçus, qu'abandonnant sa proie, il s'élança vers eux avec une incroyable fureur, et choisissant une nouvelle victime, il le saisit, l'emporte et la déchire en pièces ; tous les autres, épouvantés, prennent la fuite. Ceux qui étaient restés à bord les voyant revenir, marchèrent à leur secours, et tous ensemble résolurent d'aller attaquer l'animal.

L'ours ne s'effraya nullement à l'aspect de tant d'ennemis ; il continua de dévorer sa proie, comme s'il eût été au fond des bois. Une balle qu'il reçut dans la tête ne put lui faire lâcher prise, seulement il tenta de s'éloigner avec le corps qu'il tenait par le cou. Il ne s'en sépara que mort. Les deux malheureux matelots, à demi dévorés, furent enterrés dans l'île ; la peau de l'ours fut apportée à la compagnie d'Amsterdam.

vers la seconde; deux ours les avaient prévenus; ils se tenaient debout devant la croix pour les mieux observer.

Le premier mouvement des matelots fut de fuir; l'un d'eux les arrêta, menaçant de tuer celui qu'il verrait reculer d'un pas : l'expérience lui avait appris que pour effrayer les ours, il fallait être en nombre et pousser de grands cris; ce moyen leur réussit, et les ours s'éloignèrent. Ce fut dans ces parages que Barensz observa pour la seconde fois les variations de l'aiguille. Un mois auparavant, la déclinaison n'était que de 16°; elle se trouvait maintenant d'environ 26°.

Le 7 août, Barensz fut obligé, par une brume épaisse qui ne permettait pas de distinguer les objets, d'amarrer son vaisseau à un banc de glace qui avait cinquante-deux brasses d'épaisseur, savoir : trente-six dans la mer et seize au-dessus de l'eau.

Le lendemain, on eut une alarme assez vive : un ours à la nage cherchait à s'élancer dans le vaisseau. L'équipage poussa des cris qui d'abord semblèrent l'effrayer; mais bientôt reprenant son audace, il se présenta de nouveau du côté de la poupe; alors on déchargea sur lui quelques coups de fusil. L'animal blessé se retira; la neige qui tombait en abondance empêcha qu'on songeât à le poursuivre.

Les glaces s'étant séparées le jour suivant, on se hâta de s'éloigner, mais on avança peu, car les glaçons, emportés par les courants, faisaient craindre à tout moment un choc funeste. Barensz mit alors tout en œuvre pour se rapprocher de la côte; il ne craignait pas seulement d'être emporté par les glaces, mais encore il jugeait que lorsqu'une fois il serait sur trois ou quatre brasses d'eau, il se trouverait hors d'atteinte des plus gros bancs. Il s'avança vers un point d'où l'on voyait un courant d'eau descendre des montagnes; il le nomma Cap des Glaces.

Trois jours après, le navire se trouva pris subitement dans les glaces, en vue de l'île d'Orange. Ce ne fut pas sans peine qu'on parvint à le dégager.

Le bruit que faisaient les matelots en brisant les glaçons, réveilla un ours qui dormait à peu de distance. Il courut d'abord vers le vaisseau, et les matelots, de leur côté, coururent à la défense. Quelques coups de fusil le contraignirent à prendre la fuite; il s'alla poster sur un banc de glace, du côté opposé de l'île. Quelques matelots sautèrent dans la chaloupe et le suivirent de près; lorsqu'il vit la chaloupe aller directement vers lui, il se jeta à l'eau pour gagner l'île. La chaloupe lui coupa le passage; un matelot lui asséna même sur la tête un coup de hache qui le blessa grièvement. Le matelot voulut redoubler, mais chaque fois qu'il levait la hache, l'ours plongeait adroitement pour esquiver le coup, et il réussit pendant longtemps à se garantir; à la fin, toutefois, il ne put éviter la mort.

Le lendemain, quelques matelots, montés sur les plus hauts glaçons pour examiner la mer autour d'eux, revinrent apporter au vaisseau la nouvelle que la mer était ouverte au sud-est. Dès ce moment, on crut le succès de l'entreprise assuré; la joie fut vive, mais courte. On appareilla, on mit à la voile, on redoubla d'efforts, et la mer sembla multiplier les obstacles. Les glaces même s'amoncelèrent si fort, que l'on fut obligé de retourner au lieu d'où l'on venait et même de se porter encore plus en arrière. On atteignit ainsi le Cap des Glaces, et l'on passa la nuit sur les ancres.

Dès que le jour fut venu, quelques matelots montèrent sur un glaçon, qui avait dix brasses au-dessus de l'eau et dix-huit au-dessous. Ils rapportèrent que le sommet était couvert de terre; ce qui rendait leur récit vraisemblable, c'est qu'ils montrèrent une quarantaine d'œufs qu'ils y avaient trouvés. On remarqua, de plus, que cette masse n'était point blanche, mais de couleur bleuâtre tirant sur l'azur.

Toute la journée du 25 se consuma en vaines tentatives. La marée ramenait les glaçons, on ne voyait aucun passage ouvert, on avait perdu l'espérance d'aller plus loin, on parlait de reprendre la route de la Hollande. Mais à peine s'était-on éloigné du Cap des Glaces, qu'on trouva la mer prise et les obstacles insurmontables. Il fallut se hâter de retourner au port pour ne pas s'exposer à périr; ce qui serait infailliblement arrivé, si le navire eût été surpris par les glaces en pleine mer.

Plusieurs jours s'écoulèrent dans l'anxiété la plus vive. Quand la glace venait à se rompre, l'espérance rentrait dans les cœurs; quand, le matin, on s'apercevait que le froid de la nuit avait rejoint les glaçons, on retombait dans l'abattement; la seule perspective qui s'offrait, c'était d'hiverner dans ces régions désolées.

Le 29, le vaisseau s'entr'ouvrit par le haut avec un horrible fracas; les Hollandais se crurent perdus. Bientôt ils remarquèrent que les glaçons s'entassaient les uns sur les autres; tout espoir de se dégager fut alors perdu.

Le 30, le danger s'accrut, la neige tombait en abondance; les glaçons s'élevaient à vue d'œil, principalement du côté du courant, ce qui avait soulevé le vaisseau qu'on s'attendait d'un moment à l'autre à voir se briser en mille pièces. Cependant, les glaçons s'amoncelaient aussi du côté opposé au courant, si bien que le vaisseau, qui résistait encore, se trouva redressé et monté sur les glaces, comme si on l'eût élevé avec des machines.

Le 31, de nouveaux glaçons, passant à l'avant du vaisseau, l'exhaussèrent tellement, que l'étrave se trouvait de quatre ou cinq pieds plus haute que la poupe. On se flattait que cet incident servirait à conserver le gouvernail, que les glaçons cesseraient de frapper; mais il n'en fut pas ainsi, et le gouvernail fut rompu; malheur qu'on déplora d'abord, et qu'ensuite on regarda comme un bienfait du ciel, parce que le gouvernail avait préservé le corps du bâtiment. Il paraissait évident que si les glaçons qui circulaient sans cesse autour du vaisseau, avaient frappé la poupe comme ils frappaient la proue, ils auraient enlevé tout le bâtiment qui, peut-être même, aurait coulé bas, ce qu'on craignait beaucoup. Aussi, on avait pris la précaution de mettre sur la glace la chaloupe et les canots pour s'y retirer en cas de nécessité, et quatre heures d'angoisses venaient de s'écouler quand les glaces se séparèrent et furent emportées par le courant. On profita de cet heureux événement pour réparer le gouvernail et la barre qu'on finit par démonter.

Le 1er septembre, les glaçons s'entassèrent de nouveau, et le corps du vaisseau se trouva élevé de plusieurs pieds, sans être encore offensé. On fit les préparatifs nécessaires pour traîner à terre la chaloupe. Le danger devenait pressant; de nouveaux glaçons élevèrent encore le vaisseau, qui craqua horriblement, et s'ouvrit en plusieurs endroits. Treize tonneaux de biscuits et deux tonneaux de vin furent aussitôt traînés à terre.

Le 3, une partie de l'étambord se détacha, mais le doublage se soutint encore. Le câble, mouillé au vent, se rompit; un câble neuf, amarré à la glace, ne tint pas davantage.

Ce qui surprit alors les Hollandais, ce fut de voir le corps du bâtiment résister encore.

Cependant, le 5, vers le soir, les glaçons le pressaient tellement, qu'il resta penché sur le côté, et qu'il fut très endommagé. On se hâta de porter à terre de la poudre, du plomb, des fusils, des mousquets, et une vieille voile de misaine pour dresser une tente près du canot. On transporta aussi du biscuit, des liqueurs fortes, et des instruments de charpentier pour radouber la chaloupe.

Quelques matelots s'étaient avancés dans le pays, et ils n'avaient vu qu'un sol glacé; mais ils aperçurent une rivière d'eau douce et une grande quantité de bois que les flots avaient apportée sur le rivage. Ils virent aussi sur la neige des traces qu'ils prirent pour celles des pieds de rennes ou d'orignaux.

Le rapport de ces matelots fut d'autant plus agréable que le navire était à la veille de manquer d'eau, et qu'on ne savait sur quel secours il fallait compter dans un pays sans eau et sans arbres. On se confirma donc de plus dans la résolution déjà prise d'hiverner ; on le faisait du moins avec l'espérance de revoir la Hollande.

On s'occupa de bâtir une grande hutte, où l'on pût être à couvert du froid et de l'insulte des ours. On trouva effectivement sur le bord de la rivière un assez grand nombre d'arbres entiers qui venaient peut-être de la Sibérie. On commença par faire un traîneau pour les amener à la hutte, qui, d'après les observations faites par le pilote, était située vers 76° de latitude.

Le 15, tandis qu'on travaillait avec ardeur, un matelot aperçut trois ours d'inégale grandeur. Le plus petit resta caché derrière un banc de glace ; les deux autres continuèrent d'avancer : c'était probablement le mâle et la femelle. Pendant que les matelots préparaient leurs armes, l'un des deux ours alla mettre le mufle dans un lieu où on avait mis de la viande, et presque aussitôt il reçut dans la tête une balle qui le renversa mort. L'autre marqua de la surprise ; il regarda son compagnon d'un œil fixe, le flaira, et, voyant qu'il ne faisait aucun mouvement, il retourna sur ses pas comme s'il eût pressenti le danger. Après avoir fait quelques pas, il fit volte-face, et, pour mieux observer les matelots, il se leva debout sur ses pattes de derrière. Une balle, qui l'atteignit dans le ventre, le fit retomber sur ses pieds ; il prit alors la fuite en poussant d'affreux mugissements.

Barensz fit ouvrir l'ours mort, lui fit ôter les intestins, et le fit mettre ensuite sur ses quatre pattes pour le laisser geler dans cette posture et le transporter en Hollande, si l'on parvenait à sauver le vaisseau.

La nuit du lendemain, l'eau de la mer, qui avait conservé jusque-là son mouvement entre les glaces, se prit de deux doigts d'épaisseur, et la nuit suivante la gelée augmenta du double. Le froid devint si vif, que tout gelait dans la cuisine.

Deux ou trois jours après, le charpentier mourut. Il ne fut pas possible d'ouvrir la terre pour l'inhumer ; on déposa ses restes dans la fente d'un rocher.

Cependant, les soliveaux qu'on avait traînés sur la glace furent posés, et l'édifice commença de prendre une forme. L'équipage ne consistait plus qu'en seize hommes, dont quelques-uns même n'étaient pas très bien portants. La neige qui tomba la nuit du 30, ne permit pas aux Hollandais de sortir de la hutte pour aller chercher du bois. La terre autour de la hutte était si fortement gelée qu'on ne put la ramollir, même en y appliquant le feu. On aurait voulu creuser un fossé dont les terres auraient formé un rempart.

La hutte fut terminée le 2 octobre. On y planta un mai de neige gelée,

pour que ceux qui auraient le malheur de s'égarer pussent la reconnaître ;
mais la peur de rencontrer des ours retenait les plus hardis.

Le 5, on fut étonné de voir la mer ouverte aussi loin que la vue pouvait s'étendre ; mais les glaces qui tenaient le vaisseau n'avaient fait aucun mouvement : on reconnut que l'eau était gelée autour du bâtiment
jusqu'au fond, c'est-à-dire à la profondeur de trois brasses et demie. Le
même jour on démonta la chambre de l'avant pour employer les planches
à recouvrir la hutte. La chambre de poupe fut pareillement démontée
pour couvrir les côtés. Cette précaution ne pouvait être prise plus à propos, car le froid devint si violent qu'il n'était pas possible de le soutenir
au dehors.

Le 9, la température s'étant un peu relevée, on en profita pour reprendre les travaux. Un matelot, qui s'était un peu écarté, rencontra un ours
qui se mit à le poursuivre. Le matelot courait vers le vaisseau ; mais
l'ours l'aurait bientôt atteint, si, à l'aspect du dernier qu'on avait tué et
posé sur ses pattes, il ne se fût arrêté quelques instants. Le matelot eut
le temps d'arriver au vaisseau en criant : Un ours, un ours ! Tous ceux
qui se trouvaient sur le bâtiment montèrent sur le pont et se mirent à
jeter de grands cris : l'ours, effrayé, se retira.

Heemskerke, voyant le temps serein, fit porter au rivage le vin et les
autres provisions. Le 13, on chargea deux tonneaux de bière de Dantzick
sur un traîneau pour les conduire à la hutte ; mais, au moment du départ,
il s'éleva un orage si violent, que les matelots furent obligés de rentrer à
bord, laissant leur charge sur le traîneau. L'un des tonneaux creva pendant la nuit, et la bière gelée ressemblait à de la colle-forte. On porta le
tonneau dans la hutte pour le faire dégeler ; mais la bière avait perdu
toute sa qualité, ce n'était plus que de l'eau.

Lorsqu'on retourna au vaisseau, le 20, pour retirer tous les tonneaux
de bière, on les trouva presque tous défoncés ou fendus malgré leurs cercles de fer. Une partie de l'équipage habitait déjà la hutte ; le reste quitta
le vaisseau ce jour-là, mais en prenant la précaution d'entraîner la chaloupe et l'ancre de touée ; et comme le soleil commençait à les abandonner, ils firent jusqu'au 25 d'incroyables efforts pour transporter à la hutte
tous les vivres et les agrès.

Ils n'avaient pas encore terminé ce pénible travail, que Barensz levant
les yeux aperçut trois ours qui venaient sans bruit derrière le vaisseau
pour surprendre les matelots. Il fit aussitôt de grands cris auxquels les
matelots répondirent ; mais les ours, qui probablement puisaient de l'audace dans leur nombre, ne parurent nullement épouvantés, et ils continuèrent d'avancer. Il fallut songer à se défendre ; malheureusement il n'y

avait plus d'armes à feu, ni même d'autres armes ; il ne s'y trouva que deux hallebardes : Barensz prit l'une, Girard le Veer se saisit de l'autre. Les matelots coururent au vaisseau, et ils furent assez heureux pour s'y réfugier, à l'exception d'un seul qui glissa sur la glace et tomba dans une fente ; par bonheur pour lui, les ours ne l'aperçurent pas ; ils suivaient ceux qui entraient au vaisseau, et ils se présentèrent pour monter après eux. On ne put les arrêter qu'en leur lançant à la tête les ustensiles, les pièces de bois qu'on trouvait sous la main ; ils se jetaient avec rage sur ces projectiles, comme un chien se jette sur la pierre qu'on lui lance. Mais ces terribles animaux revenaient ensuite à l'assaut avec plus de furie, et les Hollandais n'avaient plus rien à lancer. On voulait allumer du feu, de la poudre ; mais la confusion qui régnait sur le vaisseau ne permit pas qu'aucune de ces mesures pût s'exécuter :

Barensz, au désespoir, lança sa hallebarde sur la tête de l'ours le plus grand, et ce fut avec tant de bonheur, que le fer le frappant sur le mufle, lui fit probablement quelque grave blessure, puisqu'au même instant l'animal prit la fuite en mugissant. Les deux autres le suivirent avec lenteur toutefois, comme s'ils eussent regretté la proie qu'ils n'avaient pu saisir.

Le 27, on tua un renard blanc qu'on fit rôtir, et dont le goût approchait de celui du lapin. Le reste du mois fut employé à calfeutrer les fentes de la hutte, à préparer une lampe pour la nuit, à placer et monter l'horloge, et à prendre toutes les précautions qui pouvaient rendre plus supportable le genre de vie auquel on se voyait condamné.

Le 1er novembre, on vit paraître la lune à l'est, et le soleil montait encore assez sur l'horizon pour se faire voir. Le 2, on le vit se lever et se coucher, mais son disque ne se montra pas tout entier. Le 3, on n'en vit que la partie supérieure ; le 4, on cessa de le voir tout-à-fait, quoique le temps fût calme et serein. Le chirurgien conseilla le bain à tout l'équipage ; on le prépara dans un tonneau vide. Ce bain rendit aux matelots la vigueur qu'ils commençaient à perdre.

Le soleil ne se montrait plus, mais la lune était venue prendre sa place. Lorsqu'elle fut parvenue à sa plus haute période, on la voyait jour et nuit. Le 6, la journée fut si sombre que les Hollandais restèrent couchés très longtemps, ne pouvant imaginer que ce fût le jour qu'ils voyaient ; l'horloge, qu'ils auraient pu consulter, s'était arrêtée. Comme le défaut de vivres eût été le plus terrible de tous les maux qu'on prévoyait, on fit un état du biscuit qui restait, et l'on régla les rations à raison de quatre livres cinq onces pour huit jours, ce qui les diminuait un peu. La provision de viande et de poisson sec était encore assez abondante, mais on commençait à manquer de vin, et ce qui restait de bière était absolument sans force.

De temps en temps on prenait quelques renards. **Les ours s'étaient re-** tirés avec le soleil, et ils ne reparurent qu'au retour de cet astre. On dressa des piéges pour prendre des renards, et quelques-uns y tombèrent. La distribution de vin fut réglée à raison de deux petits verres par jour ; on n'avait d'ailleurs pour boisson que de l'eau de neige fondue. Dix-sept fromages qui restaient furent partagés.

Barensz avait fait remettre à chaque matelot une pièce de gros drap pour s'en servir contre le froid ; les chemises et le drap ne furent pas ménagés. Mais lorsqu'il fut question de laver ce linge, on éprouva le plus grand embarras. On ne l'avait pas plus tôt tiré de l'eau bouillante, que, saisi par la gelée, il ne pouvait être tordu. Près du feu même il restait gelé du côté qui n'était pas exposé à la chaleur; et c'était une occupation très pénible que de le tourner et retourner sans cesse pour le dégeler et le faire sécher.

Vers la fin du mois, il tomba tant de neige que la hutte en fut toute couverte, et qu'il devint impossible de sortir. Ce ne fut qu'au bout de trois jours qu'on se servit de pelles pour creuser un trou par lequel on sortait en rampant. On s'occupa aussi de découvrir les trappes, et dès le même jour on y prit quelques renards. Cette chasse était d'autant plus importante pour les Hollandais, qu'outre la chair qu'ils mangeaient avidement, ils faisaient de la peau des fourrures fort chaudes.

Le 1er décembre, la hutte se trouva pour la seconde fois ensevelie sous la neige ; et comme la fumée n'avait point d'issue, elle devint tellement insupportable qu'on fut obligé de diminuer le feu. Les Hollandais passèrent trois jours dans leurs lits ; ils n'avaient d'autre ressource contre le froid que de chauffer des pierres qu'ils tenaient sous leurs pieds ou dans leurs mains. Les glaces de la mer craquaient, dans l'intervalle, avec un bruit si horrible qu'on avait lieu de penser que des montagnes de glace allaient tomber sur la hutte. Le froid avait acquis tant d'intensité, que les murs et le plancher étaient revêtus d'une croûte épaisse de glace ; il se formait de la glace jusque dans les lits ; l'horloge s'arrêta, quoiqu'on eût augmenté le poids, ce qui obligea Barensz à préparer un sablier de douze heures pour conserver la connaissance du temps.

La gelée devint si forte le 6, que les plus robustes ne pouvaient plus supporter le froid ; ils se regardaient tous d'un œil triste et languissant, persuadés que la plus légère augmentation dans le froid leur coûterait la vie. Le plus grand feu ne réchauffait plus leurs membres ; tout était gelé, jusqu'au vin de Xérez, qui est si spiritueux. Les jours de distribution, on était obligé de le faire dégeler. Les autres jours on n'avait que l'eau de neige, qu'on redoutait à cause des maladies qu'elle pouvait causer.

Dans le même temps, un accident horrible manqua de faire périr tous les Hollandais. Ils étaient allés prendre à bord le charbon de terre qu'ils y avaient laissé ; cette substance donne un feu vif, ardent et qui dure. Vers le soir, en effet, ils allumèrent un grand feu de ce charbon, et ce feu leur rendit la chaleur naturelle qui allait s'éteindre ; mais par une imprudence qu'on conçoit à peine de la part du capitaine et de Barensz, toutes les ouvertures furent soigneusement fermées pour que la chaleur, en se concentrant dans la hutte, leur procurât une nuit tranquille. Ils ne tardèrent pas à se sentir attaqués d'étourdissement et de vertiges qui leur ôtaient même la force et la volonté de faire aucun mouvement ; quelques-uns néanmoins se traînèrent jusqu'à la porte afin de l'ouvrir ; le premier qui voulut sortir tomba sans connaissance sur la neige. Le Veer, qui était près de la porte, jeta du vinaigre au visage du matelot, qui reprit ses sens. Dès que la porte fut ouverte, le froid qu'ils avaient tant redouté fut regardé par eux comme le meilleur spécifique à leur mal. Un quart d'heure plus tard, ils auraient tous péri sans pouvoir se secourir mutuellement.

Du 9 au 12 le temps fut clair, le ciel brillant d'étoiles ; mais le froid arriva à un tel degré qu'il n'est pas possible de l'exprimer. Dans la hutte même, le cuir des souliers se gelait aux pieds des matelots. Les Hollandais furent obligés de se fabriquer des chaussures avec les peaux de moutons qu'ils avaient apportées ; ils mettaient par-dessous trois ou quatre paires de chaussons. Leurs habits étaient tout blanc de verglas. À peine sortaient-ils de la hutte, qu'il leur venait aux lèvres, aux oreilles, et au visage même, des pustules qui l'instant d'après étaient congelées. Le feu semblait manquer de chaleur ; il fallait se brûler presque pour la sentir. Ce temps continua jusqu'à la fin de décembre.

Ce fut sous ces influences atmosphériques que les Hollandais entrèrent dans l'année 1597 ; ce qui ne les empêcha pas de célébrer la fête des Rois. Deux livres de farine qui restaient furent transformées en beignets, qu'on fit frire à l'huile, et qu'on mangea comme le mets le plus exquis. Une ration de tout le vin qu'on avait réservé compléta la fête. On tira des billets, et ce fut un canonnier que le sort fit roi de la Nouvelle-Zemble, pays entre deux mers, qui s'étend peut-être à deux cents lieues.

Vers la mi-janvier le temps devint plus calme et plus clair ; on s'aperçut que la lumière du jour commençait à croître ; bientôt après on remarqua dans l'air une rougeur qu'on prit pour une espèce d'aurore avant-courrière du soleil. D'un autre côté, le froid diminua sensiblement pendant le

jour, quoiqu'il gelât chaque nuit avec la même force. La chasse des renards
devint aussi moins abondante, ce qui obligea le capitaine à diminuer les
rations de biscuit et de vin. La retraite des renards avait encore un mauvais côté, c'est qu'elle annonçait le retour prochain des ours.

Le 21, le capitaine et Le Veer, accompagnés d'un matelot, aperçurent ou
crurent apercevoir un côté du disque du soleil. Ils se hâtèrent de porter à
la hutte cette agréable nouvelle; mais Barensz n'en crut rien, parce qu'il
s'en fallait de quinze jours encore avant que le soleil pût se montrer à
cette latitude. Le capitaine et Le Veer soutinrent leur assertion, Barensz
se renferma dans la sienne; des paris, des gageures eurent lieu. Le lendemain et le surlendemain le temps fut couvert, on n'aperçut rien; mais,
le 27, tout l'équipage vit sur l'horizon le disque entier (I); on le revit
le 31, jour superbe que suivirent des orages, des brouillards, des chutes de
neige.

On avait presque oublié les ours; le 13 février, il s'en présenta un fort
grand qui venait droit à la hutte. Une balle dans la poitrine le força de
rétrograder; il n'alla pas loin : après avoir fait une trentaine de pas, il
tomba mort ou demi-mort. Comme les Hollandais avaient appris à se
méfier de ces animaux, ils lui tirèrent quelques coups pour l'achever. On
tira de son corps plus de cent livres d'huile ou de graisse, qu'on fit fondre
pour les lampes, que depuis quelque temps on n'allumait plus faute de
matière.

Le reste de février, le mois entier de mars et la première moitié d'avril
furent des alternatives continuelles de beau et de mauvais temps, de gelées
et de brouillards. On vit aussi beaucoup d'ours, et on en tua quelques-uns.

Le 6 avril, il en vint un jusqu'à la hutte. Le capitaine, qui heureusement l'aperçut, eut le temps de fermer la porte, et il se plaça derrière
pour la soutenir. L'ours s'en retourna, mais il revint au bout de deux
heures, et monta sur le toit qu'il n'abandonna qu'après avoir commis
bien du dégât.

Le temps s'étant adouci le 15, les Hollandais allèrent visiter le vaisseau, et leur joie fut extrême en le retrouvant dans l'état où ils l'avaient
laissé. Ils considéraient du rivage, avec une surprise mêlée d'admiration,
les glaçons qui couvraient la mer, et leurs formes diverses. Ils croyaient
voir les édifices d'une grande ville, des maisons, des tours, des clochers,

(1) L'observation des Hollandais, lorsqu'elle fut connue en Europe, donna lieu à bien des discus-
sions parmi les savants. M. Cassini père l'expliqua par la réfraction des rayons à travers les
vapeurs atmosphériques de l'horizon. Il en conclut que le disque prétendu n'était qu'une parélie;
et Cassini avait raison.

des remparts, des bastions. Le lendemain, ils remarquèrent que la mer, au loin, était ouverte, ce qui les remplit d'espérance.

Le 1er mai, leur viande commençant à dégeler, ils en firent cuire un morceau ; elle se trouva bonne : mais il fallait qu'elle fût mangée de suite ; pour peu qu'on voulût la garder cuite, elle se gâtait.

Le 2, un vent assez fort de sud-ouest nettoya la haute mer de glaçons ; chacun alors parla de retourner en Hollande par le plus court chemin. La joie générale ne tarda pas à se changer en douleur amère, lorsqu'on aperçut, dès le lendemain, que le vaisseau, qui un mois auparavant n'était qu'à soixante-dix pas de l'eau ouverte, s'en trouvait à plus de cinq cents. Et, comme cela n'arrive que trop souvent, la douleur produisit le mécontentement, le mécontentement conduisit à l'injustice, et l'injustice aurait produit la révolte sans l'humeur conciliante de Barensz.

Quelques matelots proposèrent de parler nettement au capitaine, et de lui déclarer que tout l'équipage était déterminé à s'éloigner de ce triste lieu. On allèguerait que les vivres commençaient à manquer, au moment où ils devenaient plus nécessaires que jamais. Néanmoins, quand ils virent Heemskerke, aucun d'eux n'osa s'expliquer avec lui, parce qu'il avait déclaré antérieurement qu'on ne se remettrait en mer qu'à la fin de juin. Mais les mutins s'ouvrirent au pilote dont ils connaissaient la bonté, et celui-ci se contenta de leur demander quelques jours de délai. Il en conféra le même jour avec le capitaine, qui promit que, si à la fin du mois le vaisseau n'était pas dégagé, on s'efforcerait de mettre en état la chaloupe et la scute, petite barque dont on se sert pour la pêche du hareng. Ce temps parut long, parce qu'on prévoyait qu'il en faudrait beaucoup pour radouber et pour équiper ces petits bâtiments ; mais, peu de jours après, un vent du nord-est ayant ramené les glaces, Heemskerke permit de travailler de suite à l'équipement.

La chaloupe, qui n'était pas sortie de la hutte, ne fut pas difficile a tirer ; mais la scute, enfoncée dans la neige, coûta une peine infinie, et les dix hommes qui travaillaient à la remettre sur pied furent plusieurs fois obligés de s'arrêter, presque tentés d'abandonner l'entreprise. Heemskerke leur disait, pour les exciter, que s'ils ne voulaient devenir bourgeois de la Nouvelle-Zemble et y préparer leurs tombeaux, il fallait radouber cette barque, sans laquelle on ne pouvait avoir aucune espérance de retour.

La présence d'un ours effrayant vint un jour troubler leur travail ; ils rentrèrent dans la hutte. Aussitôt les plus habiles tireurs, au nombre de quatre, se portèrent trois aux portes, le quatrième sur la cheminée. L'ours s'avança fièrement, et il arriva jusqu'à l'une de portes sans être aperçu de celui qui la gardait; heureusement les autres l'avertirent à temps par leurs cris. Le matelot, surpris d'abord de voir le monstre si près de lui, ne perdit pas pourtant courage, et il le perça d'une grosse balle. L'animal, blessé, voulut fuir, mais la blessure était grave, il ne put aller loin, et lorsqu'on le vit arrêté, on l'acheva sans beaucoup de peine. D'autres ours parurent les jours suivants; ils eurent le même sort. Il semblait que ces animaux devinaient que leur proie était près de leur échapper, et qu'ils redoublaient d'efforts pour s'en saisir.

Ceux qui ne travaillaient pas au radoub des bâtiments s'occupaient de raccommoder les voiles et agrès, ou de préparer dans la hutte ce qui était nécessaire pour le départ.

Le 30, un ours se présenta presqu'à l'improviste aux travailleurs; ils s'enfuirent tous vers la hutte, et l'animal les suivit; mais trois coups de fusils partis à la fois, et qui tous portèrent, l'étendirent mort. L'animal fut aussitôt dépecé : les matelots firent cuire le foie, qu'ils mangèrent avec avidité; ils en furent tous grièvement incommodés; trois entre autres furent si malades, qu'on crut pendant plusieurs heures qu'ils n'en reviendraient pas.

La chaloupe et le canot se trouvèrent prêts le 7 juin. La scute avait été élargie à l'arrière, et garnie, des deux côtés, de plusieurs bordages, pour lui donner plus de profondeur. Le lendemain, un violent orage, accompagné de grêle et de pluie, inondant la campagne, rendit très-mauvais le chemin par lequel il fallait traîner les deux bâtiments au rivage : le désir de quitter ces tristes lieux aplanit toutes les routes. On s'arma de haches, de piques et de bêches, et l'on entreprit d'ouvrir une voie jusqu'à la mer. Il s'agissait d'écarter les neiges et les glaces, et d'unir le sol: on y réussit, non sans peine; les travaux étaient souvent interrompus par la présence des ours et la nécessité de se défendre; presque tous venaient de la haute mer sur des glaçons flottants.

Heemskerke, trouvant le temps favorable, annonça le jour du départ, et ses paroles furent recueillies avec avidité. Barensz, dont la santé s'était affaiblie, rappela toutes ses forces pour composer un journal de voyage, de l'arrivée du navire à la Nouvelle-Zemble, et du séjour qu'on y avait fait. Cette notice fut enfermée dans une boîte qu'on suspendit à la cheminée de la hutte, pour servir d'instruction à ceux qui pourraient aborder en ce lieu. Heemskerke, de son côté, écrivit deux lettres que tous les matelots signèrent; l'une fut déposée dans la chaloupe, l'autre dans la scute : il y parlait des longues souffrances des Hollandais, ajoutait que le manque de vivres ne leur permettait pas d'attendre que le vaisseau fût dégagé des glaces, qu'ils s'étaient vus obligés de l'abandonner, et qu'ils avaient été contraints par la nécessité d'entreprendre un voyage qui ne leur offrait guère que des périls et le naufrage en perspective.

Cela fait, ou tira vers la mer les petits bâtiments et les traineaux chargés de provisions et de marchandises. Il y avait six paquets de draps de laine, un coffre rempli de toiles, deux paquets de velours, deux petites caisses pleines d'argent, deux tonneaux d'ustensiles et d'agrès, treize tonneaux de biscuit, un de fromage, un autre de lard, deux d'huile, six de vin, deux de vinaigre, et les hardes ou effets des matelots. Lorsque tous ces objets se trouvèrent réunis sur le bord de la mer, on jugea d'abord qu'il serait impossible de les embarquer tous ; mais la nécessité excitant l'industrie, tout fut placé dans les deux bâtiments.

Ce fut le 14 juin qu'on mit à la voile, par un vent d'ouest. Les glaces arrêtèrent les Hollandais au cap des Iles dès le premier jour. Ce malheur jeta parmi eux la consternation : on craignit de ne pouvoir sortir de ce lieu ; mais, le lendemain, les glaces s'écartèrent, on doubla le cap de Flessingue, et l'on arriva le 16 à l'île d'Orange, où quelques matelots descendirent. Comme ils n'avaient que fort peu d'eau, ils firent du feu de quelque pièces de bois qu'ils trouvèrent dans l'île, et ils remplirent des tonneaux d'eau de neige fondue.

Heemskerke, suivi de deux matelots, passa dans une autre île où il prit quelques oiseaux ; au retour, en traversant la glace, il tomba dans un trou qui venait de se faire, et il eut beaucoup de peine à s'en retirer. Aussitôt après, on remit à la voile, et l'on arriva au cap des Glaces.

Barensz n'était pas sur le même bâtiment que le capitaine. Lorsqu'il sut qu'on était devant le cap des Glaces, il pria les matelots de le lever pour qu'il lui fût permis de le voir encore une fois. Au même instant les deux bâtiments furent pris par les glaces, et jusqu'au lendemain ils ne purent changer de position. Le danger n'avait fait que se montrer sous une autre forme ; les glaçons heurtaient si violemment les deux embarcations, qu'on croyait à chaque instant qu'elles allaient s'entr'ouvrir ; les équipages se dirent le dernier adieu. Cependant la crainte ne leur ôta pas le courage ; ils s'efforcèrent de se rapprocher des glaces fermes pour s'y amarrer ; ils parvinrent avec beaucoup de fatigue jusqu'à la lisière de ces glaces ; mais il fallait pouvoir y placer une corde. Le Veer, qui était de tous celui qui conservait le plus de vigueur, prit la corde par un bout, sauta légèrement de glaçon en glaçon, et attacha la corde en la passant autour d'une pointe de glace. Ce fut le salut de l'équipage et des frêles barques hollandaises. On commença par transporter les malades sur la glace, on y tira les bâtiments, et l'on se sauva d'un naufrage presque inévitable.

Une partie de la journée du lendemain fut employée à réparer les bâti-ments qui avaient souffert, et à les calfater avec soin. On s'occupa aussi de chercher des rafraîchissements pour les malades, mais on ne trouva que de petits oiseaux. Cependant les glaces paraissaient prendre plus d'épais-seur et de consistance : chacun croyait toucher au terme fatal.

Le 20, à neuf heures du matin, Le Veer passa dans la chaloupe pour apprendre à Barensz la mort d'un matelot. — La mienne, répondit Barensz sans émotion apparente, n'est pas éloignée.

Il prononça ces mots sans détourner ses yeux d'une carte nautique tracée par Le Veer. Quelques instants après, il dit à ce dernier que les forces lui manquaient, et sans ajouter une parole, ni donner le moindre signe d'une aggravation de souffrance, il expira si subitement, que Heemskerke n'eut pas le temps d'arriver près de lui.

La mort de Barenzs remplit de douleur tous les matelots; car ils n'avaient pas moins de confiance en ses lumières qu'en sa probité. Les deux bâti-ments n'avaient plus que treize hommes, Heemskerke compris.

Le 22, le vent souffla du sud-est, et l'on vit dans le lointain beaucoup d'eaux ouvertes. La difficulté était d'y arriver. Il fallut alternativement traîner les bâtiments sur la glace et les mettre à l'eau, ce qui prit beaucoup de temps et causa de grandes fatigues. On parvint enfin à se dégager, mais ce fut seulement pour quelques heures; les bâtiments furent de nouveau enfermés dans les glaçons. Ce ne fut que le 24 que les eaux s'étant ouvertes d'elles-mêmes, les Hollandais continuèrent de naviguer jusqu'au cap de Troost, où ils furent de nouveau arrêtés. On profita du premier moment favorable pour faire force de rames, et l'on arriva heu-reusement en vue du cap Nassau, qui restait à trois lieues de distance. Quelques matelots allèrent à terre, ils en rapportèrent un peu de bois qui servit à réchauffer les malades, à préparer des aliments chauds et à fondre de la neige.

Une tempête qui s'éleva, le 25, entraîna au large les deux bâtiments, dont les amarres s'étaient rompues. Le temps était fort brumeux, et, pour comble de disgrâce, ils furent séparés. Cent fois les Hollandais se crurent perdus ; toutefois, le vent s'étant un peu calmé, ils gagnèrent de nouveau la glace ferme après plusieurs heures d'angoisses.

Le lendemain, ils s'avancèrent à une lieue au-delà du cap Nassau, et pen-dant qu'ils s'efforçaient de ranger la terre, ils virent sur la glace un grand nombre de vaches marines. Les oiseaux commençaient aussi à se montrer par troupes; ils en tuèrent quelques-uns. Le 28, ils furent obligés de débarquer toute leur cargaison sur la glace, et d'y traîner aussi leurs bâti-ments, tant ils se trouvèrent pressés par les glaçons. Ils dressèrent des tentes avec leurs voiles, comptant passer une nuit tranquille ; mais ils ne tardèrent pas à être visités par les ours : trois se présentèrent à la fois ; une première décharge fit peu d'effet, mais les Hollandais ayant eu le temps de recharger leurs armes, à la seconde décharge l'un des montres tomba mort, les deux autres prirent la fuite. Le lendemain, ils reparurent. Ils s'approchèrent audacieusement de celui qui était encore étendu à la même place où on l'avait tué. L'un d'eux le prit dans sa gueule, et l'emporta sur des glaçons escarpés ; là, tous deux se mirent à le dévorer. Quelques coups de feu leur firent lâcher prise. Quatre matelots qui s'avancèrent jusqu'au cadavre le trouvèrent à moitié dévoré. Ce qui les surprit le plus, ce fut la force extraordinaire de l'ours qui l'avait emporté tout entier dans sa gueule, tandis qu'à eux quatre ils eurent assez de peine à traîner jusqu'aux tentes ce qui en restait.

Le premier jour de juillet fut marqué par un accident fâcheux. Vers les neuf heures du matin, les glaçons qui venaient de la mer heurtèrent avec tant de force contre la glace ferme, qu'ils brisèrent en pièces celle où les Hollandais étaient réfugiés. Les paquets et les tonneaux tombèrent dans l'eau. D'un autre côté, la chaloupe risquait d'être brisée par le choc des glaçons ; il fallut d'abord s'occuper de la mettre hors d'atteinte, et l'on y réussit en la traînant sur les glaces. On en vint ensuite aux effets, et l'embarras fut grand. A mesure qu'on avançait vers les bords de la glace, elle se brisait sous les pieds. Un paquet qu'on croyait tenir glissait sous la main, un autre roulait sous un glaçon. Les plus hardi ne savaient comment s'y prendre pour sauver leur unique bien et se sauver eux-mêmes. Ce fut pis encore lorsqu'on entreprit de pousser la scute. La glace rompit sous les pieds des matelots ; le petit bâtiment fut emporté par le courant, et quelques matelots avec lui. Il fut même brisé en beaucoup d'endroits, principalement là où il avait été réparé. Les Hollandais pourtant parvinrent, par les plus grands efforts, à tirer la scute sur la glace auprès de la chaloupe. Une partie des effets se perdit sans retour.

On employa la journée du 2 à réparer les deux bâtiments. Quelques matelots descendirent à terre et trouvèrent du bois ; ils tuèrent quelques oiseaux qu'on mangea rôtis. Arrivés à l'aiguade, ils eurent une agréable surprise : ils aperçurent deux rames qu'ils croyaient perdues, la barre du gouvernail de la scute, un coffre rempli de toiles ; cet incident ranima leur courage, en leur faisant voir que le ciel ne les abandonnait pas.

Le 4, on eut un beau jour, mais le temps ne se soutint pas, et pendant une semaine on ne fit que lutter contre le vent et les glaçons ; enfin, le 10, il fallut se résoudre à gagner de nouveau la glace ferme, et ce ne fut qu'avec d'incroyables fatigues qu'on parvint à y tirer les deux bâtiments.

Dès le lendemain, un ours qui paraissait très-gros s'approcha des tentes en nageant; plusieurs coups de feu le firent tomber sans mouvement. Le sang qui coulait de ses blessures ressemblait à de l'huile répandue sur l'eau. Cet animal monstrueux avait huit pieds de tour. Trois matelots passèrent ensuite dans une île qui se présentait devant les tentes; de cette île ils aperçûrent celle des Croix, et, sans consulter le danger, ils s'y rendirent.

Ils y trouvèrent soixante-dix œufs de canards sauvages qu'ils emportèrent. Ce fut le seul fruit d'une expédition téméraire qui pouvait leur coûter la vie et donna beaucoup d'inquiétude à leurs compagnons, qui, ne les voyant pas revenir de tout le jour, craignirent qu'ils n'eussent péri. Les Hollandais se distribuèrent, à cette occasion, ce qui leur restait de vin. Ils en avaient perdu un tonneau, le jour que leurs effets tombèrent dans la mer.

Le 19, sept hommes gagnèrent, dès six heures du matin, l'île des Croix. Ils virent beaucoup d'eaux ouvertes à l'ouest; impatients de rapporter à leurs compagnons cette bonne nouvelle, ils prirent seulement le temps de ramasser une centaine d'œufs, dont on fit un excellent repas; après quoi, chacun s'armant de courage, on traîna les bâtiments sur la glace l'espace de trois cents pas : il semblait que ce travail fatigant serait le dernier de ce genre. Dès que les bâtiments furent à l'eau et les effets embarqués, on mit à la voile, et on fit tant de diligence qu'à six heures du soir on se trouva au-dessus de l'île des Croix. Là, on ne découvrit plus de glaces, ou du moins celles qu'on voyait encore n'étaient pas de nature à retarder ou empêcher leur marche, qui fut si rapide qu'ils ne firent pas moins de dix-huit lieues en vingt quatre heures.

Le 20, ils doublèrent le cap Noir, reconnurent ensuite l'île de l'Amirauté, et virent près de cette île environ deux cents vaches marines. Ils ne craignirent pas de les exciter, et aussitôt ces animaux, dont la force est extraordinaire, se mirent à nager vers les bâtiments. Un vent frais qui se leva par bonheur en ce moment sauva les Hollandais.

Le 22, se trouvant près de terre, ils y descendirent plusieurs fois pour y chercher des oiseaux et des œufs. Les oiseaux ne paraissaient nullement effrayés à la vue des hommes; la plupart se laissaient prendre à la main ; mais les nids, très-nombreux d'ailleurs, se trouvaient en des lieux d'un accès difficile. Chaque nid n'avait qu'un œuf, à terre sur la roche nue, sans paille ou sans mousse. Les Hollandais ne pouvaient concevoir comment ces œufs pouvaient éclore, ainsi exposés, sous un ciel si froid.

A peine eurent-ils remis à la voile pour s'éloigner de la côte, que le vent leur devint tout-à-fait contraire. La mer se trouva d'ailleurs si couverte de glaces, qu'ils furent obligés de retourner vers la terre, où ils abordèrent heureusement. Ils s'arrêtèrent dans une belle anse, à l'abri de presque tous les vents ; le bois heureusement ne leur manqua point. Une brume épaisse et le vent du nord les retinrent trois jours dans ce lieu. Ils trouvèrent dans l'intérieur de l'île des paillettes d'or, par les 76° 10'. L'aspect de ce précieux métal, pour lequel tant d'hommes exposent tout, ne leur fit pas oublier qu'en ce moment ils avaient leur vie à conserver, et, profitant du premier instant favorable, ils sortirent de l'anse le 26, et tombèrent dans un courant très-fort qui les fit voguer légèrement.

Ils se crurent près de Costingsarth, parce qu'ils voyaient devant eux un grand golfe qui, suivant leurs conjectures, devait s'étendre jusqu'à la mer de Tartarie. Le 28, ayant rangé la côte, ils reconnurent, à trois heures du soir, la baie de Saint-Laurent et le cap du Bastion, qu'ils n'eurent pas plus tôt doublé, qu'ils aperçurent deux barques à l'ancre et plusieurs individus sur la plage.

Leur premier mouvement fut de joie : depuis treize mois ils n'avaient pas vu d'hommes. Mais si ces hommes étaient des sauvages ou des ennemis de leur nation ? ce fut leur seconde pensée. Ils surent bientôt à quoi s'en tenir : c'étaient des Russes. Ceux-ci s'avancèrent sans armes vers les Hollandais, et se doutant, au premier coup d'œil, de leur infortune, ils les regardèrent d'un air de compassion. Bientôt ils reconnurent parmi eux quelques Hollandais qu'ils avaient vus au dernier voyage de Barenzs. Ils vinrent frapper sur l'épaule de Gérard Le Veer et sur celle d'un autre, pour leur donner à entendre qu'ils les avaient déjà vus. Ils leur demandèrent ce qu'était devenu leur *crable*. Les Hollandais crurent entendre qu'il s'agissait de leur vaisseau, et ils répondirent par signes qu'ils l'avaient laissé au milieu des glaces.

Heemskerke, qui, de même que la plus grande partie de ses Hollandais, souffrait du scorbut, leur montra l'intérieur de sa bouche, espérant qu'ils lui indiqueraient un remède; mais ils comprirent tout autre chose, et aussitôt deux ou trois d'entre eux s'étant éloignés, revinrent au bout de peu de temps avec un pain de seigle d'environ huit livres et quelques oiseaux fumés. Le capitaine les remercia, et leur fit présent, en retour, d'une demi-douzaine de biscuits. Il invita ensuite deux des principaux à monter dans la scute, et il leur offrit à chacun un verre de vin.

Le lendemain, les Russes appareillèrent, après avoir embarqué plusieurs tonnes d'huile de baleine. Leur brusque départ alarma les Hollandais, qui n'avaient pu tirer d'eux aucune lumière, et ils résolurent de les suivre. Malheureusement le temps était sombre, ils les perdirent de vue. Toutefois ils continuèrent leur route. A l'issue d'un canal formé par deux îles, ils se retrouvèrent pris dans les glaces; ce qui leur fit conjecturer qu'ils étaient à l'entrée du Weigatz, et que les vents de nord-ouest avaient poussé les glaces dans le golfe. Le seul parti qui s'offrait à eux, c'était de retourner aux deux îles.

Le 31, ils prirent terre à l'une, et l'aspect de deux croix les flatta d'abord de l'espoir qu'ils trouveraient des hommes, mais l'île était déserte. Cependant ils n'eurent pas à se repentir d'y avoir abordé : ils trouvèrent en grande quantité la plante qu'ils désiraient ardemment depuis plusieurs mois, la bistorte ou cochléaria. Ils en mangèrent à pleines mains, et l'effet en fut si prompt qu'au bout de deux jours ils se sentirent tous rétablis.

Cependant, le 3 août, voulant tout d'un coup terminer leurs misères, ils se décidèrent à passer en Russie, et ils mirent le cap au sud-sud-ouest ; mais, après avoir suivi cette route jusqu'à six heures du matin, ils se retrouvèrent au milieu des glaces, nouvelle source de désespoir pour des malheureux qui s'en croyaient tout-à-fait délivrés. Un calme de quelques heures leur fit même craindre de rester pris, et ils n'évitèrent ce danger que par de violents efforts de travail. Vers trois heures, ils se virent en haute mer, et jusqu'à la nuit ils avancèrent heureusement. A neuf heures, les glaces reparurent ; il fallait périr ou avancer : il ne leur restait que très peu de vivres, et nul espoir de s'en procurer ailleurs qu'en Russie ; ils continuèrent de marcher à force de rames et de voiles. Bientôt ils s'aperçurent avec un vif sentiment de bonheur que plus ils s'engageaient dans les glaces, moins elles opposaient de résistance à leurs bâtiments. Le jour venu, ils se retrouvèrent dans les eaux ouvertes, et le 4, à midi, ils eurent la vue d'une côte qu'ils prirent d'abord pour celle qu'ils cherchaient.

Le soir, après avoir rangé la terre, ils découvrirent une barque, et se mirent à crier : *Candnoès ! Candnoès !* Mais on leur répondit : *Petzora ! Petzora !* ce qui leur fit connaître qu'ils n'étaient pas aussi près de Candnoès qu'ils l'avaient d'abord cru, et que la terre qu'ils voyaient était celle de Petzora. Leur erreur venait de la variation de l'aiguille ; dès qu'ils l'eurent reconnue, ils résolurent d'attendre le jour sur leurs ancres.

Le 5, un matelot qui descendit à terre, y trouvant de l'herbe et quelques arbustes, engagea les autres à le joindre avec leurs fusils. On tua plusieurs oiseaux, ce qui ne pouvait arriver plus à propos, car on avait déjà proposé d'abandonner les bâtiments et de s'enfoncer dans les terres. Le projet fut alors ajourné ; toutefois, au bout de trois ou quatre jours, la disette se fit de nouveau sentir. Des matelots que le capitaine avait envoyés à terre, rapportèrent, à leur retour, un chien marin qu'ils avaient trouvé mort sur le rivage. Le capitaine eut beaucoup de peine à les empêcher de le dévorer. Le jour suivant, on eut un bon vent de sud, et l'on trouva de l'eau sur la côte; mais ils survint une pluie abondante, accompagnée d'éclairs et de tonnerre : on le supporta presque gaiment parce que cet orage annonçait un climat plus doux.

Le 12, les Hollandais aperçurent une barque russe s'avançant à pleines voiles : ils en tirèrent peu d'éclaircissements; mais, en échange de quelques pièces de monnaie hollandaise, Heemskerke en obtint du pain et du poisson.

Le 13, on vit un cap qui fuyait au sud ; on ne douta point que ce ne fût celui de Candnoès. Les deux bâtiments s'étant joints bord à bord, prirent aussitôt le large ensemble, et ils voguèrent quelque temps avec assez de succès ; mais le vent du nord, qui se leva au milieu de la nuit, les sépara malgré tous leurs efforts pour rester unis. Ce ne fut qu'au bout de neuf jours qu'ils se retrouvèrent au-delà du cap Candnoès, qu'il est aisé de reconnaître à plusieurs croix qu'on y a plantées, et surtout à la direction de ses deux côtés au sud-est et au sud-ouest. La scute était entrée dans une rade commode, d'où elle se proposait de traverser l'embouchure de la mer Blanche. Un motif semblable y avait conduit la chaloupe. Les deux équipages se livrèrent à la joie la plus vive en se voyant de nouveau reunis. Heemskerke obtint de quelques pauvres pêcheurs russes qui habitaient autour de la baie, plusieurs espèces de provisions qu'il paya libéralement.

Les deux bâtiments se remirent en mer le 23, et arrivèrent, le lendemain, aux Sept-Iles, où ils trouvèrent des pêcheurs auxquels ils demandèrent à quelle distance ils étaient de Kidouin ou Kola. Ces pêcheurs leur indiquèrent l'est, et, par divers signes auxquels ils mêlaient les mots de Kola et de *Brabante,* leur firent entendre qu'il y avait à Kola des vaisseaux hollandais.

D'autres pêcheurs qu'ils rencontrèrent le soir confirmèrent l'assertion des premiers. Le 25, à midi, on aperçut Kildouin, et, deux heures après, on arriva heureusement à la pointe occidentale de l'ile. Heemskerke descendit à terre, et s'approcha de cinq ou six cabanes habitées par des Lapons. Ceux-ci lui dirent que Kildouin était le nom de l'ile, et qu'il y avait au port de Kola trois navires hollandais.

Heemskerke donna presque aussitôt le signal du départ, et l'on se dirigea vers l'embouchure de la rivière de Kola, au sud de Kildouin, à l'extrémité septentrionale du continent. Trois Lapons qui demeuraient dans une petite hutte de la côte tinrent le même langage que ceux de l'ile. Heemskerke leur proposa de servir de guides à un de ses matelots. Ils s'en excusèrent, mais ils le conduisirent à la demeure d'autres Lapons, qui s'engagèrent, moyennant un prix convenu, à conduire le matelot à Kola. Heemskerke retourna au rivage, et fit décharger les deux bâtiments. Il avait eu trop de preuves de la bonne foi des Lapons pour éprouver ou pour laisser voir la moindre défiance. La familiarité s'établit même si promptement entre les Hollandais et les Lapons, qu'ils mangeaient et se chauffaient en commun. Les premiers apprirent à boire et à fabriquer le *quas*, liqueur fermentée, qui se compose de pain moisi et d'eau.

Le 29, les Hollandais virent paraître le Lapon qui était allé à Kola avec le matelot; mais en voyant revenir le Lapon seul, ils furent saisis d'une vive inquiétude. Une lettre que celui-ci remit au capitaine la fit promptement cesser. La lettre était écrite en hollandais, et signée du nom de Jean Cornelisz Ryp. Elle annonçait le prochain départ d'une barque chargée de rafraîchissements, laquelle devait les ramener à Kola. Le contenu de cette lettre remplit les Hollandais d'allégresse, mais en même temps ils se demandaient quel pouvait être ce Cornelisz qui écrivait : c'était bien de ce nom que s'appelait l'officier qui s'était séparé d'eux l'année précédente pour prendre une autre route; mais il n'y avait pas d'apparence que ce fût cet officier, qui avait probablement souffert plus qu'eux-mêmes, et qui sans doute était mort. Heemskerke se souvint qu'il avait une ancienne lettre de Cornelisz, et la confrontation de l'écriture prouva que les deux lettres étaient de la même main. Cette circonstance augmenta encore la joie des Hollandais.

Le lendemain au soir, on vit à la côte une de ces barques auxquelles on donne dans ce pays le nom de yole. On reconnut Cornelisz et le matelot. Ils apportaient des provisions, telles qu'elles pouvaient plaire à des hommes exténués par de longues privations. Après les félicitations mutuelles, on se réunit, dans un grand festin, aux Lapons des cabanes voisines. La joie et l'abondance régnèrent durant le repas.

Le soir même, les deux bâtiments furent remis à l'eau, et l'on partit pour Kola, où l'on entra le 2 septembre, vers huit heures du soir. Heemskerke obtint du gouverneur de Kola la permission de faire transporter ses deux petits bâtiments dans le magasin russe, comme un monument de la navigation la plus extraordinaire qui eût jamais été entreprise.

Le 15, Heemskerke se rendit avec ses gens à bord du vaisseau de Cornelisz, qui, n'étant plus retenu à Kola, en sortit, le 18, pour retourner en Hollande. Le vaisseau entra dans la Meuse le 29 octobre. Heemskerke et ses matelots se rendirent à Amsterdam avec les mêmes vêtements qu'ils portaient à la Nouvelle-Zemble, et leurs bonnets fourrés de peaux de renards.

Leur arrivée causa la plus grande surprise, on les avait crus morts;

chacun voulait les voir, et on s'étonnait autant de leur courage que de la singularité de leurs aventures ; le grand bailli d'Amsterdam les présenta à l'ambassadeur du roi de Danemark. L'auteur du journal a conservé les noms des douze individus qui ont revu la Hollande : Jacques Heemskerke, capitaine ; Pierre Peterson Vos, Girard Le Veer ; Jean Vos, chirurgien ; Jacques Janson Sterenburg, Léonard Henry, Laurent Guillaume, Jean Hillebrantson, Janson, Hoochwout, Pierre Corneille, Jean de Buyssen, et Jacques Evertson.

Le mauvais succès de cette entreprise découragea les négociants et les États eux-mêmes ; la découverte du passage au nord-est fut abandonnée, en même temps que les Anglais semblaient perdre l'espérance de le trouver au nord-ouest. Les Anglais ont repris leur ancien système de recherches dès le commencement du 18ᵉ siècle, et ils l'ont suivi avec ardeur. Le passage, s'il existe et s'il est praticable en tout temps, épargnerait aux vaisseaux plusieurs mois de traversée.

Quant aux Hollandais, qui, à peine affranchis du joug espagnol, avaient leur liberté à consolider, ils auraient eu, à trouver ce passage, un intérêt réel, n'eût-ce été que pour ne point rencontrer les flottes ennemies comme cela leur arrivait dans la mer des Indes ; mais quand leurs vaisseaux, triomphant des obstacles, fréquentèrent ces mers en s'appuyant sur Batavia (1619), et plus tard sur le cap de Bonne-Espérance (1650), ils renoncèrent tout-à-fait à tenter d'infructueux efforts pour la découverte d'un passage inutile.

La Nouvelle-Zemble, dont le nom russe signifie *Terre-Nouvelle*, était fort peu connue malgré les voyages de Barensz et d'Heemskerke, lorsque Jean Wood entreprit le sien vers la fin du 17ᵉ siècle.

Encore aujourd'hui on n'a que des idées peu exactes ou imparfaites sur le véritable état de cette contrée. On sait seulement, ou l'on croit savoir, que c'est une île séparée du continent par le détroit de Weigatz, située à peu près vis-à-vis la chaîne de l'Oural, entre le 68ᵉ et le 76ᵉ degrés de latitude, vers le 50ᵉ degré de longitude, d'environ deux cents ou deux cent cinquante lieues de long sur cent ou cent cinquante de large, divisée en deux parties à peu près égales par un canal étroit, appelé Malotchkime, du nom de celui qui l'a découvert.

Tous les voyageurs, d'accord sur ce point avec Wood, représentent la Nouvelle-Zemble comme le plus misérable pays de l'univers, rempli de montages et presque partout couvert de glaces et de neige. Les seuls lieux où la neige ne tient pas, sont des fondrières inaccessibles, où l'on voit croître une sorte de mousse qui porte de petites fleurs bleues et jaunes ; et c'est à ces fleurs que se bornent tous les produits végétaux de cette terre, dont le sol est toujours gelé, excepté à la surface qui, pendant l'été, se ramollit sous l'influence du soleil.

« En creusant à deux pieds de profondeur, dit Wood, on trouve une glace aussi dure que le marbre. »

Partout ailleurs la neige fond beaucoup plus tôt sur le bord de la mer que dans l'intérieur ; ici, c'est le contraire. Les flots de la mer viennent se briser contre des montages de neige glacée, d'une grande hauteur, et dont les vagues minent sans cesse le pied, ce qui forme des cavernes profondes dont la voûte est comme suspendue au-dessus de la mer, spectacle d'une effrayante austérité. Dans l'intérieur, le sommet des montagnes se trouve dégarni de neige.

Le pays n'a certainement pas d'habitants ; les hommes ne sauraient vivre dans ces horribles climats. Ce qui a fait dire à quelques voyageurs que cette région était habitée, c'est que de temps à autre on voit, sur les côtes, des pêcheurs ou des chasseurs russes et samoyèdes, qui vont durant l'été à la chasse des ours et des renards blancs ou bleus.

Ces Samoyèdes eux-mêmes ont toujours assuré que la Nouvelle-Zemble n'a point d'habitants ; que quelquefois ils sont obligés d'y passer l'hiver, et que, dans ce cas, il en périt toujours un grand nombre, lorsque le vent du nord souffle ; car ce vent, disent-ils, éteint en peu de temps toute chaleur naturelle, quelques précautions que l'on prenne pour se garatir de ses effets ; et c'est là, selon eux, ce qui rend cette contrée entièrement inhabitable.

Les Russes d'Archangel, et ceux qui habitent sur le bord de la Petzora, vont presque tous les ans à la Nouvelle-Zemble prendre des ours blancs, des chiens de mer et des chevaux marins, qui ne ressemblent pas plus à des chevaux que les vaches marines ne ressemblent aux animaux qui portent ce nom sur le continent.

La nouvelle-Zemble fournit encore de petits lapins blancs, des rennes, et des oiseaux qui ont la grosseur et la forme de nos alouettes. L'eau douce ne manque point ; à chaque quart de mille on en trouve.

CHAPITRE II

Délaissement de huit matelots anglais sur la côte du Groënland, en 1630.

Une compagnie anglaise avait envoyé trois vaisseaux sur la côte du Groënland pour la pêche de la baleine et du veau marin. Un de ces vaisseaux, nommé *la Salutation*, arrivé par un vent favorable au lieu de sa destination, se tint quelques jours en croisière.

Le capitaine envoya la chaloupe à terre avec huit hommes ; on leur avait donné une arquebuse, deux lances, un briquet et deux chiens. Le vaisseau était à quatre lieues de la côte, vis-à-vis le cap Noir. C'était le 15 juin 1630. La chaloupe fit le trajet en quatre heures. Aussitôt après avoir pris terre, les matelots se mirent à la poursuite des daims, qui abondent en ces parages ; ils en tuèrent quatorze. Fatigués de la chasse et surtout d'avoir ramé pendant quatre heures, ils s'arrêtèrent pour prendre un repas dont le besoin commençait à se faire sentir. La nuit les surprit comme ils finissaient. Jugeant qu'il serait dangereux de se mettre en mer pendant l'obscurité, ils résolurent d'attendre le retour du soleil.

Le lendemain, le temps était sombre, et le vent qui se mit à souffler avec violence du côté du sud, jeta une si grande quantité de glaces entre la terre et le vaisseau, que celui-ci fut obligé de gagner le large, ce qui ne permit plus aux matelots de la chaloupe de le distinguer. Ils pensèrent qu'au lieu de s'aventurer en pleine mer et d'errer au hasard sans aucune certitude de retrouver leur vaisseau, le parti le plus sûr pour eux était de côtoyer le rivage jusqu'au Port-Vert, où l'un des autres vaisseaux stationnait, et d'y rester pour attendre des nouvelles de leur propre bâtiment qui, suivant leur estime, s'était vu enfermé par les glaces. Tout en exécutant leur projet, ils trouvèrent encore l'occasion de tuer huit daims qu'ils mirent à bord de la chaloupe.

Ils parvinrent heureusement au Port-Vert, mais ils n'y trouvèrent pas le vaisseau qui venait d'en partir pour se rendre à Bell-Sound, lieu convenu de rendez-vous général.

Ce contre-temps jeta les matelots dans le plus grand embarras; ils n'avaient pas assez de provisions pour regagner l'Angleterre, et ils savaient que l'ordre du départ avait été donné pour le 20 juin. Il n'y avait pas de temps à perdre en délibérations; il fallait à tout prix gagner Bell-Sound, qui n'était éloigné que de quinze ou seize lieues. Le soir du même jour, ils arrivèrent à la pointe de Hesse : c'était la moitié du chemin. Ils laissèrent tomber l'ancre entre deux rochers; un brouillard épais, qui leur cachait la route à trois pieds de la chaloupe, rendait cette mesure nécessaire.

Le temps s'éclaircit le lendemain; ils se remirent en route et firent force de rames, sans découvrir Bell-Sound; ils l'avaient dépassé sans s'en apercevoir : erreur fatale, mais excusable en des hommes qui ne connaissaient pas les lieux et qui n'avaient aucun instrument. Cependant, ils conjecturèrent qu'ils avaient poussé trop loin vers le sud, et ils se déterminèrent à revenir vers le nord, malgré le canonnier William Fakely, qui soutenait que Bell-Sound était au midi. Ils arrivèrent par un temps très serein, qui montrait toute la côte à découvert, jusqu'à deux milles de la pointe qu'ils cherchaient.

Fakeli, ayant examiné les lieux attentivement, prétendit qu'ils n'avaient pas la moindre ressemblance avec les environs de Bell-Sound, qu'il se vantait de bien connaître, et il fit si bien qu'il parvint à persuader à ses compagnons qu'il fallait reprendre leur route au sud.

On navigua pendant fort longtemps, et tous finirent par se convaincre qu'ils suivaient une fausse route, excepté l'entêté Fakeli qui, voyant remettre le cap au nord, refusa de ramer. La chaloupe fut bientôt emportée par le vent qui était assez fort, et, le 21, ils se trouvèrent à la vue de Bell-Sound.

Le vent ayant passé au nord-est, ils carguèrent la voile et reprirent les rames. Parvenus à deux milles du rivage, ils reconnurent pleinement que le lieu qu'ils voyaient était bien celui qu'ils cherchaient inutilement depuis plusieurs jours. Ils reconnurent, de même, qu'ils se trouvaient au même point d'où ils étaient repartis trois jours auparavant. Fakeli, humilié, ne put disconvenir de rien.

On commença par chercher un abri sûr pour la chaloupe; quand on l'eut trouvé, deux matelots se mirent en chemin pour aller par terre à la tente de Bell-Sound, à dix milles de là; mais ils conservaient tous peu d'espérance, tant parce que les vents avaient été favorables pour le départ des vaisseaux, que parce que le jour fixé était expiré depuis la veille.

Les deux matelots ne trouvèrent personne, et ils revinrent avec cette triste nouvelle.

Pour n'avoir rien à se reprocher, on alla visiter *Botle-Cove*, à trois lieues de Bell-Sound, et plusieurs autres places où les vaisseaux auraient pu s'arrêter : toutes ces recherches ne produisirent que de la fatigue, et elles ôtèrent à nos marins toute espérance de soulagement dans leur malheur.

Après avoir fait, sur leur situation, les réflexions les plus tristes, ils s'exhortèrent mutuellement à supporter avec courage tous les maux qu'ils entrevoyaient. Ensuite, leur premier soin fut de se prémunir contre les rigueurs de l'hiver, et de s'assurer d'une quantité suffisante de provisions ; dans cette intention, ils retournèrent au Port-Vert, où la chasse était toujours productive. Un bon vent les y conduisit en douze heures. Quand ils eurent pris terre, les rames debout, enfoncées par une extrémité dans le sol et la voile de la chaloupe tendue par dessus, leur firent une espèce de tente où ils passèrent la nuit.

Le lendemain, de très grand matin, ils se mirent en marche pour Coles-Parck, lieu abondant en bêtes fauves, et, le même jour, ils tuèrent sept daims et quatre ours. Le temps étant devenu sombre, ils retournèrent au Port-Vert. L'air était calme et serein ; six d'entre eux partirent de nouveau pour la chasse, tandis que Fakeli et John Dawes restèrent à la garde de la tente, chargés en outre de préparer les aliments. Les chasseurs revinrent le soir avec douze daims. La journée suivante fut froide, humide et brumeuse ; les Anglais ne sortirent pas de la tente.

Ils trouvèrent, dans une anse du rivage, une chaloupe appartenant aux vaisseaux de la compagnie, qui presque toujours en laissent quelqu'une en arrière. Ils chargèrent leurs provisions dans les deux bâtiments : c'étaient des ours et des daims, avec les grèves ou chairs de baleine qu'on avait fait bouillir cette année. Ils se divisèrent ensuite sur les deux chaloupes, et ils partirent pour Bell-Sound, décidés à y passer l'hiver. Ils eurent à lutter contre les vagues que le vent poussait avec force ; il arriva même que les chaloupes, s'étant heurtées, elles se remplirent d'eau, et qu'une partie des provisions tomba dans la mer. Les matelots se jetèrent à l'eau sur-le-champ, tant pour sauver leurs provisions que pour vider leurs chaloupes, qu'ils amenèrent à force de bras sur le rivage, où ils les amarrèrent avec une hansière et d'autres cordages ; ils restèrent en ce lieu jusqu'au retour du beau temps, qui leur permit enfin de regagner Bell-Sound sans autre accident.

A peine arrivés, ils s'occupèrent de mettre à terre leurs provisions et de les enfermer dans la tente de Bell-Sound, où ils devaient hiverner.

Cette tente était une espèce de maison, bâtie par les Flamands, et destinée aux vaisseaux des Pays-Bas, qui se rendent sur cette côte pour la pêche. Elle était construite en bois solidement assemblé et couverte en tuiles de Flandres; sa grandeur était d'environ 80 pieds sur 50.

Comme le temps était très-froid et la gelée vive (on était au commencement de septembre), on ne songea plus à faire des voyages au Port-Vert, d'où il n'aurait plus été possible de revenir par eau : le chemin de terre était rude, montagneux, souvent impraticable ; on se contenta d'aller à la chasse des daims dans les environs. D'un autre côté, on travailla à rendre l'habitation le plus commode qu'il serait possible. Les Anglais imaginèrent d'élever une petite hutte dans la grande. Il y avait dans le voisinage une autre maison qui servait pour la réception des huiles de la compagnie ; ils en tirèrent des chevrons, des solives et des planches de sapin. Les cheminées des fourneaux leur donnèrent des briques, et quatre muids de chaux qu'ils trouvèrent, mêlés au sable de la mer, leur fournirent un bon ciment.

Fakeli et Pelham bâtirent un mur de l'épaisseur d'une brique ; les autres leur servaient de manœuvres, à l'exception d'un seul qui fut installé dans les fonctions de cuisinier. Comme les briques manquèrent, on fut obligé de construire en bois deux côtés de la hutte pour les rendre impénétrables à l'air. Fakeli planta en terre deux poteaux d'un pied d'équarrissage, cloua des planches d'un poteau à l'autre, des deux côtés, et remplit de mortier tout l'espace que laissaient les planches entre elles. Les Anglais couvrirent ensuite la hutte de planches entrelacées. Ils firent passer le tuyau de la cheminée par une ouverture pratiquée au toit de la grande tente, et ils couvrirent la porte avec un matelas qui bouchait toutes les ouvertures lorsqu'elle était fermée. Ils formèrent ensuite quatre cabinets pour y coucher deux à deux ; des peaux de daims sèches leur tinrent lieu de lits. Pour leur chauffage, ils mirent en pièces sept chaloupes hors de services qu'ils trouvèrent sur le rivage. Pour faire durer leur bois, lorsqu'ils voulaient se coucher, ils avaient soin de rassembler tous les charbons sur une pièce d'orme qu'ils recouvraient de cendre. Le feu se conservait ainsi pendant quinze ou seize heures. Aussi eurent-ils du bois pendant plus de huit mois, sans que jamais leur feu s'éteignît.

Le 12 septembre, le vent poussa dans le détroit des glaces flottantes. Sur un de ces glaçons, les Anglais aperçurent deux chevaux marins endormis. Ils mirent aussitôt une chaloupe à l'eau, prirent un harpon, et s'avancèrent avec si peu de bruit que ces animaux ne se réveillèrent qu'au moment où les Anglais arrivaient sur eux. Fakeli lança aussitôt le harpon sur le plus grand, et le coup fut si bien dirigé que l'animal ne put se dégager, ce qui permit de le tuer à coups de lance. Il ne fut pas difficile de tuer l'autre, car lorsqu'on hissait sur la chaloupe le corps mort de sa mère, il nageait près du bâtiment, sans montrer aucun désir de s'éloigner.

Le 15 septembre on en vit d'autres dans le détroit, mais ils se tenaient sur leurs gardes, de sorte qu'on ne put en prendre qu'un seul. Comme les Anglais avaient la triste certitude qu'ils ne trouveraient que rarement l'occasion d'ajouter à leur provision de vivres, ils commencèrent de bonne heure à les ménager et à s'assujettir à une règle invariable : ce fut de ne manger de la viande que cinq jours de la semaine, et de se contenter, le mercredi et le samedi, des grèves ou graillons de baleine qu'ils avaient apportés du Port-Vert ; plus tard même ils supprimèrent un jour de viande. Pour ce qui était de la boisson, ils eurent de très-bonne eau jusqu'au mois de janvier : ils la puisaient dans un petit ruisseau qui coulait près de leur tente et dont chaque matin ils rompaient la glace, mais après le jour de l'an le froid devint si vif, que l'eau ne coulant plus il fallut recourir à l'eau de neige fondue.

Les vêtements des Anglais commençaient à tomber en lambeaux ; des arêtes de poisson leur servirent d'aiguilles, une vieille corde leur fournit du fil, et ils travaillèrent de leur mieux à réparer le désordre de leur costume. Un morceau de plomb, enlevé à une grande chaudière, fut façonné en lampe, et ils trouvèrent dans la maison qu'ils avaient démolie un reste d'huile qui leur servit à s'éclairer durant les longues nuits de l'hiver.

Depuis le 14 octobre jusqu'au 3 février, ils ne virent point le soleil, mais ils jouissaient d'ordinaire d'un brillant clair de lune. Ils avaient eu jusqu'au 20 décembre une espèce de crépuscule qui durait quelques heures ; ce jour-là il cessa tout-à-fait, et ce ne fut qu'au 1er janvier qu'ils recommencèrent à voir ce demi-jour. Pelham, l'un des huit matelots, auteur du journal, dit qu'ils n'avaient point d'almanach pour connaître la suite des temps, mais qu'ils y avaient suppléé par leur application constante à distinguer les jours et les heures ; il assure que la date de son journal correspondait parfaitement avec celle qu'apporta la flotte dont l'arrivée vint mettre un terme à leurs misères. Vers la fin de janvier, ils s'aperçurent avec douleur que les vivres touchaient à leur fin.

Le 3 février, par un jour très-beau, le soleil brillant à leurs yeux pour la première fois, ils virent une ourse s'approcher de leur tente avec son petit ourson. Ils eurent le bonheur de la tuer ; mais l'ourson s'échappa. Cette capture donna des vivres aux Anglais pendant vingt jours, et ils trouvaient la chair fraîche de l'ourse bien supérieure à celle de leurs daims.

Pelham remarque que, pendant ces vingt jours, ses compagnons et lui-même eurent de légères excoriations par tout le corps, ce qui, au reste, ne leur fit aucun mal (1). Ils tuèrent dans la suite d'autres ours, un entre autres de six pieds au moins de hauteur. Ils en faisaient rôtir la chair avec des broches de bois, ou dans une poêle qu'ils avaient trouvée dans la tente. Ils trouvaient cette chair aussi bonne, dit Pelham, que celle du meilleur bœuf ; et comme ils avaient alors des vivres en abondance, ils se mirent à faire trois ou quatre repas chaque jour, ce qui ne tarda pas à leur rendre la vigueur et la santé.

Cependant les jours s'allongeaient sensiblement, le temps devenait clair et serein ; ils en profitèrent pour aller chasser des oiseaux. Mais, le 16 mars, ils perdirent un de leurs chiens. Ils se dédommagèrent du chagrin que leur causa cette perte, en prenant des renards dans les piéges qu'ils leur tendirent. L'oiseau le plus commun à Bell-Sound est de la grosseur d'un canard : il vient y faire ses pontes sur les montagnes au commencement du printemps ; il se nourrit de poisson. Ses cuisses sont courtes, et si près du croupion, que lorsqu'il lui arrive d'être renversé, il a toutes les peines du monde à se remettre sur pied. L'eau est son élément naturel. On prend ces oiseaux avec des trappes d'os de baleine, recouverts d'une peau d'ours dont le côté charnu est tourné en dehors. Cette peau est encore un appât excellent pour attirer les renards.

Les chaleurs commencèrent avec le mois de mai, et les Anglais sortaient chaque jour pour aller aux provisions, mais ils ne trouvaient rien. Seulement, le 24, ils firent lever un chevreuil ; mais leur chien était devenu si gras et si paresseux, qu'il le laissa échapper. Toutefois leur course ne fut pas vaine : ils aperçurent sur les hauteurs une grande quantité d'œufs ; ils en emportèrent quelques-uns, avec l'intention de revenir, le lendemain, prendre les autres. Le temps fut si froid qu'ils ne purent sortir.

Le 25, le froid les retint encore dans la tente ; ils ne virent pas arriver deux vaisseaux de Hull (2) dans le détroit, où depuis la veille les glaces s'étaient brisées. Les gens de l'équipage n'ignoraient pas que quelques hommes étaient restés à terre l'année précédente ; la chaloupe fut envoyée au rivage pour tâcher d'acquérir quelques lumières sur le sort de ces infortunés. Les nouveaux venus remarquèrent d'abord la chaloupe

---

(1) On voit dans la relation de Girard Le Veer, que le foie de l'ours mangé par les Hollandais causa des accidents du même genre, mais avec plus d'intensité.

(2) Hull, v¹¹ᵉ d'Angleterre dans le comté d'Yorck, au confluent de la rivière de Hull et de l'Humber.

qui se trouvait tout équipée pour la pêche, et ils ne furent pas peu surpris de la voir en si bon état ; ils ne comptaient guère pourtant sur le plaisir de retrouver leurs compatriotes ; ils s'avancèrent vers la tente en poussant quelques cris. Thomas Ayres, l'un des huit délaissés, était alors dans l'enceinte extérieure ; il répondit à ces cris. Les compagnons d'Ayres éprouvèrent d'abord quelques moments d'alarme ; ils se levèrent, ouvrirent la porte, et se précipitèrent ensemble hors de la tente.

Leur aspect était presque effrayant ; ils n'avaient plus pour vêtements que des lambeaux qui tenaient à peine, et leur teint enfumé leur donnait l'apparence des nègres. Après le premier mouvement de surprise, les gens de Hull les embrassèrent avec de grands transports de joie, et ils entrèrent avec eux dans leur demeure, dont ils admirèrent l'arrangement industrieux. On leur offrit de l'eau fraîche, et du daim rôti depuis quatre mois. Après le repas, ils allèrent tous ensemble aux vaisseaux ; Pelham et ses compagnons y furent reçus avec la plus franche cordialité.

Trois jours après, les bâtiments auxquels ils appartenaient arrivèrent dans le détroit, et ils reprirent leur poste ; ils partirent le 20 du mois d'août pour l'Angleterre, où ils arrivèrent heureusement. La compagnie anglaise de Russie, pour le service de laquelle ils avaient été engagés, leur accorda des récompenses proportionnées aux longues souffrances qu'ils avaient subies pendant onze mois. Ils se rétablirent promptement de leurs fatigues, mais ils eurent quelque peine à reprendre l'usage du pain et des liqueurs.

Le Groënland est un pays très-vaste, situé entre l'Europe et l'Amérique, dans les deux hémisphères, et s'étendant depuis le 60ᵉ degré environ de latitude jusqu'au 80ᵉ, terme que les navigateurs n'ont point dépassé. Une haute chaine de montagnes, qui court du nord au sud, le divise en deux parties, l'une à l'orient l'autre, à l'occident, sans communication entre elles. La côte orientale, plus voisine de l'Islande, fut découverte au xᵉ siècle par un Norwégien nommé Éric. Il fut baptisé sur les lieux par un prêtre venu, comme lui, de la Norwège. La colonie fondée par Éric s'accrut si rapidement, qu'elle occupa bientôt un terrain de 30 ou 40 lieues de circonférence. On y comptait plusieurs villes, villages ou forteresses, et beaucoup de paroisses. La ville de Garde était la capitale et en même temps le siége d'un évêché. En 1348, une maladie contagieuse, qu'on appela *peste noire*, fit périr beaucoup de colons. Depuis ce moment les voyages des Norwégiens au Groënland devinrent assez rares ; et lorsque en 1406, le dix-septième évêque voulut aller prendre possession de son siége, les glaces amoncelées sur la côte l'empêchèrent d'aborder. Cet obstacle toujours subsistant a élevé entre la colonie et l'Europe une impé-

nétrable barrière. On n'a plus eu de nouvelles de cette colonie, qui peut-
être a été détruite par les indigènes, peut-être s'est éteinte par le manque
de secours; peut-être existe-t-elle encore, mais plongée dans l'ignorance
la plus complète, ou même descendue à l'état sauvage, par la cessation
absolue de toute communication avec les peuples civilisés. Toutes les
recherches qu'on a faites, à diverses époques, dans ces climats, n'ont produit aucun résultat; les glaces, par leurs envahissements progressifs,
augmentent chaque année la difficulté de pénétrer jusqu'à la place qu'occupait la colonie.

Les Européens ont pris le parti de se rendre à la côte occidentale, longtemps inconnue ; la pêche de la baleine y donne des produits immenses.
Les Danois y avaient des établissements ; quatre villages qui les composaient ont été ruinés par les Esquimaux, qui sont les indigènes du Groënland. Postérieurement, une compagnie de Berghen y a fondé une colonie
nouvelle. Les frères Moraves s'y sont établis à leur tour, et les progrès de
la colonie ont été considérables. En ce moment, dit-on, il y a dix-sept
missions et une population d'environ vingt mille âmes, en comptant les
Esquimaux convertis.

La côte occidentale, ou Nouveau-Groënland, est coupée, ou pour mieux
dire dentelée d'une infinité de baies et de golfes qu'entourent des îles
sans nombre. L'intérieur est hérissé de montagnes toujours couvertes de
glace et de neige. Entre les montagnes on voit des vallées dont le sol, en-
graissé par la fiente des oiseaux, produit de l'herbe très longue. Les
choux, les navets et les raves d'Europe y viennent assez bien ; mais on a
vainement tenté d'y naturaliser le blé, l'avoine et d'autres végétaux. On ne
voit d'arbres que dans la partie du sud, et ce ne sont que des saules, des
bouleaux et des aulnes, avec quelques genévriers ou groseillers en buisson.
Toutefois les Groënlandais ne manquent de bois ni pour la construction
de leurs maisons, ni pour leur chauffage. Pendant quatre ou cinq mois de
l'année, les courants déposent sur leurs côtes des aulnes énormes de bois
flotté, qui vient probablement des côtes de la Sibérie.

La mer est très poissonneuse ; la baleine, le hareng et la morue fournissent chaque année la cargaison de plusieurs vaisseaux, principalement
hollandais. Quant aux animaux, on y trouve tous ceux qui vivent dans les
climats septentrionaux, de même que ceux qu'on ne rencontre que sous les
plus hautes latitudes.

Le froid est excessif ; les liqueurs les plus fortes gèlent dans les appar-
tements, les pierres se fendent, et la mer fume, surtout dans les baies,
comme la bouche d'un four. Le dégel commence en juin, mais ce n'est
qu'à la surface du sol. Depuis ce mois jusqu'à la mi-août le soleil est bril-

lant et chaud, et on le voit constamment sur l'horizon, de sorte qu'il n'y a point de nuit. Au solstice d'hiver, au contraire, il ne se montre pas du tout ; mais un crépuscule de quelques heures dédommage de la privation des rayons solaires. Chaque jour l'aurore boréale succède au crépuscule, et elle répand une clarté qui surpasse le plus beau clair de lune. L'air est pur, sain et léger ; et pourvu qu'on se tienne vêtu chaudement, on jouit longtemps d'une bonne santé. Cependant le scorbut y est endémique, mais on le guérit aisément en usant de la cochléaria que la nature y fait croître abondamment.

Les Groëlandais sont petits, trapus, hauts à peine de quatre pieds. Ils ont la tête grosse, le visage large et plat, les joues élevées, le nez écrasé, les lèvres grosses, la peau couleur olive foncé. Les femmes ne sont pas plus belles que les hommes, et elles leur ressemblent si fort, qu'on a de la peine à les distinguer. Seulement elles ont les mains et les pieds très courts. Les enfants naissent blancs, mais leur teint ne tarde pas à brunir. Les Groënlandaises arrivent à un âge avancé. Les hommes, au contraire, meurent jeunes ; on en trouve rarement au dessus de cinquante ans. On ne doute plus aujourd'hui que la race des Groenlandais ne soit la même que celle des Esquimaux qui habitent les contrées les plus septentrionales de l'Amérique

L'habillement des Groënlandais consiste en un surtout étroit de peau de daim ou de chien marin, descendant jusqu'aux genoux, et taillé en pointe devant et derrière ; un pantalon et des bas de la même peau complètent le costume. Les femmes s'habillent comme les hommes ; seulement la tunique est un peu plus large, et elle monte davantage sur les épaules. Elles tressent leurs cheveux en nattes, et elles y attachent des dents ou des griffes d'ours blanc. Elles se tatouent le visage.

Les maisons sont de deux sortes : celles d'hiver et celles d'été. Les premières ont à peu près vingt pieds carrés, leurs murailles sont de cailloutage ou de morceaux de roche, si bien liés avec de la terre et calfatés avec de la mousse, qu'elles sont impénétrables au vent. Le toit est formé de lattes qu'on couvre de gazon. Cinq ou six familles vivent ordinairement ensemble, dans la saison rude. L'air y est si prodigieusement échauffé, et en même temps si chargé d'huile, de graisse et d'exhalaisons putrides, que les étrangers ne peuvent y résister et qu'ils en ont des vertiges. Les habitations d'été ne sont que des espèces de tentes ; ce sont des peaux de chiens marins relevées par des perches plantées par un bout dans la terre, et jointes en faisceau par l'autre bout. Ces cabanes sont plus petites et plus propres que les maisons d'hiver.

Les Groënlandais vivent de viande et de poisson ; ils dévorent plutôt qu'ils ne mangent ; quand ils manquent de vivres ils supportent la faim avec une constance extraordinaire. Ils mangent la viande cuite ou crue, sèche ou demi pourrie, suivant que la faim les presse ; ils abhorrent la chair de porc, parce que le porc, disent-ils, est un animal sale et vorace. Il est assez singulier que de tout temps la chair de porc ait déplu aux peuples les plus sales, tandis qu'elle est recherchée par les Européens. La boisson des Groënlandais est l'eau pure et l'huile de poisson. Ils manquent tout-à-fait de prévoyance, et il n'y a pas d'exemple qu'un seul d'entre eux ait jamais songé à se précautionner pour l'hiver. Les provisions qu'ils font ne peuvent suffire que pour peu de temps. Lorsqu'elles sont épuisées, on les voit passer tristement plusieurs jours sans manger autre chose que quelques moules, et de l'algue marine qu'ils trouvent par hasard. Si ces faibles ressources leur manquent, ils ont recours au cuir de leurs chaussures et aux peaux de leurs tentes, qu'ils font bouillir dans l'huile. Quand la belle saison ramène les vaisseaux européens, les Groënlandais leur apportent des fanons et des os de baleine, des cornes de narval, des dents de poisson, des peaux de renards et de phoques ; ils reçoivent en échange quelques étoffes et quelques meubles de peu de valeur.

Les Groënlandais vivent, dès leur enfance, dans la plus grande liberté, sans législation, sans magistrats, sans maîtres, sans entraves d'aucune espèce. Aucun d'eux n'a d'autorité sur les autres ; le père seul en a sur sa famille. Chacun bâtit, chasse, pêche où bon lui semble. Ils sont pauvres mais contents, ils vivent entre eux en bonne intelligence. Si une contestation s'élève au sujet d'une pièce de gibier ou d'un poisson, ils se déterminent d'après quelques règles qui sont obligatoires pour tous également. Ils s'estiment du reste beaucoup, et ils se croient bien supérieurs aux Danois, qu'ils volent sans scrupule lorsqu'ils en trouvent l'occasion. Ils n'ont aucune religion ou du moins ils ne rendent aucun culte à leur *Torngarsouk*, qui est le dieu dont ils ont une idée confuse. Lorsqu'ils partent pour la chasse ou la pêche, ils lui offrent en sacrifice un morceau de poisson ou de viande qu'ils déposent sur une pierre sans aucune cérémonie.

CHAPITRE III

Le peu de succès des trois voyages entrepris par le capitaine Davis pour la découverte du passage aux Indes orientales, avait refroidi les Anglais, sans leur faire perdre pourtant l'espérance de réussir un jour. Le projet fut repris au commencement du xviie siècle, et jusqu'en 1616 plusieurs tentatives nouvelles eurent lieu ; on y employa les plus habiles navigateurs. Quinze années se passèrent ensuite dans l'inaction, bien que les raisonnements de Davis, d'Hudson et de Baffin, pour la possibilité de la découverte, eussent laissé dans les esprits une forte impression. Un marin, nommé Lucas Fox, .recueillait avec soin tous les renseignements qu'il pouvait obtenir ; il se procurait des cartes, il lisait et relisait sans cesse les journaux des dernières expéditions. Cette conduite le fit enfin remarquer ; on s'adressa au souverain, qui voulut bien lui confier le commandement de la pinasse *le Charles*, de vingt-deux hommes d'équipage.

Vers le même temps, des négociants de Bristol s'associèrent dans le dessein de participer à l'entreprise ; ils équipèrent un vaisseau, lui donnèrent pour capitaine Thomas James, et obtinrent du roi que les deux bâtiments jouiraient des mêmes avantages et qu'ils partageraient l'honneur de la découverte, par quelque vaisseau qu'elle eût été faite. Les deux bâtiments mirent à la voile au commencement de mai 1631, mais à cinq jours d'intervalle. Le voyage de Fox ne présente rien d'extraordinaire ; celui de James, par le douloureux tableau de l'hivernement de son équipage au milieu des glaces, offre un récit plein d'intérêt et fécond en événements.

Le 4 juin, les Anglais virent la côte du Groënland, qu'ils reconnurent très bien, malgré les brouillards dont l'air était chargé. Dès le lendemain ils se trouvèrent engagés dans les glaces. Ils avaient beau chercher à s'en défendre, en les poussant avec de longues perches; ces faibles instruments furent bientôt brisés, et les fragments qui se détachaient sans cesse de ces montagnes flottantes et menaçaient de tomber dans le vaisseau, leur faisaient craindre à chaque instant d'être submergés. Leur chaloupe fut fracassée, mais ils en recueillirent les débris par le secours du canot, et ils les montèrent sur le pont afin de rétablir la chaloupe à la première occasion favorable. Ils parvinrent enfin à dégager leur vaisseau, qui heureusement n'avait point souffert d'avarie. Le 9, ils prirent hauteur; ils étaient à 59° de latitude. Ils cherchèrent le courant nord-est qu'on dit exister à cette hauteur, et ils n'en trouvèrent aucune trace. La mer n'avait point de fond, aucun poisson ne se faisait voir; le vent était très variable, et le brouillard, constamment épais, mouillait comme la pluie.

Le 10, le vaisseau se trouva de nouveau pris entre des glaçons dont quelques-uns étaient plus élevés au-dessus de l'eau que le sommet de son grand mât. Le canot fut brisé, et, ce qui fut bien plus douloureux, deux hommes perdirent la vie. On se trouvait près du cap de Désolation, et, quelques jours après, on reconut l'île de la Résolution, qu'on ne put doubler qu'avec beaucoup d'efforts et de danger.

A peine les Anglais eurent-ils réussi, que le vent, tournant subitement à l'ouest, les porta violemment vers la terre, qui, du point où ils la voyaient, ne leur présentait que des brisants et des glaçons échoués sur le sable. Un fort courant qui venait de l'île les tira de ce péril pour les jeter dans un autre : le vaisseau fut entraîné dans un canal bordé par des écueils et des glaçons. Les Anglais jetèrent en vain plusieurs ancres, ils en perdirent une; en vain ils tâchèrent de s'amarrer à des glaçons, les cordes se rompirent. Enfin, à force de travail et de persévérance, ils réussirent à pousser leur navire derrière une montagne de glace échouée; ils passèrent deux jours sous cet abri qui les sauva d'un ouragan venu de l'ouest, lequel fut suivi d'une chute considérable de neige.

Peu de temps après que l'ouragan fut apaisé, une forte marée secondant l'effort des glaçons, le vaisseau fut porté sur des rochers; le reflux le laissa sur une pointe. L'équipage ne croyant pas à la possibilité de sortir de ce mauvais pas, se mit à prier avec ferveur : le flux, ainsi qu'on aurait pu le prévoir, remit le navire à flot, et l'équipage se mit aussitôt à travailler pour sortir de ce lieu. Le capitaine James descendit à terre en sautant sur les glaçons; il éleva sur le rivage une espèce d'autel de pierres qu'il sur-

monta d'une croix ; il appela ce lieu *Port de la Providence*. Il se transporta ensuite sur le rivage oriental de l'île, où il monta sur une hauteur
pour tâcher de découvrir quelque mouillage plus sûr pour son vaisseau.
Pendant qu'il s'occupait de cette recherche, il entendit une effrayante dé-
tonation ; elle était produite par un glaçon énorme qui se fendit en plusieurs pièces à peu de distance du vaisseau.

James ayant remarqué un hâvre assez commode, envoya l'ordre d'y
remorquer le vaisseau, ce qui fut heureusement exécuté. D'un autre coté,
il se convainquit que l'île était tout-à-fait stérile et qu'il n'en fallait rien
attentre. Il donna au havre le nom de Price ; c'était celui du propriétaire
du navire. Il le trouva situé à 61° 24' de latitude. Le vaisseau en sortit
après un séjour forcé de quatre ou cinq jours ; ce fut pour courir de nouveaux dangers, contraint de voguer constamment entre les glaces et les
rochers, au milieu des brouillards qui l'enveloppaient comme un voile.
Cependant les Anglais continuèrent d'avancer, en suivant la côte, jusqu'au
5 juillet.

Ce jour-là, le temps était très-clair, ce qui ne servit qu'à leur faire
voir la mer couverte de glaces à une grande distance, dans toute la partie
du nord et du nord-ouest. Le capitaine jugea dès lors que toute recherche
au nord-ouest serait, cette année, infructueuse, impossible même à tenter ;
il résolut alors de ramener son vaisseau vers des climats moins rudes,
sans être encore tout-à-fait décidé sur le parti qu'il prendrait pour l'hiver,
et il fit voile à l'ouest-sud-ouest vers l'île de Mansfield, qu'il découvrit le
17, à trois heures de l'après-midi. L'équipage fut aussitôt réduit à demi-ra-
ration de pain. La barque fut envoyée au rivage pour jeter la sonde. Il fut
reconnu que l'eau courait à trois pieds de profondeur, et que dans la plus
haute marée elle ne s'élevait pas à plus de deux brasses. Les sauvages y
avaient laissé des traces de leur séjour ; mais, dans la route que le vaisseau parcourut, on ne vit ni bois flottant, ni animaux, ni poissons, ni rien
dont on pût faire usage.

James fit mettre à la voile dès le lendemain pour gagner les terres occidentales, à la latitude de 63° ou environ ; il comptait sur une mer ouverte,
et il ne trouva guère que des glaces. Au bout d'un mois de la navigation
la plus périlleuse, il jeta l'ancre vis-à-vis une pointe de terre qui s'étendait vers le sud, et qui reçut de lui le nom de Nouvelle-Galles mérionale.
La journée fut calme, mais le vent se leva dans la nuit, et le vaisseau chassa
sur ses ancres. Les coups de mer étaient si rudes, que plusieurs matelots
furent renversés. M. Price manqua d'avoir une jambe cassée ; mais le
canonnier eut le pied si maltraité, qu'il fallut lui en faire l'amputation
pour arrêter les progrès de la gangrène. Le 25 août, le vaisseau mouilla

par cinq brasses. James envoya aussitôt la barque à terre pour reconnaître le pays ; il enjoignit très expressément aux matelots d'être de retour
avant la nuit : un reflux subit et imprévu les retint malgré eux sur le
rivage, ce qui donna de vives inquiétudes au capitaine ; ils revinrent le
lendemain, et rapportèrent qu'ils n'avaient vu aucun indice d'habitants,
mais qu'ils avaient aperçu beaucoup d'oiseaux, et quelques traces d'ours
et de daims sur la neige.

Le 29, le capitaine découvrit un vaisseau à quatre lieues environ sous
le vent ; il ne tarda pas à reconnaître un bâtiment de la marine royale, et
peu de temps après celui dont on avait donné le commandement à Lucas
Fox. Après que les deux vaisseaux se furent fait et rendu les saluts réciproques, les gens de Fox vinrent à bord dans leur chaloupe ; le lendemain,
James rendit à Fox sa visite avec quelques-uns des siens, et il fut reçu
aussi bien que les circonstances pouvaient le permettre. Le jour suivant,
Fox fit route au sud-sud-ouest, par un temps extrêmement froid ; il avait
l'intention de parcourir et de reconnaître cette côte dangereuse, et il y
employa tout le mois de septembre. Ce ne fut pas sans avoir couru bien
des dangers, que, voyant qu'il n'y avait nulle espérance de trouver le
passage cette année, il repassa heureusement le détroit d'Hudson. Un vent
favorable le ramena au port des Dunes à la fin d'octobre. Il publia, aussitôt
après son retour, la relation de son voyage. Il y établit, comme point in-
contestable, que les hautes marées qu'il avait rencontrées dans la baie d'Hudson, ne pouvaient en aucune manière venir par le détroit, et qu'elles
devaient y être amenées de quelque mer orientale ou de la mer du Sud.

D'après ses diverses observations, Fox affirme que le passage existe,
sans néanmoins de quel côté de la baie il le faut chercher. Seulement il
ajoute qu'on trouvera une large ouverture dans un climat tempéré.

Les déclarations de Fox, si précises, si affirmatives, firent alors beaucoup d'impression sur les esprits ; elles contribuèrent à nourrir le goût des
entreprises du même genre ; mais l'expérience semble avoir prouvé contre
lui, que si le passage existe, ce n'est que dans la mer de Baffin. Revenons
au capitaine James.

Celui-ci ne leva l'ancre que le 13 septembre, et il fit cours directement
à l'ouest ; mais ne trouvant aucun lieu sûr ou abrité des vents, il revira de
bord pour gagner le fond de la baie, espérant qu'il pourrait rencontrer
un passage qui le conduirait au fleuve Saint-Laurent, résolu, s'il ne réus-
sissait pas, à hiverner en terre ferme plutôt que de continuer à naviguer
dans des rochers, des bas-fonds et des glaces, et d'aller au-devant d'un
naufrage inévitable. Ce parti était sage, tous l'approuvèrent ; et comme le
temps devenait mauvais de plus en plus les vents fixés au nord,

il ne fut bientôt plus question que de choisir le lieu de l'hivernage. Plusieurs jours se passèrent sans qu'on rencontrât ce qu'on cherchait ; cependant le temps passait, car l'hiver s'avançait à grands pas. Dès le 7 octobre, il tomba tant de neige que tout en fut couvert, et le froid devint si vif que les liquides gelaient même auprès du feu. Les voiles et les agrès étaient tellement raides qu'on ne pouvait en faire aucun usage. Le lendedemain, le soleil parut, mais sa chaleur était trop faible pour fondre la neige. Il ne fut plus possible d'aller en avant, et il fallut se décider sans délai pour le premier lieu qui offrirait quelques ressources. Cela devenait d'ailleurs d'autant plus urgent que plusieurs matelots étaient dangereusement malades.

Le charpentier, aidé de quelques hommes de l'équipage, construisit une cabane sur le rivage, pour y placer les malades. Pendant qu'il y travaillait, le capitaine parcourut les environs du lieu ou l'on avait pris terre, et nonseulement il ne vit point d'habitants, mais encore il acquit la triste certitude que l'île (c'en était une) ne produisait absolument rien dont on pût tirer quelque avantage. Cependant, le lendemain et le jour suivant, le capitaine envoya plusieurs hommes à terre, après leur avoir donné ses instructions. Ils devaient tâcher de découvrir un port pour le vaisseau, des habitants et du gibier : ils ne rapportèrent qu'un petit daim assez maigre ; ils n'avaient vu ni habitants, ni port.

Le lieutenant, suivi de cinq hommes, descendit à terre à son tour ; il fut moins heureux encore, et un des hommes qui l'avaient accompagné se noya, en voulant traverser un étang glacé qui se trouvait sur le chemin, au lieu de faire le tour comme les autres.

Dans les premiers jours de novembre, le capitaine vérifia l'état des subsistances, qui par bonheur pouvaient durer encore plusieurs mois. Outre la cabane provisoire des malades, on en construisit une assez vaste pour tout l'équipage, et l'on y transporta peu à peu tout ce qui pouvait contribuer à rendre moins rude le séjour de l'île.

Le 12, le feu prit à la maison, mais on s'en rendit bientôt maître, et cet accident servit d'avertissement pour redoubler à l'avenir de précautions. Le malheureux canonnier auquel on avait coupé la jambe mourut le 22, malgré tous les soins qui lui furent prodigués : le froit était si violent que, bien qu'il eût sur le corps plusieurs couvertures et qu'on entretînt dans sa cabane un feu continuel, les appareils gelaient sur sa blessure.

Cependant le vaisseau courait les plus grands dangers ; il était pressé par d'énormes glaçons, et le câble qui le tenait amarré fut près de se rompre. La portion de l'équipage qui était à bord fit le signal de détresse; on y répondit du rivage, sans pouvoir toutefois leur donner aucun secours, à cause des ténèbres épaisses où l'on se trouvait. Aussitôt que le jour le permit, on y alla avec la barque. Le capitaine résolut de jeter le vaisseau sur le rivage, seul moyen de le conserver plus longtemps, en le préservant ainsi des coups de mer et du choc des glaçons.

On se mit aussitôt à l'ouvrage pour remplir les intentions du capitaine. Le vaisseau resta couché dans le sable à la profondeur de deux pieds; mais les glaces et la mer le battaient encore avec tant de furie, que James ordonna au charpentier de le percer dans le fond avec une tarière. Au bout de six heures, il fut rempli d'eau, ce qui le fit tenir tranquille; pour l'assurer mieux encore, on jeta à fond de cale les ancres de réserve, beaucoup d'ustensiles, et tout ce qui pouvait servir de lest. Cela fait, tout l'équipage entra dans la barque et gagna la terre, non sans beaucoup de peine, car la neige qui était tombée les jours précédents s'était glacée dans la mer, ce qui avait rendu l'eau si épaisse, que les rames, conduites chacune par deux hommes, pouvaient à peine la diviser.

Lorsqu'ils furent tous réunis dans la cabane, leur premier mouvement fut de se livrer au mécontentement et au murmure. Le charpentier déclara que le vaisseau était perdu, et que lors même qu'il ne le serait pas, on n'en pouvait tirer aucun service, faute de gouvernail. Le capitaine fut d'un autre avis, et il le soutint avec tant de force qu'il ranima le courage de ses matelots.

« Avec de l'industrie et du travail, leur dit-il, on peut se tirer des situations les plus désespérées ! »

Des récompenses promises aux travailleurs ajoutèrent plus d'efficacité à ces paroles. Le charpentier s'engagea, si on voulait lui aider, à construire une pinasse. Les matelots promirent leur assistance. L'espérance rentra dans tous les cœurs, et le calme se rétablit.

On employa la première moitié de décembre à transporter, du vaisseau à la cabane, toutes les provisions qui s'y trouvaient encore : des lits, des couvertures, des ustensiles, tout ce qui pouvait être de quelque secours. Pendant que les uns s'occupaient de ce transport, les autres aidaient le charpentier à ramasser du bois pour la construction d'une pinasse. Plusieurs de ces derniers eurent le nez, les joues et les doigts gelés.

Pour se procurer de l'eau, on avait creusé des puits qui en fournissaient de très bonne; mais, dans le courant de ce mois, le froid augmenta si fort que les puits ne donnèrent plus d'eau; il fallut recourir à la neige fondue, qui ne donne qu'une boisson malsaine. Le vin d'Espagne, le vinaigre, l'huile, les liqueurs spiritueuses s'étaient changés en glaçons, et, pour s'en servir, il fallait les rompre à coups de hache. Dans la cabane, à trois pieds d'un grand feu, on ne pouvait se garantir de la gelée. La neige, qui tombait toujours, ne tarda pas à couvrir la cabane. Les matelots devaient chaque jour s'ouvrir un passage avec des pelles.

Le capitaine se souvint que lorsqu'il avait visité l'île, il avait trouvé une source abondante de bonne eau au pied d'une hauteur voisine, et qu'il avait fait abattre deux ou trois arbres des environs pour reconnaître le lieu. Il y envoya quelques matelots qui le retrouvèrent sans peine, et qui rapportèrent un peu d'eau. Cette découverte fut d'un grand avantage : la source coula toute l'année; quelquefois, il est vrai, l'eau se gelait à l'orifice du canal, mais c'était toujours à très peu d'épaisseur.

Les Anglais célébrèrent la fête de Noël, et, le jour de la Saint-Jean, ils donnèrent à leur hivernement le nom de Forêt de Winter, en l'honneur de sir John Winter; le jour des Rois, ils profitèrent d'un soleil très pur pour mesurer la latitude, qu'ils trouvèrent de 51° 52'.

Le froid fut très vif pendant le mois de janvier; il le fut plus encore dans le mois suivant. Les Anglais éprouvèrent d'horribles souffrances; ils les supportèrent avec courage, et n'abandonnèrent jamais le travail. Vers le milieu de mars, quelques-uns demandèrent au capitaine la permission d'aller à la chasse des daims; ils revinrent malades, les jambes et les pieds tout couverts de grosses ampoules. Trois jours après, d'autres matelots voulurent les imiter, et ils furent plus maltraités encore. On ne pouvait se procurer qu'avec des peines excessives le bois de chauffage et celui qu'on destinait à la construction de la pinasse. Les haches et les cognées étaient toutes brisées ou en très mauvais état, et on n'avait pas d'autres instruments pour abattre les arbres et les débiter. Le bois de chauffage ne donnait pas moins d'embarras : vert, il produisait une fumée qui aveuglait; sec, il infectait d'une forte odeur de térébenthine, et la fumée qui en sortait couvrait tout de suie.

Quand le mois d'avril arriva, le charpentier et ses quatre aides, qui n'avaient cessé de travailler, se trouvèrent si malades, qu'il ne leur fut pas possible de continuer; presqu'en même temps, le bosseman et plusieurs matelots perdirent la santé, de sorte qu'il ne resta plus que cinq hommes en état d'agir. Le capitaine résolut, avec leur secours, de vider le vaisseau de la glace dont il était rempli, afin de le disposer à pouvoir servir dès que la saison le permettrait.

La neige, qui tomba le 6 avril avec la plus grande violence, retarda, sans pourtant l'arrêter, ce travail nécessaire; car la chaloupe était brisée, la barque était fort endommagée, trop petite d'ailleurs pour contenir l'équipage et quelques provisions; et, dans l'état presque désespéré où l'on voyait le charpentier, il ne fallait pas compter sur la pinasse.

Les Anglais profitèrent, pour travailler, du beau temps du 16 et des jours suivants. On enleva la neige qui couvrait le pont du vaisseau, on le débarrassa des glaces qui obstruaient l'intérieur, on boucha les ouvertures qu'on y avait faites pour le faire échouer, et on répara aussi bien qu'on le put toutes les avaries qu'il avait souffertes.

On eut souvent occasion de remarquer un phénomène assez singulier : toutes les fois que le temps était sombre et couvert, les Anglais distinguaient, à quatre lieues de leur île, une autre île avec ses coteaux et ses rivages unis ; mais, quand le soleil venait à se montrer, l'île disparaissait, et l'on ne pouvait la voir, même en montant sur les hauteurs. C'était là un effet de la réfraction des rayons lumineux.

Le dégel commença dans les premiers jours de mai ; mais il fut fort lent, ce qui augmenta la mauvaise humeur des malades, qui désiraient ardemment le retour du beau temps, dont ils attendaient leur guérison. On commença, le 4, à voir paraître des grues et des oies sauvages, si farouches, qu'il ne fut pas possible d'en approcher. Il fallut se contenter des provisions que le vaisseau pouvait fournir encore. On tira hors du fond de cale cinq barriques de bœuf et de porc, quatre tonneaux de bière et un tonneau de cidre qui, par un heureux hasard, se trouva très bien conservé.

On dégagea aussi des glaces le magasin des souliers, qui ne laissèrent pas de rendre de grands services, quoiqu'ils fussent restés dans l'eau tout l'hiver. Mais ce qui affligea le plus les Anglais, ce fut la perte du gouvernail, qu'ils cherchèrent inutilement parmi les glaces pendant plusieurs jours.

Le bosseman, aidé de quelques matelots, commença le 14 à nettoyer les cordages et les agrès, et le tonnelier, bien qu'assez malade, répara plusieurs barriques ; car l'intention du capitaine était de passer plusieurs câbles sous le vaisseau, afin de le soulever au moyen de quelques tonneaux vides, s'il ne pouvait parvenir autrement à le remettre à flot.

Le 18, on perdit le charpentier. Il avait presque achevé la pinasse ; c'était un bâtiment bien proportionné, du port d'environ quatorze tonneaux, de vingt-sept pieds de quille et de dix pieds dans sa plus grande largeur.

On l'enterra sur une colline auprès d'un autre homme de l'équipage qui était mort quelque temps auparavant, et le même jour on retrouva le corps du canonnier qu'on avait jeté dans la mer au commencement de l'hiver. Les vagues l'avaient poussé contre le vaisseau, et il avait été pris par les glaces. Il fut inhumé avec les autres. Cependant, les glaces ne faisaient encore aucun mouvement pour se rompre. Ce ne fut que le 24 qu'elles commencèrent à se fendre et à craquer avec un bruit horrible. En peu de temps, elles se brisèrent entièrement, et la marée, en se retirant, en nettoya la baie. Pour surcroît de bonheur, un matelot, en frappant sur la glace avec une lance, trouva le gouvernail,

Le reste du mois de mai fut employé en préparatifs de départ ; mais, aux premiers jours de juin, le froid reprit avec tant de force que tout gela dans la cabane ; heureusement il ne dura pas, et, le 11, après bien des efforts, on réussit à replacer le gouvernail. Les malades commencèrent aussi de se rétablir, grâce à quelques plantes qu'on trouva dans l'île, et qu'on leur faisait manger soit dans le bouillon, soit en salade ; leurs dents se raffermirent, l'inflammation des gencives se dissipa, et au bout de quelques jours ils furent en état de manger du bœuf. Les chaleurs se firent sentir le 10 juin, au point que plusieurs matelots se baignèrent dans les étangs. Ils y trouvèrent une grande quantité de grenouilles, mais ils n'osèrent en manger, ne sachant pas les distinguer des crapauds. La terre se couvrit de fourmis, l'air se remplit de papillons et d'insectes de plusieurs sortes, principalement de cousins qui incommodèrent beaucoup les Anglais.

Le capitaine James pense, qu'avant l'hiver, ces insectes déposent leurs œufs ou se cachent eux-mêmes dans le bois pourri qui abonde sur le rivage.

Le 17, on s'occupa de décharger le vaisseau de tout ce qu'il contenait encore, afin d'en diminuer le poids, de façon qu'il ne tirât qu'un pied et demi d'eau, car il n'y en avait pas davantage dans cette partie de la baie. On parvint, le lendemain, à le mettre à flot et à le conduire jusqu'au premier ancrage.

Le 23, on embarqua quelques provisions ; le 24, avec l'un des plus grands arbres qu'on trouva dans l'île, on fit une croix à laquelle on attacha les portraits du roi et de la reine d'Angleterre, enfermés dans des boîtes de plomb, pour qu'ils ne souffrissent pas des atteintes de l'air. On grava par-dessus les titres du prince :

« Charles, roi d'Angleterre, d'Ecosse, de *France* et d'Irlande, de Terre-
» Neuve et des terres de l'Ouest, jusqu'à la Nouvelle-Albion, et, au nord,
» jusqu'au 80ᵉ degré de latitude. »

Ils attachèrent à la plaque de plomb un schelling et une pièce de six sols au coin du roi Charles, et mirent par-dessous ses armes avec celles de la ville de Bristol. La croix fut ensuite dressée sur la colline où ils avaient déposé les restes de leurs compagnons, après quoi ils prirent possession du pays au nom de S. M. Britannique.

Le 25, vers les dix heures du matin, le capitaine, accompagné d'un matelot, se rendit au pied d'un arbre très-élevé que les Anglais nommaient l'observatoire, parce qu'ils avaient coutume d'y monter lorsqu'ils voulaient reconnaître le pays. Le dessein du capitaine était d'examiner, pendant que le feu brûlerait, si on ne répondrait pas de quelque partie de l'île par d'autres feux ou par quelque signal particulier. Mais à peine était-il arrivé au sommet de l'arbre qu'il s'aperçut que le matelot avait mis imprudemment le feu à quelques ronces au-dessous du vent; la flamme ne tarda pas à gagner des genêts et des broussailles qui croissaient entre les arbres, et de proche en proche elle fit de tels progrès qu'elle saisit presque subitement l'observatoire. Le capitaine se précipita plutôt qu'il ne descendit, au risque de se tuer ou de s'estropier; et il fut ensuite obligé de se sauver très vite, parce que la flamme semblait le poursuivre. L'incendie s'étendit toute la nuit dans l'île, et le vent devenant plus fort le matin, les flammes atteignirent la cabane et le magasin, qui furent bientôt consumés; on venait heureusement d'en enlever tous les effets. Le feu dura deux jours entiers; il avait tout dévoré sur une ligne d'un mille de largeur.

Le soir du 26, tout l'équipage fut à bord; chacun croyait toucher à la fin de toutes ses peines. Les trois jours suivants, les Anglais embarquèrent leur eau et leur bois de chauffage qu'ils tirèrent en partie de la pinasse qu'ils mirent en pièces, voyant qu'on ne pouvait l'employer à aucun usage.

La baie était entièrement libre de glaces; le vent les avait toutes entraînées vers le nord. La saison était d'ailleurs malsaine; il faisait, le jour, une chaleur insupportable, et chaque nuit les étangs se gelaient encore de l'épaisseur d'un pouce; mais ce qu'il y avait de plus fâcheux, c'étaient les cousins, dont les piqûres produisaient sur la peau des pustules accompagnées d'une horrible démangeaison. Les matelots, pour s'en garantir, avaient fabriqué des espèces de sacs où ils s'enfermaient tout entiers; mais ces cruels insectes s'introduisaient partout.

Le 1er juillet, — un dimanche, — le pavillon fut arboré au vaisseau; après quoi l'équipage se rendit processionnellement au lieu où il avait planté une croix. Cette croix n'avait pas souffert de l'incendie, parce que le sol autour d'elle n'était que de sable, sans aucune plante. Le capitaine lut quelques prières, et les matelots les récitèrent après lui. On reconnut, des hauteurs où l'on se trouvait, que le feu avait parcouru environ seize milles de terrain. Le soir, en s'en retournant, les Anglais trouvèrent une herbe semblable au cochléaria; ils en ramassèrent une grande quantité qu'ils mangèrent bouillie. Les Anglais se disposèrent, dès le lendemain, à quitter la baie. Le capitaine avait écrit une relation abrégée de l'expédition; il l'enferma dans une boîte de plomb et avant de partir, il l'attacha à la croix, au-dessous des armes du roi. L'île reçut alors, au lieu du nom qu'on lui avait d'abord donné, celui de Charlestown, en l'honneur du prince de Galles, qui fut ensuite roi sous le nom de Charles II.

Le sol de cette île se compose d'un sable blanc très-fin que le vent soulève et emporte. Il est couvert d'une espèce de mousse d'un vert très-pâle, de genêts et d'autres arbrisseaux stériles. On y trouve quelques genévriers, et des sapins dont les plus gros n'ont pas plus d'un pied et demi de diamètre. Il y a quelques daims, en petit nombre, des renards et des ours ; des canards, des oies sauvages et des perdrix blanches. La mer n'y donne aucune espèce de poisson. Les Anglais n'y aperçurent que deux ou trois coquillages vides.

Le lieu que James avait choisi pour hiverner avait quelques arbres assez touffus, et une petite colline le garantissait en partie des vents du nord. Il éprouva d'abord de grandes difficultés pour la construction de son habitation. Il aurait voulu creuser une cave, mais il trouva toujours l'eau à deux ou trois pieds de profondeur. Il ne put non plus bâtir en pierres les murs de la cabane, parce que la neige ne tarda pas à couvrir toutes celles qu'il avait d'abord vues; il ne put employer la terre à cet usage, parce que le sol n'offre que du sable fin non adhérent. Il suppléa à la terre et aux pierres au moyen de fortes claies soutenues par des pieux très rapprochés les uns des autres. La cabane, de six pieds de hauteur, avait une ouverture à chaque extrémité. Cette ouverture servait, en même temps, de portes et de fenêtre ; elle était carrée, de vingt pieds de long. Le foyer était au milieu ; autour du foyer s'élevaient les couchettes des matelots sur des pieux droits, d'un pied de hauteur. Le sol était couvert de planches. Une clôture extérieure garantissait la cabane du premier choc des vents.

A vingt pieds de distance de cette cabane, il y en avait une seconde, un peu moins étendue ; elle servait de cuisine, et les matelots y passaient la plus grande partie du jour. A quelques pas de là était le magasin où l'on conservait le pain, le poisson et toutes les autres provisions, sur des planches à deux pieds au-dessus du sol. Les provisions consistaient en bœuf salé, en porc et en poisson; les Anglais en avaient au moins pour huit mois en les ménageant, comme ils le firent par les soins du capitaine.

Ce fut le 2 juillet qu'on leva l'ancre, aux acclamations de tout l'équipage ; et le vaisseau vogua légèrement vers l'île de Danby, où l'on s'arrêta pour ramasser du bois qu'on aperçut sur le rivage. C'étaient deux pieux plantés en terre. James se convainquit, en les examinant, qu'ils avaient été aiguisés en pointe avec des instruments de fer, tels que des haches dont la tête avait servi ensuite à les enfoncer dans la terre. Il remarqua aussi, près des pieux, des traces évidentes d'un grand feu. Cette découverte donna au capitaine le plus vif désir de rencontrer quelques sauvages, dans l'espérance de tirer d'eux des renseignements sur la nature et les ressources du pays; mais ses recherches furent infructueuses.

On naviguait dans un canal très-dangereux, plein de bas-fonds et de rochers; aussi du 5 au 21 les Anglais ne firent que très-peu de chemin, obligés sans cesse de traverser d'épais brouillards, ou de lutter contre les glaçons.

Le 22, ils jetèrent l'ancre au cap Marie-Henriette. Le capitaine et plusieurs matelots descendirent à terre avec des chiens et des armes dans l'espérance d'y tuer quelques daims; mais, quoiqu'ils en eussent vu plusieurs troupes, il ne leur fut pas possible d'en prendre un seul, parce qu'ils se tinrent toujours hors de portée. On se remit en mer par un bon vent du sud. L'on vit encore beaucoup de glaces brisées et des bas fonds; on évita aisément les uns et les autres : on eut plus de peine à se préserver, sur le pont, de la chute des glaces qui se détachaient du haut des glaçons. C'était surtout pendant la nuit que le danger était imminent; chaque fois qu'on la voyait arriver, ce n'était pas sans penser à la possibilité d'une affreuse catastrophe. Ces nuits étaient si longues, si obscures, si froides, qu'on avait bien peu de chances de salut. L'hiver semblait revenir avec toutes ses rigueurs, la mer était plus que jamais embarrassée par les glaces, des coups de vents violents se faisaient sentir assez fréquemment, de sorte que le capitaine fut tenté de regagner le détroit d'Hudson.

Mais le vaisseau était en si mauvais état, qu'il fallait se livrer d'heure en heure au travail très-fatigant de la pompe; et les coups qu'il avait reçus l'avaient tellement brisé, qu'il était à craindre que, d'un moment à l'autre, il ne s'ouvrît au moindre choc. Ces considérations portèrent les officiers à requérir formellement le capitaine, par un écrit signé de tous, de reprendre la route d'Angleterre, puisque bien évidemment on ne pouvait tirer aucun avantage d'un plus long séjour dans ces mers. James donna ordre au pilote de prendre le gouvernail et de changer de route.

Les Anglais sortirent assez heureusement du détroit dans les premiers jours de septembre; mais le temps continua d'être froid et neigeux, au point que, le matin, les matelots pouvaient à peine manœuvrer.

Le 8, on cessa de voir des glaces, mais la mer fut très-élevée : on eut quelques coups de vent, et le vaisseau fut violemment tourmenté; toutefois il continua de voguer jusqu'à la rade de Bristol.

Le retour de James produisit la plus vive satisfaction, car son absence prolongée avait causé beaucoup d'inquiétude. Mais rien ne saurait exprimer tout ce qu'éprouvèrent les spectateurs, lorsque le vaisseau, amené dans le port et mis à terre sur le côté, montra toutes ses avaries. Il avait perdu quatorze pieds de quille, la poupe presque tout entière, et une grande partie de la doublure. Ses flancs étaient enfoncés de toutes parts, et on trouva une ouverture d'un pouce et demi au-dessous des doublures.

Le voyage de James n'avait pas eu le succès qu'on en attendait, mais il avait beaucoup ajouté aux découvertes de Button, de Baffin et d'Hudson : aussi les Anglais ont-ils placé James au nombre des plus célèbres navigateurs dans les mers du Nord. La relation de son voyage fut accueillie du public avec le plus grand empressement. James déclare positivement dans son journal qu'il n'y a point de passage au nord-ouest, ou que, si le passage existe, il doit être si mal situé qu'il n'y aura jamais d'utilité à le découvrir, puisqu'il sera impossible d'en faire usage.

La baie d'Hudson a été découverte en 1607 par un marin anglais, de ce nom, non moins célèbre par ses talents que par sa fin tragique. Il entreprit plusieurs voyages dans les mers du Nord, pour trouver le passage objet de tant de travaux inutiles, et dans ces courses diverses il fit beaucoup d'observations importantes. En 1610, il avait hiverné sur la côte sud-ouest de la baie ; au retour du printemps il faisait ses dispositions pour retourner en Angleterre ; une partie de son équipage, voulant s'emparer du vaisseau, se révolta ouvertement. Hudson et son fils encore jeune, *Woodhouse*, mathématicien, qui avait fait le voyage comme volontaire, le charpentier et cinq matelots furent abandonnés dans la chaloupe sans provisions et sans armes. Comme on n'en a jamais eu de nouvelles, on présume qu'ils ont tous péri de misère ou sous les coups des sauvages.

La baie s'étend du sud au nord depuis le 51ᵉ jusqu'au 74ᵉ degré de latitude. Sa profondeur est d'environ 300 lieues, sa largeur à l'entrée d'environ 200 ; cette largeur diminue au fond jusqu'à trente-cinq lieues seulement. Les rivage de cette baie présentent presque partout un aspect affreux ; ce ne sont que des rochers escarpés, des terres incultes, des ravines profondes, des sables arides, des vallées que le soleil n'échauffe en aucun temps de ses rayons, toujours couvertes de glaçons et de neige. La mer n'est jamais entièrement libre dans cette vaste baie, car dans les mois de juillet et d'août, qui sont les plus chauds de l'année, on rencontre souvent d'énormes glaces flottantes. Les terres environnantes n'ont pour habitants que quelques hordes errantes d'Esquimaux. La côte orientale avait d'abord reçu le nom de Terre de Labrador ; c'est aujourd'hui le

Maine oriental. Sur la côte occidentale se trouve le port Nelson, avec un fort qu'y ont bâti les Anglais ; ils donnent à la contrée le nom de Nouvelle-Galles.

Ce qui attire les Européens dans ces régions sauvages, c'est le commerce des pelleteries, commerce qui leur donne beaucoup de profit parce que les fourrures leur coûtent très-peu. Les armes à feu, la poudre à canon, les draps, le tabac, le plomb, les haches, tels sont les articles que les Européens fournissent en échange aux sauvages.

Hudson avait découvert la baie, mais les Français s'en regardaient comme propriétaires. Lorsqu'en 1667 un Anglais y bâtit un fort, les Français virent dans cet acte une usurpation, et ils envoyèrent un officier à la baie pour en reprendre possession au nom de la France. Les Anglais s'en emparèrent à leur tour ; mais ils en furent dépossédés par les Français, qui conservèrent leur possession jusqu'en 1714.

A cette époque, la baie fut cédée à l'Angleterre, ainsi que l'Acadie et l'île de Terre-Neuve, par la paix d'Utrecht. Les Anglais y ont aujourd'hui quatre établissements principaux. Le commerce des pelleteries se fait par une compagnie anglaise qui porte le nom de Compagnie de la Baie d'Hudson.

CHAPITRE IV

Délaissement volontaire de sept Hollandais dans l'île Saint-Maurice, au Groënland, en 1634.

La compagnie hollandaise du Groënland avait résolu de pousser les découvertes dans ce pays aussi loin que cela était possible.

Elle promettait des encouragements et des récompenses à quiconque en rapporterait des notions intéressantes ou utiles. Sept marins forts et courageux offrirent d'y passer l'hiver, et de tenir un journal exact de tout ce qu'ils observeraient. On les laissa donc dans l'île Saint-Maurice le 26 du mois d'août 1633. C'est une île déserte de la côte du Groënland, vers le détroit de Weigatz, sous le 71° de latitude. Ils étaient abondamment pourvus de tout ce qui pouvait leur être nécessaire pour hiverner au milieu des glaces.

Le temps fut supportable les premiers jours de septembre, malgré les pluies abondantes qui tombaient le matin. Dans la nuit du 8, nos marins furent réveillés par un bruit affreux, comme si une masse énorme était tombée auprès d'eux. Dès qu'il fit jour, ils tâchèrent de découvrir la cause de ce bruit, et toutes leurs recherches furent vaines. L'explication de ce phénomène, assez fréquent dans les régions polaires, a été donnée par M. Crantz, missionnaire danois du Groënland. On remarque souvent, dit ce missionnaire, des masses énormes de glace, qui sont comme attachées ou suspendues aux rochers. Quand la partie inférieure du glaçon est minée par la chaleur de la terre au printemps, ou pour mieux dire en été, toute la partie supérieure manquant de base ou d'appui, s'écroule sous le poids, se brise, se détache et tombe de roche en roche avec un épouvantable fracas. Lorsque ces masses se balancent sur des précipices, ou au-dessus des eaux de la mer où elles se brisent en mille pièces, on entend un bruit semblable à celui du tonnerre ; on éprouve même sur mer une agitation si forte, que les petits bâtiments qui, pour leur malheur, se trouvent sur la côte voisine, sont quelquefois submergés avec leur équipage groënlandais.

Le 9, le soleil fut brûlant le soir, quoiqu'il eût plu le matin ; ces variations de température furent fréquentes jusqu'à la fin du mois. Le 23, par un temps lourd et pesant, les Hollandais virent une baleine se jouant dans les eaux du rivage. Ils sautèrent dans leur chaloupe afin de la poursuivre, mais l'horizon se couvrit presque aussitôt d'épais brouillards, qui peu de temps après les enveloppèrent. Le 26, il y eut une forte gelée, présage d'un hiver rigoureux. Cependant les Hollandais eurent encore quelques jours de pluie ; ils essuyèrent même un ouragan qui leur fit craindre que leurs tentes fussent emportées. Dès ce moment, le froid les obligea non-seulement à faire de grands feux, mais encore à se tenir renfermés la plus grande partie du temps. Cette retraite forcée les fatigua beaucoup, et ils commencèrent à être fréquemment tourmentés de vertiges.

Vers la mi-octobre, toute la partie septentrionale du rivage fut couverte de glaces, et quoique le soleil se montrât encore sur l'horizon, il s'élevait si peu que ses rayons étaient sans force. Le reste du mois, les glaces gagnèrent sur la mer. Quelques ours se firent voir ; mais ces animaux, malgré leur férocité, paraissaient craindre les Hollandais. Ils prenaient la fuite d'aussi loin que ceux-ci se laissaient apercevoir. Seulement, le 2 novembre, sept à huit ours s'étant avancés de compagnie vers leurs tentes, ils en tuèrent un, et les autres se sauvèrent en hurlant. Ils se réfugièrent sur les glaces, où il ne fut pas possible de les poursuivre. Le lendemain, le temps étant plus supportable, les Hollandais se hasardèrent à sortir, et ils tuèrent encore un ours qu'ils traînèrent dans leur tente ; mais par une fâcheuse compensation, s'ils acquéraient des vivres frais, ils cessaient d'avoir de l'eau de source, et ils durent commencer à faire usage de neige fondue.

Dès le 19, les jours devinrent si courts, qu'ils ne pouvaient plus ni lire, ni écrire dans leurs tentes, ce qui les jeta dans une mélancolie profonde. Le 26, le vent tourna au sud, la température s'éleva sensiblement, **et** les glaces furent chassées de la baie dans l'Océan. Le temps se soutint ainsi pendant plusieurs jours, si bien que les Hollandais se flattèrent que leur hiver ne serait pas beaucoup plus rude que les hivers de la Hollande ; mais ils furent cruellement détrompés, et les glaces ne tardèrent pas à revenir plus fortes et plus abondantes. Le 17, ils eurent le bonheur de tuer un ours jeune dont la chair leur parut délicieuse ; mais ils durent bientôt renoncer à l'espérance d'en prendre davantage ; car, le 21, la gelée fut très forte, la neige couvrit la terre à une épaisseur considérable, et le temps fut si mauvais tout le reste de l'année, qu'il ne leur fut pas possible de sortir de leur tentes.

Cependant ils commencèrent la nouvelle année assez gaîment, bien que le froid fût excessif ; les glaces qui couvraient la baie, examinées du haut de leurs tentes, ressemblaient à des collines escarpées. Le 15 janvier, un de leurs tireurs eut encore l'adresse d'abattre un ours ; ils ne parvinrent à en tuer un autre que deux mois après. La disette de viande fraîche, de quelque espèce qu'elle fût, leur était funeste ; car ils étaient tous attaqués du scorbut, et chaque jour le mal faisait en eux d'effrayants progrès, de sorte que, malgré les beaux jours qu'ils eurent dans le mois de mars, ils se laissèrent aller au découragement. Le 28 et le 29, ils virent dans la baie des baleines en très grand nombre, mais ils n'eurent pas la force de tenter seulement d'en harponner une ; ils aperçurent aussi d'autres poissons, et ils n'en prirent point. Les baleines même que le reflux avaient laissées presqu'à sec, et qui leur offraient une proie facile, ne leur furent d'aucun secours, parce qu'ils se sentaient trop faibles pour les attaquer.

Le 3 avril, ils se trouvèrent si accablés qu'ils n'en resta que deux sur pied ; ceux-ci tuèrent deux poulets qui leur restaient, pour faire du bouillon pour leurs camarades : mais quel bien pouvait produire un si faible soulagement.

Le 16 fut pour eux un jour fatal. Celui qui avait tenu le journal succomba le premier ; l'un des deux qui se traînaient encore fut contraint de s'aliter. Le 25, celui qu'ils nommaient leur commandant suivit le secrétaire. Pour tâcher de sauver les autres, le seul qui pouvait encore agir tua le chien qu'ils avaient, afin d'avoir de la chair fraîche. Il paraît que la mort de ce pauvre animal ne put prolonger leur misérable vie : le journal finit au 30 avril. La fin était à peine lisible ; celui qui l'écrivait ne tint probablement la plume que d'une main tremblante.

Aussitôt que la flotte hollandaise fut parvenue à la hauteur de l'île Saint-Maurice, le 4 juin 1634, les matelots se pressèrent de descendre à terre pour aller visiter leurs compagnons, quoiqu'ils eussent peu d'espérance de les retrouver, ne les voyant pas sur le rivage. Quand ils entrèrent dans les tentes, ils les aperçurent tous sept, morts dans leurs lits.

On conjectura que ceux qui avaient survécu au secrétaire et au commandant avaient cessé de vivre dans les premiers jours de mai. On trouva près de l'un d'eux un peu de pain et un morceau de fromage. Un autre avait à côté de lui une boîte d'onguent, et la main posée sur la bouche ; on présuma qu'il avait expiré en se frottant les dents et les gencives.

On ne peut penser sans frémir à la situation déplorable de ces infortunés, qui ont péri sans pouvoir se donner mutuellement aucun secours ; ceux qui résistèrent le plus à leurs souffrances furent, sans doute, les plus malheureux, car ils s'abreuvèrent de toutes les angoisses d'une mort lente mais inévitable. Le scorbut fut Ia principale cause de leur fin tragique, et le scorbut les assaillit parce qu'ils n'avaient pour se nourrir que des viandes salées. Il paraît, d'après la description qu'ils font eux-mêmes de leur état, que le mal leur avait engourdi les membres, ce qui les exposa davantage à l'action du froid.

Le chef d'escadre ordonna qu'on les mît dans des coffres et qu'on les couvrît de neige, en attendant que le dégel permît d'ouvrir la terre pour creuser leurs fosses. Ils furent inhumés le 24 juin, au bruit de l'artillerie de toute la flotte.

CHAPITRE V

La même flotte qui avait déposé à l'île Saint-Maurice les sept Hollandais dont on vient de lire l'histoire, en laissa sept autres au Spitzberg, dans l'intention d'ajouter, s'il était possible, aux découvertes déjà faites. On les ramena l'année suivante en Hollande, tous en santé. Ils durent cette bonne fortune au régime qu'ils observèrent, et au soin qu'ils prirent toujours d'entretenir par l'exercice leur chaleur naturelle, même dans les temps les plus rudes. On n'avait pu leur laisser que des viandes salées ; ils mirent tout en usage pour s'en procurer d'autres. Tant que le temps le permit, ils firent des excursions dans l'intérieur, ils en firent sur la mer ; ils poursuivirent à la fois les rennes et les baleines, les oiseaux de mer et les narvals. Ils s'occupèrent surtout, dans les premiers temps, c'est-à-dire au mois de septembre, de recueillir des herbes qui, mêlées à leurs aliments, les améliorèrent.

Les froids arrivèrent avec le mois d'octobre, et ils acquirent en peu de jours tant d'intensité que les barils de bière gelèrent dans la cabane, quoiqu'ils ne fussent qu'à trois ou quatre pas du feu. Souvent le froid les obligeait de rester couchés dans leurs lits, mais ils ne se dispensaient jamais de faire un violent exercice pour ranimer ou conserver leur chaleur intérieure et redonner du ressort à leurs membres. Ainsi, ils allaient casser la glace de la mer pour passer un filet par le trou qu'ils avaient fait, ce qui leur donnait quelquefois du poisson ; et bien qu'au bout de deux ou trois heures, une épaisse croûte de glace vînt boucher le trou qu'ils avaient fait, ils revenaient à la charge. Ils eurent presque tout l'hiver des aurores boréales fort lumineuses. D'autres météores ignés s'offrirent pareillement à leurs yeux.

Le 27 mai 1634, ils virent entrer un canot dans la baie. Les hommes de ce canot leur annoncèrent l'arrivée d'un bâtiment hollandais, destiné pour le Groënland, et chargé de les reprendre. Le bâtiment arriva effectivement le soir du même jour. Quand les vaisseaux reprirent la route de la Hollande, sept matelots de bonne volonté offrirent de remplacer au Spitzberg ceux qui venaient d'y passer l'hiver précédent. Leur offre fut acceptée ; c'était entrer dans les vues de la compagnie. Ils s'appelaient : André Johnson, de Middelbourg ; Corneille Tysse, de Rotterdam ; Jérôme Curcoen, du port de Delft ; Tobie Pellis, de Frise ; Nicolas Florison, de Hoorn ; Adrien Johnson, de Delft ; et Fettie Otters, de Frise.

On leur laissa des herbages, des médicaments, de la viande, des liqueurs, et plusieurs autres choses nécessaires ou utiles. L'un d'eux promit de tenir un journal exact de leurs observations en tout genre, et ils tinrent religieusement leur promesse tant qu'ils furent en état de le faire.

De fâcheux commencements furent pour eux le présage d'un avenir plus fâcheux ; il est vraisemblable que l'inutilité de leurs premiers efforts pour se procurer ce qu'ils désiraient, influa sur leur humeur et les porta de bonne heure à tomber dans le découragement, plus funeste encore que le mal même. Plusieurs tentatives pour se procurer des aliments frais furent infructueuses ; pour surcroît de détresse, dès le 21 novembre, ils reconnurent chez eux le germe du scorbut. Ils mirent plus d'ardeur encore à chercher des herbages, des ours et des renards ; ils ne furent pas plus heureux qu'ils ne l'avaient été dans leurs premières explorations.

Nicolas Florison et Jérôme Carcoen commencèrent, l'un le 2, l'autre le 11 décembre, à prendre des remèdes contre le scorbut ; ils demandèrent aussi à manger séparément, afin de ne pas communiquer aux autres cette affreuse peste des gens de mer.

Cependant, le 24 décembre, trois d'entre eux ayant vu passer un ours d'assez près pour le tirer, s'approchèrent de lui. Le monstrueux animal se dressa sur ses pattes de derrière pour attendre les Hollandais ; il fut renversé par un coup de mousquet. Les trois chasseurs s'avancèrent pour l'achever avec leurs lances. L'ours saisit une de ces armes dont il brisa le manche avec ses dents, en poussant des hurlements affreux ; puis rassemblant tout-à-coup ses forces, il prit la fuite avec tant de vitesse qu'on le perdit bientôt de vue ; les Hollandais le suivirent avec des lanternes allumées et ne purent le retrouver. La perte de cet ours fut d'autant plus sensible pour eux, que le scorbut faisait des progrès que les salaisons dont ils se nourrissaient hâtaient d'une manière effrayante. Le 24 janvier 1635, Adrien Johnson mourut au milieu des plus vives douleurs; Corneille Tysse ne tarda pas à l'accompagner; Fettie Otters les suivit trois jours après. Les quatre autres pouvaient à peine se soutenir; ils firent pourtant des cercueils pour leurs compagnons.

Le 7 février, ils prirent un renard dans un piége : ils en tirèrent quelque soulagement; mais la maladie était parvenue à un trop haut degré de malignité, pour qu'il y eût dans leur état amélioration sensible. Ils virent alors tous les jours plusieurs ours, quelquefois jusqu'à dix ensemble; mais ils étaient si faibles qu'ils ne pouvaient tenir leurs armes. Leurs gencives étaient si enflées et leurs dents si ébranlées, qu'ils furent contraints de renoncer au biscuit; ils souffraient en même temps dans les entrailles des douleurs aiguës que le froid rendait encore plus vives.

D'autres maux se joignirent au scorbut. Il n'y eut bientôt que Jérôme Carcoen en état de se mouvoir et d'apporter un peu de bois pour entretenir le feu; mais à la fin il fut vaincu lui-même par la force du mal. Le 26 du mois de février fut le dernier de la rédaction du journal et probablement de leur vie.

« Nous sommes encore, disent-ils, quatre hommes vivants, couchés à terre, avec assez d'appétit pour pouvoir manger, si l'un de nous avait la force de donner de la nourriture aux autres; mais le mal et la douleur nous réduisent à ne pouvoir nous procurer aucun secours. Il ne nous reste plus d'espérance que pour la vie à venir. Tourmentés par la faim et par le froid, nous nous recommandons à la Providence, et nous attendons avec impatience le dernier moment; nous prions le Seigneur qu'il daigne le hâter. »

Quand la flotte hollandaise arriva au Spitzberg, les gens de l'équipage coururent aux cabanes. On les trouva fermées. Un boulanger, qui était descendu des premiers, rompit la porte de celle d'André Johnson; il trouva une partie d'un chien mort qu'on avait eu sans doute l'intention de faire cuire; un peu plus loin il vit la carcasse d'un autre chien (on leur en avait laissé deux). Plus loin encore, il trouva les corps de deux de ces malheureux couchés par terre sur des lambeaux de voiles. Ils s'étaient traînés l'un près de l'autre; leurs genoux touchaient presque leurs mentons. Nicolas Florison et un autre étaient morts dans leurs lits. Ils furent tous placés dans des cercueils, et aussitôt qu'il fut possible d'ouvrir la terre, on les déposa dans des fosses profondes, et on les couvrit de grosses pierres pour empêcher les ours de les déterrer.

Vingt ans après, l'équipage d'un vaisseau qui passa devant cette côte, trouva leurs corps très-sains, leurs vêtements même n'avaient point souffert. Le Spitzberg est un pays si froid, qu'il n'est pas étonnant que les cadavres restent longtemps sous terre sans se corrompre.

Le Spitzberg, entre le Groënland à l'ouest et la Nouvelle-Zemble à l'est, est le pays le plus septentrional de notre hémisphère, car il est situé entre le 77° et le 82° degrés de latitude, au-dessus de la Norwège.

Il fut découvert par les Hollandais à la fin du XVIe siècle; il se compose, dit-on, de deux grandes îles et de quelques autres moins considérables. Ce pays, toujours couvert de neige ou de glace, n'a pour habitants que les ours blancs, les rennes et les veaux marins.

Ses côtes offrent quelques ports que fréquentent durant l'été les baleiniers anglais, hambourgeois, hollandais, pour la pêche de la baleine, plus abondante et de meilleure qualité dans ces parages que partout ailleurs.

CHAPITRE VI

Naufrage de la frégate anglaise le *Speed-Well* sur la côte occidentale de la Nouvelle-Zemble,
à la pointe de Speedill, en 1676.

Les assertions du capitaine James sur la non-existence du passage à
la grande mer par le *nord-ouest* avaient détruit beaucoup d'illusions, et
le peu de succès qu'avaient eu tous les navigateurs antérieurs à James,
ou venus après lui, avait arrêté dans son essor l'esprit aventureux des
découvertes. Depuis trente ans, il n'avait été question d'aucune entreprise
nouvelle. Tout à coup un marin anglais nommé *Jean Wood*, consommé
dans la navigation et d'un caractère déterminé, s'annonça hautement
comme certain de découvrir le passage par le *nord-est*.

Il exposa ses motifs dans un mémoire qu'il présenta lui-même au roi
d'Angleterre et au duc d'York. Ce mémoire, écrit avec force, était appuyé
d'une carte du pôle, dressée sur les relations de tous ceux qui avaient
entrepris la même recherche. Avant de se décider, le roi consulta plusieurs
négociants. Des navigateurs habiles, à qui les mers du nord étaient connues, furent aussi appelés à donner leur avis. Tous furent favorables à
Wood. Le roi fit alors équiper à ses frais une frégate qu'on nomma le
Speed-Well (1), et le commandement lui en fut donné.

Les espérances qu'on concevait de ce nouveau voyage firent prendre
toutes les précautions capables d'en assurer le succès. Le *Speed-Well* fut
construit avec beaucoup de soin par le plus habile constructeur de la
marine anglaise. D'un autre côté, on voulut que Wood pût trouver auprès
de lui un appui, une aide : plusieurs personnes du plus haut rang, à la

(1) Bonne espérance de succès.

tête desquelles était le duc d'York, équipèrent la pinque *la Prospère*, dont ils donnèrent le commandement au capitaine William Flawes.

Ce dernier vaisseau avait une cargaison de marchandises qu'on supposait propres au commerce des côtes de la Tartarie ou du Japon, en cas que le passage fût trouvé. De plus, les deux bâtiments reçurent des provisions pour seize mois. *Le Speed-Well* avait soixante-dix hommes d'équipage, et *la Prospère* dix-huit. Les instructions données aux deux commandants portaient de chercher le passage entre la Nouvelle-Zemble et les côtes de la Tartarie (1).

Les deux vaisseaux, de conserve, mirent à la voile avec un bon vent, le 28 mai 1676. Le journal de leur navigation, jusqu'au 29 juin, ne présente que des observations nautiques; mais il se termine en cette partie par des considérations qu'il n'est pas hors de propos de connaître, puisqu'elles influèrent sur le choix de la route, et par suite sur le résultat de l'expédition.

« Parvenu, dit Wood, à la hauteur du cap Nord, ma première idée fut de suivre en tout point le sentiment de Barensz, c'est-à-dire, de porter du cap Nord droit au nord-est pour passer entre le Groënland et la Nouvelle-Zemble. »

Ainsi, lorsqu'il eut gagné la terre à l'ouest du Cap Nord, il gouverna dans cette direction; trois jours après, le 22 juin, il reconnut comme un continent de glace par les 76° de latitude, à la distance d'environ soixante lieues du Groënland. Il ne douta point que cette glace ne fût celle qui tenait au Groënland même; et s'imaginant alors que s'il allait plus à l'est, il pourrait trouver la mer libre, il rangea cette glace qui courait en général est-sud-est. Presqu'à chaque lieue il trouvait un cap de glace; dès qu'il l'avait doublé, il ne voyait pas de glace au nord, mais après avoir porté au nord-est l'espace d'environ une lieue, il découvrait d'autres glaces qui l'obligeaient de changer de direction. Cela dura tant qu'il rangea le continent de glace, tantôt avec l'espérance de trouver bientôt une mer libre, tantôt avec le découragement que produisait l'aspect de glaces nouvelles, jusqu'à ce qu'enfin il perdit toute confiance en apercevant la Nouvelle-Zemble et la glace qui s'y trouve jointe.

Là, il abjura l'opinion de Barensz, et l'autorité de toutes les relations publiées par les Anglais et les Hollandais. Il se persuada fortement que, s'il n'y a point de terre au nord par le 80° de latitude, la mer y est toujours gelée, et que ses glaces, quoique s'élevant peu au-dessus du niveau de l'eau, arrivent jusqu'au fond, c'est-à-dire, jusqu'à la terre qui sert de

---

lit à cette mer. Mais le peu d'eau qu'il trouva constamment entre les deux terres, à distance égale de l'une et de l'autre, le conduisit à penser qu'il y a de la terre au nord; que le continent de glace qu'il a observé et qui tient à la côte, n'a pas plus de dix-huit ou vingt lieues; qu'enfin le Groënland et la Nouvelle-Zemble ne forment qu'un seul et même continent. S'il y avait un passage, ajoute-t-il, on observerait des courants; mais les seuls courants qu'on remarque portent le long de la glace, et ne sont, à proprement parler, que des marées qui montent d'environ huit pieds.

Depuis le 23 jusqu'au 28, Wood continua de ranger la glace adhérente à la Nouvelle-Zemble, entrant, autant que cela se pouvait, dans chaque ouverture, mais sans trouver nulle part de passage. Le temps était toujours froid, il faisait peu de vent, ou l'air était calme et chargé de brouillards.

Le 29, les deux vaisseaux se trouvaient au milieu des glaçons flottants, à la vue de la Nouvelle-Zemble. Le *Speed-Well* donna sur un écueil où il échoua sans pouvoir être relevé. La *Prospère*, plus courte, vira de bord et gagna le large. Dans cette situation fâcheuse, Wood justifia pleinement l'opinion qu'on avait de son courage calme et de son habileté; et s'il ne put empêcher la perte de son vaisseau, il eut du moins la satisfaction de sauver tout son équipage. C'est à Wood lui-même qu'il faut laisser ici le soin de tracer le tableau de son infortune.

« Le temps était fort brumeux, et le vent soufflait de l'ouest. Nous avions le cap au sud-sud-ouest. Le capitaine Flawes tira un coup de canon pour avertir qu'on touchait aux glaces, et il porta sur nous. Peu s'en fallut qu'en virant de bord les deux bâtiments ne se heurtassent et ne périssent ensemble. Le *Speed-Well* fut seul malheureux. Dans son mouvement, il toucha sur un écueil; la pinque prit le large. Notre vaisseau fut trois ou quatre heures à se tourmenter sur le rocher; mais, quelques efforts que nous fissions, nous ne pûmes parvenir à le relever, à cause de la violence du vent. Après quelques heures d'incertitude et d'angoisse, nous découvrîmes le rocher sous la poupe. Aussitôt j'ordonnai qu'on descendît les chaloupes avant d'abattre les mâts, et j'envoyai le bosseman au rivage avec la pinasse, pour voir s'il serait possible de prendre terre. Il revint au bout d'une demi-heure, et nous dit qu'il n'y avait pas moyen de sauver un seul homme, parce que la mer était trop agitée et le rivage bordé de montagnes de neige qui le rendaient inaccessible. A cette triste nouvelle, nous implorâmes tous la bonté divine.

» Cependant, la brume s'étant un peu dissipée, je découvris du côté de la poupe une petite pointe de terre où je présumai qu'on pourrait aborder. J'envoyai d'abord la pinasse avec quelques matelots pour prendre terre, mais ils n'osèrent pas tenter la descente. Je fis partir alors la grande chaloupe, montée de vingt hommes qui furent plus hardis ; les premiers s'encouragèrent par leur exemple. La chaloupe et la pinasse revinrent à bord.

» Ceux qu'on avait mis à terre me faisaient demander des armes à feu et des munitions pour se défendre des ours qui paraissaient en grand nombre. Je fis mettre dans la pinasse deux barils de poudre, des armes, des provisions, mes papiers et mon argent ; mais à l'instant même où elle quittait le vaisseau, survint une grosse houle qui la renversa. Tout fut perdu ; un matelot même périt victime de ce funeste accident ; les autres furent retirés de l'eau à demi morts. Pendant qu'on travaillait à les sauver, la grande chaloupe transportait à terre une partie de l'équipage. Ceux qui s'y trouvaient, entendant nos cris, revinrent à nous ; elle recueillit ceux qui nageaient encore. Le bosseman et les matelots qui restaient à bord, voyant que l'agitation de la mer était loin de se calmer, et craignant que la chaloupe ne pût résister longtemps, nous forcèrent, mon lieutenant et moi, d'abandonner le vaisseau et de gagner la terre. Ces braves gens protestaient qu'ils aimaient mieux périr que de me voir engloutir par les flots ; seulement ils me recommandèrent de leur renvoyer la chaloupe dès que je serais à terre.

» La chaloupe n'avait pas fait encore la moitié du chemin que le vaisseau se renversa ; ce qui me fit user de la plus grande diligence pour débarquer ceux qui étaient avec moi. Cela fait, je retournai à bord ; ce ne fut pas sans peine et sans danger que j'y arrivai. Je fus assez heureux pour recevoir dans la chaloupe tous ceux que le vaisseau renfermait encore à l'exception d'un seul qu'on laissa pour mort.

» L'eau avait pénétré jusqu'au premier pont du vaisseau, de sorte que nous ne pûmes sauver que deux sacs de biscuit, quelques pièces de porc et un peu de fromage. Nous abordâmes à terre complètement mouillés, et transis de froid. La chaloupe fut tirée sur le rivage.

» Ceux qui avaient pris terre avant nous étaient rassemblés à peu de distance sur une hauteur, tandis que les autres dressaient une tente avec du canevas que nous avions sauvé dans cette intention. Nous creusâmes à la hâte un fossé autour de la tente, pour nous garantir des naturels du pays, c'est-à-dire des ours blancs. Ces animaux, d'une grandeur prodigieuse, et hardis autant que féroces, étaient venus nous rendre visite aussitôt après notre arrivée. Une balle qui en atteignit un, les fit rétrograder au plus vite. Nous passâmes la nuit sous la tente, extrêmement fatigués, mouillés, et souffrant beaucoup du froid.

» Le lendemain matin. le matelot que nous avions laissé à bord revint à lui, et eut la force de monter sur le mât du perroquet d'artimon, le seul que nous n'eussions pas abattu. Ce matelot s'était fait aimer ; nous le reçûmes avec la plus vive joie dans la grande chaloupe, au premier voyage qu'elle fit au vaisseau. Celui-ci n'était pas encore brisé, mais on ne put plus en approcher, tant la mer le battait avec violence. Le mauvais temps continua le premier juillet ; le vent fut accompagné de brouillard, de gelée et de neige. Nous nous occupâmes à dresser d'autres tentes pour nous garantir du froid. Notre vaisseau fut mis en pièces le même jour ; les flots nous apportèrent une partie de ses débris, ce qui venait très à propos, tant pour nous mettre à couvert que pour avoir du feu. Nous recueillîmes quelques tonneaux de farine, plusieurs barils d'eau-de-vie, une tonne d'huile, une barrique de bière, et quelques pièces de bœuf et de porc.

» Le 2, pendant que le canonnier était occupé à mettre en sûreté ces présents que la mer nous faisait, un ours blanc s'approcha de lui doucement ; mais le canonnnier l'aperçut, et d'un coup de fusil il l'étendit par terre. Cependant l'ours se releva, et il sembla prêt à s'élancer sur lui ; quelques matelots qui étaient accourus achevèrent de tuer le monstre. Il était fort gras et d'une grandeur prodigieuse. On le dépeça ; sa chair, très-belle à l'œil, nous parut très-bonne au goût.

» Cependant nous vivions entre la crainte et l'espérance ; tantôt nous nous flattions que le retour du beau temps ramènerait le capitaine Flawes, chose sur laquelle nous ne pouvions compter pendant la durée des brouillards ; tantôt nous craignions qu'il n'eût fait aussi naufrage, ou qu'il ne pût nous retrouver. L'esprit tourmenté par ces idées contraires, je me déterminai à faire hausser de deux pieds les bords de la grande chaloupe, et à jeter un pont par-dessus, pour que l'eau n'entrât pas, et je formai en même temps la résolution d'aller à voile et à rames jusqu'en Russie. Mais lorsque je fis part aux matelots de ce projet, ils en conçurent de l'ombrage. La chaloupe ne pouvait contenir que trente hommes ; ceux qui ne seraient pas du premier voyage craignaient d'être abandonnés, et ils étaient déterminés à se sauver ou à rester ensemble. Quelques-uns même complotèrent de faire avorter mon dessein en mettant la chaloupe en pièces. Dans cette circonstance critique, j'eus recours à l'eau-de-vie, que je ne leur ménageai point ; ainsi, presque toujours dans l'ivresse, ils me révélaient leurs pensées par leur indiscrétion. A tout évènement, je fis mettre la main à l'ouvrage.

» Les jours s'écoulaient ; et notre perplexité ne faisait qu'augmenter. Quelques matelots proposèrent alors d'allonger la chaloupe de douze pieds, d'en élever les bords et d'y faire un pont : ainsi agrandie, la chaloupe, disaient-ils, serait suffisante pour contenir tout l'équipage. La proposition fut discutée et débattue plus d'une fois ; mais on considéra que les ouvriers et surtout les matériaux manquaient, et le plus grand nombre s'opposèrent à ce que la chaloupe fût coupée ; il déclarèrent qu'il valait mieux aller par terre jusqu'au Weigatz, où l'on trouverait probablement des barques russes. Le désespoir seul pouvait inspirer un dessein dont l'exécution était à peu près impossible ; car, en supposant que la route eût été praticable, nous n'avions ni assez de provisions de bouche pour entreprendre le voyage, ni assez de munitions pour nous défendre contre les bêtes féroces. La difficulté, je l'avoue, n'était pas moindre du côté pour lequel j'inclinais ; car de quelque manière que la chaloupe fût réparée, il n'y avait place que pour trente personnes.

» Ces idées, qui m'obsédaient sans cesse, n'étaient pas riantes ; je n'entrevoyais de tout les côtés qu'un déplorable avenir. Pour comble de malheur, le temps était mauvais, et pendant neuf jours consécutifs nous eûmes de la pluie, de la neige et un brouillard très-épais. Il faut s'être trouvé dans des situations semblables pour se rendre compte de la joie que nous éprouvâmes, lorsque, le 8 juillet, l'air s'étant éclairci, nous découvrîmes à peu de distance du rivage la pinque du capitaine Flawes. Je fis allumer sur le champ de grands feux ; ils les aperçut, et soupçonnant ce qu'ils annonçaient, il porta sur nous et nous envoya sa chaloupe. La nôtre fut bientôt mise à flot. Pendant qu'on transportait à bord de *la Prospère* tout mon équipage, j'écrivis une relation succincte de mon voyage et de la catastrophe qui l'avait terminé ; je l'enfermai dans une bouteille, qui fut suspendue à un poteau dressé au milieu du retranchement qui environnait nos tentes.

» Nous étions tous à bord à midi ; mais, de peur qu'un nouveau brouillard vînt nous surprendre, nous laissâmes à terre tout ce qui avait été sauvé du vaisseau. La Pinque mit à la voile le même jour ; et, sans avoir éprouvé aucun accident fâcheux, nous entrâmes heureusement dans la Tamise, le 23 août suivant. »

Le mauvais succès de cette expédition ne pouvait être imputé ni à Wood, ni à des obstacles insurmontables ; rien n'était donc décidé, aussi les Anglais ne changèrent-ils pas d'opinion sur la possibilité de trouver le passage tant désiré.

Les guerres maritimes absorbèrent toute leur attention jusqu'en 1714, mais à peine la paix fut-elle conclue qu'ils reprirent leurs recherches, en les dirigeant dès lors vers le nord-ouest.

Dans un volume spécial, lequel ne sera pas le moins important de notre collection, nous reprendrons à ce point cette curieuse partie de l'histoire maritime moderne et nous la conduirons jusqu'à l'époque contemporaine.

CHAPITRE VII

Délaissement de quatre matelots russes dans le Spitzberg oriental, en 1743.

Un négociant de Mézen, ville du gouvernement d'Archangel, avait équipé un bâtiment monté de quatorze hommes, pour aller au Spitzberg faire la pêche de la baleine. Ce bâtiment vogua pendant huit jours avec un vent favorable ; mais le temps ayant changé subitement le neuvième jour, il fut poussé à l'est avec une violence qui rendit inutiles tous les efforts des Russes pour gagner la côte occidentale. Les vagues les portèrent jusqu'à trois verstes du rivage ; ils allaient peut-être être jetés sur les brisans, s'ils ne s'étaient vus soudain investis par les glaces. Cet accident, qu'en d'autres circonstances ils auraient regardé comme le plus grand des malheurs, fut précisément ce qui les sauva ; ils auraient infailliblement péri, si leur bâtiment avait continué d'avancer. Toutefois les Russes ne virent que le danger présent, et ne comptant pas sur la possibilité de se dégager des glaces, ils tinrent conseil.

Le contre-maître, Alexis Himkow, avait ouï dire que des habitants de Mézen, obligés d'hiverner dans ces parages, y avaient bâti une cabane à peu de distance de la mer. Il se rappela ce fait, et il en fit part à ses camarades, comme pour leur donner à entendre qu'il ne fallait pas désespérer de son salut, quand on avait du courage et de la vigueur. Les matelots sentirent l'espérance rentrer dans leur cœur, et, d'une voix, ils se décidèrent à se réfugier dans cet abri pour y attendre que la mer fût libre.

Mais il fallait d'abord découvrir cette cabane, et, si elle avait été détruite ou qu'elle ne se retrouvât pas, chercher quelque autre moyen de sauver l'équipage, dont la perte était assurée, si, comme tout devait le faire craindre, le vaisseau ne pouvait reprendre le cours de sa navigation.

Cette délibération prise, on nomma quatre délégués qu'on chargea d'aller à terre faire les vérifications nécessaires.

Ces délégués furent le contre-maître lui-même, son filleul, Etienne Scharapof et Théodore Wéragin. L'île où ils se rendaient étant déserte, ils se munirent de quelques provisions ; mais comme ils avaient un long trajet à faire sur des glaces flottantes, ils ne se chargèrent point de fardeaux trop lourds ; ils ne prirent qu'un fusil, douze charges de poudre, autant de balles, une hache, une bouilloire, douze livres de farine, un couteau, un peu de tabac et chacun une pipe.

Ils arrivèrent heureusement à terre, parcoururent l'île, et découvrirent enfin la cabane à un mille et demi du rivage. Elle avait trente-six pieds de long, dix-huit de large, autant de hauteur ; elle était précédée d'une autre pièce de douze pieds carrés. Elle avait beaucoup souffert des injures du temps ; mais, réparée, elle pouvait être d'un grand secours. Les quatre Russes y passèrent la nuit ; il était trop tard pour qu'ils songeassent à s'en retourner, malgré leur impatience d'apporter au vaisseau la nouvelle de leur heureuse découverte. Le lendemain, dès le point du jour, ils coururent au rivage, au lieu même où, la veille, ils avaient pris terre. Quelle dût être leur douloureuse surprise, lorsqu'ils virent la mer balayée de glaces, et que leurs yeux, de quelque côté qu'ils se tournassent, n'aperçurent point le vaisseau !

Un ouragan avait brisé, dispersé les glaces pendant la nuit, et vraisemblablement submergé le vaisseau, puisqu'on n'a jamais entendu parler à Mézen ni de lui, ni de l'équipage.

La seule ressource qui restât aux quatre infortunés Russes, ce fut de retourner à la cabane, et, au lieu de leur patrie qu'ils se croyaient condamnés à ne plus voir, d'adopter pour demeure des climats glacés où ils auraient à lutter contre toutes les misères et tous les dangers. Les ais de la cabane s'étaient écartés par l'effet du froid, ils les firent rejoindre autant que la chose leur fut possible, ou bien ils calfeutrèrent les ouvertures avec une sorte de mousse, qui par bonheur abondait autour d'eux. Ces réparations furent facilement faites : chaque paysan, en Russie, sait manier la hache et construire sa propre maison. Himkof et ses trois compagnons travaillèrent ensuite à se procurer des vivres. Les douze coups de fusil qu'ils avaient à tirer abattirent douze rennes ; c'étaient des aliments assurés pour quelque temps. Mais le froid, qui ne laisse vivre dans ces régions polaires que peu d'espèces d'animaux, s'oppose plus encore à la végétation ; on n'y voit pas un arbre, pas un seul buisson. Comment résister sans feu à un froid extrême ? et sans bois, comment se procurer du feu ?

Les Russes se livraient à ces tristes réflexions, tout en parcourant les bords de la mer. La fortune les conduisit à des lieux où les eaux avaient déposé un grand nombre d'arbres déracinés et de débris de vaisseaux. Ils rendirent grâce à la Providence de ce premier bienfait.

Parmi les débris de navires, ils trouvèrent plusieurs planches auxquelles étaient attachés de longs crochets de fer, et des clous de cinq ou six pouces de long ; ils recueillirent aussi quelques ferrailles, objets que leur situation rendait bien précieux. Ils n'avaient plus de poudre, presque plus de vivres : ils entrevoyaient qu'avec ce fer, utilement employé, ils pourraient s'en procurer. Ils firent, le même jour, une autre découverte non moins utile : c'étaient des racines dures, fortes, flexibles et naturellement courbées en arc. Avec des cordes et des flèches, on aurait pu avoir des armes ; mais il n'était pas aisé d'avoir des cordes. Peut-être pourront-ils s'en procurer un jour ; en attendant ils se borneront à fabriquer des lances pour se défendre contre les ours blancs, féroces habitants de ces climats. Une grande difficulté les arrête : comment forger des pointes, façonner même leurs clous et leurs crocs en fers de lance, sans le secours du marteau et de l'enclume ?

On a raison de dire que l'industrie naquit de la nécessité. Après plusieurs essais infructueux, ils font rougir au feu un de leurs crocs ; un petit trou qui est au milieu s'agrandit en y poussant un gros clou, la partie recourbée du croc se redresse ; un caillou a servi d'enclume, le dos de la hache de marteau. Avec beaucoup de temps et de peine, ils ont des fers de lance passablement forts et pointus, que des courroies faites de peau de renne servent à fixer au bout des branches les plus droites qu'ils choisissent aux arbres rejetés par la mer.

Armés de la sorte, les quatre insulaires attaquèrent un ours blanc, et après un combat qui ne fut pas moins dangereux qu'opiniâtre, ils tuèrent l'animal, qui dans sa graisse et sa chair leur fournit des provisions nouvelles ; ils trouvèrent que la chair avait le goût de celle du bœuf. Ce qui leur fit le plus de plaisir, ce fut de reconnaître que les tendons de l'animal se divisaient aisément en filaments déliés dont ils pouvaient faire des cordes pour leurs arcs. Aussitôt des clous sont façonnés en pointes de flèches ; des plumes d'oiseaux de mer servent à garnir, par le bas, le bout de ces flèches. Ces armes nouvelles donnèrent aux Russes le moyen de tuer dans la suite deux cent cinquante rennes, un nombre considérable de renards bleus ou blancs et d'oiseaux aquatiques.

Leur chasse aux ours fut moins heureuse ; ils n'en tuèrent que dix, toujours au péril de leur vie. Ils avaient attaqué les premiers, ils furent attaqués par les autres. Quelquefois ces animaux les poursuivaient jusque dans la cabane. Mais, chose assez étrange ! l'ours n'était pas plus tôt entré qu'il semblait perdre une partie de son audace ; il ne songeait qu'à fuir, sans oser presque se défendre. Cette particularité a été plusieurs fois remarquée par les Hollandais qui ont hiverné dans le Groënland.

Cependant ces combats réitérés, que la mort pouvait suivre, fatiguaient extrêmement les Russes. Ils redoutaient surtout d'être assaillis la nuit. Ils cherchèrent à fabriquer des lampes. Leurs premières tentatives n'eurent point de succès. Des vases de terre non cuite ne tinrent pas la graisse dès qu'elle commença à fondre. Ils firent d'autres vases qu'ils firent cuire et qu'ils plongèrent ensuite tout rouges dans la bouilloire, où ils avaient fait réduire un peu de farine et d'eau à la consistance de colle. Ce second essai leur réussit, la graisse ne filtra plus, et dès ce moment leur lampe, toujours entretenue, ne cessa plus de brûler dans l'intérieur de la cabane.

Ils avaient pourvu à leur défense et à leur nourriture, mais d'autres besoins se firent sentir : ils n'avaient plus ni souliers, ni linge ; leurs vêtements même achevaient de s'user. L'hiver s'avançait à grands pas, et déjà de fortes gelées les avertissaient des précautions qu'ils auraient à prendre pour se garantir du froid. Ils avaient des peaux de rennes en abondance, il n'était question que de les préparer. Pour les assouplir, ils les mirent tremper dans l'eau durant plusieurs jours, jusqu'à ce que le poil tombât facilement ; ensuite, à force de frotter ces cuirs humides l'un contre l'autre, ils leur enlevèrent toute l'humidité surabondante. Cela fait, ils les couvrirent d'une couche de graisse, et les frottant encore fortement pour que la graisse pénétrât le cuir, ils eurent des peaux assez flexibles et propres aux divers usages qu'ils en voulaient faire.

Ce fut ainsi que ces malheureux surmontèrent en grande partie les obstacles que la rigueur du climat et le dénuement absolu où ils s'étaient trouvés semblaient opposer à leur conservation. Mais le mal auquel ils ne voyaient point de remède et que leurs tristes réflexions leur montraient sans cesse, dans l'éloignement il est vrai, mais comme inévitable, c'était l'isolement qui les attendait dans l'avenir.

Ils prévoyaient le temps où la mort, les saisissant lentement l'un après l'autre, ne laisserait survivre le dernier d'entre eux à ses compagnons, que pour le livrer sans défense à tous les ennuis de la solitude, à toutes les angoisses du besoin, ou à la dent des bêtes féroces. Dans les premiers temps ils écartaient ces idées sinistres, ils espéraient que la fortune amènerait quelques navigateurs vers le lieu de leur exil. Alexis Himkof, plus que les autres, déplorait son infortune : il était époux et père ; sa femme, et ses enfants qu'il avait laissés en bas âge, étaient sans cesse présents à sa mémoire.

Théodore Wéragin, qui pendant quelque temps avait des marques de courage et de résignation, tomba dans une maladie de langueur, à laquelle se mêlaient souvent des souffrances aiguës. Ses compagnons, partagés entre les soins qu'exigeait son état et ceux qu'ils devaient à la sûreté commune, sentirent plus vivement alors l'extrême misère qui les accablait : nul secours à attendre ni de l'art ni de la nature. La situation dans laquelle ils voyaient Wéragin était celle qui les menaçaient eux-mêmes. Wéragin, privé des remèdes qui auraient pu lui rendre la santé, ne tarda pas à succomber à ses maux. Ses trois infortunés camarades le pleurèrent amèrement : ils perdaient un défenseur courageux, un ami qui avait partagé leurs peines et leurs fatigues. Il mourut au milieu du cinquième hiver qu'il passait au Spitzberg. On l'enterra dans la neige aussi profondément que possible, afin de mettre son corps à l'abri des ours blancs.

L'espérance est le dernier bien de l'homme ; au moment où tous les maux l'accablent, lorsqu'il languit sans force et sans ressource, quand la mort le menace, l'entoure, le presse de toutes parts, il dit qu'il n'espère plus : il espère encore.

Depuis la mort de Wéragin, ses trois compagnons ne songeaient qu'à la catastrophe cruelle qui allait produire une séparation nouvelle, ou qui peut-être les atteindrait à la fois ; et souvent ils allaient vers le bord de la mer, et leurs yeux s'étendaient sur les plaines de glace, ou bien sur les eaux que le soleil venait dégager de leurs chaînes, et leurs regards interrogeaient de tous côtés la glace et les eaux : ils cherchaient au-delà de l'horizon.

Soudain un vaisseau apparaît dans le lointain : ils ne se trompent pas ; ils reconnaissent des voiles, des mâts ; c'était le 15 août 1749. Aussitôt ils allument des feux sur les coteaux voisins, ils courent vers la rive, ils agitent des peaux de rennes plantées au bout d'une perche. Ils sont aperçus.

Le vaisseau vogue vers l'île ; on les voit, on les entend. Les trois Russes ont trouvé des compatriotes ; ils sont reçus à bord. Ils y transportent sur-le-champ toutes leurs richesses : deux mille livres de graisse de renne, des peaux de rennes, d'ours, de renards ; leurs lances, leurs arcs, leurs flèches, leurs couteaux, leurs aiguilles, leur hache presque usée. Ils promettent au patron quatre-vingts roubles au débarquement.

Après une navigation qu'aucun accident ne troubla, le vaisseau entra, le 28 septembre, au port d'Archangel. La femme d'Alexis Himkof se trouvait par hasard sur le quai, à l'arrivée du bâtiment ; elle vit, reconnut son mari, et courut vers lui avec tant d'empressement qu'elle tomba dans la mer, d'où on eut assez de peine à la retirer. Le navire qui avait ainsi repatrié les malheureux naufragés aurait dû hiverner à la Nouvelle-Zemble, mais le directeur de la pêche avait proposé à l'équipage de passer la saison à l'ouest du Spitzberg, et un vent contraire l'avait jeté sur la côte opposée.

Les trois Russes avaient vécu si longtemps sans pain, qu'il leur fut impossible d'en reprendre l'usage. Il en fut de même des liqueurs spiri-tueuses : l'eau pure continua d'être leur seule boisson.

Ces trois matelots furent interrogés séparément par M. Klindstadt, auditeur en chef de l'amirauté d'Archangel, et il dressa de toutes leurs réponses un ample procès-verbal. Ces réponses s'accordèrent parfaitement sur toutes les circonstances, ce qui ne permettait guère de doute qu'elles ne fussent exactes.

Peu de temps après, M. Le Roi, professeur d'histoire à l'Académie impériale de Saint-Pétersbourg, manda près de lui Alexis Himkof et son filleul Iwan. Leur récit fut tout-à-fait conforme au premier qu'ils avaient fait. Leur histoire envoyée en France y fut publiée en 1775 dans le Journal encyclopédique.

CHAPITRE VIII

L'homme de cœur trouve toujours en lui-même quelques ressources dans les situations les plus désespérées. Le lecteur en verra la preuve dans la relation suivante.

Un officier anglais d'infanterie avait été chargé de dépêches, par le commandant du Canada, pour le général Clinton ; il s'embarqua, le 17 novembre 1780, sur un petit brigantin qui faisait voile de Québec pour New-York. Le brigantin allait de conserve avec une goëlette destinée pour la même place ; elle avait un duplicata des dépêches. Ces deux navires, battus par les vents et les glaces, périrent tous deux, l'un avec son équipage, l'autre avec ses biens seulement. L'officier anglais, M. William Prenties, a donné lui-même la relation de son naufrage.

« Après avoir descendu le fleuve Saint-Laurent, dit M. Prenties, jusqu'au havre appelé le Trou-de-St-Patrice, dans l'île d'Orléans, nous fûmes retenus dans ce port par un vent contraire qui dura six jours. L'hiver commençait à se faire sentir, et bientôt la glace qui se forma sur les bords du fleuve eut plusieurs pouces d'épaisseur, tant le froid avait, en peu de jours, acquis d'intensité. Plût aux cieux qu'il se fût soutenu quelque temps encore ! En nous fermant les passages, il nous aurait sauvés des malheurs qui commencent avec notre navigation.

Avant de parvenir à l'embouchure du fleuve, on s'était aperçu d'une légère voie d'eau. A peine fûmes-nous entrés dans le golfe que cette voie s'agrandit considérablement. Malgré le travail continuel des deux pompes, il y avait toujours deux pieds d'eau à fond de cale ; d'un autre côté, le froid augmentait, et la glace s'amoncelait autour du vaisseau. Nous n'étions à bord que dix-neuf : six passagers, douze mauvais matelots et le capitaine. Celui-ci, au lieu de nous encourager dans une situation aussi fâcheuse, au lieu de veiller à la conservation du bâtiment, passait le temps à s'enivrer dans sa chambre, sans s'occuper le moins du monde de notre sûreté commune.

» Cependant, le vent continuait de souffler sans rien perdre de sa violence, et l'eau ne tarda pas à s'élever dans la cale à quatre pieds de hauteur. Les matelots, engourdis par le froid, semblaient paralysés par la crainte ; ils prirent de concert la résolution de cesser la manœuvre, et sur-le-champ ils abandonnèrent les pompes, avec un air d'indifférence qui tenait du désespoir.

» — Ne vaut-il pas mieux, s'écriaient-ils, couler à fond avec le vaisseau, que de s'épuiser par un travail inutile, qui n'empêchera pas le mal d'arriver?

» Il faut convenir que, depuis plusieurs jours, leurs fatigues étaient excessives, et qu'elles n'avaient eu aucun intervalle. D'ailleurs, la coupable inaction du capitaine aurait suffi pour leur ôter tout leur courage. Toutefois, à force de promesses, et surtout par une distribution de vin que j'ordonnai à propos pour réchauffer leur ardeur, je parvins à vaincre leurs répugnances.

» L'interruption du travail avait laissé entrer un pied d'eau de plus dans la cale ; une manœuvre prompte et soutenue, excitée par les distributions nouvelles que je faisais faire chaque demi-heure, réduisit à deux pieds la hauteur de cette eau.

» Nous étions arrivés au 3 décembre, et le vent semblait s'irriter de plus en plus au lieu de fléchir. Les fentes du vaisseau s'agrandissaient, l'eau entrait par des voies plus larges, et les glaçons qui s'attachaient aux flancs du navire gênaient sa marche en augmentant son poids. Il fallait rompre à chaque instant cette croûte de glace qui nous enveloppait. La goëlette nous suivait toujours; mais, loin de nous pouvoir prêter la moindre assistance, elle se trouvait elle-même dans l'état le plus déplorable : elle avait donné sur des rochers par l'ignorance du pilote. Bientôt la neige, tombant par flocons épais, ne nous permit plus de la voir. A de courts intervalles, nous tirions alternativement un coup de canon : c'était là notre seule correspondance ; mais, au bout de peu de temps, nos coups restèrent sans réponse; nous n'entendîmes plus rien. Elle avait coulé bas, avec les seize personnes qui la montaient.

» La pitié dont ce terrible accident nous remplit, se reporta bientôt sur nous-mêmes : la mer était très houleuse, la neige toujours épaisse, le froid insupportable, l'équipage abattu. « Nous voici sur les Iles-Madeleine, s'écrie alors le contre-maître. » Ces îles ne sont qu'un amas confus de rochers, dont les uns montrent leur tête au-dessus des vagues, dont les autres cachent sous les eaux leurs pointes déjà fatales à beaucoup de navires.

» Deux heures ne s'étaient pas encore écoulées, que déjà nous entendions le fracas des vagues qui se brisaient contre ces rochers; nous ne tardâmes pas à découvrir le plus grand de ces îlots, l'*Homme-mort*; nous parvînmes à l'éviter par une manœuvre pénible. Le sentiment du danger devint plus vif encore, lorsque nous nous trouvâmes au milieu de tous ces écueils, qu'il nous était presque impossible de franchir heureusement, à cause de la neige qui nous laissait distinguer à peine à quelques brasses du navire les rochers où il pouvait se briser. La fortune pourtant ne nous abandonna point; nous nous tirâmes du milieu du péril, et les matelots reprirent un peu de vigueur en pensant que la Providence venait de les préserver, par un prodige, d'une perte qui semblait certaine.

» L'agitation de la mer augmenta pendant la nuit, et, le lendemain, vers cinq heures, une grosse houle fondit sur le vaisseau, enfonça nos sabords et remplit d'eau la cabane. L'impétuosité des vagues avait séparé l'étambord du bordage : nous cherchâmes à boucher les ouvertures, nous y employâmes jusqu'à du bœuf coupé par tranches; mais ce faible expédient réussit mal, l'eau nous gagna plus rapidement que jamais. L'équipage, effrayé, suspendit quelque temps l'exercice des pompes; quand il voulut le reprendre, elles se trouvèrent si fortement gelées, qu'il fut tout à fait impossible de les faire jouer.

» Dès ce moment, nous perdîmes l'espérance de conserver longtemps le navire; tous nos vœux se bornèrent à ce qu'il ne fût pas submergé avant que nous arrivassions à l'île St-Jean ou à quelque autre île du golfe, où il nous serait possible d'aborder à l'aide de la chaloupe.

» Abandonnés à la merci des vents, nous n'osions entreprendre aucune manœuvre, de peur de causer au vaisseau quelque nouveau dommage. L'eau qu'il prenait de minute en minute ralentissait sa marche; les vagues, qui de temps en temps venaient heurter contre ses côtés, se redressaient furieuses et inondaient le tillac. La cabane, où nous nous étions réfugiés, nous garantissait mal de la violence du vent et des houles glacées qui pleuvaient sur nous. A chaque instant, il nous semblait voir notre mât se briser, ou notre gouvernail emporté par les vagues. Cependant, les mouettes et les canards sauvages que nous entendions voltiger près de nous, annonçaient quelque côte voisine; mais les approches même de la terre étaient pour nous un nouveau sujet d'inquiétude et de crainte.

Comment nous sauver des brisans, dans l'impuissance où nous étions de faire aucune manœuvre? Comment les aurions-nous même aperçus à travers le voile de neige qui nous isolait de tout? Telle était depuis quelques heures notre position, lorsque, l'air s'étant tout à coup éclairci, nous découvrîmes la terre à trois lieues de distance.

» A son aspect, nous fûmes tous pénétrés de la plus vive allégresse; mais notre joie fut bien modérée, lorsque nous commençâmes à distinguer les rochers énormes qui hérissaient toute la côte, et semblaient s'élever à pic pour nous repousser. Le vaisseau venait d'essuyer encore quelques lames violentes, qui l'auraient infailliblement submergé si sa charge eût été plus lourde; mais à chaque secousse qu'il recevait, nous craignions de le voir s'entr'ouvrir. La chaloupe était trop petite pour tout l'équipage; la mer était d'ailleurs trop agitée pour lui confier un si léger bâtiment : on eût dit que nous n'étions arrivés devant cette terre fatale, que pour la rendre témoin de notre désastre. Nous approchions toujours, et nous n'étions qu'à la distance d'un mille, lorsqu'au détour d'une de ces roches menaçantes, nous aperçûmes une plage sablonneuse vers laquelle notre navire était poussé. L'eau ne perdait qu'insensiblement de sa profondeur; nous espérions que nous n'échouerions qu'à cinquante ou soixante verges du rivage. Quelques minutes encore, et notre sort allait se décider.

» Enfin, le navire donna sur le sable avec une violente secousse. Elle fut telle, que le grand mât sauta du premier choc, et que le gouvernail se démonta si rudement que la barre manqua de tuer un matelot. Les vagues ne tardèrent pas à forcer la poupe. N'ayant plus d'abri dans la cabine, nous fûmes obligés de monter sur le pont, et de nous accrocher aux haubans pour n'être pas renversés dans la mer. Au bout de quelques instants, le brigantin se releva tant soit peu; mais la quille était brisée, et la carcasse était près de se diviser. Ainsi, toutes nos espérances se réduisirent à la chaloupe, que j'eus une peine infinie à faire mettre à la mer, tant elle était chargée de glaçons en dehors comme en dedans. La plupart des matelots s'étaient pris de vin pour se délivrer de la terreur qui les avait saisis; je donnai aux autres un peu d'eau-de-vie, et leur demandai s'ils voulaient s'embarquer avec moi dans la chaloupe pour gagner la terre. Mais la mer était si houleuse, qu'il semblait impossible que notre frêle esquif pût voguer un moment sans être englouti. Tous refusèrent, à l'exception du contre-maître, de deux matelots et d'un jeune passager.

» Dès le premier instant du danger, j'avais mis mes dépêches dans un mouchoir noué autour de ma ceinture; et, sans songer alors à mes autres effets, je saisis une hache, une scie, et je me jetai dans le canot, suivi du contre-maître et de mon domestique qui, plus avisé que moi, sauvait de mes coffres une bourse de cent quatre-vingts guinées. Le passager ne s'étant pas élancé assez loin tomba dans la mer, et peu s'en fallut que nos mains, engourdies par le froid, ne fussent incapables de le secourir. Quand les deux matelots furent descendus, tous ceux qui auparavant avaient obstinément refusé de me suivre, me conjurèrent de les recevoir ; mais je craignis, non sans raison, que le poids de tant d'hommes et surtout le désordre de leurs mouvements ne renversât la chaloupe, qui s'éloigna aussitôt sur mon ordre formel. J'eus bientôt lieu de m'applaudir d'avoir surmonté un sentiment de pitié qui nous aurait été funeste à tous. Quoique la terre ne fût qu'à cinquante verges du vaisseau, nous fûmes accueillis à la moitié du chemin par une grosse lame qui remplit à demi le canot, et n'aurait pas manqué de le submerger s'il eût eu plus de charge. Une seconde lame nous porta violemment sur le rivage.

» Le plaisir que nous eûmes à nous trouver enfin à l'abri des périls qui nous avaient si longtemps tenus en angoisse, nous fit oublier un moment que nous n'échappions d'un genre de mort que pour en subir vraisemblablement une d'une autre espèce, plus longue et plus douloureuse. Dans nos premiers transports de joie, nous nous tenions embrassés, nous nous félicitions de notre fortune ; mais, au milieu du bruissement des vagues, nous entendions les cris de douleur que poussaient les gens du vaisseau. Ce qui redoublait alors notre peine, c'était de ne pouvoir les secourir. Le canot, jeté sur le sable et assez maltraité, ne pouvait plus être remis en mer ; moins encore aurait-il pu lutter contre les flots et les vents contraires.

» La nuit n'était pas éloignée, et nous ne tardâmes pas à sentir que, sur cette plage glacée, le froid allait nous engourdir. Nous nous traînâmes à travers la neige, qui cédait sous nos pieds, jusqu'à la lisière d'un petit bois, à deux cents verges environ du rivage. Nous y trouvâmes un léger abri contre le souffle perçant du nord-ouest ; mais nous n'avions pas de feu pour réchauffer nos membres, et nous n'avions aucun moyen d'en allumer. La boîte d'amadou, que nous avions eu la précaution de prendre dans la chaloupe, avait été complètement mouillée. L'exercice pouvait donc seul nous garantir de la gelée et tenir notre sang en circulation. J'avais fortement recommandé à mes compagnons de se donner le plus de mouvement possible pour repousser le sommeil. Le jeune passager, dont les habits trempés des eaux de la mer s'étaient raidis en glaçons sur son corps, ne put résister à l'assoupissement qui naît du froid extrême. Vainement employai-je tour à tour la persuasion et la force pour le faire tenir sur ses pieds, je fus obligé de l'abandonner à son sort. Après avoir marché une demi-heure, saisi moi-même d'une si forte envie de dormir, que j'étais, à chaque instant, tenté de m'étendre sur le sol pour la satisfaire, je revins à l'endroit où ce jeune homme était couché. Je mis la main sur son visage, et le sentant tout froid, je dis au contre-maître de le toucher. Nous crûmes l'un et l'autre qu'il était mort, et nous nous le dîmes. Il répondit d'une voix très faible qu'il n'était pas mort, mais qu'il sentait sa fin approcher. Il me conjura, si je lui survivais, d'écrire à son père, à New-York, pour l'instruire de son malheur. Au bout de dix minutes, il expira sans aucune souffrance, du moins apparente.

» Cette leçon terrible ne fut pas capable d'empêcher les autres de céder au sommeil; ils se couchèrent en dépit de mes exhortations. Voyant l'impossibilité de les faire tenir debout, j'allai couper sur-le-champ deux branches d'arbres, dont je donnai l'une au contre-maître; et notre occupation constante, durant toute la nuit, fut d'empêcher nos compagnons de dormir, en les frappant aussitôt qu'ils fermaient la paupière, exercice qui ne nous fut pas inutile à nous-mêmes, puisque, tout en préservant les autres du danger de trouver la mort dans le sommeil, il nous aida à vaincre nos propres désirs de nous y livrer.

» Le jour enfin parut; nous l'attendions avec une vive impatience. Je courus avec le contre-maître sur le rivage pour tâcher de découvrir quelques traces du vaisseau; nous l'espérions peu. Aussi, de quelle joie nos cœurs ne se remplirent-ils pas en le voyant encore conservé, malgré la violence du vent qui avait soufflé toute la nuit! Ma première pensée fut de chercher le moyen d'amener à terre tout l'équipage. Le vaisseau, depuis que je l'avais quitté, avait été poussé par les vagues beaucoup plus près de la côte; l'espace qui l'en séparait encore pouvait même être moindre à la basse marée. Dès qu'elle fut venue, je criai aux gens du vaisseau d'attacher une corde à son bord et de se glisser tout du long l'un après l'autre; ils adoptèrent cet expédient, et, saisissant bien le moment où la vague se retirait, tous descendirent heureusement, à l'exception du charpentier qui probablement se trouvait peu capable de mouvement, pour en avoir trop donné à sa bouteille pendant toute la nuit.

» Le capitaine, avant de descendre, s'était heureusement chargé de tous les objets nécessaires pour allumer du feu. La troupe se mit en marche vers la forêt. Les uns coupèrent du bois, les autres ramassaient les menues branches sèches éparses sur le sol, et bientôt une flamme brillante s'éleva d'un vaste bûcher, aux acclamations de toute la troupe. Aucune jouissance n'égale celle que procure un bon feu, lorsqu'on souffre le froid depuis longtemps. Mais, pour la plupart de nos matelots, cette jouissance fut suivie des plus vives douleurs, aussitôt que la chaleur pénétra les parties que la gelée avait attaquées. Le contre-maître et moi nous fûmes les seuls qui nous chauffâmes impunément, sans doute à cause de notre exercice de la nuit. Tous les autres avaient été plus ou moins atteints, à terre ou sur le vaisseau. Les convulsions que causaient à ces malheureux leurs cuisantes douleurs, faisaient horreur à voir : je n'entreprendrai pas de peindre cet effrayant tableau.

» Quand nous fîmes la revue de notre troupe, je m'aperçus qu'il manquait un passager, le capitaine Green. On me dit qu'il s'était endormi dans le vaisseau et qu'il avait été gelé. Nos inquiétudes se renouvelèrent alors pour le compte du charpentier, qui était resté sur le navire. La mer roulait toujours avec la même force : il n'était pas possible d'envoyer la chaloupe; il fallut attendre la marée basse, et, nous approchant de lui autant que nous le pûmes, nous lui persuadâmes enfin de suivre l'exemple des autres. Il finit par s'y déterminer malgré son état de faiblesse, et quoiqu'il eût une partie de son corps gelée.

» Nous passâmes une nuit un peu moins mauvaise que la précédente. Cependant, malgré le soin que nous prenions d'entretenir toujours un grand feu, nous eûmes beaucoup à souffrir du vent qui nous frappait à découvert. D'un autre côté, l'épaisseur des arbres nous défendait à peine de la neige, qui tombait sur nous et sur notre feu. Nos habits en étaient tout humides, du côté exposé à la flamme, et nous en portions sur le dos une couche épaisse, qu'il fallait secouer de moment en moment pour qu'elle ne se convertît pas en glaçons. Le sentiment aigu de la faim, nouvelle misère que nous avions jusqu'alors ignorée, vint se joindre au froid qui nous tourmentait.

» Deux jours s'écoulèrent, et, durant ces longues heures de souffrance, au souvenir de nos maux passés s'ajouta la terreur d'un avenir encore plus affreux. Enfin, le vent et la mer redoublant d'efforts, brisèrent le vaisseau. Le bruit qu'il fit en éclatant nous en avertit. Nous courûmes au rivage, et, à peine arrivés, nous vîmes flotter une partie de la cargaison que l'impétuosité des vagues arrachait des flancs entr'ouverts du navire. Par bonheur, la marée porta sur la plage une portion de ces débris. Armés de longues perches et des rames de notre canot, nous allions sur le bord de l'eau, attirant tout ce qui se trouvait à notre portée. Ce fut ainsi que nous parvînmes à sauver quelques barils de bœuf salé, et une quantité considérable d'ognons que le capitaine avait mis à bord pour les vendre. Nous étions aussi très attentifs à recueillir les planches qui se détachaient du vaisseau; nous les destinions d'avance à nous construire une cabane, ce qui au reste n'était pas facile pour des hommes exténués par la fatigue et le besoin. Cependant, l'heureux succès de la journée excitait notre courage, et la nourriture que nous avions prise soutenant nos forces, l'ouvrage se trouva très avancé à la chute du jour. Nous le continuâmes pendant la nuit, à la lueur de notre feu. Vers dix heures du soir, nous eûmes une belle cabane, de vingt-pieds de long sur six de large, et passablement solide, grâce aux arbres qui la soutenaient de distance en distance. Elle résista très bien à la violence des vents, mais elle n'était pas assez bien close pour nous mettre à l'abri du froid.

» Les deux journées suivantes furent employées soit à perfectionner notre édifice, soit à recueillir ce que la haute marée nous apportait du vaisseau, soit à dresser l'inventaire de nos provisions, pour en répartir la distribution entre tous sur les plus égales proportions. Il n'avait pas été possible de sauver du biscuit. Il fut décidé que chacun de nous, malade ou bien portant, serait réduit à un quart de livre de bœuf et à quatre ognons par jour. Cette faible ration suffisait à peine pour que nous ne mourussions pas de faim ; mais c'était là tout ce que nous pouvions nous permettre, dans l'incertitude où nous étions du temps qu'il nous faudrait passer sur cette côte déserte.

» Le 11 décembre, sixième jour de notre naufrage, le vent s'adoucit, et nous en profitâmes pour mettre notre chaloupe à flot et la conduire au navire recueillir quelques débris. Une grande partie de la journée fut employée, ou pour mieux dire perdue, à briser la glace qui couvrait le pont et fermait les écoutilles. Le lendemain, nous réussîmes à tirer un petit baril de cent vingt livres de bœuf salé, deux caisses d'ognons, trois caisses de bouteilles de baume du Canada, une de patates, une bouteille d'huile qui nous fut très utile pour les plaies des matelots, un grand pot de fer, deux marmites, une hache, et une douzaine de livres de chandelles. Cette bonne fortune nous mit en état d'ajouter, le jour suivant, quatre ognons à notre ration journalière.

» Nous retournâmes à bord le 11 ; nous prîmes les voiles, dont nous employâmes une partie à couvrir notre cabane et à la rendre impénétrable à la neige. Ce même jour, les plaies de ceux qui avaient souffert de la gelée et négligé de se frotter avec la neige, commencèrent à se mortifier. Les jambes, les mains, toutes les parties du corps que la gelée avait atteintes, se dépouillèrent de leur peau ; une partie des chairs se détacha, ce qui causait à ces malheureux des douleurs intolérables. Le charpentier, qui était venu à terre le dernier, avait perdu la plus grande partie de ses pieds ; dans la nuit du 14, le délire le prit, et le lendemain la mort le délivra de ses horribles souffrances. Trois jours après, le second contre-maître périt de la même manière, et, le surlendemain, un matelot eut le même sort. Nous couvrîmes leurs cadavres de neige et de branches d'arbre, n'ayant point d'instruments pour creuser une fosse ; la terre était d'ailleurs gelée à une si grande profondeur, que des instruments nous eussent été tout à fait inutiles.

» Toutes ces pertes, qui réduisaient notre troupe de dix-neuf à quatorze personnes, ne nous causèrent qu'un médiocre chagrin. Quand nous considérions notre affreuse position, la mort nous paraissait un bienfait du ciel ; nous portions presque envie au sort de ceux qui n'étaient plus ; et lorsque notre imagination se calmait, et que par un sentiment naturel nous revenions à l'amour de la vie, nous ne regardions nos compagnons d'infortune que comme autant d'ennemis, armés contre nous par la faim pour nous ravir notre subsistance. Si quelques-uns de nous n'avaient payé le tribut à la nature, nous aurions fini peut-être par nous entr'égorger et nous dévorer les uns les autres ; nous n'en étions pas encore réduits à cette extrémité, bien que notre situation fût si misérable, qu'il semblait impossible qu'aucune calamité nouvelle pût en accroître l'horreur. Le tourment continuel d'un froid rigoureux et d'une faim pressante, la douleur des plaies causées par la gelée et irritées par le feu, les plaintes, les gémissements des malades, le désordre et la malpropreté de nos vêtements, qui nous remplissaient de dégoût pour les autres et pour nous-mêmes, toutes les causes de désespoir réunies autour de nous, et en perspective une mort lente et cruelle, dans une région inhospitalière, loin de toutes les consolations, voilà ce que nous éprouvions à chaque instant de nos longues journées, et de nos nuits plus longues encore.

» Nous étions souvent sortis, le contre-maître et moi, pour tâcher de découvrir quelques vestiges d'habitations dans la contrée. Nos courses ne s'étaient jamais étendues bien loin, aussi furent-elles toujours sans résultat. Nous formâmes un jour le projet de nous enfoncer un peu dans le pays, en remontant une rivière glacée. Des traces d'orignal et d'autres animaux s'offrirent à nos yeux, et nous regrettions bien vivement de n'avoir point d'armes pour les chasser. Ces traces nous conduisirent à des arbres qui tous semblaient avoir été frappés du même côté par la hache ou quelque autre instrument de ce genre. Un rayon d'espérance vint luire alors au fond de nos cœurs. En suivant les arbres marqués, nous arrivâmes à un lieu qui, évidemment, était fréquenté par les Indiens, puisque nous y trouvâmes une hutte ou wigwam, et que même l'écorce qui la couvrait était toute fraîche. Une peau d'orignal, suspendue au bout d'une perche, confirma nos conjectures. Nous parcourûmes avec soin tous les environs, mais par malheur ce fut sans aucun fruit. C'était néanmoins pour nous un sujet de consolation que de penser que ce lieu avait eu des habitants ou des voyageurs, qui pourraient y revenir. Frappé de cette idée, je coupai une longue perche que j'enfonçai par un bout au bord de la rivière; j'attachai à l'autre bout un morceau d'écorce de bouleau, découpé en forme de main, avec le doigt indicateur étendu et tourné vers notre cabane. Je crus aussi devoir emporter la peau d'orignal, pour faire comprendre aux Indiens que des étrangers avaient passé en ce lieu depuis qu'ils l'avaient quitté eux-mêmes; j'espérais d'ailleurs qu'ils saisiraient le sens de l'indication que je leur laissais.

L'approche de la nuit nous força de reprendre le chemin de notre cabane, et nous doublâmes le pas pour donner plus tôt à nos compagnons d'aussi agréables nouvelles. Quelque faibles que fussent les consolations que nous leur apportions, je vis que mon récit les ranimait, tant un instinct bienfaisant de la nature porte les malheureux à saisir avidement tout ce qui peut adoucir le sentiment de leurs peines !

» Nous passâmes plusieurs jours dans les tourments de l'attente. Nous croyions à chaque instant voir paraître les Indiens. Peu à peu ces douces idées s'affaiblirent; elles ne tardèrent même pas à s'effacer. Quelques-uns de nos malades, le capitaine entre autres, avaient commencé dans l'intervalle à recouvrer leurs forces, et nos provisions diminuaient à vue d'œil. Je fis part à mes compagnons du dessein où j'étais de quitter l'habitation avec tous ceux qui seraient en état de manœuvrer dans la chaloupe, pour aller à la découverte le long de la côte. Ce projet reçut l'approbation générale; mais, lorsqu'il fallut s'occuper de l'exécution, de nouvelles difficultés se présentèrent. Il s'agissait, en premier lieu, de réparer le canot, que la mer avait toujours battu avec tant de furie que tous les joints s'étaient séparés. Nous avions assez d'étoupe, il est vrai, pour boucher les fentes, mais nous manquions de goudron, et quel moyen d'y suppléer! Il ne s'en présentait aucun : tout à coup j'imaginai de faire servir à cet usage le baume du Canada, que nous avions sauvé. L'épreuve était facile à faire : j'en versai quelques bouteilles dans notre grand pot de fer, que je soumis à un feu très vif; je fis bouillir jusqu'à ce que la liqueur eût acquis de la consistance. Mes compagnons, pendant ce temps, avaient retourné le canot et l'avaient bien nettoyé de glaçons et de sable. Je fis remplir d'étoupes toutes les crevasses, je les enduisis de mon calfat, et je remarquai avec la plus vive satisfaction qu'il remplaçait parfaitement le goudron.

» Encouragés par ce premier succès, nous continuâmes nos préparatifs avec ardeur. Un morceau de toile ajusté sur une perche, dressé de manière à pouvoir se lever ou s'abattre à volonté, forma une voilure assez forte pour soulager les rameurs, par un vent doux et régulier. Parmi les hommes de l'équipage, il s'en trouvait peu d'assez bien rétablis pour pouvoir soutenir les fatigues que nous devions attendre de notre expédition. On me choisit pour la conduire avec le capitaine, le contre-maître, deux matelots et mon domestique. Ce qui restait de vivres fut divisé en quatorze parts égales, sans que l'excès de travail que nous nous préparions pour la cause commune, pût nous faire adjuger une portion plus forte. C'était donc avec cette misérable ration d'un quart de livre de bœuf par jour pour six semaines, c'était avec un frêle esquif que la moindre vague, le plus léger souffle de vent pouvait renverser, lancé au milieu des masses flottantes de glace, sur des mers inconnues, semées d'écueils, pendant la saison la plus rigoureuse de l'année, que nous allions tenter une entreprise qu'un désespoir aveugle avait pu seul conseiller. Mais nous en étions à ce point, qu'il était moins téméraire d'affronter tous les dangers à la plus faible lueur d'espérance, que d'attendre dans une coupable inaction les suites inévitables de l'isolement.

» L'année 1781 venait de s'ouvrir : nous voulions partir le lendemain 2 janvier; un vent fougueux de nord-ouest nous força de remettre notre départ au 4. Aussitôt qu'il se fut un peu apaisé, nous embarquâmes nos provisions, quelques livres de chandelle, et tous les petits effets qui pouvaient nous être utiles. Nous prîmes ensuite congé de nos compagnons, sans pouvoir nous promettre que cet adieu ne serait pas le dernier. A peine avions-nous vogué pendant deux ou trois heures, que le vent, contrariant notre marche, nous força d'entrer dans une baie, où nous cherchâmes un abri pour la nuit. Notre premier soin fut de débarquer nos effets, et de tirer la chaloupe assez avant pour que la mer ne pût l'endommager. Nous allumâmes ensuite du feu, et nous coupâmes du bois en assez grande quantité pour l'entretenir jusqu'au lendemain. Les branches de pin les plus menues servirent à faire notre lit, et les plus grosses à construire une espèce de hutte où nous fussions un peu abrités des injures de l'air.

» Tout en faisant notre mince repas, je remarquai sur le rivage des pièces de bois que le flux y avait jetées et qui semblaient avoir été taillées avec la hache; je voyais aussi de longues perches qui avaient été façonnées de main d'homme. Il n'y avait au surplus en ce lieu aucun indice d'anciennes habitations; mais, à deux milles de là, s'élevait une colline dépouillée d'arbres et qui semblait porter quelques traces de défrichement. J'engageai deux de mes compagnons à m'y suivre avant la fin du jour, afin de pouvoir embrasser de son sommet un horizon plus vaste. En marchant le long de la baie, nous reconnûmes un bateau de pêcheur de Terre-Neuve, à demi-brûlé, en partie enseveli dans les sables. Cet objet nous donna de nouvelles espérances, et nous fit redoubler de vitesse pour gravir la colline. Parvenus au sommet, nous aperçûmes, avec un sentiment de plaisir difficile à exprimer, quelques édifices qui n'étaient éloignés que d'un mille au plus. Malgré notre lassitude, nous eûmes bientôt franchi cet intervalle ; nos cœurs palpitaient d'espérance. Hélas ! ces illusions de bonheur furent bientôt dissipées ; en vain nous parcourûmes les bâtiments, tout était froid et désert. C'étaient des magasins pour la préparation de la morue, abandonnés, suivant toute apparence, depuis plusieurs années. Ainsi, nous ne retirâmes d'autre fruit de cette course, qu'un nouveau motif de persévérer dans l'idée que nous trouverions quelques habitations en continuant de faire le tour de l'île.

» Le vent avait passé, dans la nuit, au nord-ouest. La crainte d'être heurtés par les glaçons qu'il poussait vers la côte nous retint dans la baie ; il continua de souffler pendant trois jours avec la même violence. Une nuit, réveillé par ses mugissements, je fus étonné de ne pas entendre le bruit des vagues comme auparavant. J'appelai le contre-maître pour lui faire remarquer ce phénomène. Curieux, l'un et l'autre, d'en connaître la cause, nous nous levâmes et courûmes ensemble vers le rivage. La lune nous éclairait de ses rayons. A leur clarté funeste, nous ne vîmes devant nous que de vastes champs de glace, coupés de glaçons qui s'élevaient comme des rochers escarpés. Un sentiment profond de tristesse s'empara de nos cœurs. Nous ne pouvions ni continuer notre course, ni peut-être regagner notre habitation, où du moins nous aurions moins souffert du froid. Deux jours entiers s'écoulèrent pour nous dans une anxiété cruelle.

» Le 9, le vent tomba, il se releva le lendemain, par bonheur, au sud-est, et il souffla toute la matinée avec tant de force, que toutes les glaces qui nous bloquaient dans la baie se brisèrent avec beaucoup de bruit et furent emportées dans la haute mer ; en sorte que, vers les quatre heures de l'après-midi, il n'en restait plus le long de la côte.

» Le vent était trop impétueux pour que nous eussions seulement la pensée de mettre en mer notre esquif ; il fallait attendre la fin de la bourrasque. Ce ne fut qu'au bout de deux jours que le vent se calma. Nous en profitâmes ; le canot fut relevé, lancé à l'eau, la voile dressée, et bientôt nous laissâmes la baie derrière nous. Nous ne tardâmes pas à découvrir, dans le lointain, une pointe de terre extrêmement élevée ; la côte, jusqu'à cette pointe, semblait ne former qu'une ceinture continue de rochers qui ne nous permettait pas de tenter un débarquement. Mais de la place où nous étions jusqu'au cap la course était longue, et la chaloupe venait de faire une voie d'eau qui occupait constamment deux hommes à la vider :

ainsi nous ne pouvions employer que deux rames ; encore étions-nous si affaiblis par le défaut de nourriture, que nous ne pouvions les faire aller qu'à grand'peine. Si par malheur le vent eût tourné au nord-ouest, nous étions perdus sans ressource.

» Nous étions si familiarisés avec le danger, que celui qui nous menaçait fit peu d'impression sur nos esprits ; nous continuâmes de voguer, et le vent, cette fois, nous seconda si bien, que nous parvînmes au cap vers les onze heures du soir. La place n'était point commode pour aborder, nous fûmes encore obligés de longer la côte jusqu'à deux heures du matin. Alors le vent, qui fraîchit, ne nous laissa plus guère la liberté de choisir un lieu propice de débarquement ; il fallut descendre ou plutôt gravir avec beaucoup de peine sur une plage pierreuse, sans qu'il fût possible de mettre notre barque à l'abri des flots qui menaçaient de la briser contre les rochers. Le lieu où nous prenions terre était une baie peu profonde, fermée du côté de l'île par des hauteurs inaccessibles, mais ouvertes sur la mer au terrible nord-ouest qui, dans la matinée du 13, jeta notre chaloupe sur un banc rocailleux ; elle fut bien maltraitée du choc, mais non brisée entièrement.

» C'était un prélude à de nouvelles misères. Environnés de rochers qui nous empêchaient d'aller chercher un abri dans les bois, réduits à nous couvrir de notre voile toute hérissée de glaçons, ensevelis presque sous la neige qui s'était amoncelée autour de nous à la hauteur de trois pieds, nous n'avions pour alimenter notre feu que les branches et les débris de troncs d'arbres que la mer avait jetés sur le rivage. Nous restâmes dans cette triste position jusqu'au 21. Le vent s'était calmé, nous courûmes à notre chaloupe : il y avait plusieurs crevasses. Comment la réparer ? Il ne nous restait rien qui pût servir à cet usage. Après avoir inutilement réfléchi sur les moyens de radouber notre barque, convaincus qu'ils étaient tous impraticables, nous résolûmes de chercher notre salut par d'autres voies.

» Il était impossible d'escalader le mur de rochers qui nous entourait ; nous essayâmes de côtoyer le rivage en marchant sur la glace, si elle était assez forte pour nous porter. Nous en fîmes l'épreuve le contre-maître et moi, et nous franchîmes de cette manière un espace de quelques milles. Nous arrivâmes à l'embouchure d'une rivière bordée d'une plage sablonneuse, où nous aurions pu conserver notre chaloupe, si notre bonne fortune nous y eût d'abord amenés.

Cependant la découverte que nous venions de faire, tout en causant nos regrets, n'étendait pas bien loin nos espérances. A la vérité, il était facile de pénétrer de là dans les bois ; mais comment diriger notre course à travers leur noire épaisseur? comment nous traîner sur la neige, haute de six pieds, qui nous séparait de la forêt, et que le moindre dégel pouvait ramollir?

» A notre retour, nous tînmes conseil; il fut décidé que notre seule ressource était de charger sur nos épaules tout ce qui nous restait de provisions ou d'effets utiles, et de suivre le rivage, où nous pourrions trouver enfin quelques familles d'indigènes ou de pêcheurs. Le temps semblait devoir tenir encore à la gelée; le vent avait chassé dans la mer toute la neige qui couvrait la glace ferme de la côte; nous pouvions nous promettre de faire huit ou dix milles par jour, malgré notre état de langueur et de faiblesse. La chose arrêtée, nos préparatifs furent bientôt faits.

Nous devions partir le lendemain, 24, au point du jour. Mais, dans la nuit, le vent tourna subitement au sud-est; il était accompagné d'une grosse pluie. En peu d'heures toute la croûte de neige qui semblait si solide fut totalement fondue; et la glace ferme, tout-à-tait détachée du rivage, s'en allait flottant au milieu de la baie. Il ne nous restait plus aucun chemin pour sortir de cette désastreuse plage où nous étions renfermés. Au milieu de nos réflexions cruelles, nos regards se tournaient quelquefois vers la chaloupe, que souvent nous avions été tentés de mettre en pièces pour entretenir notre feu. Un peu d'étoupe s'était retrouvée; on aurait pu en remplir les crevasses, mais notre provision de baume du Canada était entièrement épuisée. Le froid qui revint le sur-lendemain, plus vif que jamais, me suscita une idée : ce fut de répandre de l'eau sur l'étoupe qui bouchait les fentes et de l'y laisser geler, comme un enduit, à une certaine épaisseur. Mes compagnons en rirent d'abord, et ils ne se prêtèrent qu'avec répugnance à me seconder. Ce moyen, toutefois, réussit au-delà de mes espérances : toutes les ouvertures se trouvèrent si bien fermées, que nous fûmes tous persuadés que l'eau ne pourrait pénétrer dans la chaloupe, tant que dureraient le froid et la gelée.

» Nous en fîmes l'heureuse épreuve le 27; et quoique la chaloupe fût devenue assez lourde par la quantité de glace dont elle était revêtue, elle fit dans la journée environ douze milles depuis le lieu de notre départ. Ce nouveau service nous la rendit infiniment précieuse, et nous eûmes le soin de la transporter sur nos rames à une place où elle pût être en sûreté. Une épaisse forêt qui s'élevait dans le voisinage nous offrait deux choses dont nous avions été privés depuis bien des nuits : un léger abri contre le souffle glacé du vent, et du bois en abondance pour faire et entretenir un grand feu durant toute la nuit. Cette double jouissance fut pour nous le comble des voluptés. Le lendemain, 28, une ondée de pluie vint malheureusement fondre la glace dans notre chaloupe, et nous fit perdre l'avantage d'une belle journée pendant laquelle nous aurions pu avancer de plusieurs milles. Il fallut se résoudre à attendre, bien malgré nous, le retour de la gelée; ce qui augmentait notre impatience, c'était de voir nos provisions sensiblement diminuées et réduites à dix rations de bœuf pour chacun. La gelée ne reprit que dans l'après-midi du 29, et la lenteur inévitable de nos préparatifs ne nous permit pas de faire plus de sept milles avant la nuit.

» Un vent très-fort qui nous surprit le 30, dès le commencement de notre route, nous força de relâcher, à cinq ou six milles, dans un lieu assez peu commode, où le dégel nous retint jusqu'au surlendemain, 1er février. Ce jour-là, un froid très-piquant nous permit de réparer notre chaloupe. Nous eûmes à lutter, le 2, contre les glaçons flottants, ce qui ne nous laissa faire que très-peu de chemin. Notre navigation fut plus heureuse le jour suivant. Le vent nous secondait parfaitement; et, bien que notre chaloupe fît une voie d'eau qui employait une partie de nos bras, nous courûmes d'abord quatre milles par heure à l'aide de deux rames, et bientôt cinq milles avec notre seule voile. Vers deux heures de l'après-midi, nous eûmes pleinement en vue un cap très-élevé, qui nous sembla d'abord n'être éloigné que de huit ou dix milles; mais sa prodigieuse hauteur nous trompait sur sa distance : il était presque nuit quand nous l'atteignîmes. En le doublant, notre course prenait une direction différente; nous fûmes obligés de plier notre voile et de recourir à nos rames. Le vent soufflait alors du côté de la terre; nous avions à le combattre la plus grande peine, et, sans un courant qui venait du nord-est et nous soutint contre son impulsion, il nous aurait peut-être emportés dans la pleine mer.

» La côte était toute bordée de rochers; il y avait là trop de danger pour tenter d'y descendre; il fallut ramer, avec mille périls, au milieu des ténèbres et le long des écueils, jusqu'à cinq heures du matin. L'épuisement de nos forces nous rendait incapables de soutenir une plus longue manœuvre; et, fermant les yeux sur les dangers du débarquement, nous hasardâmes de prendre terre, ce que le ciel permit que nous fissions heureusement, sans autre accident que de voir notre chaloupe lancée sur le rivage à demi pleine d'eau. L'entrée des bois n'était pas éloignée, et nous nous y traînâmes sur-le-champ pour faire du feu, nous réchauffer et sécher nos vêtements. Nous étions si accablés par la fatigue et l'insomnie, qu'il nous fut impossible de résister au sommeil, dès que notre feu commença de s'allumer. Seulement chacun de nous veillait tour à tour pour l'entretenir, de peur que s'il venait à s'éteindre pendant que nous serions tous endormis, la gelée ne nous frappât de mort dans notre assoupissement.

» A mon réveil, je me convainquis, par diverses observations que je fis sur le rivage, de la vérité d'une conjecture que j'avais formée pendant la route, c'est-à-dire que cette pointe de terre que nous venions de doubler était le Cap-Nord de l'île Royale, qui avec **le Cap-Roi** de l'île de Terre-Neuve, *New-Foundland*, marque l'entrée du golfe Saint-Laurent. La douce certitude de nous trouver enfin sur une île habitée aurait suffi pour nous faire oublier toutes nos souffrances, si, en attendant que nous trouvassions du secours dans les autres, nous avions pu pourvoir à notre subsistance; mais nos provisions étaient près de finir, et nous n'avions pour perspective qu'une mort cruelle, ou des moyens affreux pour prolonger notre existence. Quand nous tournions nos regards les uns sur les autres, il semblait que nous cherchions d'avance à reconnaître la victime qu'il nous faudrait dévouer à la mort pour le salut des autres. Déjà même quelque-uns d'entre nous étaient convenus de s'en rapporter à l'aveugle décision du sort : l'exécution de cet horrible dessein fut pourtant remise à la dernière extrémité.

» Pendant que mes compagnons s'occupaient à vider la chaloupe de l'eau et du sable que la marée y avait introduits, et à boucher les fentes en versant sur l'étoupe de l'eau qu'ils y laissaient geler, j'allai avec le contre-maître à la recherche des huîtres dont on voyait de loin des écailles dispersées sur le rivage. Aucune, par malheur, n'était pleine. Nous aurions regardé comme un grand bonheur de découvrir le cadavre de quelque animal, fût-il à demi dévoré par les oiseaux de proie; mais tout était enseveli sous la neige : rien nulle part qui pût nous offrir le plus vil aliment. C'était peu d'avoir été jetés sur cette côte déserte; il fallait, pour mettre le comble à nos misères, que notre destinée eût choisi la saison où la terre refuse ses productions, où les animaux qui la peuplent sont enterrés dans leurs antres pour se préserver du froid rigoureux qui désole ces tristes climats.

» Je n'essaierai point de peindre dans toute leur horreur les maux que nous eûmes à souffrir les jours suivants. Réduits pour toute nourriture à des fruits secs d'églantiers qu'il fallait découvrir sous la neige, et à quelques chandelles de suif que nous avions réservées pour dernière ressources; oppressés de fatigue au plus léger effort; contrariés dans notre navigation par les glaces, la pluie ou les vents; animés quelquefois d'une lueur d'espérance, pour retomber ensuite dans le désespoir; navrés de sensations douloureuses, en proie à toutes les détresses réunies : voilà comment nous vécûmes jusqu'au 17, où, succombant de faiblesse, nous descendîmes à terre pour la dernière fois, déterminés à périr en ce lieu si le ciel ne nous envoyait du secours.

» Mettre notre chaloupe en sûreté sur la plage, c'était une entreprise au-dessus de nos forces. Nous la laissâmes abandonnée à la fureur des vagues, après que nous eûmes retiré nos outils et la voile qui nous servait de couverture. Nos derniers efforts furent employés à déblayer de neige la place que nous avions choisie, à la relever en talus autour de nous pour y planter quelques branches de pin destinées à nous former un abri, à couper et empiler autant de bois que cela fut possible pour entrenir notre feu, dans la crainte que nous ne fussions bientôt hors d'état de faire usage de nos instruments. Quelques poignées de fruits d'églantiers bouillis dans la neige fondue furent, pendant les premiers jours, l'unique soutien de notre existence ; ils vinrent à nous manquer : nous les suppléâmes par des plantes marines qui croissaient sur le rivage. Après les avoir fait bouillir plusieurs heures de suite, sans qu'elles perdissent beaucoup de leur dureté, je mis fondre dans le jus une des deux chandelles qui nous restaient. Ce bouillon dégoûtant et ces herbes coriaces assouvirent d'abord notre faim ; mais, peu d'instants après, nous fûmes saisis de nausées terribles, sans que notre estomac eût la force de se débarrasser. Cette crise dura près de quatre heures, et nous laissa dans un épuisement absolu. Le lendemain pourtant il fallut recourir à la même nourriture ; elle opéra comme la veille, seulement avec un peu moins de violence ; nous y avions employé notre dernière chandelle. Les trois jours suivants, nous fûmes contraints de nous contenter de ces herbes, que nous ne pouvions approcher de nos lèvres que notre estomac ne fût soulevé. Au même temps nos jambes commencèrent à s'enfler, et bientôt la bouffissure s'étendit à tel point sur notre corps, que, malgré le peu de chair que nous avions conservé, nos doigts s'enfonçaient à la profondeur d'un pouce par la moindre pression, et l'empreinte ne s'effaçait qu'au bout d'une heure. Nos yeux étaient comme ensevelis au fond d'une cavité. Engourdis par la dissolution intérieure de notre sang autant que par l'âpreté du froid, nous avions à peine la force de ramper tour à tour sur la neige pour aller ramasser quelques branches dispersées et attiser notre feu.

» Ce fut alors que l'image de mon père, qui m'avait suivi au milieu des plus grandes infortunes, vint s'offrir avec plus de force à mon cœur attendri, en se mêlant à celle de mon propre trépas. Je me représentais ce bon père, inquiet sur mon compte, attendant des nouvelles qui n'arrivaient pas, accablé de douleur quand il verrait le temps s'écouler, condamné enfin à pleurer la mort de son fils pendant tout le reste de sa languissante vie. Je pleurai moi-même à l'idée de périr loin de lui sans avoir reçu sa dernière bénédiction. A ces pensées touchantes qu'interrompaient les gémissements de mes compagnons, succédaient quelquefois des pensées sinistres, féroces, barbares, que suscitait en moi l'instinct de ma conservation. Ces malheureux qui jusqu'alors avaient partagé avec moi douleurs, espérances, repos, fatigues, n'étaient-ils pas là pour assouvir ma faim? Ne lisais-je pas la même volonté, le même désir dans leurs regards avides? Je ne sais où nous auraient conduits ces dispositions mutuelles, lorsque tout-à-coup je crus entendre une voix humaine.

» Je soulève la tête, mes compagnons m'imitent, et nous découvrons deux Indiens, armés de fusils, qui ne paraissent pas nous avoir encore aperçus. Cette subite apparition ranimant nos forces presque anéanties, nous nous levons, nous avançons vers eux. Aussitôt ils s'arrêtent comme si leurs pieds s'étaient attachés au sol; ils nous regardent fixement, immobiles de surprise et d'horreur. Il faut convenir que nous étions bien capables de faire naître ces sentiments. Nos habits en lambeaux, nos yeux éteints sous la bouffissure de nos joues livides, l'enflure monstrueuse de tous nos membres, notre barbe hérissée et crépue, nos cheveux flottant en désordre sur nos épaules : tout devait nous donner un aspect hideux ; mais à mesure que nous avancions, le bonheur sans doute se peignait sur nos traits : les uns souriaient de plaisir, les autres versaient des larmes. Cependant les Indiens ne quittaient point leur place ; ils se montraient même assez peu disposés à s'approcher de nous. Alors je pris le parti de m'avancer seul vers celui qui se trouvait le plus près de moi ; je le fis en tendant vers lui mes mains suppliantes. Il en prit une dans la sienne et la secoua cordialement, façon de saluer employée parmi ces sauvages.

» Dès ce moment, ils commencèrent à nous donner quelques signes de compassion. Je leur fis signe de venir vers notre feu ; ils nous accompagnèrent en silence et s'assirent auprès de nous. L'un d'eux, qui parlait un français corrompu, nous demanda dans cette langue d'où nous venions et par quel hasard nous étions en ce lieu. Je me hâtai de l'informer succinctement de ce qui nous était arrivé, et je parlai de nos longues et cruelles souffrances. Comme il me parut touché de mon récit, je lui demandai s'il pourrait nous fournir quelques provisions. Il me répondit affirmativement; mais comme il vit notre feu près de s'éteindre, il se leva brusquement, saisit notre hache qu'il rejeta bientôt d'un air de pitié pour prendre la sienne, et en peu d'instants il abattit une grande quantité de branches qu'il jeta sur notre feu; puis prenant son fusil, il s'en alla, sans dire un seul mot, avec son camarade. Cette retraite soudaine m'aurait donné beaucoup d'inquiétudes, si je n'avais pas connu l'humeur de ces Indiens, qui ne parlent jamais quand cela ne leur paraît point nécessaire. Ainsi, ne doutant point qu'ils ne fussent allés chercher des provisions, je rassurai ma troupe alarmée. Malgré le besoin que nous avions de nourriture, je sentis que le bon feu que l'Indien nous avait fait me rendait quelque vigueur. Nous avions passé tant de jours auprès de la flamme languissante de notre misérable foyer, que la douce chaleur que nous éprouvions, ranimant nos membres, nous rendit moins longue les trois heures d'absence des deux Indiens.

» Nous les aperçûmes au détour d'une pointe de terre avancée, ramant vers nous dans un canot d'écorce. Bientôt ils descendirent sur le rivage, chargés d'une grosse pièce de venaison fumée et d'une vessie pleine d'huile de poisson. Ils firent bouillir la viande dans notre pot de fer avec de la neige fondue; et, lorsqu'elle fut cuite, ils eurent l'attention de ne nous en donner qu'en très-petite quantité avec un peu d'huile, pour prévenir les suites fâcheuses qu'aurait pu avoir notre voracité, dans l'état de faiblesse où se trouvait notre estomac.

» Ce léger repas fini, les Indiens me firent embarquer avec deux de mes compagnons dans la pirogue, trop petite pour nous recevoir tous à la fois. Leur habitation n'était éloignée que d'environ cinq milles. Nous fûmes reçus par trois Indiens et une douzaine de femmes ou d'enfants qui nous attendaient sur le bord de la mer. Ils nous conduisirent vers leurs cabanes ou wigwams au nombre de trois, tandis que les deux premiers retournèrent avec leur pirogue chercher le reste de ma troupe. Ces bonnes gens nous traitèrent avec la plus douce hospitalité; ils nous firent prendre du bouillon, mais sans vouloir nous permettre, malgré nos prières, de manger de la viande, ou de prendre aucun autre aliment trop sbstantiel. J'eus une joie bien vive lorsque la pirogue revint et qu'elle nous ramena nos trois compagnons. Nous goûtions à nous trouver réunis parmi ces sauvages, même après une séparation si courte, le même plaisir qu'éprouveraient des amis d'enfance à se revoir après une absence de plusieurs années. La hutte des sauvages nous semblait un lieu de délices. Les transports que nous faisions éclater intéressèrent une femme très-âgée, qui témoigna le désir d'apprendre nos aventures. J'en fis un détail assez circonstancié à l'Indien qui entendait le français, et qui le rendit aux autres dans son langage. J'eus occasion de remarquer pendant le cours de mon récit, que les femmes en étaient vivement touchées, et je fondai là-dessus l'espoir d'un traitement favorable pendant notre séjour.

» Après avoir satisfait à nos premiers besoins, nos pensées se tournèrent vers les malheureux que nous avions laissés au lieu de notre naufrage.

Je tâchai de désigner aux sauvages les quartiers de l'île où nous avions été jetés. Sur la description que je leur fis du cours de la rivière la plus voisine et d'une petite île qui se voyait à peu de distance de son embouchure, ils me dirent qu'ils connaissaient très-bien l'endroit que je leur indiquais ; qu'il était éloigné d'environ cent milles, par des routes très-difficiles dans les bois ; qu'il y avait des montagnes et des rivières à franchir, et que s'ils entreprenaient le voyage, ils devaient s'attendre à quelque récompense proportionnée à leurs fatigues. Il n'était pas, en effet, possible d'exiger d'eux qu'ils abandonnassent leur chasse, seul moyen d'existence pour eux et leurs familles, ni qu'ils entreprissent une course pénible, par un pur motif de bienveillance pour des inconnus. Quant à la distance de cent milles qu'ils alléguaient, je n'y trouvai rien d'exagéré, puisque, d'après nos calculs, nous avions fait nous-mêmes cent cinquante milles.

» Je leur dis alors que j'avais de l'argent et que j'en emploierais volontiers une partie pour les récompenser. Ils parurent très-satisfaits de mes paroles, et me demandèrent à voir ma bourse : je leur montrai les 180 pièces d'or qu'elle contenait. A la vue de cet or, que les femmes surtout regardèrent avec avidité, ils montrèrent une vive satisfaction. Les femmes, en recevant chacune une guinées, ne purent cacher leur joie qu'elles exprimaient par de très grands éclats de rire. Les hommes s'engagèrent pour cinquante guinée, que je devais leur compter moitié avant leur départ, moitié au retour, à se mettre en route dès le lendemain. Ils s'occupèrent aussitôt à faire des chaussures pour marcher sur la neige, tant pour eux que pour les matelots qu'ils devaient ramener, et ils partirent, en effet, aussitôt que le jour parut.

» Dès le moment où les sauvages eurent vu de l'or dans mes mains, ils devinrent aussi avides qu'ils avaient été jusqu'alors généreux ; ils exigeaient dix fois la valeur des choses qu'ils nous fournissaient. Je tremblais d'ailleurs que cette passion excessive pour l'argent, passion qu'ils tenaient de leur commerce avec les Européens, ne les portât à nous dépouiller. Je fondais pourtant l'espérance d'un traitement plus humain, sur l'attachement qu'ils montraient pour la religion qu'ils avaient embrassée : les Jésuites français du Canada les avaient convertis au Christianisme.

Celui d'entre nous qu'ils aimaient le plus, c'était mon domestique, catholique irlandais, parce qu'il se joignait à eux dans leurs prières, chantait, psalmodiait avec eux, quoiqu'il n'entendît pas un seul mot de leur langage. Il est probable qu'eux-mêmes ne s'entendaient pas ; leurs chants étaient dans un jargon mêlé de mauvais français, et de quelques phrases ou parties de phrases latines qu'ils avaient retenues de leurs missionnaires.

» Ces insulaires ont, dans la figure et dans les mœurs, des traits généraux de ressemblance avec les sauvages du continent de l'Amérique. Cependant leur langage est très-différent de celui de toutes les tribus que j'ai connues ; ils en diffèrent aussi par l'usage de laisser croître leur chevelure ; ce qui, sur le continent, est particulier aux femmes seules. Ils ont d'ailleurs comme tous les sauvages, un goût effréné pour les liqueurs spiritueuses.

» Nous passâmes bien des jours encore avant de recouvrer nos forces et de pouvoir digérer quelque nourriture substantielle. Tout ce que les Indiens pouvaient nous procurer se réduisait à la chair d'orignal et à l'huile de veau marin, seules choses dont ils vivent pendant la saison de la chasse

Quoique le souvenir de tant de misères passées dût me faire bénir le changement de situation qui s'était opéré, il me tardait beaucoup de quitter les sauvages à cause des dépêches qui m'avaient été confiées, et qui pouvaient être d'une grande importance ; je n'ignorais pas que le duplicata avait péri dans le naufrage de la goëlette. Cependant j'étais encore dans un tel état de langueur, que de longtemps il ne me fut pas possible de faire le moindre exercice. Il en fut de même de mes compagnons.

» Après une absence d'environ quinze jours, les Indiens revinrent avec trois de nos gens, les seuls que la mort eût épargnés des huit personnes que j'avais laissées dans la cabane.

Ils m'apprirent qu'après avoir consommé toutes leurs provisions, ils avaient subsisté quelques jours de la peau d'orignal que je leur avais laissée ; qu'après avoir épuisé cette dernière ressource, trois étaient morts de faim , et que les autres avaient été dans l'horrible nécessité de se nourrir de leurs cadavres jusqu'à l'arrivée des Indiens ; que l'un des cinq s'était livré avec tant d'imprudence à sa voracité, qu'il était mort au bout de quelques heures au milieu de tourments inexprimables ; qu'un autre enfin s'était tué par accident en maniant les armes d'un sauvage. Ainsi notre troupe, composée d'abord de dix-neuf personnes, se trouvait réduite à neuf ; et je m'étonne encore, toutes les fois que j'y pense, qu'une seule ait pu survivre aux misères que nous avons éprouvées pendant trois mois : la fatigue, le froid et la faim.

» Le délabrement de nos forces nous retint quinze jours encore chez ces sauvages, à qui je fus obligé de payer une somme exorbitante pour notre nourriture et tout ce qu'ils nous fournirent. Au bout de ce temps, ma santé se trouvant un peu rétablie et ma bourse presque épuisée, je résolus de sacrifier à mon devoir mes convenances personnelles et de porter mes dépêches au général Clinton. J'engageai deux Indiens à me conduire à Halifax, dans la nouvelle Ecosse, moyennant quarante guinées que je leur paierais en arrivant. D'autres Indiens devaient conduire le reste de la troupe à un établissement sur la rivière espagnole, où ils resteraient jusqu'au printemps pour attendre l'occasion de gagner par mer Halifax. Je fournis au capitaine l'argent nécessaire pour sa subsistance et celle de ses matelots, sur une lettre de change qu'il me donna sur son armateur à New-York ; celui-ci refusa, dans la suite, de l'acquitter, sous prétexte que, le navire étant perdu, ni le capitaine ni l'équipage n'avaient rien à prétendre.

» Je partis le 2 avril, accompagné de deux Indiens, de mon domestique, et de M. Winslow, jeune passager de notre vaisseau, un des trois qui avaient survécu dans la cabane. Nous emportions chacun quatre paires de souliers indiens, une paire de souliers pour la neige, et des provisions pour quinze jours. Nous arrivâmes le soir à *Broad-Oar* (la Grande-Rame) ; une chute orageuse de neige nous y retint le jour suivant. Nous repartîmes le 4, et, après une marche d'environ quinze milles, nous arrivâmes sur les bords d'un très-beau lac salé, nommé lac Saint-Pierre, dont l'extrémité va communiquer en pointe avec la mer. Nous rencontrâmes deux familles indiennes qui allaient à la chasse. J'achetai d'eux, pour quatre guinées, un canot d'écorce, nos guides m'ayant prévenu qu'il nous serait souvent nécessaire pour traverser quelques parties du lac qui ne gèlent jamais. Comme nous devions aussi voyager sur la glace, je fus obligé d'acheter deux traîneaux pour y placer le canot et le conduire derrière nous.

» Après deux jours de repos, et munis de provisions fraîches, nous reprîmes notre route le 7, en nous dirigeant, pendant quelques milles, sur les bords du lac ; mais, comme la glace était peu solide, nous quittâmes cette route pour en prendre une autre dans les bois. La neige y avait d'abord six pieds de hauteur ; un dégel mêlé de pluie, qui survint le lendemain, la rendit si molle qu'il devint impossible de marcher à sa surface ; nous fûmes obligés de nous arrêter. Un grand feu, un wigwam commode et des provisions abondantes nous aidèrent à supporter ce contre-temps fâcheux, sans dissiper toutefois nos inquiétudes.

L'hiver était trop avancé pour que nous pussions compter désormais sur une neige solide, et nous allions peut-être nous voir obligés d'attendre que le lac fût tout-à-fait débarrassé de ses glaces, ce qui pourrait nous retenir encore trois semaines ou un mois.

Heureusement la gelée revint le 13, et nous profitâmes, dès le lendemain, de la circonstance. Nous fîmes six lieues tantôt sur les glaces flottantes, tantôt dans notre pirogue. Le 14, nos provisions tirant à leur fin, je proposai d'aller à la poursuite du gibier qui semblait devoir abonder dans ce canton. Les sauvages, en général, ne songent qu'aux besoins du jour, sans se mettre en peine du lendemain ; toutefois la prévoyance était essentielle, puisque une fonte soudaine de la neige nous eût empêchés de sortir. J'allai dans les bois avec un de mes guides, et nous fûmes bientôt sur les traces d'un orignal que l'Indien atteignit au bout de quelque temps. Il l'ouvrit avec beaucoup d'adresse, en tira le sang, et découpa le corps en grands quartiers dont nous portâmes une partie jusqu'à la pirogue ; nous envoyâmes chercher le reste par l'autre Indien, le passager et mon domestique. Cette expédition nous valut un surcroît de vivre assez considérable pour que nous ne craignissions plus d'en manquer, au cas où un dégel subit nous aurait empêchés de continuer notre route sur le lac ou à travers les bois.

» Le 15 au matin, nous partîmes de très bonne heure. Une marche de plusieurs heures ayant épuisé nos forces, nous ne pûmes nous remettre en marche que le 18. Le lac de St-Pierre est l'un des plus beaux que j'aie vus en Amérique. Il est couvert d'un nombre infini de petites îles, qui lui donnent un air de ressemblance avec nos bourgs d'Irlande, principalement celui de Killarnez. On n'a jamais formé d'établissement sur cette île, quoique le sol paraisse très-fertile, et que le séjour, en été, doive en être délicieux. Mais elle manque d'eau douce, et c'est à cela qu'il faut attribuer le défaut d'habitants. Nous arrivâmes, le 20, au lieu appelé St-Pierre. On y voit quelques familles anglaises et françaises. Nous y fûmes accueillis avec la plus grande cordialité par M. *Lavanaugh*, négociant anglais ; le récit que je lui fis de nos infortunes lui inspira tant d'intérêt, il me montra particulièrement tant de confiance, qu'il m'avança une somme de 200 livres sterling sur un billet que je lui donnai, payable par mon père, bien que notre nom lui fût tout-à-fait étranger.

» J'aurais pris à St-Pierre un bâtiment de pêcheur pour me rendre à Halifax, sans la crainte de tomber entre les mains des corsaires américains qui infestaient ces parages. Comme le lac n'est séparé ici de la mer que par une forêt d'environ un mille de largeur, il ne fut question que de traîner notre pirogue jusqu'au rivage de la mer, ce que nous fîmes heureusement. Nous arrivâmes, le 25, à *Narrashoc*, où nous trouvâmes la même hospitalité qu'à St-Pierre. Nous en partîmes, le 26, dans notre pirogue pour nous rendre à l'Ile-Madame, située au milieu du canal ou détroit de Canseau, qui sépare l'île du Cap-Breton de la Nouvelle-Ecosse. Mais à peine fûmes-nous en mer que nous aperçûmes à la pointe de cette île tant de glaçons flottants, que c'eût été un acte de la plus imprudente témérité que de nous engager avec notre nacelle sur cette mer dangereuse. Nous entrâmes dans Narrashoc, où je frétai un bâtiment plus capable de résister. Je fis mettre à bord la pirogue, afin que les Indiens pussent s'en servir pour leur retour ; et le 27, par un vent favorable, nous franchîmes le passage en trois heures et nous allâmes prendre terre à Canseau, ou plutôt *Canso*, qui donne son nom au canal. Ensuite, après une navigation de dix jours sur les côtes, notre pirogue nous porta jusque dans le port d'Halifax.

» Les Indiens ayant reçu le prix dont nous étions convenus, et les présents que je crus devoir y ajouter pour leur montrer ma vive reconnaissance, nous quittèrent au bout de quelques jours pour s'en retourner dans leur île. Comme il me fallut attendre assez longtemps l'occasion d'un vaisseau qui fît voile pour New-York, j'eus la satisfaction de voir arriver dans l'intervalle tous mes compagnons d'infortune, que les Indiens s'étaient chargés de conduire par la Rivière Espagnole. Enfin, après deux mois d'attente, je m'embarquai sur le vaisseau nommé le Chêne-Royal, et j'arrivai sans accident à New-York, où je remis au général Clinton mes dépêches tardives dans l'état le plus délabré. »

On ne sera pas sans doute fâché d'apprendre que, sur le témoignage de lord Dalrymple, aide-de-camp du général Clinton, et les recommandations de M. Fischer, sous-secrétaire du département de l'Amérique, M. Prenties a obtenu de son gouvernement tous les dédommagements qu'il pouvait désirer pour les souffrances et les pertes qu'il a essuyées.

L'île Royale ou du Cap-Breton était, avant la guerre de 1756, un des principaux établissements français de l'Amérique septentrionale, par sa position à l'entrée du golfe St-Laurent, à deux lieues au nord de la Nouvelle-Ecosse ou Acadie, et dix-huit lieues au sud de Terre-Neuve. Sa longueur est d'environ quarante-cinq lieues ; sa largeur est très-inégale, puisqu'elle varie de huit à dix lieues. Ses côtes sont coupées d'une infinité de baies et de ports ; des lacs et des rivières occupent une partie de l'intérieur. Tous ses ports s'ouvrent à l'est et tournent ensuite au sud ; l'entrée en est dangereuse à cause du voisinage des brisants. Les côtes septentrionales sont très-hautes ; celles de l'occident tout-à-fait inaccessibles. Le port de Louisbourg est le plus considérable de l'île ; il a trois lieues de circuit, et partout cinq ou six brasses d'eau. Le port Dauphin et le port Toulouse offrent encore aux vaisseaux un asile sûr.

Le sol est assez fertile. Les chênes y sont d'une grandeur prodigieuse ; les pins et les bois de construction ˉ abondent. On y trouve quelques arbres à fruit, principalement des pommiers. Les légumes, le froment et les autres grains y viennent bien, de même que le chanvre et le lin. On a transporté dans cette île toute sorte d'animaux domestiques, et ils y ont prospéré. La chasse fournit à ses habitants de très-bon gibier, et l'on pêche sur ses côtes les meilleures morues. La ville de Louisbourg, de grandeur médiocre, mais assez bien bâtie, renfermait quatre mille habitants. Ce nombre, réduit ensuite à quatre ou cinq cents, s'est accru de nouveau depuis quelques années.

L'île du Cap-Breton fut prise par les Anglais en 1745, rendue à la France par le traité d'Aix-la-Chapelle, reprise en 1758, et assurée à l'Angleterre par le traité de 1763. Le siége de Louisbourg fut long et opiniâtre ; la défense honora la garnison et son commandant. Le 2 juin 1758, une flotte de 23 vaisseaux de ligne et 18 frégates, portant seize mille hommes de troupes de débarquement, jeta l'ancre devant Louisbourg, dont les fortifications étaient en fort mauvais état. La garnison se composait de près de trois mille hommes. Le baron de Drucourt, capitaine de vaisseau, était commandant de la place ; il se défendit jusqu'à l'extrémité, et il obtint une capitulation honorable le 27 juillet. Madame de Drucourt seconda son courage. On la vit constamment, dit un historien anglais, parcourir les remparts pour encourager les soldats, leur distribuer de l'argent ou d'autres secours, tirer elle-même trois coups de canon chaque jour. Le siége était conduit par le général Amberst et l'amiral Boscawen. Les Anglais, en entrant dans la ville, ne trouvèrent que des monceaux de décombres.

La relation du naufrage du brigantin fut publiée à Londres par M. Prenties, et elle excita un si vif intérêt que cinq éditions en furent faites dans le court espace de dix-huit mois. Il avait paru, plusieurs années auparavant, une autre relation d'un naufrage dont les détails ne sont pas moins intéressants : c'est celui de la galiote le *Nottingham*, qui se brisa, le 11 décembre 1710, contre un rocher connu sous le nom de *Boon-Island*, et situé sur la côte de la Nouvelle-Angleterre, à quelques lieues de l'embouchure de la rivière de Pisquataqua.

Nous en extrairons ce qu'elle offre de plus remarquable.

La galiote le Nottingham, de cent vingt tonneaux, quatorze hommes d'équipage et dix canons, faisait voile pour Boston, chargée de marchandises d'Irlande et d'Angleterre. Une manœuvre mal exécutée, dans un moment où le vent soufflait avec violence, porta le vaisseau sur ce rocher, que l'obscurité ne permit d'apercevoir que lorsqu'il ne fut plus possible de l'éviter.

Le choc fut si rude, que le navire, entr'ouvert par le fond, après avoir violemment roulé pendant quelques minutes, achevant de se briser sous l'effort des vagues, s'abîma sur les bords du rocher, à quelques toises seulement de distance de la partie non submergée de *Boon-Island*. Tous les hommes de l'équipage eurent le bonheur de se sauver, c'est-à-dire d'arriver au rocher, qui se trouva long d'environ trois cents pieds, large de cent cinquante, si raboteux qu'on ne pouvait y marcher qu'à grand' peine, n'ayant d'ailleurs ni cavités, ni profondeur qui pussent offrir le moindre abri.

Les naufragés cherchèrent à recueillir les faibles débris du vaisseau que la mer jetait sur la roche ; mais les tristes restes qui parvenaient jusqu'à eux ne consistaient qu'en morceaux de mâts, de vergues, de bordages, en vieux cordages, lambeaux de voile et autres objets semblables. Nulles provisions n'étaient venues au rivage, à l'exception de quelques fragments de fromage qui avaient été retenus par les algues et les varechs attachés au rocher. Les naufragés firent tous leurs efforts pour se procurer du feu au moyen d'un briquet que l'un d'eux possédait ; mais ils n'avaient que de vieux chiffons humides pour remplacer l'amadou : leurs tentatives furent vaines. Ils renouvelèrent l'épreuve plusieurs jours de suite ; le défaut de succès les obligea à renoncer définitivement à l'espérance d'avoir du feu. Cependant le froid était vif, surtout la nuit, et tous leurs effets, tous leurs vêtements avaient été mouillés. Ces malheureux, pour se réchauffer, étaient obligés de se serrer les uns contre les autres, sous des pièces de voile qu'ils réunissaient pour se couvrir.

Le capitaine avait reconnu, par l'examen du pays, que la terre qu'il aper-cevait en face, dans l'éloignement, était le cap Heddock ou Heddick, sur la côte de la Nouvelle-Angleterre, aujourd'hui côte du Maine, l'un des Etats du nord de l'Union Américaine. Comme la distance était peu considérable, le capitaine tâcha d'inspirer quelque espérance à ses matelots.

« Réunissons, leur dit-il, toutes les planches que la mer nous a rendues : nous avons des outils, des bras ; construisons un canot qui puisse nous porter jusqu'à la côte voisine. »

On se mit au travail : le cuisinier seul s'en dispensa ; il allégua qu'il mourait de froid et de faim, et l'on voyait assez à son air qu'il ne mentait pas. Le capitaine lui permit de rester, ainsi qu'à deux ou trois matelots qui avaient souffert de la gelée. A midi, le pauvre cuisinier était mort ; on le plaça dans un lieu d'où les vagues pussent l'enlever. Plusieurs matelots et le capitaine lui-même ont confessé plus tard qu'ils eurent le désir de réserver ce cadavre pour s'en nourrir : aucun pourtant n'osa le proposer alors.

Le froid ne tarda pas à devenir très-vif. Les naufragés souffrirent beaucoup de la gelée ; plusieurs perdirent l'usage des pieds et des mains.

Lorsqu'ils voulurent ôter leur bas, leurs souliers, ils virent leurs jambes couvertes d'ampoules, et leur peau, presque morte, se détachait de la chair au moindre choc.

Ceux qui se trouvaient moins malades s'occupèrent de construire une tente longue d'environ huit pieds ; ils la couvrirent avec les voiles qu'ils avaient retirées de la mer : il n'y avait guère de place que pour qu'ils pussent y tenir allongés, sur un côté ; de sorte que si l'un d'eux voulait se tourner, il fallait que tous les autres le fissent en même temps.

Cependant, la construction du canot touchait à sa fin : il avait un mât, une voile carrée, six pagaies pour ramer, une pagaie plus longue en guise de gouvernail Tout cela se fit sans le secours du charpentier, qui était si malade qu'il ne pouvait sortir de la cabane, ni par conséquent se rendre utile, même par ses conseils. Aussi était-il facile de prévoir que le canot, manquant de solidité, ne pourrait résister au choc des vagues. Ce fut ce qui arriva, lorsqu'on voulut s'en servir. On avait aperçu au large trois grands bateaux, et dans le premier moment on s'était livré à tous les transports de la joie ; mais ceux qui les montaient n'aperçurent point les signaux qu'on leur fit ; les bateaux s'éloignèrent, ce qui ne fit qu'accroître les désirs de délivrance qui dévoraient les naufragés.

Le canot fut lancé à l'eau. Le capitaine et son frère, le maître et quatre matelots s'offrirent pour tenter le passage ; mais à peine le capitaine y était-il entré avec un autre homme, que le canot, soulevé par les vagues, fut renversé par dessus leurs têtes, et brisé en mille pièces contre la roche.

Cet accident plongea les naufragés dans le désespoir. Toutefois, vers le soir, ils se consolèrent, lorsque, apercevant l'agitation de la mer que soulevait un vent impétueux, ils vinrent à penser que le canot aurait péri infailliblement avec ceux qui s'y seraient trouvés, et que le sort des autres, privés de toute espèce de ressources, n'en eût été que plus triste encore.

Cependant la mince provision de fromage était épuisée. Les herbes marines et quelques moules formaient l'unique nourriture de toute cette troupe affamée. Au tourment de la faim vint se joindre la crainte d'être bientôt atteints et submergés par les grandes marées qui approchaient. Il leur semblait que de jour en jour la mer s'élevait au-dessus du niveau qu'elle atteignait au moment du naufrage. Avant peu le rocher tout entier serait submergé !

Cette situation était terrible. Un goéland que l'un d'eux fut assez heureux pour tuer d'un coup de pierre, fut divisé sur-le-champ et réparti entre tous ; la faim dévorante fut apaisée pour quelques instants.

Le capitaine était de tous celui dont la santé s'était le mieux soutenue ; c'était aussi de tous celui que la nature avait doué de plus de constance et de courage. Il conçut l'idée de faire un radeau. Sur une mer calme et avec un vent doux, un radeau pouvait bien faire un trajet de quelques lieues. C'était assez pour l'entreprendre ; on mit la main à l'œuvre, et le radeau fut construit. Il en coûta bien des fatigues, mais on en trouvait un assez bon dédommagement dans l'espérance que son aspect faisait naître. Le mauvais temps continuait, mais les naufragés voulaient affronter le mauvais temps. On avait aperçu vers l'embouchure de la Piscataqua, un navire voguant à pleines voiles. On fit des signaux, on poussa des cris : tout fut inutile, le navire gagna la haute mer et disparut ; il fallait donc périr de misère sur ce rocher, ou tenter d'en sortir au moyen du radeau. Deux matelots, dont l'un était Suédois, demandèrent au capitaine son consentement, et après l'avoir obtenu, ils se placèrent sur la frêle machine. Il en fut du radeau comme du canot ; une forte lame le renversa. Le Suédois, bon nageur, revint à terre ; le capitaine sauva l'autre qui, étourdi du coup, était resté sous l'eau. Le radeau fut tiré à terre. Le Suédois demandait à repartir sur-le-champ ; le matelot, découragé, laissa la place à un autre.

Le radeau fut remis à flot non sans peine ; il ne tarda pas à s'éloigner du rivage : au coucher du soleil il avait franchi à peu près la moitié de l'intervalle. Si le beau temps avait continué il serait arrivé probablement vers le milieu de la nuit. Mais le vent se mit à souffler avec tant de force que très-probablement ces deux hommes périrent ; car, deux jours après, le radeau fut trouvé sur le rivage vis-à-vis le *Boon-Island*, et un mille au-dessus on vit un homme vêtu en matelot, gisant sur le sol avec sa pagaie encore attachée au poignet. Deux jours après, les naufragés aperçurent ou crurent apercevoir de la fumée, et, comme les hommes sont prompts à saisir tous les motifs d'espérance qui s'offrent à leurs yeux, ils s'imaginèrent que cette fumée était un signal qu'on leur faisait pour leur annoncer de prochains secours.

Cependant la faim tourmentait horriblement les malheureux naufragés ; les herbes marines et deux ou trois moules qu'on se procurait à grand' peine ne pouvaient fournir un aliment bien substantiel. Heureusement encore ils ne manquaient point d'eau ; les pluies et la neige leur en procuraient. Dans les derniers jours de décembre, le quinzième après le naufrage, le charpentier, qui n'avait cessé d'être malade, trouva dans la mort le terme de ses maux. Le capitaine voulait le traîner à la mer ; les matelots, qui n'avaient cessé de lui montrer de la déférence, le supplièrent de leur permettre de dévorer ce cadavre, et le capitaine, qui au fond ne souffrait pas moins que les autres, donna son consentement. Seulement on décida que la tête, les intestins et les extrémités seraient jetés à la mer; le reste, divisé par quartiers, servirait à prolonger la misérable existence de ses anciens compagnons. Mais aucun des matelots n'eut la force de se charger de dépecer le cadavre, car ils ne pouvaient se tenir un instant sur leurs pieds; ce fut encore le capitaine qu'ils conjurèrent, en gémissant, d'accepter cette horrible tâche. Il y employa toute la journée.

La chair, découpée en tranches minces, et bien lavée dans la mer, fut d'abord portée à la tente, et les plus affamés se jetèrent avec avidité sur les portions que leur fit le capitaine. Quelques-uns refusèrent d'abord d'y goûter; mais, le lendemain, la faim levant les scrupules ou surmontant la répugnance, ils demandèrent leur part comme les autres. Le capitaine craignit alors que par trop de voracité les matelots ne se donnassent eux-mêmes la mort, ou que les provisions ne fussent trop tôt épuisées; il transporta tout ce qui restait assez loin de la tente, sur un rocher élevé, pour le mettre hors d'atteinte. Les portions furent faites avec la plus grande égalité, et il se réserva le soin de les distribuer. Il se croyait d'autant plus fondé à prendre ces précautions, qu'il avait remarqué dans les matelots un changement presque total.

Leur regard avait contracté quelque chose de farouche et de sauvage; ils avaient un rire féroce; ils devenaient moins dociles et moins obéissants; ils se querellaient entre eux d'une manière brutale, et ces querelles auraient dégénéré en rixes sanglantes s'ils avaient eu le moindre usage de leurs forces Ce qu'il y eut de plus fâcheux, ce fut le caractère de malignité que prirent les ulcères dont ils étaient rongés.

Tant de misères, par bonheur, touchaient à leur terme. Les habitants de la côte où avait échoué le radeau, reconnaissant dans les matériaux dont il était construit les débris d'un navire, soupçonnèrent la vérité, et, le 2 janvier, ils s'embarquèrent sur un sloop, dans l'intention d'explorer le *Boon-Island* et quelques roches voisines, soit pour y recueillir les débris du vaisseau naufragé, soit pour en sauver l'équipage s'il en était encore temps. Le capitaine fut le premier qui, sortant de la tente dans la matinée, aperçut un sloop venant directement vers le rocher. L'espérance rentra dans tous les cœurs, mais elle s'y mêlait d'angoisses cruelles. Toutefois l'espérance eut le dessus, quand on vit le bâtiment chercher à jeter l'ancre en face du rocher, à trois cents pieds environ de distance. Obligés de rester au large jusqu'au milieu du jour parce que l'ancre ne mordit point, les étrangers envoyèrent un homme avec un canot. Cet homme eut beaucoup de difficulté à gagner la terre.

L'Américain ne pouvait revenir de sa surprise en voyant le capitaine si pâle et si maigre. Son étonnement fut au comble, et sa compassion excitée au plus haut point, lorsque, amené par le capitaine à la tente, il vit ces misérables matelots qui n'avaient pas eu même la force d'en sortir. L'Américain, avant de se retirer pour aller rendre compte à bord de ce qu'il avait vu, donna aux matelots le moyen de faire du feu. Le capitaine voulut s'embarquer avec lui dans le canot, mais la mer était si houleuse que l'un et l'autre tombèrent dans l'eau. L'américain l'aida à se relever, mais son état de faiblesse ne lui permit pas de se rembarquer. L'étranger alors s'éloigna seul, après avoir promis que, si le temps le permettait le lendemain, il reviendrait avec des secours plus abondants et plus efficaces.

Le sloop ne revint pas le lendemain, car une tempête violente s'était élevée pendant qu'il s'en retournait, et il fut jeté sur le rivage avec tant de force qu'il s'entr'ouvrit. Les Américains se sauvèrent, mais ce ne fut pas sans peine. Aussitôt qu'ils furent à terre, ils envoyèrent un exprès à Portsmouth sur la Piscataqua, et les généreux habitants de cette ville résolurent d'envoyer un vaisseau pour recueillir les naufragés, aussitôt que les vents apaisés rendraient possible l'exécution de ce projet. Le feu rendit un peu de force aux matelots, qui profitèrent de cette amélioration de leur santé pour demander au capitaine une ration de viande. Dans la persuasion où ils se trouvaient de leur prompte délivrance, ils auraient tout dévoré dans un seul repas; mais comme le mauvais temps durait encore et qu'il pouvait durer longtemps, le capitaine tint ferme; il se contenta de donner des portions un peu plus fortes, et il promit le reste pour le lendemain.

Le vent se calma dans la nuit. Le lendemain matin, les naufragés furent réveillés par un coup de fusil. Le capitaine, sortant aussitôt de la tente, aperçut un sloop qui venait droit au rocher, suivi d'une grande pirogue. Le capitaine du Nottingham trouva sur le sloop trois officiers de sa connaissance. Au bout de deux heures, tous furent embarqués. Tous les secours furent prodigués aux naufragés. Deux autres bâtiments avaient pris le chemin de Bonn-Island, ils ne se retirèrent que lorsque l'équipage du Nottingham fut en sûreté. Le sloop aborda vers les huit heures du soir. Les naufragés reçurent, tant des habitants que des autorités, les plus grandes marques d'intérêt et de bienveillance. On donna aux malades un chirurgien et des gardes; les matelots pauvres furent traités aux frais du gouvernement, ils reçurent des vêtements et des secours de tout genre. Le capitaine John Dean se rendit en Angleterre, où il publia la relation de son voyage et des circonstances qui l'avaient accompagné.

FIN

TABLE DES MATIÈRES

Avant-Propos.. 5

CHRISTOPHE COLOMB

Christophe Colomb.....................	7	Chapitre VII........................	55
Chapitre Ier.........................	17	— VIII....................	66
— II....................	23	— IX......................	80
— III...................	29	— X......................	85
— IV....................	38	— XI.....................	95
— V.....................	47	— XII....................	106
— VI....................	52	— XIII...................	117

VASCO DE GAMA

Sa vie et ses voyages.. 121

MAGELLAN

Magellan.. 135
Chapitre Ier. — Départ de Séville jusqu'à la sortie du détroit de Magellan............... 145

Chapitre II. — Sortie du détroit jusqu'à la mort du capitaine Magellan, et notre départ de Zébu 163

Chapitre III. — Départ de Zébu, jusqu'au départ des îles Molucco 196

Chapitre IV. — Retour des îles Molucco en Espagne 226

LES MERS POLAIRES (Recherches & Hivernages)

Chapitre Ier. — Naufrage d'un navire hollandais et hivernement de l'équipage sur la côte de la Nouvelle-Zemble, en 1596 et 1597 231

Chapitre II. — Délaissement de huit matelots anglais sur la côte du Groënland, en 1630 .. 256

Chapitre III. — Hivernement de l'équipage du vaisseau anglais *Thomas James*, dans l'île de Charlestown, au fond de la baie d'Hudson, en 1631 et 1632 266

Chapitre IV. — Délaissement volontaire de sept Hollandais dans l'île Saint-Maurice, au Groënland, en 1634 280

Chapitre V. — Délaissement de sept Hollandais sur la côte du Spitzberg, en 1634 284

Chapitre VI. — Naufrage de la frégate anglaise *le Speed-Wel*, sur la côte occidentale de la Nouvelle-Zemble, à la pointe de Speedile, en 1676 288

Chapitre VII. — Délaissement de quatre matelots russes dans le Spitzberg oriental, en 1743. 294

Chapitre VIII. — Naufrage d'un brigantin anglais sur les côtes de l'Ile-Royale, à l'entrée du golfe Saint-Laurent, dans l'Amérique septentrionale, en 1780 300

Limoges. — Imp. Marc Barbou et Cie, rue Puy-Vieille-Monnaie.

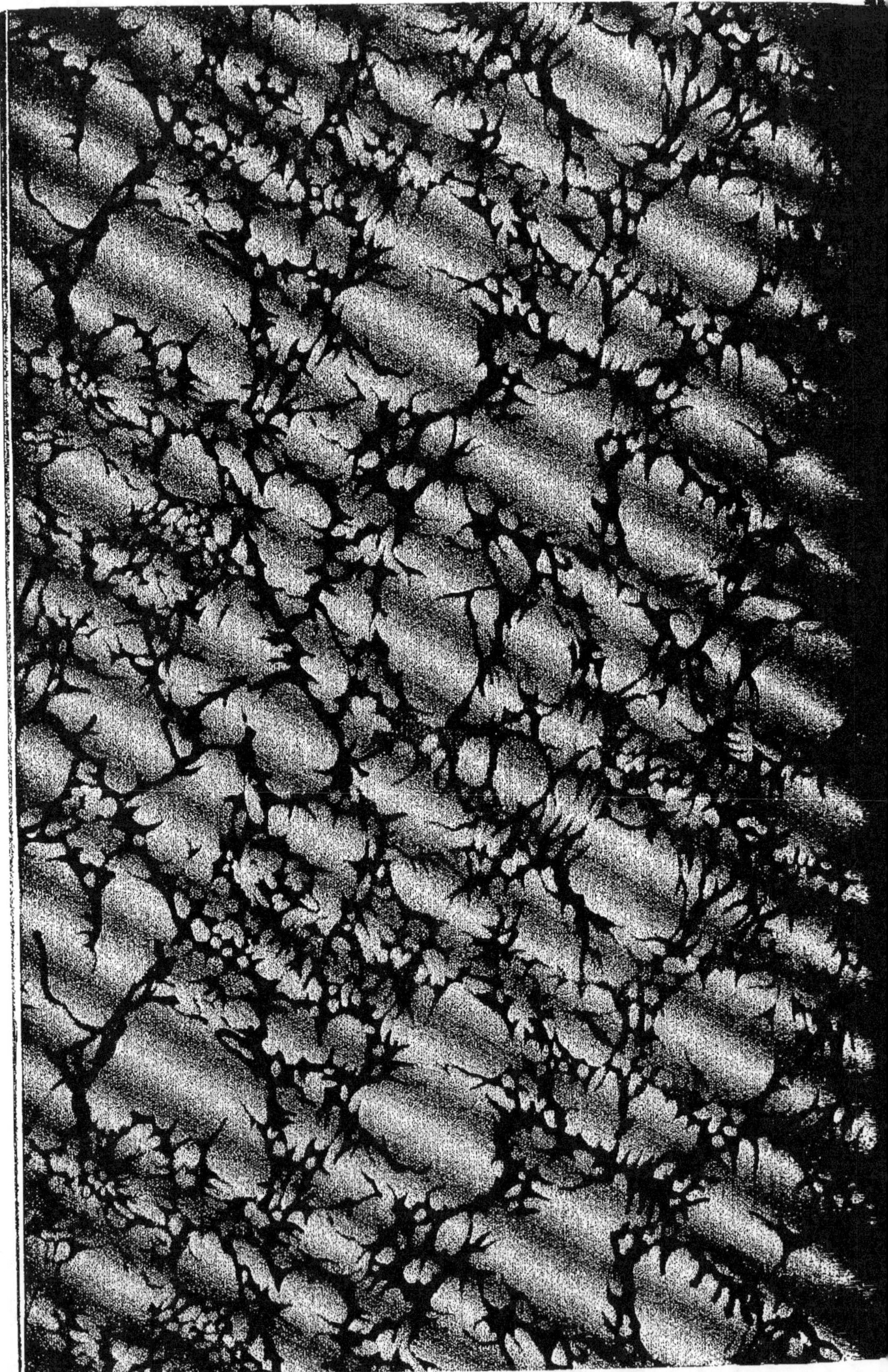

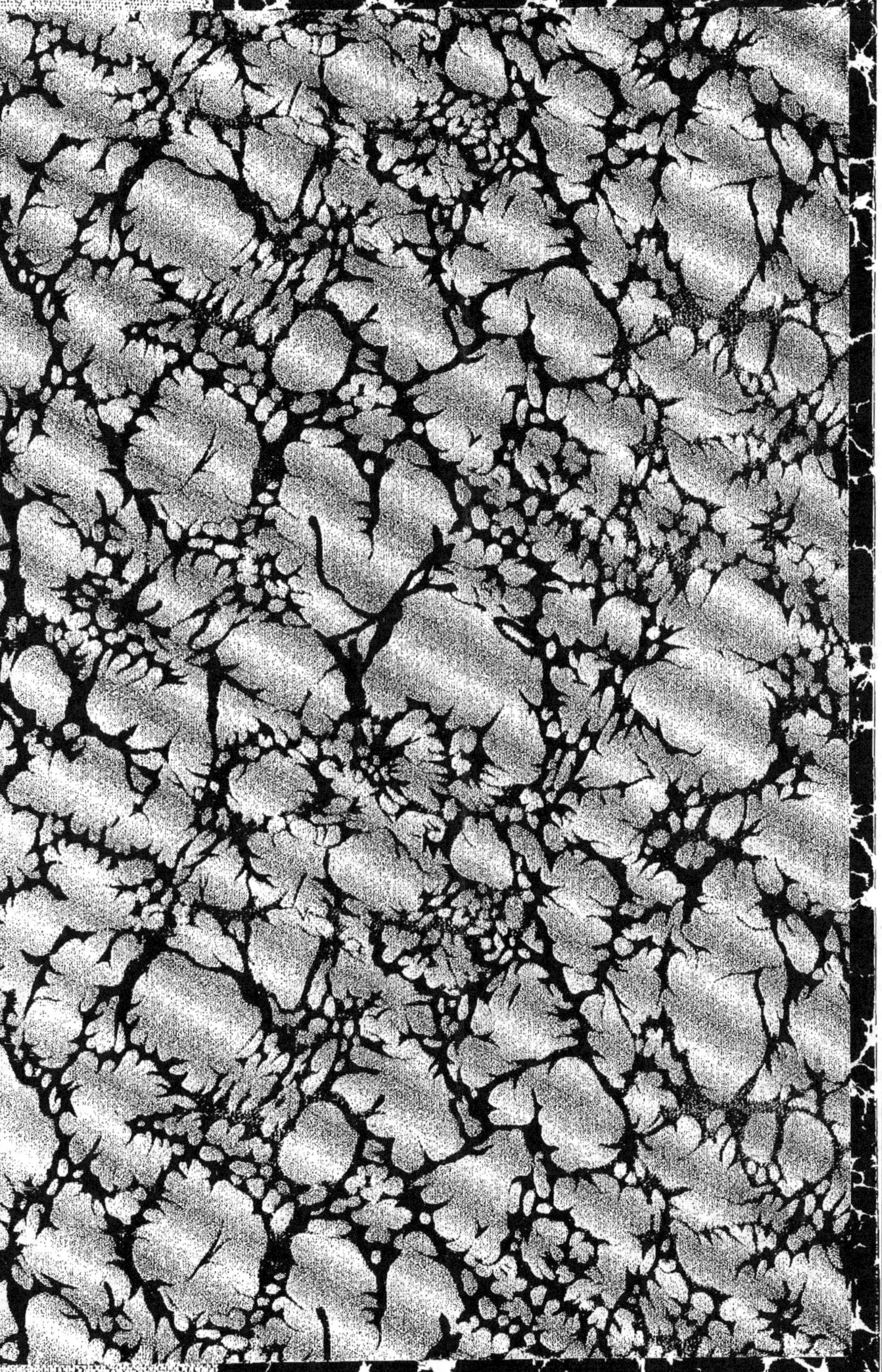

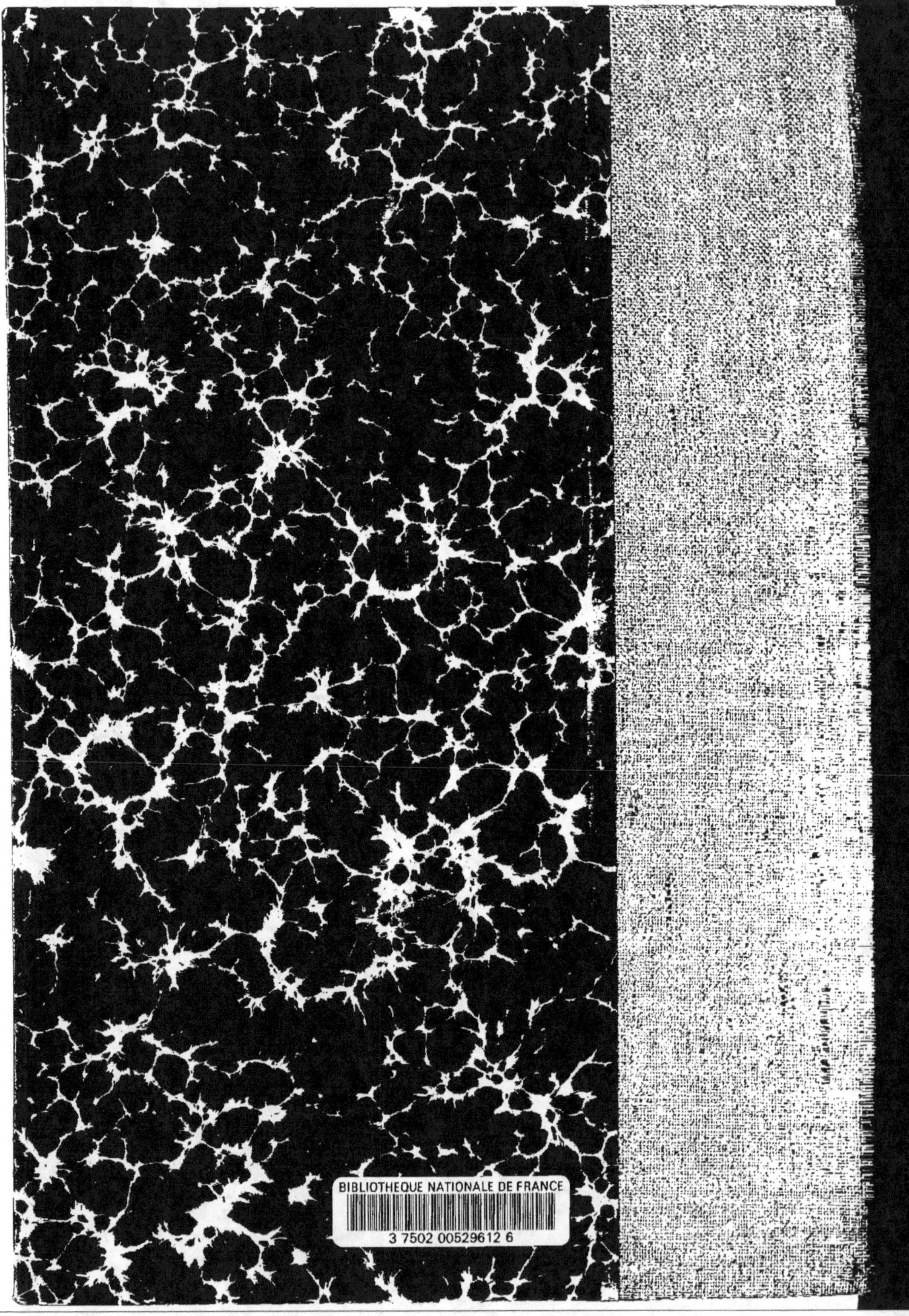